Verstehen und Verdacht

Franz Gruber / Ansgar Kreutzer / Andreas Telser (Hg.)

Verstehen und Verdacht

Hermeneutische und kritische Theologie im Gespräch

Matthias Grünewald Verlag

Gedruckt mit freundlicher Unterstützung des Bischöflichen Fonds zur Förderung der Katholischen Privatuniversität Linz und des Katholischen Pressvereins der Diözese Linz

Für die Schwabenverlag AG ist Nachhaltigkeit ein wichtiger Maßstab ihres Handelns. Wir achten daher auf den Einsatz umweltschonender Ressourcen und Materialien.

Bibliografische Information der Deutschen Nationalbibliothek
Die Deutsche Nationalbibliothek verzeichnet diese Publikation in der Deutschen Nationalbibliografie; detaillierte bibliografische Daten sind im Internet über http://dnb.d-nb.de abrufbar.

www.gruenewaldverlag.de

Umschlaggestaltung: Finken & Bumiller, Stuttgart
Umschlagabbildung: iStock
Druck: CPI – buchbücher.de, Birkach
Hergestellt in Deutschland
ISBN 978-3-7867-3049-1

Inhalt

III. Kritische Theorie und Theologie

IV. Aktuelle Problemfelder: Kritische und hermeneutische Theologie heute

Für Walter Raberger und David Tracy aus Anlass ihres 75. Geburtstages

Einführung der Herausgeber

Der *Anlass* eines internationalen und interdisziplinären Symposiums, das vom 17.–19. September 2014 an der Katholisch-Theologischen Privatuniversität Linz (KTU) stattfand und dessen überarbeitete Beiträge hiermit publiziert werden, war der nahezu gleichzeitige 75. Geburtstag zweier Systematischer Theologen: *Walter Raberger* war von 1984 bis 2004 Professor für Dogmatik und Ökumenische Theologie an der KTU Linz und hat die Ausrichtung der Linzer Systematik entscheidend geprägt. *David Tracy* lehrt seit 1969 als Professor an der Divinity School der Universität Chicago und gilt als einer der einflussreichsten amerikanischen Systematischen Theologen.

Der *Grund* der Tagung lag darin, dass hinter den beiden Jubilaren theologische Paradigmen stehen, die nach wie vor der Rezeption und der Diskussion wert sind. Walter Raberger war und ist Zeit seines wissenschaftlichen Wirkens von der Kritischen Theorie der Frankfurter Schule geprägt, deren Weiterentwicklung er aufmerksam verfolgt und deren Anstöße er konsequent in sein Theologietreiben einbringt. David Tracy hat neben der kritischen Theorie vor allem die Hermeneutik Gadamers und Ricœurs rezipiert und zu dekonstruktivistischen Ansätzen in Verbindung gebracht. Die Zielsetzung der Linzer Tagung war es, diese beiden für die zeitgenössische Theologie wirkmächtigen theoretischen Strömungen, die Kritische Theorie und die Hermeneutik, für die Walter Raberger und David Tracy stehen, miteinander ins Gespräch zu bringen, auf Gemeinsamkeiten und Unterschiede hin auszuloten und auf ihre Zukunftsfähigkeit zu prüfen. Die großdimensionierte Fragestellung nach dem Verhältnis von kritischer und hermeneutischer Theologie lässt sich klarer umreißen, wenn man sie anhand der beiden Jubilare und ihrer Zugänge zur Theologie exemplarisch fasst:

Für Raberger und Tracy sind der Außenbezug der Systematischen Theologie, das Selbstbewusstsein ihrer gesellschaftlichen Verstricktheit und politischen Optionalität zentral. In einem anschaulichen Bild spricht Raberger von der „Verknotung der theologischen Reflexion mit den geschichtlich-lebensweltlich geprägten Verständigungsprozessen“[1]. Tracy macht sich einen zentralen Terminus der Wissenssoziologie zu Eigen: Plausibilitätsstrukturen („plausibility structures“). Damit rezipiert er die Grundthese des bahnbrechenden Werkes von P.L. Berger und Th. Luckmann, Die gesellschaftliche Konstruktion der Wirklichkeit, wonach Akzeptanz und Gültigkeit von Argumenten immer vom jeweiligen sozialen

[1] Raberger, Theologie, 21.

Kontext abhängen: „Die subjektive Wirklichkeit ist also immer an besondere Plausibilitätsstrukturen gebunden, das heißt an die gesellschaftliche Grundlage und die gesellschaftlichen Prozesse, die für ihren Bestand erforderlich sind."[2] Aus dieser Grunderkenntnis entwickelt Tracy seine berühmte Differenzierung von theologischen Öffentlichkeiten: die Öffentlichkeit der Gesellschaft, die der Wissenschaft und die der Kirche. In ihnen herrschen jeweils andere Plausibilitäten und Kommunikationsstrukturen vor, welche die einzelnen theologischen Fächer konstitutiv zu berücksichtigen haben.[3]

Raberger und Tracy stehen also beide für eine gesellschaftssensible und öffentlich ausgerichtete Theologie. Aber sie akzentuieren anders. Raberger fokussiert stärker auf gesellschaftliche Pathologien, auf das falsche und das zu kurz gekommene Leben, auf Opfer in Geschichte und Gegenwart. Er betont das *kritische* Potenzial der Theologie, das gegenüber sozialen Verwerfungen in Anschlag zu bringen ist. Theologie ist ihm „kritische und selbstkritische Reflexionsgestalt einer Erinnerungsgemeinschaft"[4]. Sie darf sich niemals, wie er mit Habermas, seinem wichtigsten Gewährsmann, formuliert, „fugendicht gegen jede Erfahrung *entbehrter* Solidarität und Gerechtigkeit abschließen"[5]. Tracys wissenschaftlicher Habitus wirkt versöhnlicher. Seine bevorzugte theologische Methode ist die Korrelation, das „In-Beziehung-Setzen", das Verbinden. Ihm geht es um eine wechselseitige, freilich auch kritische Korrelation zwischen der „Interpretation einer besonderen religiösen Überlieferung" und der „Deutung der gegenwärtigen ‚Situation'"[6]. Zu diesem doppelten Deutungsprozess braucht Tracy die Hermeneutik, um Sinnbestände in religiösen Traditionen und in zeitgenössischer Kultur zu erheben und in Beziehung zu setzen.

Freilich treffen sich Rabergers kritische und Tracys hermeneutischen Methode. Denn Tracy hebt in den klassischen Beständen religiöser Traditionen deren Widerstandspotenzial gegen unterdrückte Freiheit hervor: „Die Religionen sind vor allem praktizierter Widerstand. Ganz gleich ob man sie als utopische Visionen betrachtet oder an sie als Offenbarungen der letzten Wirklichkeit glaubt, Religionen offenbaren verschiedene Möglichkeiten menschlicher Freiheit […]."[7] Rabergers kritische Theologie wiederum braucht die Hermeneutik. Die hermeneutische Vorgehensweise durchdringt seinen methodischen Duktus. Seine Publikationen sind häufig her-

[2] Berger/Luckmann, Die gesellschaftliche Konstruktion, 60.
[3] Vgl. insbesondere Tracy, Analogical Imagination, bes. 3–46.
[4] So der bezeichnende Titel seines oben angeführten Artikels (FN 1).
[5] Raberger, Theologie, 29.
[6] Tracy, Notwendigkeit, 43.
[7] Tracy, Theologie, 123.

meneutische Erschließungen, Kommentare und theologische Transpositionen klassischer Zitate – vielfach von Vertretern der Kritischen Theorie.[8] Angesichts dieser Überschneidungen überrascht es nicht, dass die Schlusspassagen der Beiträge, die Raberger und Tracy in einem Sammelband mit dem Titel „Im Dialog. Systematische Theologie und Religionssoziologie"[9] beigesteuert haben, ganz ähnlich sind und jeweils das humane Potenzial religiöser Traditionen gegen gesellschaftliche Schieflagen ins Feld führen: Theologen und Theologinnen sollen sich, so eine Forderung Tracys, angesichts der „angeschlagenen" gesellschaftlichen Öffentlichkeit von Neuem überlegen, „wie die reichhaltigen Ressourcen religiöser Traditionen zum Wohle der Gesellschaft auch öffentlich gemacht werden können"[10]. Raberger postuliert „*Kooperation* der *Universen des Wissens und Glaubens*", weil es gilt, so schließt er in Anlehnung an J. Habermas, „in Gemütern ein Bewusstsein für die weltweit verletzte Solidarität, wachzuhalten"[11].

Diese das Symposium dokumentierende Publikation, in der die Perspektiven Tracys und Rabergers, hermeneutische und kritische Theologie, nebeneinander und gegenübergestellt, aber auch miteinander in Beziehung gesetzt werden sollen, ist in vier Sektionen aufgeteilt:

In *Sektion 1* werden *David Tracy* und *Walter Raberger* mit exemplarischen Texten ihre Ansätze der hermeneutischen und der kritischen Theorie vorstellen; eingeleitet werden sie jeweils durch Werküberblicke von *Andreas Telser* (über David Tracy) und *Franz Gruber* (über Walter Raberger).

David Tracys Beitrag untergliedert sich in drei Abschnitte: in einem ersten Teil führt der Autor – quasi mit Panoramablick – in die Hermeneutik Hans-Georg Gadamers anhand ihrer geschichtlichen Entwicklung sowie ihrer Bezugnahmen auf wichtige Kritiker (J. Habermas u. a.) ein, ohne die seitens der Kritischen Theorie eingemahnten Defizite zu vergessen. Dennoch besteht Tracy auf dem (ontologischen) Vorrang des Gesprächs vor dem Argument. Im zweiten Teil entwickelt Tracy die These, das „wirkungsgeschichtliche Bewusstsein" als eine von Gadamer zwar nicht intendierte, aber nichtsdestotrotz vorhandene Kritische Theorie in seiner Hermeneutik zu verstehen. Im knappen Schlussteil stellt Tracy Theologie als begrenzte Interpretationen des unendlichen, unbegreiflichen Gottes vor und exemplifiziert das mit Gregor von Nyssas Hermeneutik, die Philosophie und Theologie in einer kritisch wiederzugewinnenden Form zusammenhalten konnte.

---

[8] Vgl. z. B. Raberger, Überlegungen, 227–242.

[9] Kreutzer/Gruber (Hg.), Im Dialog.

[10] Tracy, Religion im öffentlichen Bereich: Öffentliche Theologie, 207.

[11] Raberger, Religion, 252.

Walter Rabergers Aufsatz ist eine Art werkbiographischer Leitfaden, der jene Autoren und Diskussionen aufruft, die für sein Theologieverständnis (das im Text selbst nicht explizit artikuliert wird) inspirierend waren. Der hier gezeichnete Weg führt vom Kritischen Rationalismus eines Karl Popper zu Jürgen Habermas, von Max Horkheimer über Thomas Kuhn zu Richard Rorty. Anhand von Leitzitaten entfaltet Raberger die Grundproblematik von Erkenntnis, Interesse und Wahrheit, die in der Konfrontation mit Positivismus und Relativismus sich an der Frage abarbeitet, wie angesichts interessensgeleiteter Instrumentalisierungen und inhumaner Barbareien heute auf eine Unbedingtheit Bezug genommen werden kann, die als Referenzmaßstab die philosophisch-theologischen Diskurse noch irritieren und evozieren könnte.

Sektion 2 widmet sich hauptsächlich den theologischen Rezeptionen der hermeneutischen Tradition und versammelt die Beiträge von *Werner G. Jeanrond, Michael Hofer, Knut Wenzel, Gregor Maria Hoff* und *Sibylle Trawöger.*

Der Artikel des Oxforder Theologen *Werner G. Jeanrond* behandelt in einer grundlegenden Weise das Verhältnis von Theologie und Hermeneutik. Menschliches Verstehen ist für Jeanrond im umfassendsten und fruchtbarsten Sinn nur als Hermeneutik der Liebe, als Hermeneutik der Beziehung zu begreifen. Der Autor spricht damit aber nicht einer Harmoniesucht das Wort, sondern fordert einerseits ideologie- und selbstkritisches Bewusstsein im Verstehensprozess, anderseits die Aufgabe des intellektuellen Gewissens der Theologie gegenüber der Wissenschaft wahrzunehmen.

Michael Hofers Beitrag nähert sich aus philosophischer Perspektive dem Werk Hans-Georg Gadamers, und zwar als eine bedächtig ausleuchtende Befragung des Gadamer'schen Grundverständnisses von Hermeneutik, sich etwas sagen zu lassen, also Tradition in ihrer objektiven Geltung zu erkennen und als Antwort auf seine je eigene Frage anzuerkennen, was bekanntlich in der Gadamer-Rezeption der Kritischen Theorie nicht unwidersprochen blieb. Hofer sieht den Grund dieser fraglichen Überbetonung in der Rolle der religiösen Erfahrung, die Gadamer für seine Bestimmung von Hermeneutik maßgeblich ist. Aus philosophischer Sicht ist diese Bevorzugung allerdings nicht angemessen und darum heißt die Alternative nicht: Verstehen eines Textes (als Anerkennung seines Antwortseins auf meine Frage) versus Nichtanerkennen dieses Anspruchs (als Nichtverstandenhaben eines Textes), sondern Verstehen eines Textes als Anerkennen einer möglichen Antwort.

Anhand des theologisch höchst relevanten Beispiels vom ausgesprochenen „Ja" konkretisiert und veranschaulicht *Knut Wenzel* eine theologische Hermeneutik, die ihren Ausgang nicht bei einer „prästabilen Sinnvertrautheit“ nimmt, sondern offen ist, Wirklichkeit zu evozieren. In Anlehnung an Arbeiten von Roland Barthes und Paul Ricœur macht er den Ansatz des „poetischen Verstehens“ für das theologische Arbeiten fruchtbar. „Bedeutung“ wird demnach nicht mehr nur an einen zu entschlüsselnden Sinn des Zeichens rückgebunden, sondern an lebendige Affirmationen von Subjekten.

Gregor Maria Hoff rollt in einem mehrfachen Wechsel des Blickwinkels einen nie zustande gekommen Diskurs auf, der jedoch von beiden Protagonisten anregende Problemkonstellationen für die Theologie hinterlassen hätte: das Gespräch zwischen Kritischer Theorie und Dekonstruktivismus, zwischen Derrida und Adorno. Hoff lotet die Unterschiede und die Gemeinsamkeiten dieser Denkfiguren aus, indem er vor allem auf Grenzbestimmungen Bezug nimmt, an denen sich Adorno und Derrida abgearbeitet haben: der différance als Begriff der Unabschließbarkeit einer definitiven Sinnbestimmung einerseits und der unmöglich-möglichen Hoffnung angesichts des Grauens historischer Gewalt andererseits. Mit Derrida spitzt Hoff den Begriff der Nichtidentität als Offenheit für das Messianische als „Ereignissingularität“ zu. An dieser Singularität nämlich setzten denn auch christlicher Glaube und Theologie an: an der unmöglichen Notwendigkeit der Auferstehung und der damit aufgetragenen Arbeit, „Glaubensräume als topologische Diskursgeschichte“ zu entfalten.

Sibylle Trawöger tritt mittels einer „Theologie des Lauschens“ dafür ein, Wahrnehmungsphänomene und -prozesse verstärkt in die theologische Reflexion einzubeziehen. Konkretisiert am Materialobjekt der „Stimme“ zeigt sie die Relevanz kulturwissenschaftlicher Theorien, wie der Ästhetik des Performativen und der Posthermeneutik, für dieses Unternehmen auf. Methodisch und inhaltlich können diese auf etablierte theologische Bezugstheorien, wie Kritische Theorie oder Hermeneutik, inspirierend wirken.

Die Impulse der Kritischen Theorie für die Theologie thematisiert *Sektion 3* anhand der Beiträge von *Rudolf Langthaler, Edmund Arens, Franz Gmainer-Pranzl, Axel Bohmeyer* und *Franz Gruber.*

Rudolf Langthaler widmet sich dem ambivalenten Verhältnis der Kritischen Theorie zur Religion, das sich beispielhaft an der Frage der verlorenen Opfer und Hoffnungen der Geschichte manifestiert. Langthaler rollt nochmals den berühmten Briefwechsel zwischen Benjamin und Horkheimer auf, blendet dann aber die Interpretationen von Adorno ein und kommt zu einem aufschlussreichen Befund: Während bekanntlich Horkheimer in seiner Frühphase den Gedanken der rettenden Hoffnung für die Opfer zurückweist, Adorno ihn jedoch bestätigt, nähert sich der späte Horkheimer dem Benjamin'schen Postulat der Rettung an; Adorno dagegen neigt in seinem Spätwerk dazu, die metaphysischen Ideen der Versöhnung in der ästhetischen Erfahrung aufzuheben. Wie kann man die Opfer in Gott aufbewahrt wissen und zugleich ein gottloses Leben führen? – an dieser Horkheimer'schen Paradoxie fokussiert auch Langthaler die Frage der Philosophie.

Der Beitrag von *Edmund Arens* nimmt Verhältnisbestimmungen des Habermas'schen Denkens zum Themenfeld der Religion und zur Diskursform der wissenschaftlichen Theologie vor. Arens rekonstruiert Habermas' Repliken auf theologische Auseinandersetzungen mit seinem Werk, siedelt die Habermas'sche Rezeption von Theologie zwischen Aneignung und Ausgrenzung an und weist zugleich die Entwicklungs- und Lernfähigkeit von Habermas in diesen Themenfeldern nach. Die Überlegungen münden ein in ein Plädoyer für eine kritische Rezeption vom Habermas' Denken in der Theologie – sowohl in wissenschaftstheoretischer (z. B. bei der Unterscheidung von Geltungsansprüchen) als auch in gesellschaftskritischer Hinsicht (z. B. in Aufweis und Kritik sozialer Missstände).

Die „Phänomenologie des Fremden", wie sie der Bochumer Philosoph Bernhard Waldenfels vorgelegt hat, formuliert Reserven gegenüber der Habermas'schen Kommunikationstheorie: Deren Verständigungs- und Konsenstheorie eliminiere tendenziell den uneinholbaren Anspruch des Fremden, auf den zu „antworten" sei, ohne der Fremdheit ihren „Stachel" zu nehmen. *Franz Gmainer-Pranzl* unternimmt in seinem Beitrag den Versuch, beide Paradigmen, das der *kommunikativen Reziprozität* und das der *alteritätsorientierten Responsivität*, zu vermitteln und theologisch fruchtbar zu machen. Dazu zeigt er philosophisch die (z. T. impliziten) Anschlussmöglichkeiten der Kommunikationstheorie an einen responsorischen Ansatz auf und empfiehlt in theologischer Hinsicht einer auf Habermas fußenden kommunikativen Theologie zugleich einen von Waldenfels inspirierten „responsive turn".

Wenn sich kritische Theologie durch die philosophisch-geisteswissenschaftliche Strömung der Kritischen Theorie inspirieren lässt, partizipiert sie auch an deren Entwicklungen, Neuorientierungen und Aufbrüchen. Der Beitrag von *Axel Bohmeyer* widmet sich insbesondere der sogenannten dritten Generation der Frankfurter Schule, die vor allem mit dem Namen Axel Honneth verbunden ist. In Abgrenzung zur primär verfahrensethisch orientierten Diskursethik von Habermas dreht sich die Sozialphilosophie Honneths um konkrete Anerkennungsverhältnisse. Aus dieser Inspiration heraus formuliert Bohmeyer eine theologische Option für die Missachteten und nimmt eine anerkennungstheoretische Ortsbestimmung einer kritischen Theologie vor.

Der Beitrag von *Franz Gruber* versucht die prima facie semantische Aporie einer Verbindung von Kritischer Theorie und Dogmatik denkerisch zu erschließen, indem er einerseits die wissenschaftstheoretische Verarbeitung der Kritischen Theorie in der Theologie aufweist (F. Schupp) und indem er andererseits die theologische Gottesrede sprachpragmatisch (I.U. Dalferth) an die Grenze der Vernunft heranführt. Dass Hoffnung angesichts der Frage der Abgeschlossenheit der Geschichte und ihrer Opfer gedacht werden muss, das verbindet Theologie und Philosophie (in der Tradition Kritischer Theorie), dass sie aber als Erlösung nicht nur geglaubt, sondern auch noch immer (postulatorisch) gedacht werden könnte, ist für Gruber nur möglich, wenn die Kantische Theologie der Hoffnung in die Kritische Theorie neu aufgenommen würde.

Sektion 4 entwickelt schließlich Perspektiven heutiger kritischer und hermeneutischer Theologie angesichts aktueller Problemfelder. Deren Autoren sind *Hanjo Sauer, Ansgar Kreutzer, Clemens Sedmak* und *Susanne Heine.*

Der Beitrag von *Hanjo Sauer* nimmt seinen Ausgang bei der Verwendung des Begriffs *Fragment* in ausgewählten Theologien des 20. Jahrhunderts (D. Bonhoeffer, H.U. v. Balthasar, F. Schupp); von dort unternimmt der Autor einen Parforceritt durch die historische Entwicklung bzw. Verwendung des Fragments in der europäischen Geistesgeschichte mit ihrer (kurzen) Blüte in der Romantik. Der Theologie kommt die Form des Fragments insofern zu pass, als diese sie an ihr eschatologisches Bewusstsein und an die Unabschließbarkeit theologischen Denkens erinnere und so der Versuchung ihrer Totalisierung wehre.

Der Cultural Turn, der generell in den Geisteswissenschaften zu konstatieren ist, veranlasst *Ansgar Kreutzer* dazu, eine gesellschaftskritisch-politische und eine kulturelle Ausrichtung der gegenwärtigen Theologie zusammenzudenken. Dabei lässt er sich von wesentlichen Erkenntnissen der Kritischen Theorie von Horkheimer/Adorno und ihrer Kulturindustrie-These inspirieren, um deren Impulse theologisch aufzugreifen. Eine kritische Theologie heute verbindet – in Kreutzers Lesart – theoretische Reflexion mit empirischen Untersuchungen, fokussiert kritisch auf Formen ökonomischer Selbstinstrumentalisierung und traut der Populär- und Alltagskultur ein politisch-emanzipatives wie theologisch-inspiratives Potenzial zu.

Clemens Sedmak geht von der Frage aus, wie epistemische Güter zu verstehen und zu verteilen sind. Als „bona" der Praxis des Erkennens gipfeln sie in der Wahrheit als dem höchsten epistemischen Gut. Sedmak konkretisiert nun diese Thematik an der Frage, welche epistemischen Güter die Armen für die Kirche und die Gesellschaft einbringen. Ausgehend von Papst Franziskus' Plädoyer für eine Kirche der Armen und der biblisch-theologischen Frage nach heilsnotwendigen und -relevanten epistemischen Gütern arbeitet er Eckpunkte einer Güterlehre auf dem Hintergrund der katholischen Soziallehre aus. Die epistemischen Güter der Armen sind Mitgefühl, Nähe, Entäußerung, Entbehrung als Folgen der Armut; also Güter, die eine Kirche der Armen besonders ehrt und so die Kriterien der Orthodoxie schärft. Im Besonderen versteht Sedmak eine Kirche der Armen als Antwort auf Sozialpathologien.

Susanne Heine diagnostiziert eine neuzeitliche ontologische Denkform, die Natur als eine „initiative, selbsttätige Energie ansieht" und damit zu einem „religiösen Konzept" erhebt. Heine rekonstruiert diese Denkform idealtypisch und anhand ausgewählter Beispiele von DenkerInnen im Spannungsfeld von Psychologie und Philosophie (Jung, Maslow, Rogers, Kübler-Ross, Josuttis). In Form kritischer Theologie zeigt Heine methodologische Probleme und anthropologische Engführungen der von ihr analysierten Denkform auf und fordert aufgrund ihrer Verbreitung, z .B. in der sogenannten Esoterik, zugleich eine intensivere theologische Auseinandersetzung damit.

Diskursbegegnungen zielen nicht eo ipso darauf ab, Konsense herzustellen. Sehr wohl aber machen die hier veröffentlichten Beiträge deutlich, wie sehr die Diskurstraditionen miteinander verbunden sind und sich bis heute herausfordern. Das Gespräch zwischen Hermeneutik und Kritischer Theorie, zwischen einer Theologie, die von der Hermeneutik und einer die von der Kritischen Theorie inspiriert ist, das auf diesem „Geburtstags-Symposium" geführt worden ist, zeigte, wie relevant die Themen und Problemstellungen auch Jahrzehnte nach ihrem ersten „Aufblühen" in der Theologie geblieben sind. Das tatsächlich geführte Gespräch, die Diskurse des dreitägigen Symposiums selbst sind hier nicht wiedergegeben. Präsent bleiben nur die schriftlich festgehaltenen Referate. Sie können und sollen auch in Zukunft und über den TeilnehmerInnenkreis hinaus zum Denken anregen. Das Fehlen und die Abwesenheit des mündlichen Austausches aber zeigen an, dass erst das gesprochene Wort die Texte aus ihrer buchstäblichen Fixierung herausholt. Es ist diese Unverfügbarkeit der Performativität des Gesprächs, die Verstehen und Verdacht in Gang hält.

All jenen, die das Zustandekommen dieses Bandes ermöglicht und unterstützt haben, sei an dieser Stelle herzlich gedankt: den Vortragenden beim „Geburtstags-Symposium", den studentischen Mitarbeiterinnen am Institut für Fundamentaltheologie und Dogmatik, Frau Martina Resch und Frau Stephanie Steininger, für die Korrekturlektüre, Herrn Volker Sühs vom Matthias Grünewald Verlag für die Betreuung dieser Publikation sowie den

Sponsoren für die Drucklegung. Ein weiterer Dank gilt Herrn Dr. Josef Kern für die Übersetzung des Beitrags von David Tracy.

Linz, im Mai 2015

Franz Gruber, Ansgar Kreutzer, Andreas Telser

Literaturverzeichnis

Berger, P.L/Luckmann, Th., Die gesellschaftliche Konstruktion der Wirklichkeit. Eine Theorie der Wissenssoziologie, Frankfurt/M. 1996 (Abdruck der 5. Aufl. 1977).

Kreutzer, A./Gruber, F. (Hg.), Im Dialog. Systematische Theologie und Religionssoziologie, Freiburg u. a. 2013.

Raberger, W., Theologie: kritische und selbstkritische Reflexionsgestalt einer Erinnerungsgemeinschaft, in: SaThZ 2 (1998) 21–44.

Raberger, W., Überlegungen zu Horkheimers Satz: „Man wird das Theologische abschaffen. Damit verschwindet das, was wir ‚Sinn' nennen, aus der Welt, in: Hofer, P. (Hg.), Aufmerksame Solidarität. FS Bischof Maximilian Aichern, Regensburg 2002, 227–242.

Raberger, W., „der Religion gleichzeitig als Erbe wie als Opponent entgegenzutreten" (J. Habermas), in: Kreutzer / Gruber (Hg.), Im Dialog, 236–254.

Tracy, D., Analogical Imagination. Christian Theology and the Culture of Pluralism, New York 1981.

Tracy, D., Notwendigkeit und Ungenügen der Fundamentaltheologie, in: Latourelle, R. (Hg.), Probleme und Aspekte der Fundamentaltheologie, Innsbruck-Wien 1985, 38–56.

Tracy, D., Theologie als Gespräch. Eine postmoderne Hermeneutik, Mainz 1993.

Tracy, D., Religion im öffentlichen Bereich: Öffentliche Theologie, in: Kreutzer/Gruber (Hg.), Im Dialog, 189–207.

I. Werkgeschichtliche Hinführungen und Keynotes

Werkgeschichtliche Einführung zu David Tracy

„[...] you need some people crazy enough around to do [theology]."[1]

Andreas Telser

„Im deutschen Sprachraum [...] blieb Tracy zumeist ein Geheimtipp unter Fachkundigen.“[2] So konnte man es in der Einführung zur bis dato einzig übersetzten Monographie David Tracys lesen.[3] Auch wenn Tracy bisweilen Eingang in deutschsprachige Publikationen gefunden hat,[4] so hat sich Werner Jeanronds Einschätzung von 1992 nicht wesentlich verändert. Es ist zu hoffen, dass die jüngst in Deutsch veröffentlichten Artikel[5] dazu beitragen, eine breitere Rezeption des vielleicht „einflussreichsten amerikanischen Theologen“[6] der Gegenwart anzustoßen[7] – und damit ein Gespräch zu eröffnen, bei dem man den in diesem Gespräch aufkommenden Fragen zu folgen gewillt ist, „wohin sie uns auch führen [mögen; A.T.].“[8] Es ist das von Fragen und einem umfassenden Interesse bestimmte Gespräch (*conversation*; *dialogue*), das Tracy als Person und als Theologen auszeichnet – ein Gespräch, das allerdings zunehmend vom unfassbaren, globalen Leid sowie der Abwesenheit Gottes darin bestimmt wird.[9]

---

[1] Gibson, God-obsessed. Tracy bezieht diese ‚Verrücktheit‘ auf das schier unmögliche Unterfangen, das Theologie darstellt (vgl. dazu auch Tracys Beitrag in diesem Band) – und es ist auch ein subtiler Hinweis auf die Fähigkeit zum Humor, die Tracy mit Raberger (vgl. dazu: Sauer / Gruber [Hg.], Lachen) verbindet. Vgl. zur philosophisch sicherlich schwierigen Figur des Unmöglichen: Tracy, God.

[2] Jeanrond, Einführung, 7.

[3] Orig.: Plurality and Ambiguity. Hermeneutics, Religion, Hope.

[4] Aktuell u. a.: Nutt, Gott, Geschlecht und Leiden; Hoff, Prekäre Identität; sowie knappe Bezugnahmen auf Tracy in diesem Band durch Arens, Gmainer-Pranzl, Hofer, Jeanrond, Kreutzer und Sedmak.

[5] Vgl. nebst dem Beitrag in diesem Buch: Tracy, Religion im öffentlichen Bereich.

[6] Jeanrond, Einführung, 7.

[7] 1986 hat Eugene Kennedy, ausgehend von einem Interview mit David Tracy, ein ausführliches Portrait des Theologen verfasst, das im New York Times Magazine erschienen ist. Darin kommt auch der protestantische Religionshistoriker Martin Marty zu Wort, der über Tracy sagt, dieser sei „the most original of today's Catholic theologians, and the one with whom other theologians, Catholic and Protestant, have to reckon.“

[8] Tracy, Theologie als Gespräch, 33.

[9] Tracys Texte sowie die (zumeist knappen) Einführungen zu seinem Denken (vgl. Jeanrond; Sanks) sprechen bis Mitte der 1990er Jahre zwar von Negativität, doch selten explizit von Leid. Nichtsdestotrotz hat seine Theologie nicht wenige Impulse aus der Neuen Politischen Theologie sowie der Befreiungstheologie aufgenommen. Zur Zuspitzung der Gottesthematik (als *offener* Frage) in Tracys theologischem Werk in Verbindung mit der Leidfrage passt die Einschätzung von Tracys Mentor, *Florence D. Cohalan*, der rückfragte, als er hörte, dass Tracy

1. Biographisches

David Tracy wuchs in Yonkers, im Bundesstadt New York, in einer ethnisch wie religiös bunt gemischten *neighborhood* auf.[10] Sein in der Gewerkschaftsbewegung tätiger Vater las ihm und seinen Brüdern Charles Dickens und Henry Adams vor[11] – eine Prägung, die Tracy für die kreativ-kritische In-Beziehung-Setzung von Religion und Kultur (beides stets im Plural!)[12] prädisponieren sollte.

Nach dem Besuch der *Cathedral School* in Manhattan erhielt Tracy im *St. Joseph's Seminary* in Dunwoodie, New York, seine erste philosophische und theologische Bildung, an deren Abschluss eine Arbeit über Søren Kierkegaard stand. Danach folgte der Wechsel nach Rom an die *Gregoriana*, wo Tracy Lizenziat (1964) und Doktorat (1969) erfolgreich abschloss. 1963 wurde er zum Priester der Diözese Bridgeport, Connecticut, geweiht. Zwischen 1967 und 1969 war Tracy als *lecturer* an der theologischen Fakultät der renommierten *Catholic University of America*, Washington, D.C., tätig.[13] 1969 erfolgte – zusammen mit dem ebenfalls aus Yonkers gebürtigen und langjährigen Kollegen Bernard McGinn[14] – der Ruf als erster katholischer Theologe an die ursprünglich baptistisch geprägte *University of Chicago*. Bis zu seiner Emeritierung 2006 wirkte Tracy dort. Er war allerdings nicht nur Professor an der *Divinity School*, sondern auch Mitglied der *Committee on Social Thought*[15] sowie – überhaupt als erster Theologe – der *Committee on the Analysis of Ideas and Methods.*[16] Wie sehr die University of Chicago als

im Rahmen der Gifford Lectures über Gott spricht: „For, or against [God; A.T.]?" (Gibson, God-obsessed)

[10] Die Nichtübersetzung bestimmter US-amerikanischer Wörter erfolgt bewusst; damit soll die Begrenztheit von Übersetzbarkeit angedeutet und an die bleibende Differenz der Sprachen erinnert werden: „Tradutore – tradditore (Jeder Übersetzer ist ein Verräter)", Tracy, Theologie als Gespräch, 68.

[11] Vgl. Kennedy, Dissenting Voice.

[12] „I always loved cultural *criticism* […]" (ebd.; Hv. A.T.) Tracy hat(te) hier keinesfalls nur Hochkultur im Blick. Die von Kreutzer in diesem Band argumentierte „Konvergenz von (kultur-)hermeneutischer und (gesellschafts-)kritischer Theologie" lässt sich bei Tracy in der Tat finden (vgl. u. a. Tracy, African American Thought).

[13] Der Grund für Tracys kurze Zeit an der *Catholic University of America* war die kritisch-ablehnende Haltung zu *Humanae vitae:* „So did many theologians, including me and Bernie [McGinn; A.T.] and nineteen other young professors at Catholic University. We were all fired." (Tracy, Tribute, 42)

[14] Bekannt im deutschsprachigen Raum vor allem durch: Die Mystik im Abendland.

[15] In der John U. Nef Committee on Social Thought werden als vormalige Mitglieder u. a. aufgelistet: Hannah Arendt, Saul Bellow, Allan Bloom, John Coetzee, T.S. Eliot, Friederich Hayek, Leszek Kolakowski, Paul Ricoeur, Edward Shils u. a. (http://socialthought.uchicago.edu/page/about-committee)

[16] Vgl. Kennedy, Dissenting Voice.

Knotenpunkt für natur-, geistes- und sozialwissenschaftliches Denken[17] die theologische und philosophische Reflexion Tracys inspirieren konnte, vermag man zu erahnen, wenn einige seiner einstigen und jetzigen Kolleginnen und Kollegen genannt werden: Langdon Gilkey, Schubert Ogden, Paul Ricœur, Mircea Eliade, Clifford Geertz, Stephen Toulmin, Wayne Booth, David Grene, Martin Marty, Wendy Doniger, Martha Nussbaum, Jean-Luc Marion sowie jüngst Hans Joas.[18]

2. Werkgeschichtliches[19]

Bis in die frühen 1990er Jahre ist Tracys Werkgeschichte formal betrachtet *straightforward*, ja, imposant sowie inhaltlich betrachtet außerordentlich anspruchsvoll.[20] Die Bezeichnung ‚Buchsäufer'[21] legt sich nahe und schafft den Boden für eine beachtliche Produktivität: In 20 Jahren verfasst er sechs Monographien sowie drei weitere mit jeweils einem anderen Autor (John Cobb;[22] Robert Grant;[23] Stephen Happel[24]). Hinzu kommen im gleichen Zeitraum sieben Herausgeberschaften entweder allein oder – vermittelt über seine Tätigkeit am *Board* (Direktionskomitee) der Zeitschrift *Concilium* –

[17] Wissenschaftsgeschichtlich ist das Renommee der *University of Chicago* als durchaus ambivalent zu beurteilen: u. a. ist dort die erste kritische Kernspaltungskettenreaktion gelungen (Enrico Fermi) und dort erhielten auch die später als „Chicago Boys" bezeichneten (chilenischen) Wirtschaftswissenschaftern ihre Ausbildung (bei Milton Friedman u. a.).

[18] Mit vielen dieser Kolleginnen und Kollegen hielt Tracy gemeinsame Lehrveranstaltungen ab oder wurde von ihnen in seinem Denken beeinflusst. In seiner Laudatio auf Kollegen B. McGinn (2003) meinte Tracy über die University of Chicago: „And so, thirty-four years later, here we both are—older, perhaps wiser, and *still delighted to be at this special place.*" (Tracy, Tribute, 42; Hervorhebung A.T.)

[19] Der Anspruch dieser Einführung ist lediglich, einige markante werkgeschichtliche Stationen aufzulisten, ohne sie im Detail argumentativ absichern zu können und schon gar nicht in das überaus komplexe philosophische und theologische Denken Tracys einzuführen – dies bleibt (nicht nur für den deutschsprachigen Raum!) ein Desiderat. Einführungen bieten neben Sanks, Theological Project, Martinez, Confronting, 176–215, und Dorrien, The Making, 412–420.

[20] In der Literatur herrscht Einigkeit darüber, dass Tracys Schreib- und Denkstil komplex ist – ein anderes Merkmal, das ihn mit Walter Raberger verbindet (dazu: Gruber, Werkgeschichtliche Einführung). Tracys Lektor beim Continuum-Verlag, Frank Oveis, bringt es auf den Punkt: „[…] one of the toughest writers I have ever edited." (Gibson, God-obsessed)

[21] Die Terminologie ist angelehnt an Formulierungen, die Ansgar Kreutzer verwendetet in: Ders., Bücher saufen. Joseph Komonchak, Tracys Schulkollege und selbst renommierter Theologe, meinte über Tracys Schulzeit: „He read all the time, and he read very widely." (Gibson, God-obsessed)

[22] Cobb / Tracy, Talking about God.

[23] Grant / Tracy, Short History.

[24] Happel / Tracy, Catholic Vision.

zusammen mit Johann Baptist Metz, Hans Küng und dem Chicagoer Religionshistoriker und Buddhismus-Experten Frank E. Reynolds. Schließlich verfasste Tracy in dieser Zeit noch mehr als 130 Artikel[25] – bis 2014 sind weitere 70 Artikel dazugekommen, allerdings keine Monographie mehr.[26]

2.1 Fundamentaltheologische und dogmatische Grundlegung

Es ist für die Entwicklung seines Denkens keinesfalls unerheblich, dass Tracy während des II. Vatikanums in Rom studierte.[27] An der *Gregoriana* prägte vor allem der Jesuit Bernard Lonergan Tracys Theologie nachhaltig.[28] An der *University of Chicago* fand sich Tracy mit der Lonergan'schen Transzendentaltheologie[29] allerdings in einem Wirbelwind[30] protestantischen Denkens vor. Die Vielfalt theologischer Perspektiven ruft den methodologisch orientierten Tracy auf den Plan, eine Fundamentaltheologie zu entwerfen, die begründungslogisch tiefer zu schürfen sucht als jene Lonergans[31] und die der Herausforderung des Pluralismus nicht ausweicht. Relativ zu einem Spektrum damals gängiger theologischer Modelle[32] bestimmt Tracy seinen eigenen Entwurf als „revisionistisch", d.h. als einerseits einer kritisch-korrektiven[33] Lesart der säkularen Moderne sowie andererseits einer Neuinterpretation des christlichen Glaubens verpflichtet. Allerdings

[25] Vgl. das von Stephen Webb zusammengestellte (beinahe vollständige) Literaturverzeichnis der Veröffentlichungen Tracys (zwischen 1968 und 1991), in: Jeanrond, Radical pluralism, 286–293.

[26] Die Zählungen beinhalten weder Rezensionen noch Vorworte.

[27] Er selbst kommentiert dies euphorisch: „All in all it was an unusual, perhaps even a unique, time and place to study theology. Everything seemed to change overnight. Moreover, there were some excellent professors at the Gregorian (above all, Bernard Lonergan), and it seemed that every other theologian was in town speaking in the Council: Hans Küng, Edward Schillebeeckx, Karl Rahner, Henri de Lubac, Oscar Cullmann, Karl Barth, Albert Outler, and many others." (Tracy, Tribute, 42) Ähnlich beurteilt dies (aus anglikanischer Perspektive): Dorrien, The Making, 412–420.

[28] Tracys Dissertation erscheint 1970 mit dem Titel: The Achievement of Bernard Lonergan. Darin zeigt Tracy (noch vor der Veröffentlichung von Lonergans wichtigem Werk, Method in Theology, 1971) einerseits die Zentralität theologischer Methodologie auf, deutet aber schon die Notwendigkeit an, die Fundamentaltheologie über Lonergan hinauszutreiben.

[29] Für einen knappen Blick auf Parallelen und Unterschiede zwischen Lonergan und Rahner vgl. u.a. Martinez, Confronting, 178–180.

[30] Dies ist eine Anspielung auf Langdon Gilkeys Naming the Whirlwind, 1969, das Maßstäbe in der protestantischen Theologie setzte.

[31] Vgl. Tracy, Lonergan's Foundational Theology.

[32] Die Modelle lassen sich nicht einfach übersetzen, daher im Original: „orthodox theology", „liberal theology", „neo-orthodox theology", „radical theology" und „revisionist theology." (vgl. Tracy, Blessed Rage, 22–34)

[33] So meine Übertragung von *revisionist*.

konkretisiert Tracy die Moderne[34] insofern, als er von menschlichen Erfahrungen und Sprache (in dieser Moderne) ausgeht, die im Kontext von Alltag, Wissenschaft und ethischen Fragen immer (auch) an Grenzen stoßen, an denen zugleich eine mögliche Entgrenzung (im Sinne einer Überschreitung)[35] statthaben *kann* – dies bezeichnet Tracy als *religiöse Dimension* und meint damit gerade keinen religiösen „Sonderbereich".[36] Damit lässt sich auch Tracys kritische Erweiterung der Tillich'schen[37] Korrelation verstehen: nicht nur die christlichen Texte und Symbole, sondern desgleichen die Erfahrungen und die Sprache der Menschen gelten der Theologie als Quelle.[38] Auf diese Weise – philosophisch bearbeitet mittels einer Verzahnung von phänomenologischer und transzendentaler Methode[39] – kann Fundamentaltheologie (als Diskurs, der an Grenzerfahrungen ansetzt und daraus Gründe für die Vernünftigkeit des Glaubens ableitet) einen öffentlichen Geltungsanspruch erheben.[40] Ähnliches hat allerdings, zumindest ansatzweise, schon John Courtney Murrays „public philosophy" zu leisten beansprucht[41] – der eigentliche Lackmustest für eine Theologie, die (immer auch) als öffentlicher Diskurs verstanden sein möchte, ist allerdings die Dogmatik, die sich einer *partikularen* Konfessionstradition verpflichtet

[34] Terminologisch führt Tracy schon in diesem Frühwerk die Begrifflichkeit postmodern ein, ohne damit das „Projekt der Moderne" (J. Habermas) als erfüllt oder gar überwunden zu sehen. Freilich, einer aufgeschlosseneren Rezeption Tracys in der deutschsprachigen Theologie stand und steht die Verwendung des Begriffs „postmodern" eher im Weg, vgl. u. a. Wendel, Postmoderne.

[35] Hier lassen sich gewisse Nähen zu dem bestimmen, was Hans Joas als Selbsttranszendenz bezeichnet hat: „[…] im Sinne eines Hinausgerissenwerdens über die Grenzen des eigenen Selbst." (Joas, Religion, 17) In *Blessed Rage for Order* (106) spricht Tracy u. a. von ekstatischen Erfahrungen, die uns an Grenzen führen (limit-to), an denen eine Entgrenzung (limit-of) auf etwas passieren kann, das religiöse Menschen als Gnade o. ä. bezeichnen.

[36] Kritisch dazu u. a.: Lindbeck, Christliche Lehre. Wichtige Aspekte der Auseinandersetzung zwischen Tracy und Lindbeck vor dem Hintergrund deutschsprachiger Fundamentaltheologie werden exzellent dargestellt von: Eckerstorfer, Kirche, bes. 253–289.

[37] Paul Tillich war von 1962–65 an der University of Chicago. Tillichs Schüler und Assistent (an der Harvard Divinity School) war Langdon Gilkey, einer von Tracys Kollegen.

[38] Formuliert als *erste* These in Blessed Rage for Order, 43: „The two principle sources for theology are Christian texts and common human experience and language." Erst ab 1981 verwendet Tracy – mit Bezug auf seine Korrelationsmethode – die Formulierung: „*mutually* critical correlation" (Tracy, Analogical Imagination, 433; Hervorhebung A.T.).

[39] In den 1970-er und 1980-er Jahren rezipierte Tracy kritisch die prozesstheologischen Entwürfe von John Cobb u. a.

[40] Biographisch wird Tracys Interesse an einer öffentlichen Theologie eingeordnet von: Casarella, Public Reason, 59–66.

[41] Vgl. Hollenbach, Public Theology; Komonchak, John Courtney Murray.

weiß.[42] Unter dem Titel: *The Analogical Imagination. Christian Theology and the Culture of Pluralism* legte Tracy 1981 eine solche vor. Den theologischen, primär im akademischen Setting vorfindlichen Pluralismus (Fundamentaltheologie) weitet Tracy nun auf den gesamtgesellschaftlich-kulturellen aus.[43] Denn Theologie wird von Theologinnen und Theologen betrieben, die sozialisatorisch nicht anders können, als immer zugleich auf mindestens drei öffentliche Foren (die intern ausdifferenzierte Gesellschaft, die Universität mit Theologie als akademischer Disziplin sowie die Kirche, verstanden als zugleich theologische und soziologische Wirklichkeit) mit deren je spezifischen Plausibilitätsstrukturen[44] bezogen zu sein.[45] Allerdings muss die Theologie ihre öffentliche Ausrichtung zu begründen in der Lage sein, nicht zuletzt deshalb, weil die „Welt" (theologisch verstanden) in all ihren Öffentlichkeiten (soziologisch gesprochen) von Ambiguität durchzogen ist.[46] Finden sich zwar in der Hl. Schrift (nicht zuletzt kontextbedingt) weltverneinende *und* -bejahende Linien, so ist für Tracy der universale Heilswillen Gottes dennoch klar erkennbar. Damit lässt sich – eschatologisch gesprochen – der ambivalenten Welt zustimmen: „a confident hope for a future clear recognition of God, a hope for a vision of the whole beyond present ambiguity and brokenness is disclosed to Christians in that proleptic illumination named Jesus Christ."[47]

---

[42] Am Ende seiner Fundamentaltheologie markiert Tracy bereits die neue Herausforderung, nämlich ein „adequate model for a contemporary Christian systematics" zu entwickeln. (Tracy, Blessed Rage, 250, Fn. 1)

[43] Setzt man die eigene (christliche) Identität einer pluralen Gesellschaft kenotisch aus (vgl. Kreutzer, Dynamisch), wird die Sorge postliberaler Theologie nachvollziehbar „that Enlightenment rationalism and liberalism will silence the distinctive voice of Christianity in any conversation." (Sanks, Theological Project, 725) Diese Sorge nimmt Miroslav Volf ernst und stellt sich doch der Herausforderung, die Gesellschaft als Christ transformierend zu durchwirken (vgl. Volf, Public Faith, 77–97).

[44] Hier beruft sich Tracy auf die Tradition der Wissenssoziologie, um damit die Wahrnehmung „of the need to understand the social realities (as publics) actually operative in different theologies" zu fördern. (Tracy, Analogical Imagination, 32, Fn. 1)

[45] Diese Bezogenheit schließt (theologische) Kritik an bestimmten Öffentlichkeiten nicht aus, sondern ein. Auch die (bewusste) Nichtbeachtung einer der drei öffentlichen Bereiche – etwa mit dem Hinweis, diese seien theologisch nicht relevant – vermag das Argument der grundlegenden Bezogenheit von Theologinnen und Theologen auf alle drei Öffentlichkeiten nicht auszuhebeln. Die Notwendigkeit, Tracys Öffentlichkeitsverständnis aus sozialwissenschaftlicher Perspektive zu aktualisieren, kann hier nur angemerkt werden. Vorschläge dazu bieten u. a. Casarella, Public Reason; Arens, Kritisch.

[46] Vgl. Tracy, Analogical Imagination, 47–54.

[47] Tracy, Analogical Imagination, 54.

Wird bei der Rede vom Heilswillen Gottes die Bestimmung *universal* verwendet, so lässt sich dies soziologisch als *öffentlich* wiedergeben.[48] In der jüdisch-christlichen, aber auch der muslimischen Theologie wurde die Wirklichkeit Gottes nie als privat gedacht,[49] obgleich dies in weltanschaulich pluralen Gesellschaften zu bisweilen enormen Spannungen im öffentlichen Bereich geführt hat und noch führt.[50] Kann es gelingen, die Partikularität religiöser Traditionen (im Christentum vielfach als Dogmatiken entwickelt), in die Ansprüche auf Bedeutung und Wahrheit verwoben sind, mit der in öffentlichen Foren anzutreffenden Pluralität zu vermitteln und, falls ja, wie? Eine solche Vermittlung wäre nur unter Wahrung der Freiheit des Individuums möglich – ein Gut, das staatlicherseits in Form von Religionsfreiheit geschützt wird und für das Verständnis des christlichen Glaubens[51] (verstärkt durch das II. Vatikanum)[52] unverzichtbar ist. Tracy sieht diese Vermittlungsmöglichkeit in einer adaptierten Form dessen, was Hans-Georg Gadamer das Klassische genannt hat.[53] Auch wenn Hermeneutik für Tracy bereits in *Blessed Rage for Order* bedeutsam war, sie sollte Tracy von nun an noch intensiver beschäftigen.[54] Es geht beim Klassiker in Kunst und Religion[55] um das, was er in den Rezipientinnen und Rezipienten *auszulösen* vermag. Das setzt ein Selbstverständnis voraus, bei dem das Individuum nicht alles unter Kontrolle haben darf: „We all find ourselves compelled both to recognize and on occasion to articulate our reasons for the recognition that certain expressions of the human spirit so disclose a compelling truth about our lives that we cannot deny them some kind of normative status. Thus do we name these expressions, and these alone, ‚classics'."[56] Aus Sicht Tracys eignet dem Klassiker die besondere Qualität, die Entstehungsparti-

[48] Im Hintergrund steht hier Tracys Versuch, die zwei unterschiedlichen, nicht aufeinander reduziblen Perspektiven von Theologie und Soziologie dennoch kritisch zu vermitteln; vgl. Tracy, Analogical Imagination, 24.

[49] Vgl. Tracy, God.

[50] Diesen Spannungen möchte Tracy gerade nicht ausweichen: Religion und Theologie in die Privatheit zu verbannen, würde auch den für demokratische Staaten wichtigen Pluralismus unterminieren. Vgl. dazu auch: Taylor, Neubestimmung.

[51] Vgl. Böttigheimer, Glauben, 173–175.

[52] Vgl. u. a. DH 10; vgl. Siebenrock, Kommentar, 187 f.

[53] Vgl. Gadamer, Wahrheit, 290–295: „Das Beispiel des Klassischen."

[54] Wie im vorliegenden Beitrag von Tracy sehr deutlich wird, ist die Hermeneutik jener Ort, an dem für ihn die Kritische Theorie unverzichtbar ist; dabei fasst Tracy den Begriff weiter, als er üblicherweise gefasst wird. Vgl. auch: Tracy, Religion, 201–207.

[55] Da Tracy Kunst und Religion als Analogate bezeichnet und behandelt (Tracy, Analogical Imagination, bes. 107–115), ließen sich interessante Bezüge (und Differenzen) zu dem ausmachen, was Sibylle Trawöger in ihrem Beitrag über „Posthermeneutische Impulse für eine Theologie des Lauschens" ausführt.

[56] Tracy, Analogical Imagination, 108.

kularität (in einer bestimmten Zeit, einem bestimmten sozialen und kulturellen Kontext) mit einer *potentiell* universalen Rezipierbarkeit verbinden zu können. Klassiker sind in dem Sinn zeitlos, als sie immer an der Zeit sind, wenn man ihnen Zeit gewährt, auf dass sie – mittels einer Interpretation, die als Gespräch zu denken ist,[57] bei dem die Fragen vorrangig sind – *ihre* Wirkung entfalten können.[58] Der Bedeutungsüberschuss[59] religiöser Klassiker (in Form von Texten, Symbolen, Personen, etc.) spreizt sich nicht gegen gesellschaftlich-kulturelle Vielfalt, im Gegenteil, er befördert sie; so können selbst nicht- oder andersreligiöse Menschen[60] in ihnen bleibende Bedeutung, ja Wahrheit[61] erkennen und dadurch ihren *öffentlichen* Status bestätigen.[62]

In seiner Dogmatik bleibt Tracy methodologisch einer wechselseitig kritischen Korrelation treu:[63] die konkrete In-Beziehung-Setzung von „Tradition" und „Situation" ist dabei ein höchst anspruchsvolles – und im

[57] Der deutsche Titel „Theologie als Gespräch" (orig.: Plurality and Ambiguity) trifft demnach Methode und Anliegen der Tracy'schen Theologie sehr gut.

[58] Wie bei Tracys Ausführungen auch in diesem Band deutlich wird, gibt er (*mit* Gadamer) der Hermeneutik der Wiedergewinnung zwar den Vorrang, unterstreicht aber (*gegen* Gadamer, bzw. ohne dass Gadamer dies bewusst intendiert, aber doch – in Tracys Lesart des „wirkungsgeschichtlichen Bewusstseins" – impliziert!) die Unverzichtbarkeit kritischer Theorien, also einer Hermeneutik des Verdachts.

[59] Vgl. Ricœur, Interpretation Theory. Während mit *The Analogical Imagination* Hans-Georg Gadamer (mit dessen „Beispiel des Klassischen") eine zentrale Bedeutung für die Tracy'sche Hermeneutik gewinnt, bleibt Paul Ricœur Tracys zentraler, wenn nicht alleiniger Anwalt für die Hermeneutik des Verdachts.

[60] Tracy hebt aus christlicher Sicht sowie im Kontext des interreligiösen Gesprächs Bedeutung und Mehrwert religiöser Klassiker anderer Traditionen hervor, vgl. Tracy, Western Hermeneutics.

[61] Über Gadamer vermittelt macht sich Tracy Heideggers Wahrheitsverständnis zu eigen (vgl. Heidegger, Ursprung), wenn er mit Bezug auf Klassiker etwa formuliert: „[...] what we mean in naming certain texts, events, images, rituals, symbols and persons ‚classics' is that here we recognize nothing less than the *disclosure* of a reality we cannot but name truth." (Tracy, Analogical Imagination, 108)

[62] J. Habermas' Überlegungen dazu sind hinreichend bekannt; vgl. in diesem Band vor allem: Arens, Was die Theologie von Habermas zu erwarten hat. In einer Diskussion mit C. Taylor (in New York City 2009) meinte Habermas (mit Bezug auf das, was in Tracys Terminologie als Klassiker in Form einer Person gelten könnte): „Wenn man Martin Luther King Jr. zuhört, spielt es keine Rolle, ob man säkular ist oder nicht. Man versteht, was er meint." (Habermas, Diskussion, 95)

[63] Sowohl in *Blessed Rage for Order* als auch in *The Analogical Imagination* entwirft Tracy im jeweils ersten Teil eine fundamentaltheologische bzw. dogmatische Methodologie, die er dann im zweiten Teil konkretisiert. Man könnte also Tracys Methodologie(n) für grundsätzlich solide erachten, aber seine Konkretisierungen (als Interpretationen) für unangemessen oder einseitig erachten. Der überwiegende Teil der Kritik (und Rezeption) richtet sich allerdings auf Tracys Methodologie, zumal es wenige so detailliert durchdachte gibt.

Ausgang – offenes Unterfangen.[64] Zur durchwegs euphorischen Rezeption von *The Analogical Imagination* in den USA gehört eine Kritik,[65] welche die (standortbedingten?) blinden Flecken der Tracy'schen Interpretation der gegenwärtigen Situation[66] offenbaren und auf eine Antwort drängen.[67]

Die Fähigkeit, theologischen wie kulturellen Pluralismus bei aller unverzichtbaren Kritik positiv verarbeiten zu *können*, hat Tracy einerseits methodologisch über eine je zu aktualisierende Hermeneutik[68] verstehbar zu machen versucht – und er hat diese Fähigkeit anderseits einer weit in die Tradition[69] zurückreichenden Form theologischer Weltwahrnehmung[70] zugeordnet, die er als analoge Vorstellungskraft[71] bezeichnet. Analoge (Manifestations-) und dialektische (Proklamations-)Modelle können zwar unterschieden,[72] nicht aber getrennt werden: sie sind bleibend und wechselseitig aufeinander bezogen, obgleich aus Sicht Tracys die analoge Vorstellungskraft die Basis dafür bildet. Ausgehend von diesem Grundraster (analog / dialektisch) hat Tracy Entwicklungsverläufe der *Generalisierung* bzw. *Intensivierung* (in der Theologiegeschichte)[73] auszumachen vermocht, welche ihm bis heute bei der Bestimmung seines Bemühens um angemessene Formen der Gottesbezeichnung dienlich sind.[74]

---

[64] Kritikerinnen und Kritikern der Korrelation hält Tracy dessen je offenen Ausgang sowie ein mögliches Spektrum solcher Korrelationen entgegen, das von (analoger) Übereinstimmung, über Unvereinbarkeit und Konfrontation bis hin zu Transformation reichen kann.

[65] Vgl. u. a. Sanks, Theological Project, 722–727: neben der bereits erwähnten (teils auch berechtigten) Kritik vonseiten der sog. „postliberal theology" (G. Lindbeck u. a.) gibt es auch partielle Kritik an seiner Hermeneutik (durch seinen vormaligen Schüler W. Jeanrond; vgl. dazu: Jeanrond, Text und Interpretation).

[66] Vgl. Kapitel 8 von *The Analogical Imagination:* „The Situation: The Emergence of the Uncanny" (mit Bezugnahme auf Freuds Rede vom Unheimlichen).

[67] Dem nicht zu leugnenden hermeneutischen Überhang gegenüber einer transformativen Praxis wollte Tracy aus eben diesem Grund eine Praktische Theologie folgen lassen, zu der es allerdings nicht gekommen ist. In Reaktion auf diese Kritik meint Tracy: „There is no revelation without salvation. There is no theological theory without praxis. There need be no hermeneutics without pragmatics." (Tracy, Uneasy Alliance, 569)

[68] Davon, dass Tracys Rezeption der philosophischen Hermeneutik nicht bei Gadamer endet, sondern – im Gespräch – weitergedacht werden muss, zeugt Tracys (wenig theologisches) Buch *Theologie als Gespräch.*

[69] Die Rede von *der* Tradition soll nicht ihre Vielgestaltigkeit als Tradition*en* verdecken.

[70] Die Bezeichnung „Wahrnehmung" greift insofern zu kurz, als in diese Haltungen und – mehr noch – *Möglichkeiten* eingelassen sind.

[71] Die Übersetzung von „imagination" ist schwierig, weil im Englischen mehr mitschwingt als im dt. Wort der „Vorstellungskraft".

[72] Diese Überlegungen gehen zurück auf: Ricœur, Manifestation.

[73] Vgl. Tracy, Analogical Imagination, bes. 376–389.

[74] Vgl. u. a. Tracy, Re-Naming of God.

2.2 Weitere – ins Offene (und Abgründige) laufende – Entwicklungslinien

Mit seinen umfassenden Entwürfen für Fundamentaltheologie und Dogmatik hat Tracy eine Grundlage geschaffen, von der aus – im Rahmen dieser knappen werkgeschichtlichen Hinführung – weitere Entwicklungslinien nur noch angedeutet werden können. Versteht man einen zentralen Beitrag Tracys zur gegenwärtigen Theologie in methodologischen Kategorien und erkennt man darüber hinaus im Gespräch (Dialog) die zentrale Metapher für das, was eine kritisch-hermeneutische Theologie in ihrem Kern ausmacht,[75] sind die weiteren Entwicklungen der Tracy'schen Theologie einerseits absehbar, anderseits gerade nicht: denn die grundsätzliche Offenheit eines Gesprächs wird den Brüchen und Abgründen der Gesprächsteilnehmerinnen und -teilnehmer nicht ausweichen wollen.

2.2.1 Das theologische Gespräch an seine Grenzen geführt...

Wer wie Tracy das *öffentliche* Gespräch sucht und sich dabei der permanenten Rückfrage nach den Möglichkeitsbedingungen eines solchen wie möglicher systemischer Verzerrungen nicht verweigert, wird der Logik von „Theologie als Gespräch" zu folgen gewillt sein. Es sind die sprach-[76] und geschichtsphilosophischen[77] Herausforderungen des 20. Jahrhunderts, denen sich Tracy in *Plurality and Ambiguity* (so der Originaltitel von Theologie als Gespräch) widmet; die Sprache und Geschichte durchziehende radikale Pluralität und Ambiguität führt Tracys bisherige Hermeneutik an ihre Grenzen. Kritische Methoden, Theorien und Erklärungen müssen einen Gesprächsverlauf jederzeit *unterbrechen*[78] können. Dennoch möchte Tracy die *Hoffnung* auf die Möglichkeit eines – stets anspruchsvollen – Gesprächs nicht aufgegeben wissen.[79]

[75] Vgl. dazu die prominent gewordene kommunikationstheoretische Rede von Offenbarung.

[76] Tracy setzt dabei seine – mit Gadamer, Ricœur und W. Booth gelegten – hermeneutischen Grundlagen wichtigen poststrukturalistischen und postmodernen Positionen aus (Paul de Man, J. Derrida, Roland Barthes, M. Foucault, Julia Kristeva u.a.).

[77] W. Benjamins Geschichtsphilosophie spielte dabei eine zentrale Rolle. Benjamin bleibt auch in weiterer Folge ein wichtiger Referenzautor für Tracy.

[78] Vgl. Tracy, Plurality, 32.

[79] Im Gespräch mit David Gibson erwähnt Tracy, dass ein Rezensent von *Plurality and Ambiguity* zurecht nachgefragt hätte, was Tracys Hoffnung denn begründe: „I had to articulate [...] why I have hope, because of that belief in God, through Christ, and in Christ through Jesus." Diese Nachfrage, so Tracy, hätte ihn auf die Gottesfrage so fixiert, dass er sich als „God-obsessed" empfinde. (Gibson, God-obsessed)

Tracy reflektierte aber nicht nur theoretisch auf das Gespräch, sondern sammelte reichlich Gesprächserfahrung: über viele Jahre nahm er aktiv am jüdisch-christlichen[80] und christlich-buddhistischen[81] Dialog teil. Die Fruchtbarkeit dieser Dialoge lässt sich nicht zuletzt darin erkennen, dass Tracy die uneinholbare Andersheit der – in Kultur, Religion, Gender, etc. – *Anderen*[82] immer deutlicher akzentuiert und damit die *Differenz* (in der „similarity-in-difference"[83]) in seiner von analoger Vorstellungskraft durchdrungenen Hermeneutik noch bedeutsamer wird.

Mit zeitlichem Abstand zu „Theologie als Gespräch" sowie mit Blick auf das, was danach (nicht!) folgen sollte,[84] wird erkennbar, dass die darin kritisch analysierten und zur Sprache gebrachten *Unterbrechungen* sich in einem Maß auf die gesamte Theoriearchitektur seiner Theologie auswirken sollten,[85] wie Tracy dies vermutlich nicht abzuschätzen vermochte.

2.2.2 ... und ebenso die eigene Disziplin[86]

Die (methodologische) Kapazität moderner Theologie hat Tracy überdeutlich vor Augen geführt. Allerdings wächst seit „Theologie als Gespräch" in Tracy der Verdacht, dass das in vielen Aspekten Maßstäbe setzende Projekt der Moderne[87] letztlich *zu* hegemonial nicht nur auf die Religion, sondern auch auf die Theologie gewirkt habe.[88] Für Tracy hat die Moderne die *Formen*vielfalt der Theologie so sehr beschnitten, dass ihr „Gegenstand"

[80] Vgl. u. a. Tracy, God as Trinitarian.

[81] Vgl. Tracy, Kenosis.

[82] Tracy, Dialogue, 6: „[...] there are now many ‚others' who do theology in ways very different, even conflictually other, from my own white, male, middle class, and academic reflections on a hermeneutics of dialogue and a praxis of solidarity."

[83] Tracy, Analogical Imagination, 408.

[84] Seit fast einem Viertel Jahrhundert versucht sich Tracy an einem Buch über *Naming God* – bis dato (noch) ohne den publikatorischen Erfolg einer (als mehrbändig angekündigten) Monographie.

[85] Diese Unterbrechungen sind als *Erschütterungen* nicht nur der Tracy'schen Theologie zu denken, sondern aller Theologien, die sich – ob mit Tracy'scher Methodologie oder nicht – in korrelativen Bahnen bewegen.

[86] Auch mit Blick auf jüngste Entwicklungen in Tracys Theologie können nur einige wenige, aus meiner Sicht aber zentrale Aspekte angedeutet werden.

[87] Tracy hebt in diesem Zusammenhang vor allem den emanzipatorischen Impetus von Aufklärung und Moderne hervor; sein Anspruch, Theologie sei als öffentlicher Diskurs zu verstehen, ruht auf einem der Moderne verdankten, demokratischen Öffentlichkeitsverständnis auf. Vgl. u. a. Tracy, Catholic Classics.

[88] „Then theology – as in the modern period – becomes obsessed with finding the exactly right method, the irrefutable modern argument, the proper horizon of intelligibility for comprehending und perhaps controlling God." (Tracy, Return of God, 36)

(der ihr *offenbart* ist)[89] darüber domestiziert wurde. Die Verdienste moderner Theologie sind zweifelsohne imposant,[90] doch auch – wider ihre besten Intentionen – *totalisierungsgefährdet.* Damit muss sich moderne Theologie fragen lassen, ob und inwiefern sie dem schlechthin *Anderen* gerecht wird und damit all jenen anderen, denen sich dieser bevorzugt als Befreier und Erlöser geoffenbart hat?[91]

Tracy versucht daher mittels seiner (fragil gewordenen) Hermeneutik der Wiedergewinnung[92] an jene Traditionsbestände und Denkformen heranzukommen, von denen er hofft, dass sie sich gegen eine allzu direkte Indienstnahme der Religion bei gleichzeitiger Marginalisierung besser würden verwehren können. In puncto Form sieht Tracy das *Fragment,*[93] theologisch entwickelt als „frag-event",[94] am besten dazu in der Lage: „[…] there are certain texts that, even when we possess the whole text, are *fragmentary* in their explosive power to shatter any temptation of totality […] or some final once-and-for-all ‚true' interpretation."[95] Fragmentierung ist zweifellos ein Kennzeichen unserer Zeit[96] – doch die immer auch *fragmentierende* Kraft religiöser und kultureller Klassiker birgt ebenso Hoffnung. Die den Fragmenten zugeschriebene Hoffnung kann freilich unterschiedliche Gründe haben: aus Sicht christlicher Theologie sieht Tracy eine solche Hoffnung dort am ehesten ‚begründet', wo keine Siegergeschichte geschrieben wurde,[97] nämlich u. a. in den afroamerikanischen Spirituals, im Blues und den Sklav(inn)enerzählungen.[98]

[89] Vgl. dazu Tracys Überlegungen zur Form moderner Religionsphilosophie: „[…] many modern philosophies focus on the category ‚religion'; any claims, therefore, to divine self-revelation will be interpreted under some philosophical construal of ‚religion'." (Tracy, Revelation, 603)

[90] „Moderns characteristically name God and think God in terms of some modern formulation of an ism: deism, theism, pantheism, atheism, agnosticism, panentheism." (Tracy, Literary Theory, 307)

[91] Vgl. Tracy, Christian Option.

[92] „Indeed, retrieval can now often come best through critique and suspicion. And even when retrieval enters on its own, it can no longer arrive unambiguously. There is no innocent interpretation, no innocent interpreter, no innocent text." (Tracy, Plurality, 78 f.)

[93] Für Beispiele möglicher Rezeptionen des Konzepts Fragment in der Theologie vgl. den Beitrag von Sauer in diesem Band. Tracys philosophische Gewährsleute für die Entwicklung einer explizit *theologischen* Theorie des Fragments sind vor allem F. Rosenzweig, S. Weil und W. Benjamin; vgl. u. a. Tracy, Simone Weil; ders., Form and Fragment.

[94] Mit diesem Neologismus betont Tracy den Ereignischarakter („event") im Fragment, um dessen romantischen Anklängen (die nostalgische Erinnerung an eine verlorengegangene Totalität) zu wehren.

[95] Tracy, Augustine's Christomorphic Theocentrism, 267; Hervorhebung A.T.

[96] Vgl. Tracy, Spiritual Situation.

[97] Tracys intensive Rezeption W. Benjamins in den letzten Jahren ließe inhaltlich neue Brücken zu dem entstehen, was Walter Raberger in Linz versucht hat; vgl. Grubers Werkgeschichtliche

Mit Blick auf die Theologiegeschichte und den darin auffindbaren bisweilen *fragmentanalogen* Formen greift Tracy vor allem auf die apophantischen und apokalyptischen Traditionen zu, allerdings in ihrer irrebuziblen Bezogenheit aufeinander. Ausgehend von der Dialektik zwischen Manifestations- und Proklamationssträngen in der Tradition christlicher Theologie stellen Apophantik und Apokalyptik deren *Intensivierung* dar.[99] Während Tracys Beitrag in diesem Band bei der Unbegreiflichkeit Gottes ansetzt (unter Wiedergewinnung der Epektase, wie Gregor von Nyssa sie entwarf), hebt er beständig hervor, dass die Apophantik *unterbrochen* werden muss: „For this God reveals Godself in hiddenness: in cross and negativity, above all in the suffering of all those others whom the grand narrative of modernity has too often set aside as non-peoples, non-events, non-memories, in a word, non-history."[100] Nur beide Formen (apophantisch und apokalyptisch) zusammen drängen sprachlos-*beredt* und sprachlos-*aufgebracht* auf das Geheimnis Gottes hin, in dessen Bann sie selbst gezogen sind – oder, wie im Falle Tracys, von dem sie förmlich „besessen" sind. Eine derartige Theologie – stets an ihre Grenzen geführt bzw. an sie erinnert – wird gerade aufgrund ihrer Formsensibilität in Schwierigkeiten sein, die *eine* Form zu finden, mit der sie sich publikatorisch abschließen lässt. Vielleicht kann Theologie beim „späten Tracy" wirklich nur (noch?) als *Improvisation* gedacht werden ...[101]

Literaturverzeichnis:

Arens, E., Kritisch, kirchlich, kommunikativ. Fundamentaltheologie als öffentliche Theologie, in: Böttigheimer, C. / Bruckmann, F. (Hg.), Glaubensverantwortung im Horizont der „Zeichen der Zeit" (QD 248), Freiburg/Br. 2012, 432–453.

Böttigheimer, C., Glauben verstehen. Eine Theologie des Glaubensaktes, Freiburg/Br. 2012.

Casarella, P., Public Reason and Intercultural Dialogue, in: Barbieri, W. (Hg.), At the Limits of the Secular: Catholic Reflections on Faith and Public Life, Grand Rapids/MI 2014, 51–84.

Cobb, J. B. / Tracy, D., Talking About God. Doing Theology in the Context of Modern Pluralism, New York/NY 1983.

Crawford, N., Theology as Improvisation: Seeking the Unstructured Form of Theology with David Tracy, in: Irish Theological Quarterly 75 (2010) 300–312.

Einführung in diesem Band. Die Verbindung zwischen Tracys (öffentlicher) Theologie und Benjamins Fragment verdeutlicht: Myatt, Public Theology.

[98] Vgl. Tracy, African American.

[99] Vgl. Tracy, Analogical Imagination, 376–398.

[100] Tracy, Hidden God, 8.

[101] Vgl. Crawford, Theology.

Dorrien, G., The Making of American Liberal Theology. Crisis, Irony, and Postmodernity: 1950–2005, Louisville/KY 2006.

Eckerstorfer, A., Kirche in der postmodernen Welt. Der Beitrag George Lindbecks zu einer neuen Verhältnisbestimmung (STS 16), Innsbruck 2001.

Gadamer, H.-G., Wahrheit und Methode. Grundzüge einer philosophischen Hermeneutik (GW 1), Tübingen [6]1990 (1960).

Gibson, D., God-obsessed. David Tracy's Theological Quest, in: Commonweal 137/2 (29.1.2010).

Grant, R. M. / Tracy, D., A Short History of the Interpretation of the Bible, Philadelphia/PA [2]1984.

Habermas, J. / Taylor, C., Diskussion, in: Mendieta, E. / VanAntwerpen, J. (Hg.), Religion und Öffentlichkeit, Berlin 2012, 89–101.

Happel, S. / Tracy, D., A Catholic Vision, Philadelphia/PA 1984.

Heidegger, M., Der Ursprung des Kunstwerkes, Stuttgart 2001 (1960).

Hoff, G. M., Die prekäre Identität des Christlichen. Die Herausforderung postModernen Differenzdenkens für eine theologische Hermeneutik, Paderborn u. a. 2001.

Hollenbach, D., Public Theology in America, in: TS 37 (1976) 290–303.

Joas, H., Braucht der Mensch Religion? Über Erfahrungen der Selbsttranszendenz, Freiburg/Br. – Basel – Wien 2004.

Jeanrond, W. G., Einführung, in: Tracy, D., Theologie als Gespräch. Eine postmoderne Hermeneutik, Mainz 1993.

Jeanrond, W. G. / Rike, J. L. (Hg.), Radical Pluralism and Truth. David Tracy and the Hermeneutics of Religion, New York/NY 1991.

Jeanrond, W. G., Text und Interpretation als Kategorien theologischen Denkens (Hermeneutische Untersuchungen zur Theologie 23), Tübingen 1986.

Kennedy, E. C., A Dissenting Voice. Catholic Theologian David Tracy, in: The New York Times Magazine (9.11. 1986) 20–30, abrufbar: http://www.nytimes.com/1986/11/09/magazine/a-dissenting-voice-catholic-theologian-david-tracy.html

Komonchak, J. A., John Courtney Murray and the Redemption of History: Natural Law and Theology, in: Hooper, L. J. / Whitmore, T. (Hg.), John Courtney Murray and the Growth of Tradition, Kansas City/MO 1996, 60–81.

Kreutzer, A., Bücher saufen und verschlingen. Handlungstheoretische, theologische und kulturkritische Bezüge von Lesen und Exzess, in: Koller, E. / Schrödl, B. / Schwantner, A. (Hg.), Exzess. Vom Überschuss in Religion, Kunst und Philosophie, Bielefeld 2009, 57–78.

Kreutzer, A., Dynamisch, plural, selbstlos. Identitätsmerkmale der Kirche in der spätmodernen Gesellschaft, in: Gruber, F. / Niemand, C. / Reisinger, F. (Hg.), Geistes-Gegenwart. (FS P. Hofer, F. Hubmann, H. Sauer, unter Mitarbeit von H. Eder, A. Kreutzer, W. Urbanz), Frankfurt/M. u. a. 2009, 231–248.

Lindbeck, G., Christliche Lehre als Grammatik des Glaubens. Religion und Theologie im postliberalen Zeitalter, übers. v. M. Müller (Theologische Bücherei 90), Gütersloh 1994.

Martinez, G., Confronting the Mystery of God. Political, Liberation, and Public Theologies, New York – London 2001.

McGinn, B., Die Mystik im Abendland, 4 Bde., Freiburg/Br. 1994–2008.

Myatt, W., Public Theology and „The Fragment": Duncan Forrester, David Tracy, and Walter Benjamin, in: International Journal of Public Theology 8 (2014) 85–106.

Nutt, A., Gott, Geschlecht und Leiden. Die feministische Theologie Elizabeth A. Johnsons im Vergleich mit den Theologien David Tracys und Mary Dalys (Theologische Frauenforschung in Europa 24), Berlin 2010.

Ricœur, P., Interpretation Theory. Discourse and the Surplus of Meaning, Fort Worth/TX 1976.

Ricœur, P., Manifestation and Proclamation, in: The Journal of the Blaisdell Institute 12 (1978) 13–35.

Sanks, T. H., David Tracy's Theological Project: An Overview and Some Implications, in: TS 54 (1993) 698–727.

Sauer, H. / Gruber, F. (Hg.), Lachen in Freiheit. Theologische Skizzen, Regensburg 1999.

Siebenrock, R., Theologischer Kommentar zur Erklärung über die religiöse Freiheit *Dignitatis humanae*, in: Hünermann, P. / Hilberath, B. J. (Hg.): Herders Theologischer Kommentar zum Zweiten Vatikanischen Konzil (Bd. 4), Freiburg/Br. – Basel – Wien, 125–218.

Taylor, C., Für eine grundlegende Neubestimmung des Säkularismus, in: Mendieta, E. / VanAntwerpen, J. (Hg.), Religion und Öffentlichkeit, Berlin 2012, 53–88.

Telser, A., Theologie als öffentlicher Diskurs. Zur Relevanz der Systematischen Theologie David Tracys (im Erscheinen).

Tracy, D., African American Thought. The Discovery of Fragments, in: Hopkins, D. (Hg.), Black Faith and Public Talk: Critical Essays on James H. Cone's Black Theology and Black Power, Maryknoll/NY 1999, 29–38.

Tracy, D., The Analogical Imagination. Christian Theology and the Culture of Pluralism, New York/NY 1991 (1981).

Tracy, D., Augustine's Christomorphic Theocentrism, in: Papanikolaou, A. / Demacopoulos, G. E. (Hg.), Orthodox Readings of Augustine, Crestwood/NY 2008, 263–89.

Tracy, D., Blessed Rage for Order. The New Pluralism in Theology, Chicago/IL 1995 (1975).

Tracy, D., Catholic Classics in American Liberal Culture, in: Douglas, B. R. / Hollenbach, D. (Hg.), Catholicism and Liberalism: Contributions to American Public Philosophy, Cambridge/UK u. a. 1994, 196–213.

Tracy, D., The Christian Option for the Poor, in: Groody, D. G. (Hg.), The Option for the Poor in Christian Theology, Notre Dame/IN 2007, 119–31.

Tracy, D., Dialogue with the Other. The Inter-Religious Dialogue (Louvain Theological & Pastoral Monographs 1), Leuven – Grand Rapids/MI 1990.

Tracy, D., Form and Fragment. The Recovery of the Hidden and Incomprehensible God, in: Jeanrond, W. G. / Lande, A. (Hg.), The Concept of God in Global Dialogue, Maryknoll/NY 2005, 98–114.

Tracy, D., Fragments: The Spiritual Situation of Our Times, in: Caputo, J. D. (Hg.), God, the Gift, and Postmodernism, Bloomington/IN 1999, 170–84.

Tracy, D., God as Trinitarian: A Christian Response to Peter Ochs, in: Frymer-Kensky, T. S. u.a. (Hg.), Christianity in Jewish Terms, Boulder/CO 2000, 77–84.

Tracy, D., God, Dialogue and Solidarity: A Theologian's Refrain, in: Christian Century 107 (1990) 900–904.

Tracy, D., God: the Possible / Impossible (Interview mit Christian Sheppard), in: Manoussakis, J. P. (Hg.), After God. Richard Kearney and the Religious Turn in Continental Philosophy, New York/NY 2006, 340–54.

Tracy, D., The Hidden God: The Divine Other of Liberation, in: Cross Currents 46 (1996) 5–16.

Tracy, D., Kenosis, Sunyata, and Trinity: A Dialogue with Masao Abe, in: Ives, C. / Cobb, J. B., Jr. (Hg.), The Emptying God. A Buddhist-Jewish-Christian Conversation, Maryknoll/NY 1990, 135–54.

Tracy, D., Literary Theory and Return of the Forms for Naming and Thinking God in Theology, in: JR 74 (1994) 302–19.

Tracy, D., Lonergan's Foundational Theology: An Interpretation and a Critique, in: McShane, P. (Hg.), Foundations of Theology: Papers from the International Lonergan Congress 1970, Dublin 1971, 197–222.

Tracy, D., Plurality and Ambiguity. Hermeneutics, Religion, Hope, San Francisco 1987 (dt.: Theologie als Gespräch, Eine postmoderne Hermeneutik, Mainz 1993).

Tracy, D., The Post-Modern Re-Naming of God as Incomprehensible and Hidden, in: Cross Currents 50 (2000) 240–47.

Tracy, D., Religion im öffentlichen Bereich: Öffentliche Theologie, in: Kreutzer, A. / Gruber, F. (Hg.), Im Dialog. Systematische Theologie und Religionssoziologie (QD 258), Freiburg/Br. – Basel – Wien 2013, 189–207.

Tracy, D., The Return of God in Contemporary Theology, in: ders., On Naming the Present. God, Hermeneutics, and Church, London – Maryknoll/NY 1994, 36–46.

Tracy, D., Revelation, Hermeneutics, Criteria, in: Archivio di filosofia 62 (1994) 603–615.

Tracy, D., Simone Weil and the Impossible: A Radical View of Religion and Culture, in: Pierce, A. / Smyth, G. (Hg.), The Critical Spirit: Theology at the Crossroads of Faith and Culture (FS Gabriel Daly), Dublin 2003, 208–222.

Tracy, D., Tribute to Bernard McGinn, in: Criterion 42 (Autumn 2003) 41–42.

Tracy, D., The Uneasy Alliance Reconceived: Catholic Theological Method, Modernity, and Postmodernity, in: TS 50 (1989) 548–570.

Tracy, D., Western Hermeneutics and Interreligious Dialogue, in: Cornille, C. / Conway, C. (Hg.), Interreligious Hermeneutics (Interreligious Dialogue Series 2), Eugene/OR 2010, 1–43.

Volf, M., A Public Faith. How Followers of Christ Should Serve the Common Good, Grand Rapids/MI 2011.

Wendel, S., Art. Postmoderne, in: Franz, A. / Baum, W. / Kreutzer, K. (Hg.), Lexikon philosophischer Grundbegriffe der Theologie, Freiburg/Br. 2003, 319–320.

Die Theologie und die dialogische Wende im zeitgenössischen Denken

Theologie als potentiell unendliche Hermeneutik eines aktual Unendlichen Gottes

David Tracy

1. Hans-Georg Gadamer: Dialog als ontologischer Grund der philosophischen Hermeneutik

> „Mein eigentlicher Anspruch aber war und ist ein philosophischer: Nicht, was wir tun, nicht, was wir tun sollten, sondern was über unser Wollen und Tun hinaus mit uns geschieht, steht in Frage.“[1]

Laut Charles Taylor wird die zeitgenössische Philosophie durch eine „dialogische Wende“ charakterisiert. Dies beschreibt einen guten Teil der Philosophie unserer Zeit akkurat: jegliche Hermeneutik, aber auch viele Formen Kritischer Theorie, selbst wenn von Jürgen Habermas und Karl-Otto Apel das „Argument“ gegenüber dem umfassenderen Begriff „Dialog“ hervorgehoben wird. Darüber hinaus nehmen einige Formen Analytischer Philosophie deutlicher hermeneutische Züge an, z. B. bei Richard Rorty, Stephen Toulmin, Bernard Williams und Charles Taylor selbst. Einige bedeutende phänomenologische Philosophen, insbesondere Paul Ricœur und Emmanuel Levinas, interpretierten Phänomenologie im Gefolge des frühen Vorbilds Martin Heideggers in *Sein und Zeit* als hermeneutische Phänomenologie. Und vor allem hat Hans-Georg Gadamer seine Hermeneutische Philosophie über Heideggers eher knappe Analyse des Verstehens als hermeneutisches Geschehen in *Sein und Zeit*, vor dessen „Kehre“ zu einer eher meditativen Form philosophischen Denkens, hinaus entwickelt. Am Bedeutendsten ist, dass Hans-Georg Gadamer von *Wahrheit und Methode* an für die Universalität der Hermeneutik und die grundlegende Rolle des Dialogs für diese argumentiert hat. Auch nach Heideggers „Kehre“ zum „poetischen“ oder „meditativen“ Denken hat er sich noch mehreren bedeutenden meditativen und hermeneutischen Interpretationen von sowohl antiken als auch modernen Kunstwerken (z. B. der griechischen Tempel oder van Goghs) gewidmet zugleich mit Heideggers Interpretationen der vorsokratischen Erfahrung von Wahrheit als *Aletheia*; am überraschendsten

[1] Gadamer, Vorwort, 438.

sind seine eher rätselhaften, aber sehr positiven Deutungen von Taoismus und Zen-Buddhismus als angemessene Wege meditativen Denkens.

Es gibt bedeutende Ergänzungen und Korrektive zu Gadamers dialogischem Hermeneutikmodell: Paul Ricœur hat unter dem Einfluss der strukturalistischen und semiotischen Bewegung im Frankreich der 1960er- und 1970er-Jahre Gadamers dialogisches Fundament ausgebaut, um dessen am Verstehen orientiertes Modell zu seinem eigenen umfassenderen Modell von „Verstehen – Erklären – Verstehen" zu erweitern. Jürgen Habermas betonte, ohne Gadamers dialogisches Grundmodell von Hermeneutik zurückzuweisen, die Notwendigkeit kritischer Theorie für die moderne Hermeneutik: diese Herausforderung führte zu einer wesentlichen Auseinandersetzung zwischen Gadamer und Habermas.

Auch schon vor dieser berühmten Debatte aber war Habermas' selten bemerkter erster bedeutender Unterschied zu Gadamer, dass er dessen (wie bei Platon) eher auf ein offenes Ende ausgerichtetes Dialogverständnis zugunsten einer fast ausschließlichen Betonung des Arguments abzuschwächen wusste. Habermas' Hermeneutik war schon vor der Entwicklung seiner Kritischen Theorie eher Aristotelisch als Platonisch gewesen. Nun verfasste zwar Aristoteles selbst Dialoge, die noch für Cicero und Quintillian verfügbar waren, später aber verloren gingen. Heute besitzen wir nur noch Fragmente dieser einst berühmten Aristotelischen Dialoge, und wie für die Römer Aristoteles schlicht der Aristoteles seiner Dialoge war, ist im Gegensatz dazu der Aristoteles der Moderne der Aristoteles von Abhandlungen, die aus sorgfältig durchdachten Argumenten bestehen (d. h. derjenigen Texte, die im Lykeion selbst jahrhundertelang von der Aristotelischen Schule der Peripatetiker studiert wurden).

Aristoteles' traktatartige Texte, die sehr wahrscheinlich auf seinen Entwürfen sowie Mitschriften seiner Lehrreden durch Studenten beruhen, waren ausschließlich für seine Schule bestimmt – seine Dialoge hingegen für die breitere Öffentlichkeit. Für Aristoteles müssen sich die jeweiligen Argumente in einer bestimmten Abhandlung immer auf einen bestimmten Gegenstand beziehen. Sie sind also *de facto* hermeneutisch. Und wie Aristoteles verschiedene Arten von Argumenten kannte – das analytische, logische, dialektische, metaphysische oder rhetorische Argument –, gestaltete er jede Art entsprechend des Fragenkatalogs, den ein spezifischer Gegenstandsbereich erforderte (Logik, Rhetorik, Dialektik, Ethik, Politik, Poetik, Biologie, Psychologie, Physik, Metaphysik etc.). Aristoteles war zwar immer noch in mancher Hinsicht ein platonischer Philosoph, stimmte aber mit seinem Lehrer Platon im Hinblick auf dessen Verständnis separater Ideen bzw. Formen keineswegs überein. Von sich aus hat Aristoteles zwei Gegenstände erfunden: syllogistische Logik und empirische Biologie. Wie

Habermas im Hinblick auf Gadamer, hat Aristoteles Platons dialogische Hermeneutik nicht so sehr ersetzt, als sie erweitert und gleichzeitig paradoxerweise eingeengt, indem er analytischen und logischen Argumenten den Vorzug gab. Selbstverständlich hat Platon selbst viele Arten von Argumenten in seinen Dialogen verwendet, aber grundlegender Rahmen für die Untersuchung war ihm eben der Dialog, und nicht das Argument. Wie Platons wahrscheinlich authentischer *Siebter Brief* betont, weigerte er sich, Erörterungen zu schreiben, die von anderen als Doktrinen missverstanden werden könnten. Damit die Untersuchung wahrhaftig sein kann, muss sie sich nach Platon von der je einzelnen denkenden Seele im Dialog aneignen lassen.

Aristoteles andererseits hat zwischen seinen Dialogen und seinen Traktaten unterschieden und gleichzeitig dem Argument für alle spezifisch philosophischen Fragen den Vorrang gegeben. Entsprechend hat auch Habermas Gadamers im Grunde dialogische Hermeneutik nicht so sehr zurückgewiesen wie herausgefordert und korrigiert, indem er für die zeitgenössische Hermeneutik die Notwendigkeit der einen Argumentationsform beansprucht hat, die antiken Philosophen nicht zur Verfügung stand, nämlich der modernen kritischen Theorie, wie wir weiter unten sehen werden. Habermas verhält sich zu Aristoteles wie Gadamer zu Platon: den entscheidenden Unterschieden zwischen ihnen entsprechen vergleichbare hermeneutische Grundlagen ihrer Philosophie. Aristoteles' Hermeneutik besteht (wie die von Habermas) im Wesentlichen aus Abhandlungen, die die Art von Argumenten enthalten, die er mit herausragenden logischen, analytischen und empirischen Fähigkeiten dem jeweiligen Gegenstandsbereich angemessen formuliert hat. Habermas betont wie Aristoteles den Vorrang des Arguments vor dem Dialog mit dem Unterschied, dass er sich als der Frankfurter Schule entstammender Denker gleichermaßen der der Moderne eigentümlichen Argumentationsform bedient, nämlich der Kritischen Theorie. Für Gadamer bildet der Dialog den Grundrahmen für alle Argumente in Theorie und Praxis. Ontologisch und epistemologisch stellt der Dialog die Grundlage jedes sprachlichen Verstehens, d.h. jeglichen Verstehens überhaupt, dar. Der Dialog beinhaltet das Argument, ohne darauf reduziert werden zu können.

Weder Gadamer noch Habermas jedoch haben sich je darüber verständigt, was meines Erachtens ihre ursprüngliche, jedoch uneingestandene, Grunddifferenz darstellt: ob sich Verstehen angemessener als dialogisches (Platon, Gadamer) oder argumentatives (Aristoteles, Habermas) Geschehen auffassen lässt. Sämtliche Formen moderner Analytischer Philosophie wie bereits zuvor Scholastischer Philosophie bzw. Theologie sind eher argumentativ-aristotelisch als platonisch-dialogisch ausgerichtet. Analytische

Philosophie kann sogar als eine in Folge der modernen wissenschaftlichen Revolution auf logischer und analytischer Ebene präzisierte Scholastische Philosophie verstanden werden, der dieselben bedeutenden Beiträge wie allen Formen von Scholastik eignen: präzise Definition, logische Strenge, analytische Klarheit sowie die Betonung des starken Arguments gegenüber dem umständlichen Dialog. Die monastische Theologie des 12. Jahrhunderts war noch eher dialogisch als rein dialektisch. Als die Theologie aber schrittweise aristotelische Methoden einbezog, wurde sie (nunmehr prinzipiell im Rahmen der neuen Universität angesiedelt) scholastisch, was im späten 12. Jahrhundert einen ersten Höhepunkt in den *Sentenzen* des Petrus Lombardus fand (welche für drei Jahrhunderte das grundlegende Lehrbuch Scholastischer Theologie darstellen sollten) und über die großen *Summen* (insbesondere den beiden des Thomas von Aquin) des 13. Jahrhunderts im von William von Ockham geprägten späten 14. Jahrhundert in der rein logischen, analytischen, semiotischen und semantischen Form spätmittelalterlicher Scholastik gipfelte, die von allen vormodernen Philosophien der modernen Analytischen Philosophie am nächsten kommt.

Darüber hinaus kann Jacques Derrida, trotz des nahezu zu einem Desaster der Nicht-Kommunikation gewordenen, groß angekündigten Dialogs mit Gadamer 1981 in Paris, von seiner husserlianisch-phänomenologischen Seite her zu Recht eher als hermeneutischer denn als eidetischer, genetischer oder transzendentaler Phänomenologe betrachtet werden. Denn tatsächlich besteht ja der Großteil der Philosophie Derridas aus einer Reihe wacher, ja (mit seinem Lieblingsausdruck gesagt) „vigilanter" Interpretationen bedeutender Denker in der Form eines „close reading" der Texte in der französischen „explication du texte"-Tradition (Hegel, Husserl, Saussure, Lévi-Strauss, Rousseau, Heidegger, Levinas, Ricœur u. a.), die die Lücken, die abwesenden Anwesenheiten, Ausschließungen, Inkohärenzen und das Textchaos entdecken, die in verschiedenen Formen Präsenz beanspruchen. Derridas „close reading" von Texten stellte eine brilliante dekonstruktivistisch-hermeneutische Innovation dar. Trotzdem scheint er unwillig, einen offensichtlichen Umstand zuzugeben: es gibt ein weites Spektrum von „Präsenz"-Ansprüchen in der Philosophie, von denen sehr wenige seinen Vorwurf eines reinen, vollständigen Logozentrismus verdient haben.

Derridas „close readings" der dekonstruktiven Hermeneutik von Präsenz konzentrieren seine Kritik am Logozentrismus stärker auf Platon als auf seine drei anderen Hauptziele – Hegel, Husserl sowie, weniger überzeugend, Heidegger (bei dem Derrida noch Spuren von Logozentrismus feststellt). Die einzigartige Gestalt der hermeneutischen, dekonstruktivistischen Methode Derridas ist grundsätzlich weniger eine Phänomenologie (wie noch in seinem Frühwerk über Husserl) als eine Hermeneutik, deren

Angelpunkt die Demonstration der Auflösung aller Behauptungen von Kohärenz, Identität und Präsenz in den sie beanspruchenden Texten darstellt – eine radikale Hermeneutik, gewiss, Hermeneutik aber nichtsdestotrotz!

Im Pariser „Nicht-Dialog" von 1981 behauptete Derrida, Gadamers Wille zum dialogischen Verständnis könnte unbewusst ein weiterer Fall des Nietzscheanischen „Willens zur Macht" sein; daher sei ein wirklicher Dialog zwischen den beiden unwahrscheinlich oder vielleicht gar unmöglich. Sogar nach Derridas bizarrem Angriff fuhr Gadamer fort, mit ihm in Dialog treten zu wollen, indem er argumentierte, dass ein genuin dialogischer Wille zur Verständigung nicht anders als Nietzscheanischer „Wille zur Macht" interpretiert werden könne, als durch ein offensichtlich nicht nachvollziehbares „So sei es!" Derridas.

Der fruchtbarste Streitpunkt in der Auseinandersetzung zwischen Gadamer und Derrida war Derridas nachvollziehbare Kritik an Heideggers Deutung von Nietzsche als „letztem Metaphysiker" des Willen zur Macht zu Gunsten der Notwendigkeit einer näheren Betrachtung der Pluralität in Nietzsches vielgestaltigen, ja heteroglossischen Texten, sowie an Gadamers recht kompromissloser Verteidigung Heideggers. Der „Nicht-Dialog" endete also als klassische Aporie.

Zum Glück schafften es Gadamer und Derrida jedoch einige Jahre später, bei einer Konferenz zum Thema Religion in Neapel, über einige bedeutende religionsphilosophische Fragen ins Gespräch zu kommen; sie erkannten sogar, dass sie trotz ihrer noch immer bedeutenden Differenzen in einigen Punkten übereinstimmten. Wie der ursprüngliche Hauptunterschied zwischen Gadamer und Ricœur mit dem Verhältnis von Verstehen und Erklären zu tun hatte, und die ursprüngliche Differenz zwischen Gadamer und Habermas mit dem Vorrang von Dialog oder Argument für die philosophische Untersuchung und von da aus mit ihrer bekannteren Uneinigkeit hinsichtlich des Gebrauchs einer neuen Form der Argumentation, nämlich der Kritischen Theorie in der Hermeneutik, so dreht sich auch die ursprüngliche wie andauernde Differenz zwischen Gadamer und Derrida um den Vorrang von Sprechen oder Schreiben und von daher um den angeblichen Logozentrismus eines Großteils der Philosophie. In der Praxis sind hermeneutische Philosophen in ihrer Lehre den eigenen hermeneutischen Theorien unbeschreiblich treu: Hans-Georg Gadamer z. B. hat seine Vorlesungen kaum einmal einfach vorgelesen, sondern in der Regel nach Notizen frei gesprochen. Jacques Derrida hingegen hat wie sein Lehrer Paul Ricœur nahezu immer einen verschriftlichten Text zum Vortrag gebracht. In allen drei Fällen liegt hier ein letztlich hermeneutischer Unterschied vor: reden oder lesen?

Vor seinen Debatten mit Derrida und Ricœur war Gadamers bekannteste öffentliche Auseinandersetzung – zu den Themen Hermeneutik und Kritische Theorie – diejenige mit Jürgen Habermas, dem unbequemen Erben sowohl der Hermeneutik seines ursprünglichen Mentors Gadamer als auch der revisionistischen neo-Marxistischen Denker der frühen Frankfurter Schule, Adorno und Horkheimer. Der junge Habermas war einerseits wesentlich weniger radikal in seinem anfänglichen revisionistischen Marxismus als Adorno, Horkheimer oder Benjamin es gewesen waren. (Später gab Habermas den Marxismus auf bzw. wurde, genauer gesagt, zum Post-Marxisten im Hinblick auf seine neue Kritische Theorie der Hermeneutik, seine *Theorie des kommunikativen Handelns*). Andererseits war der junge Habermas aber wesentlich radikaler in Bezug auf die Hermeneutik als sein anderer Mentor, Gadamer. In der Tat kritisierte Habermas scharf, was er als Gadamers zu optimistische, zu herkömmlich humanistische und insofern zu konservative Deutung der abendländischen Tradition verstand. Habermas bestand auf der Notwendigkeit einer kritischen Theorie, um den echten Pluralitäten (*die* Tradition war ja in Wirklichkeit Tradition*en*) sowie tiefgreifenden Ambiguitäten – von Wahrheit und Falschheit, Schönheit und Hässlichkeit, Gut und Böse, ja noch über die gute oder böse Wirklichkeit hinaus von Heiligem und Unheiligem – in der westlichen Kultur, ja auch bei Gadamers geliebten Griechen und Deutschen Idealisten, gerecht zu werden. Theodor W. Adorno hatte dem jungen Habermas gründlich beigebracht, dass es so etwas wie eine unschuldige Tradition nicht gibt. Dies beinhaltet die Tradition der Aufklärung, trotz Habermas' eigener richtiger, aber zu optimistischer Deutung der Aufklärung der Moderne als schlicht noch unabgeschlossenes Projekt in Absetzung von der komplexeren, vielschichtigen und uneindeutigen Auslegung der *Dialektik der Aufklärung* durch Horkheimer und Adorno. Ironischerweise fand Gadamers humanistischer, nahezu Renaissance-mäßiger Optimismus bezüglich der klassischen griechischen Tradition eine gleichermaßen naive Entsprechung in Habermas' ursprünglichem Optimismus im Hinblick auf die Tradition der Aufklärung.

Habermas weitete seine ursprüngliche Uneinigkeit mit Gadamers ihm hinsichtlich der Tradition zu konservativer Hermeneutik in Richtung einer an der Frankfurter Schule orientierten Verteidigung einer post-traditionalen Argumentationsform aus, die eine historische Tatsache nicht nur verstehen-erklären, sondern durch theoretische Aufklärung unbewusste Einbildungen in jeglicher Tradition wie im Individuum (nach Freud) orten kann und dazu verhelfen, durch eine neue therapieartige kritische Theorie die Tradition teilweise von ihren eingeschlossenen Mehrdeutigkeiten zu befreien.

Diese Spätformen der Theorie, denen z. B. Marx' Ideologiekritik und Freuds Theorie der Psychoanalyse zum Modell dienten, werden kritische

Theorien genannt. Kritische Theorien stellen in der Tat eine neue Form kritischer Hermeneutik dar, die beansprucht, über den Platonischen Dialog, das Aristotelische Argument, die Hegel'sche Dialektik und andere traditionelle Methoden hinaus zu einer überhaupt neuen Theorieform vorzustoßen.

Kritische Theorie erklärt nicht einfach nur ein Phänomen (wie herkömmliche Theorien), sondern kann vermittels der Theorie selbst teilweise – niemals, versteht sich, gänzlich – dazu beitragen, ein Individuum (Freud), eine Gesellschaft (Marx) oder eine Kultur (feministische und postkoloniale Theorien) von der Infektion mit einer unbewussten, aber systemischen Verzerrung zu befreien. Die klassische psychoanalytische Theorie ist zum Beispiel eine kritische, nicht-traditionelle Theorie, durch die der Freudianisch gewappnete Therapeut unterdrückte, aber noch wirksame Emotionen entdecken kann, die die Neurosen und, im Grenzfall, Psychosen des Analysanden verursachen. Um es zu wiederholen: Kritische Theorie richtet ihre Aufmerksamkeit nicht auf bewusste Fehler, sondern auf unbewusste, systemische Verzerrungen. Habermas' Reformulierung der dialogischen Hermeneutik unter Einbezug der Kritischen Theorie als eine notwendige neue Argumentationsform fordert jegliche bloß dialogische Hermeneutik im Hinblick auf ihre Hinlänglichkeit heraus, unbewusste systemische Verzerrungen in der Tradition zu enthüllen.

Ich würde sagen, dass Habermas in diesem Fall Recht hat. Andererseits sind die Klassiker unserer Traditionen auch wirklich, wie Gadamer zu Recht feststellt, von einer Fülle von Wahrheit, Tugend und Schönheit durchzogen, die zu erschließen dessen dialogische Hermeneutik völlig angemessen ist. Und doch sind alle Traditionen wirklich nicht monolithisch, sondern vielfältig: es sind eben Tradition*en*; vor allem sind Traditionen ganz konkret mehrdeutig (d.h. sie bestehen aus unentwirrbaren Elementen sowohl von Wahrheit als auch von Irrtum, Güte und Bosheit, Schönheit und Hässlichkeit, dem Heiligen wie dem Dämonischen). Eine dialogische Hermeneutik, die einer so komplexen Wirklichkeit wie der Tradition entsprechen will, muss sich aller verfügbaren kritischen Theorien bedienen.

Die hermeneutische Philosophie von Hans-Georg Gadamer baut auf eine ontologische, nicht bloß epistemologische Grundlage recht verstandenen Dialogs. Hans-Georg Gadamer hat Charles Taylors Lob völlig verdient: kein Philosoph hat die dialogische Wende tiefgreifender und umfassender zum Ausdruck gebracht als er! Alle auf Gadamer folgenden hermeneutischen Entwicklungen – Ricœurs überzeugende Ausweitung der Hermeneutik unter Einbeziehung strukturalistischer und semiotischer Analysemethoden; Habermas' Weiterentwicklung Kritischer Theorie, die in seiner späteren *Theorie des Kommunikativen Handelns* gipfelte; Derridas dekonstruktive Hermeneutik; Levinas' Analyse der radikalen Andersheit des Anderen – alle diese auf Gadamer folgenden, rein dialogischen Hermeneutiken sind bedeutende Entwicklungen und/oder Kritiken von Gadamers zu konservativer Haltung gegenüber der „Tradition". Alle diese kritischen Positionen fordern Gadamer zu Recht in einigen wesentlichen Punkten heraus. Trotzdem sind meines Erachtens alle diese bedeutenden Kritiken selbst auch Formen von Hermeneutik und grundsätzlich Korrektive, aber kein Ersatz für Gadamers grundlegend dialogisches Modell. Jede von ihnen bedarf letztlich auch einer dialogischen ontologischen wie epistemiologischen Grundlegung, um sie davor zu bewahren, neuerlich bloße Ideologie zu werden.

Darüber hinaus werden in Folge von Gadamers „Wende zum Dialog" die beiden früheren Haupt-„Wenden" der modernen Philosophie in einen weiteren dialogischen Rahmen aufgenommen: zuerst hat die „Wende zum Anderen" die frühmoderne „Wende zum Subjekt" von Descartes bis Kant zugunsten einer Konzentration auf den Wahrheitsanspruch des Anderen kritisiert; sodann die „Wende zur Sprache" sowohl in den von Ludwig Wittgenstein beeinflussten analytischen Traditionen wie in den von Martin Heidegger und Hans-Georg Gadamer beeinflussten Existenzial-Phänomenologien und hermeneutischen Philosophien. In Bezug auf die Sprache, d. h. den sprachlichen Charakter allen Verstehens, hat Gadamer frühere linguistische Wenden in der Philosophie wie jene von Wittgenstein, wie auch die linguistische Wende des späten Heidegger affirmiert. Martin Heidegger blieb stets Gadamers philosophischer Haupteinfluss; und Gadamer hat verstanden, dass die phänomenologisch-hermeneutische Analyse der Faktizität der menschlichen Existenz als *Dasein* beim frühen Heidegger von *Sein und Zeit* einer „Wende zur Sprache" beim späteren Heidegger gewichen war.

Für Gadamer stellt das Verstehen ein Ereignis dar, das durch Dialog zustande kommt. Wir werden im Dialog vom Wahrheitsanspruch des dialogischen Anderen übernommen, indem wir durch die Logik des (Be-)Fragens selbst in ein Ereignis des Verstehens aufgehoben werden. „Logos" ergibt sich durch („dia") das Hin und Her des (Be-)Fragens, dem sich die Dialogpartner überlassen. Die Logik des Dialogs ist die Logik von Frage und Antwort zwischen Dialogpartnern, entweder zwischen zwei Partnern in der direkten Konversation oder zwischen Leser und Text.

Darüber hinaus stellt der Dialog ontologisch, und nicht bloß bildhaft gesprochen ein Spiel ganz eigener Art dar. Wie in jedem Spiel (z. B. im Sport, im Theater, in den Rollenspielen des täglichen Lebens) geht eine Konversation schief, wenn sie vom Selbstbewusstsein eines der Spieler übernommen wird. Eine selbstbewusste Schauspielerin kann ein Theaterstück schnell sowohl für das Publikum als auch die Mitspieler auf dieselbe Weise ruinieren, wie ein großkotziger Athlet in einer Mannschaftssportart wie Basketball oder Fußball das Spiel zerstören kann. Wer spielen soll, muss sich selbst in das Ereignis des Spiels hinein aufgeben: wer überhaupt spielen will, muss sich selbst der Logik der Ontologie des Spiels überlassen, dem Hin und Her, welches das jeweilige Spiel ausmacht, wie es von den vereinbarten Spielregeln bestimmt wird. Im entscheidenden Kommunikationsspiel (im alltäglichen Leben genauso wie in der Philosophie), besteht das Spiel (ontologisch) im Hin und Her von Frage und Antwort, in dem jeder Spieler dem anderen (ob Person oder Text) in vollem dialogischen Ernst einen Anspruch auf Wahrheit zuerkennt.

Vor allem muss, wer spielen will, sich selbst überschreiten indem er oder sie dem Wahrheitsanspruch des Anderen Aufmerksamkeit widmet (noch einmal: ob nun Person, Text, Ereignis, Symbol, Ritual oder was auch immer). Nur dann kann der Spieler die grundlegende ontologische Realität erfahren, von der und durch die Bewegung des Spiels selbst gespielt zu werden, wie wenn Athleten in diesen wundersamen, seltenen Augenblicken der Selbstüberschreitung in ihrem Sport sagen, sie seien „in the zone", d. h., sie erführen sich selbst als vom Spiel Gespielte eher denn als Spieler.

Für Gadamer ist das Wesen des Dialogs zweifältig: zuerst ein waches Bewusstsein für die Aufmerksamkeitsansprüche des Anderen; dann die Selbsthingabe an die Logik des Dialogs als ein Hin und Her, das von einander abwechselnden Fragen und Antworten konstituiert wird. Diese beiden ontologischen Konstituenten des Dialogs ersetzen für Gadamer eine ursprüngliche Romantische Hermeneutik der Einfühlung (von Schleiermacher bis Dilthey). Die Ontologie des Dialogs muss sich daher von einer empathischen hin zu einer dialogischen Aufmerksamkeit auf den anderen verschieben. Alle zeitgenössischen dialogischen Philosophien sind Beispiele der umfassenden Wende zum Anderen in der zeitgenössischen Philosophie. In Gadamers Modell kann das Selbst, auch das empathische Selbst, im Dialog niemals Kontrolle ausüben; der Andere, d. h. dessen Wahrheitsanspruch in einem bestimmten Gegenstandsbereich, löst das Hin und Her einer gegenseitigen Befragung aus, um die richtigen Fragen wie auch einige relativ angemessene vorläufige Antworten frei zu legen. Selbstverständlich muss das Selbst in Gesprächen mit einer anderen Person so umfassend aufmerksam, kritisch und wachsam sein wie bei jedem „close reading" eines Texts. Gerade in der Bewegung zwischen dem Selbst und dem Anderen in der wechselseitigen Befragung, die der Dialog darstellt, erkennt das Selbst, dass sein Dialog von dem Willen dazu getrieben ist, den Anderen als (das hermeneutische *als)* Anderen zu verstehen. Durch seinen einmaligen Fokus auf den Anderen und dessen Forderung nach Aufmerksamkeit, zusammen mit der dialogischen Selbsthingabe an das Hin und Her der Befragung, stellt der genuine Dialog das genaue Gegenteil eines Willens zur Macht dar. Er ist ein Wille zum Verstehen.

Für Gadamer werden sowohl das Selbst als auch der Andere dialogisch – durch den Dialog – begründet. Im Dialog vereinigen sich die Wende zur Sprache und die Wende zum Anderen in *einer* Gestalt, nämlich dem Dialog selbst. Philosophisch gesehen ist das dialogische Selbst aktual endlich, grenzenlos aber in seiner Fragepotenz. Der diskursive Dialog enthüllt, da er stets in einem spezifischen Kontext mit je spezifischen Gesprächspartnern gründet, die ontologische Zeitlichkeit und Geschichtlichkeit des Selbst. Dialoge ereignen sich in Zeit und Sprache. Platons großartige Dialoge sind Werke, die in einmaliger Weise von sowohl philosophischem als auch künstlerischem Genie bestimmt sind. In diesem Sinn zeigen seine wie andere Dialoge, z. B. Ciceros *De natura deorum* und David Humes meisterhaft ironischen *Dialoge über natürliche Religion*, auf welche Weise erfolgreich gestaltete Dialoge im Gegensatz zu Abhandlungen nicht auf ahistorischen, kontextlosen Argumenten basieren, sondern eine echt dialogische Argumentation aufbieten, die die Argumente immer kontextualisiert: *wann* (z. B. anlässlich eines abendlichen Symposiums) argumentiert *wer* (z. B. in der *Politeia* der aufbrausende Sophist Thrasymachos im Gegensatz zum wahrhaftigen, dialogischen wie dialektischen Wahrheitssucher, dem unvergleichlichen Sokrates) für eine bestimmte Position; *warum* handelt Thrasymachos so, dessen martialisches Temperament und dessen sophistisches Argumentationstraining die Debatte auf ein Streben nach Macht anstatt nach der Wahrheit reduzieren; *wo* finden die Debatten statt (z. B. im *Phaidros* an einem herrlichen Sommertag am Land)? In Platons Dialogen beeinflussen die örtlichen Umstände die Art und Weise, in der die Untersuchung fortschreitet, gleichermaßen die Eigenheiten von Temperament und Bildung der einzelnen Teilnehmer. Dialog ist also, wie Gadamer in vielen feinsinnigen Auslegungen einzelner Platonischer Dialoge argumentiert, schon in seiner ontologischen Konstitution linguistisch (diskursiv) und zeitlich-geschichtlich kontextualisiert.

Das dialogische Selbst jedoch, wie unbegrenzt auch sein Verstehen der Möglichkeit nach sein mag, ist radikal endlich. Gadamer hat Heideggers Bestimmung allen Verstehens als hermeneutisch in *Sein und Zeit* weiterentwickelt zu einer eigenen, exakteren und umfassenderen Auffassung allen Verstehens als dialogisch. In *Wahrheit und Methode* und danach hat Gadamer philosophische Hermeneutik als ontologisch-dialogisches Verstehen bestimmt, das sowohl den Möglichkeiten als auch den Grenzen des menschlichen Verstehens (nach Kant) angemessen ist. Gadamer hat im Feld der Philosophie seine strikt hermeneutische Denkweise beibehalten anstatt Heideggers „Kehre“ zu einer eher intuitiven, meditativen, poetischeren

Form des Verstehens zu folgen. Im ersten Teil von *Wahrheit und Methode* spricht sich Gadamer genau wie der spätere Heidegger, wenn auch mit anderen philosophischen Ergebnissen, gegen die Ästhetik sowohl Kants als auch der Romantiker, für die Bedeutung des Kunstwerks als Manifestation von Wahrheit aus.

Gadamer nutzte die ontologische Wahrheit des Kunstwerks selbstverständlich nicht als Gelegenheit, argumentativ- oder dialektisch-diskursives Denken als bloße Berechnung zu verunglimpfen. Gadamers Unterschied zu Martin Heidegger wird hier deutlich: dieser besaß von seinem Frühwerk über die Deutsche Mystik des Mittelalters (insbesondere Meister Eckhart) her eine meditative Sensibilität, die der mystischen Kontemplation gegenüber offen war, während der eher herkömmlich humanistische Hans-Georg Gadamer jeder mystischen Sensibilität entbehrte. In bedeutender Hinsicht blieb Gadamer Kantianer genau wie, in einiger Hinsicht, Heidegger in seiner Sensibilität nie alle Spuren von Eckhart loswurde. Der klassische Humanist Gadamer hat für seine philosophische Hermeneutik des Dialogs überzeugend geltend machen können, dass sie auch als historisch bewusste Reformulierung antiker Rhetorik interpretiert werden könne – genauer gesagt sowohl einer Rhetorik der Themen, die nach überzeugender Wahrheit streben, als auch einer Rhetorik der Tropen, Metaphern, Metonymie, Synekdoche und insbesondere Ironie.

Gadamer bewunderte auch Hegels Dialektik als eine moderne Form des antiken Platonischen Dialogs wie des Aristotelischen Arguments in ständiger Sorge um die Wahrheit und nicht, wie Hegels zahlreiche Kritiker behaupten, als bloß sophistisches Interesse, den Sieg auf dem Feld der Argumente (hegelianisch-dialektisch) um jeden Preis zu erringen. Im Gegensatz zu Hegel würde Gadamers eigenes dialogisches Selbst nie den Anspruch erheben, dass irgendein dialogischer oder dialektischer Philosoph jemals einen Zustand vollständiger Selbst-Transparenz oder Selbst-Präsenz erreichen könnte, indem er durch Dialektik zum absoluten Wissen gelangt wäre. Wie Karl Barth geistreich bemerkt hat, stellte Hegels dialektischer Anspruch auf absolutes Wissen sowohl den größtmöglichen Versuch dar, den jemals ein Philosoph unternommen hatte – als auch die größte Versuchung. Das endliche dialogische Selbst bei Gadamer betätigt sich in einem potentiell unendlichen Fragegeschehen. In diesem unendlichen dialogischen Frageprozess gibt es keine erste und ganz bestimmt keine letzte Frage, umso weniger eine letzte Antwort (ohne Hegel zu nahe treten zu wollen). Das Selbst-im-Dialog findet sein selbst-transzendierendes Verstehen immer bereits vom ontologischen Ereignis der dialogischen Bewegung des Frageprozesses überschritten, an dem es Teil hat. Das Selbst erlebt Verstehen

(„logos") nur durch („dia") seine Teilnahme am Dialog, und sei es nur am innerlichen Dialog mit sich selber.

Gadamers Konzept eines dialogischen Rahmenwerks allen Verstehens widerspricht auch der These, dass jeder Text (und am Ende jede Realität) aus dialektischen Gegensätzen bestehe (Heraklit, Hegel, neo-orthodoxe Theologien): manchmal bestehen Texte und Wirklichkeit aus dialektischen Gegensätzen, und manchmal nicht. Ebenfalls sollte keine dialogische Philosophie die gleichermaßen exklusive gegensätzliche Behauptung erheben, dass die Wirklichkeit vollständig von reinen Differenzen bestimmt werde (Deleuze), oder von aufschiebender, unterscheidender „différance" (Derrida). Jede dieser Alternativen – dialektische Gegensätze (Hegel), Polaritäten (Whitehead), Analogien (Thomas v. Aquin), reine Differenzen (Deleuze), Differenzen, die Unterscheidung und Aufschub zugleich sind (Derridas „différance") – kann als korrekte Antwort auf die spezifische Frage im jeweiligen Dialog aufkommen. Nichtsdestotrotz können diese verschiedenen geistigen Möglichkeiten nicht als notwendiges Ergebnis eines Dialogs vorweggenommen werden, ob nun das fragliche Phänomen von Differenz, Gegensatz oder Analogie bestimmt wird, kann nur durch den Dialog selbst festgestellt werden. Weder Differenz noch dialektischer Gegensatz, sondern nur der Dialog ist die grundlegende ontologische Realität.

Der Dialog ist ontologisch sowohl potentiell unendlich, als auch radikal begrenzt. Die nackte Tatsache, dass wir notwendig in und durch unsere Muttersprache denken, enthüllt unzweifelhaft die radikale Sprachlichkeit allen Verstehens. Der Dialog, der wir sind (bzw. das „Gespräch [das] wir sind und hören voneinander", Hölderlin), ist einer, in dem jeder von uns in den größeren Dialog unsrer eigenen Kultur eintritt bzw. jeder anderen Kultur, die wir auf sprachlicher Ebene verstehen lernen können – nicht nur durch verbale Sprache sondern auch, wie der spätere Wittgenstein betont hat, durch Gestik oder unartikulierte, aber verständliche Menschenlaute – denn sogar die vorsprachlichen Gesten, Grunzlaute, das Lächeln und das Schreien sind ja Formen von Sprache. Das Menschen-Tier, so hilflos bei der Geburt und im Vergleich zu anderen Tieren so langsam in seiner anfänglichen Entwicklung, gelangt doch auf lange Sicht zu einem Verstehen weit jenseits der Möglichkeiten andere Tiere. Andere Tiere verfügen aber, trotz dem über sie verbreiteten Cartesianischen Nonsens (sie seien gefühllose Maschinen) gleichermaßen über ihren Formen von Verstehen und ihre Formen sprachlicher Kommunikation (z. B. „Vogelsprache").

Der Dialog meiner Tradition begann lange, bevor es mich gab, und wird noch lange, nachdem ich nicht mehr bin, geführt werden. Jeder von uns hört den uralten, fortgesetzten Dialog seiner jeweiligen Kultur. Jede von uns lernt Schritt für Schritt die Bedeutungen und Wahrheiten, die ihre angeborenen

Fähigkeiten und angelernten Traditionen ihr zu verstehen erlauben; jeder von uns hat damit zu kämpfen, seine eigene Stimme zu finden, um an dem Gespräch seiner Tradition teilzunehmen; jede Person findet für gewöhnlich ihre jeweilige eigene Stimme; wir fahren fort zu hören, aber wir sprechen auch. Wir denken, sprechen und handeln in der Hoffnung, das Gespräch der Tradition voranzubringen, in dem wir endlich eher aktive als bloß passive Teilnehmer sind; wir sterben, wir verschwinden aus dem Gespräch, aber wir wissen, dass das Gespräch der Tradition weitergehen wird. Sogar die Toten bleiben im Gespräch mit der Tradition. Die Toten sind tatsächlich mit einer ganz besonderen anwesenden Abwesenheit gesegnet. Die gewöhnliche, lebendige Präsenz fehlt ihnen, aber die Toten sind nicht stumm. Durch ihre (erinnerten wie vergessenen) Worte und Taten, nimmt „die große Demokratie der Toten“ (G.K. Chesterton) weiterhin an dem über Jahrhunderte laufenden Gespräch ihrer Tradition teil.

Dialog kann auch ein innerlicher Vorgang sein (und wurde dann in der Antike „Psychomachia“ genannt). Die volle Leistungsfähigkeit des innerlichen Dialogs beruht dabei oft auf einem gespaltenen Selbst, wie man zum Beispiel gut an der inneren Reise eines gespaltenen Selbst in Augustinus' *Confessiones* beobachten kann. Der Existenzialismus kannte seine eigenen Formen eines gespaltenen Selbst, welche die Postmoderne später nicht als vielfältig-selbstbezogenes Selbst, sondern als mehrdeutiges, dem Zufall überlassenes Nicht-Selbst bezeichnet hat. Gadamers Hermeneutik ist trotzdem mehr mit dem äußeren als mit dem innerlichen Dialog befasst.

In unserem Zeitalter wird die nunmehr globalisierte Welt in weit höherem Maß von Technologie und Wirtschaft zusammengehalten, als von genuinem Dialog. In einer so bedrohlichen Situation kann Gadamers Auffassung des Dialogs als Grundlage allen Verstehens vielleicht als nützliches Modell nicht nur für die philosophische Wende zur Sprache und zum Anderen dienen, sondern auch für den dringend notwendigen kulturellen und interreligiösen Dialog. Heute ist Klarheit darüber, was Dialog ausmacht und was eben nicht, eine entscheidende Notwendigkeit – als einzige Hoffnung, zwischen den vielen einander nicht verstehenden Kulturen der globalisierten Welt im Dialog einen Zusammenhang herzustellen.

Darüber hinaus gibt es, wie oben dargestellt wurde, keinen Grund, weshalb Gadamers Modell des Dialogs, das als ontologische Grundlage für die Entdeckung von Wahrheit ja funktioniert, nicht auch jeder plausiblen Ergänzung oder Korrektur gegenüber offen sein sollte. Um Gadamers philosophisches Verständnis des Dialogs als ontologische Größe anzuerkennen, können alle kritischen Theoretiker den Dialog ohne Verlust als implizite ontologische Grundlage ihrer wertvollen neuen Argumentationsformen in der Kritischen Theorie annehmen.

Gadamers komplexes dialogisches Modell ist meines Erachtens aufgrund seiner überzeugenden Darstellung, *wie* der Dialog als ein Spiel eigener Art funktioniert, philosophisch schlüssig. Bedeutender aber ist, dass Gadamers ontologisch grundlegendes Verständnis des dialogischen Charakters des Verstehens, sein Beharren auf der allzeitigen Offenheit des Dialogs, sich im ideologischen und konformistischen, von den Medien getriebenen Nicht-Dialog unserer Zeit als vielversprechend erweisen könnte. Wie Habermas klug bemerkt, wird unsere gegenwärtige Lage fast vollständig von einem nunmehr globalisierten technisch-ökonomischen Komplex kontrolliert, der im Prinzip sämtliche Traditionen kolonisieren kann. Der technisch-ökonomische Komplex kann auch das politische Feld selbst nivellieren, d.h. das öffentliche Feld, in dem Zwecke (Werte), und nicht nur wirtschaftliche Mittel zur Effizienzsteigerung, entwickelt werden können (z.B. auch durch „Public Theologies").

In dieser Situation kann das Kunstwerk jedes Wahrheitsanspruchs beraubt werden. Religion und Theologie können dank ihrer umfangreichen Ressourcen für den öffentlichen Dialog ein Umdenken hinsichtlich der Beziehungen von Gerechtigkeit und Liebe in der Gesellschaft anbieten, aber wenn sie keinen Zugang zur Öffentlichkeit erhalten, bleiben sie letzten Endes auf den privaten Bereich beschränkt. Die Vernunft selbst, so umfassend sie einst in ihrer ganzen Bandbreite von Dialog, Dialektik und Kontemplation einmal war, kann auf eine positivistische Rationalität eingeengt werden, wodurch das genuin öffentliche Feld in einer anscheinend mehr und mehr vom technisch-ökonomischen Komplex beherrschten Gesellschaft entmachtet werden kann. Viele Demokratien sind inzwischen zu Oligarchien geworden, die im Grunde von allgewaltigen Wirtschaftskräften regiert werden, die sich der immer höher entwickelten Informationstechnologie dieser Zeit bedienen. Was einst nur durch Heere einzunehmen war, wird nun von Kommunikation auf Schnellfeuer erobert.

Wenn der technisch-ökonomische Komplex sowohl das politische als auch das in hohem Maß kommerzialisierte kulturelle Feld effizient bestimmen kann, dann können die einstmals lebhaften politischen und kulturellen Felder (zu denen die Religion gehört) ihrer Ressourcen in der öffentlichen Auseinandersetzung um im Wesentlichen geteilte gesellschaftliche Werte beraubt werden. Die technisch-ökonomische Kategorie der Effizienz kann dann zum einzig verbliebenen Wert werden, wenn sie es denn nicht bereits ist. Herkömmlicherweise wurden die Werte einer Gesellschaft im öffentlichen Feld ausverhandelt: z.B. die einem stetigen Wandel unterworfene komplexe Beziehung zwischen den politischen Grundwerten Freiheit und Gerechtigkeit; der Beitrag, den Religion und die Künste, Philosophie und Theologie zu der Diskussion über die Bestimmung von Gerechtigkeit für eine Gesellschaft oder das Gemeinwohl einer Gesellschaft zu leisten im Stande sind. Heute aber zeichnet sich trotzdem eine bedrohliche Konstellation von Umständen für die Zukunft ab: die Kunst marginalisiert, die Religion privatisiert, die Politik ökonomisiert; Philosophie und Theologie ignoriert; und, der entscheidende Punkt, die Vernunft selbst auf die Schienen von Positivismus, Historizismus und Szientismus eingeengt und verdinglicht.

Allein der Dialog, im Verbund mit verschiedenen kritischen Theorien, kann uns noch retten – und den Dialog zu verweigern bedeutet, das eigene Menschsein zu verweigern. In dieser mehr und mehr globalisierten Welt können wir uns eine derartige Verweigerung nicht mehr leisten.

2. Gadamers überraschende Hermeneutik von Wiedergewinnung und Verdacht: Wirkungsgeschichtliches Bewusstsein

> „Die Vergangenheit ist niemals tot. Sie ist noch nicht einmal vergangen."[2]
> (William Faulkner)

Üblicherweise wird Gadamers Hermeneutik als eine durch ein Grundvertrauen in die Tradition ermöglichte „Hermeneutik der Wiederherstellung oder der Wiedergewinnung" bezeichnet. Diese Bezeichnung ist nicht so sehr falsch als sie derart unvollständig ist, einem Irrtum nahe zu kommen. Unbestreitbar erkennt Gadamers Hermeneutik einer Hermeneutik des Vertrauens in die dialogische Wiedergewinnung unausschöpflicher Klassiker der westlichen Tradition den Vorrang zu, vor allem jenen der Philosophie und Kunst. Noch vor *Wahrheit und Methode* (1960) hatte Gadamer bereits neue Lesarten vieler Klassiker der griechischen Philosophie vorgestellt (der Vorsokratiker Heraklit und Parmenides, vor allem aber Platons und Aristoteles'). Dazu sei auf einen wichtigen, oft übersehenen Umstand in Gadamers philosophischem Profil hingewiesen: er studierte zunächst an der seinerzeit neukantianisch geprägten Universität Marburg bei Nicolai Hartmann. Erst danach studierte Gadamer an der Universität Freiburg bei Edmund Husserl und dem jungen Martin Heidegger – just zu der Zeit, als dieser in seinen Vorlesungen und Seminaren sein bahnbrechendes Werk *Sein und Zeit* (1927) ausarbeitete. Durch Heideggers Einfluss verwarf Gadamer zwar den Neukantianismus, behielt aber ein lebenslanges Interesse an Kants Philosophie bei in dem Ausmaß, dass *Wahrheit und Methode* einen strikt philosophischen Versuch darstellt, die Kant'sche Frage zu beantwor-

[2] Faulkner, Requiem, 106.

ten, wie Verstehen möglich sei, d. h. was die Möglichkeitsbedingungen des Verstehens seien. Folglich hielt Gadamer, trotz seines jugendfrischen Bruchs mit sowie seiner dauerhaften Kritik am Neukantianismus nach der entscheidenden Wende zur Phänomenologie und zur Hermeneutik (genauer gesagt zu einer hermeneutischen Phänomenologie), immer an gewissen Kant'schen Ansprüchen fest (vor allem in seinem kantianischen Bestehen sowohl auf den Möglichkeiten als auch den Grenzen der Vernunft nebst seinen kantianischen Versuchen, die Möglichkeitsbedingungen des Phänomens Verstehen darzulegen). Dieser Kant'sche Einfluss hielt sich in Gadamer gegenüber seiner vehementen Kritik an kantianischer und neukantianischer Ästhetik sowie an nachkantianisch-romantischer Ästhetik im zentralen ersten Teil von *Wahrheit und Methode:* „Freilegung der Wahrheitsfrage an der Erfahrung der Kunst".

Außerdem war Gadamer wie Nietzsche und anders als Heidegger sowohl Philosoph als auch Philologe infolge seiner frühen Studien bei dem bedeutenden Gräzisten und Platon-Forscher Paul Friedländer. Man kann Gadamers luzide Interpretationen griechischer Philosophie nicht lesen, ohne dabei die stark philologischen Elemente in all seinen philosophischen Lesungen der antiken Philosophen zu berücksichtigen. Heideggers Etymologien der griechischen Sprache (z. B. des Begriffs „Aletheia") sind gewiss brillant; Gadamers Lesart der Griechen ist normalerweise weniger brillant, aber dafür genauer – hauptsächlich dank seiner philologischen Ausbildung in jungen Jahren.

Ungeachtet dieser frühen kantianischen und philologischen Einflüsse wurde Gadamers philosophisches Denken hauptsächlich von Martin Heidegger geprägt, vor allem vom Heidegger von *Sein und Zeit* und seinen frühen Aristoteles-Studien. Auch die Betonung der Bedeutung der Sprache beim späteren Heidegger beeinflusste Gadamer offenkundig – allerdings ging dieser seinen eigenen nicht-Heidegger'schen, nicht-meditativen Weg in der Hermeneutik.

Heideggers Einfluss auf Gadamer ist oft überzeichnet worden. Gadamer war nie ein „reiner" Heideggerianer wie so viele in der damaligen Zeit. Gadamer bewunderte zwar das „meditative und poetische Denken" des späten Heidegger aus einigem Abstand, machte es sich aber nicht zu Eigen: konsequent verfocht er eine hermeneutische Position. Im Unterschied zu vielen anderen von Heidegger beeinflussten Philosophen folgte er seinem Lehrer auch nicht in dessen späteres „poetischen Denken", obgleich Gadamer die Bedeutung der Poesie, ja aller Kunstwerke für die Philosophie vehement verteidigte. In Gadamers Urteil ist die Wahrheit im Kunstwerk in zweifacher Hinsicht von Bedeutung: *erstens* bricht das Kunstwerk den Würgegriff von Argument und Beobachtung (sowohl in der alltäglichen

Erfahrung als auch im kontrollierten Experiment) als einzig erlaubte Wege zur Wahrheit in einem Großteil moderner Philosophie auf; *zweitens* offenbart das Kunstwerk ein Verständnis von Wahrheit als „Aletheia" oder Unerschlossenheit statt der gängigeren Konzeptionen von Wahrheit als Korrespondenz, Kohärenz oder Konsens. Gadamer folgte Heidegger zweifellos im Hinblick auf die „Aletheia" als ursprüngliche Erfahrung von Wahrheit; zugleich widersprach er aber Heideggers Behauptung, nur die Vorsokratiker hätten „Aletheia" wirklich verstanden, während bei Platon, Aristoteles und dem Großteil der darauf folgenden Philosophie das Verständnis wirklicher „Aletheia" zugunsten eines Verständnisses von Wahrheit als Korrespondenz des Geists mit einer außergeistigen Wirklichkeit verloren gegangen sei. In direktem Widerspruch zu Heidegger hielt Gadamer in etlichen Studien daran fest, dass Platon keinesfalls einer Seinsvergessenheit anheimfiel; im Gegenteil, Platon brachte seine eigenes Verständnis von Wahrheit als Erscheinung in der und durch die Form deutlich zur Sprache.

Ein weiteres bedeutendes Beispiel für die wesentlichen denkerischen Unterschiede zwischen Gadamer und Heidegger sei genannt: wie Gadamer in *Wahrheit und Methode* klar darlegt, hängt seine Auffassung von Geschichtlichkeit zwar von Heideggers Daseinsanalyse ab, ist aber ebenso tief von Diltheys umsichtigen, gelehrten, maßvollen und nicht exzessiven Überlegungen zur Geschichte, den Geschichtswissenschaften und der Geschichtlichkeit geprägt.[3] Über das philosophische Wesen der Geschichte unterhielt sich Gadamer lieber mit Dilthey als – wie Heidegger – mit Nietzsche. Genau genommen teilte Gadamer nie die Begeisterung Heideggers und der Postmoderne (Derridas, Deleuzes, Foucaults, Klossowskis u. a.) für Nietzsches Werk, das – aus Sicht Gadamers – natürlich brillant und tiefgründig, aber auch inhaltlich so verstiegen wie stilistisch überhoben war. Hingegen erachtete Heidegger Nietzsche – in seinen von 1933–1935 entstandenen Interpretationen seines Werks – immer als den bedeutendsten Philosophen der Moderne, den einzigen, der unsere geschichtliche Situation nach dem „Tod Gottes" korrekt als nihilistisch erkannte. Wir bestimmen uns selbst nicht nur durch unsere Freunde, sondern auch durch die Gesprächspartner, die wir uns aussuchen: Als Hauptgesprächspartner über historisches Bewusstsein stellen Dilthey und Nietzsche auffällig unterschiedliche Alternativen dar.

Nichtsdestotrotz weist die Gadamer'sche Hermeneutik meines Erachtens eine weitere, oft übersehene Dimension auf. Hans-Georg Gadamer, eindeutig der bedeutendste hermeneutische Philosoph der jüngeren Ver-

[3] Vgl. Gadamer, Hermeneutik und Historismus.

gangenheit, einer Hermeneutik der Wiedergewinnung und des Vertrauens, entwickelte einigermaßen unerwartet, vielleicht auch ungeplant, eine der ergiebigsten Kritischen Theorien unserer Zeit, nämlich das Konzept des „wirkungsgeschichtlichen Bewusstseins", das eigentlich sowohl eine Hermeneutik der Wiedergewinnung positiver Wirkungen der Klassiker auf unsere gegenwärtige Erfahrung als auch eine wirkmächtige Hermeneutik des Verdachts darstellt, die systematische Verzerrungen und Verblendungen im Historizismus, Positivismus und Szientismus aufdeckt.

Daher rührt meine These: den ersten und hauptsächlichen Baustein Gadamer'scher Hermeneutik stellte sein ontologischer Anspruch dar, dass der Dialog das Fundament allen Verstehens und damit auch jeder Hermeneutik der Wiedergewinnung und des Vertrauens sei; der zweite Baustein ist sein hermeneutisch transformatives Konzept „wirkungsgeschichtlichen Bewusstseins" – ein innovatives, philosophisch-kritisches Konzept, das eine Kritische Theorie impliziert, die systemische Verzerrungen in der Lesart der Tradition (und meines Erachtens auch in der Tradition selbst) offenlegt.

Freilich behaupte ich nicht, Gadamer interpretierte diesen zweiten wesentlichen Baustein seiner Hermeneutik ausdrücklich als eine Hermeneutik des Verdachts, da er insgesamt einen anscheinend angeborenen Argwohn gegenüber sämtlichen Hermeneutiken des Verdachts hegte (besonders den Freud- und Marx-Deutungen der Frankfurter Schule samt den zugehörigen Kritischen Theorien gegenüber). Wie Gadamers Auseinandersetzungen mit Jürgen Habermas deutlich vor Augen führten, machte sich Gadamer nie irgendwelche Kritischen Theorien (bzw. die Theorie der Psychoanalyse, Ideologiekritik, eine radikale Theorie der Tropen, vor allem in Form radikaler Ironie) zu Eigen, Theorien, die sämtliche Ansprüche auf Identität und Stabilität unterwandern würden. Nichtsdestotrotz formulierte Gadamer meines Erachtens ein kritisches Konzept, das jede zeitgenössische Hermeneutik der Wiedergewinnung und des Verdachts anzuregen vermag, nämlich den kritischen Theorie-Entwurf des „wirkungsgeschichtlichen Bewusstseins". Die Radikalität dieses zentralen Gadamer'schen Prinzips blieb meines Wissens weitestgehend unbeachtet von seinen zahlreichen Kommentatoren (meine eigenen, früheren Interpretationen Gadamers eingeschlossen). Hans-Georg Gadamer, selbst ein klassischer Ironiker, würde an dieser Ironie vielleicht Gefallen gefunden haben: der bedeutendste zeitgenössische Kritiker einer durch Kritische Theorie genährten Hermeneutik des Verdachts brachte nicht nur eine zentrale Hermeneutik der Wiedergewinnung positiver Auswirkungen der Tradition hervor, sondern auch selbst eine Hermeneutik des Verdachts der unbewussten, schädlichen Auswirkungen eben dieser Tradition in unserem gegenwärtigen Verstehen. Letzteres – nämlich das kritische Konzept „wirkungsgeschichtlichen Bewusstseins“ als eine Hermeneutik des Verdachts – wirkt über Gadamers Absichten hinaus. So wie Jacques Lacan darum gekämpft hat, Freuds Unbewusstes vor den konformistischen Trivialitäten der Ich-Psychologie zu retten, bedarf vielleicht auch Gadamers Konzept des „wirkungsgeschichtlichen Bewusstseins“ der Rettung vor seinen vielen zögerlichen, zahmen und sorglosen Deutungen – also Lesarten Gadamers, die sein beunruhigendes Konzept bloß als Zugabe zu seiner dialogischen Hermeneutik der Wiedergewinnung deuten. Tatsächlich ist das „wirkungsgeschichtliche Bewusstsein“ der zweite zentrale Baustein seiner Hermeneutik, deren Komplexität die übliche Einschätzung weit übertrifft: eine neuartige Hermeneutik der Wiedergewinnung (als grundlegendes dialogisches Prinzip), verbunden mit einer originären Hermeneutik des Verdachts mittels des kritischen Konzepts „wirkungsgeschichtliches Bewusstsein“.

Dieses Konzept beinhaltet, wie Gadamer im Vorwort der zweiten Ausgabe [von *Wahrheit und Methode*] eingesteht, eine Uneindeutigkeit. Dieses komplexe Konzept bedeutet gleichzeitig, erstens, ein Bewusstsein, das sich seiner Gewirktheit (und Beeinträchtigung) durch die Geschichte bewusst ist; und zweitens, dass die ontologische Wirklichkeit der unausweichlichen Kraft der Wirkungsgeschichte großteils unbewusst funktioniert. Nur die erste Bedeutung von „wirkungsgeschichtlichem Bewusstsein“ zu betonen (wie Paul Ricœur es in seiner französischen Übersetzung von *Wahrheit und Methode* macht, nämlich ein Bewusstsein, das sich seiner Beeinflussung durch die Geschichte gewahr ist), stellt zwar keine falsche Lesart dar, aber wird der ontologischen Tiefendimension des Konzepts nicht gerecht. Beide Aspekte des „wirkungsgeschichtlichen Bewusstseins“ müssen gewahrt bleiben, wenn die ganze Radikalität von Gadamers Konzept für die Hermeneutik sachgemäß verstanden werden soll. Meint „wirkungsgeschichtliches Bewusstsein“ lediglich ein erkenntnistheoretisches Bewusstsein der Auswirkungen von Geschichte auf uns (das heißt jene Art von Geschichtsbewusstsein, das viele Denker spätestens seit dem späten 18. Jahrhundert zugestanden), dann ist diese Idee zwar bedeutsam, aber nicht fähig, die radikalere und kritische Bedeutung des Konzepts, nämlich die bestimmende Art und Weise zur Sprache zu bringen, in der Geschichte auf uns wirkt und jegliche bewusste Wahrnehmung zugleich überschreitet wie begründet.

Die Radikalität des als kritische Theorie des „wirkungsgeschichtlichen Bewusstseins“ betrachteten Konzepts Gadamers kommt am deutlichsten in seiner bekannten und höchst umstrittenen Aussage zum Ausdruck: Die Vergangenheit zu verstehen bedeutet, „dass man [sie] *anders* versteht“[4] –

[4] Gadamer, Wahrheit, 302.

eine kühne Erklärung gegen alle positivistischen und historistischen Ansprüche (wie etwa bei Leopold von Ranke), die Vergangenheit „wie sie wirklich war“ wiedergewinnen zu können.

Für Gadamer wurzelt die ontologische Wirklichkeit des „wirkungsgeschichtlichen Bewusstseins“ ursprünglich in Heideggers Analyse der Faktizität des Daseins. Allerdings entwickelte Gadamer diese phänomenologische Daseinsanalyse als Offenlegung der menschlichen Zeitlichkeit und Geschichtlichkeit des Seins bei Heidegger in seinen eigenen Reflexionen nach *Wahrheit und Methode* im Hinblick darauf weiter, die Realität der Örtlichkeit (des „topos“, des „Da“) jedweden Verstehens genauer als Wirkort von Enthüllung und Verbergung zu verstehen. All unser Verstehen ist in einem Ort, in einem Topos, einem „Da“ fundiert. Also gründet der Ort das Verstehen in einer bestimmten örtlichen Perspektive – und befreit damit die Interpreten auf die unendlichen Möglichkeiten hermeneutischen Verstehens hin. Gadamers Position ist strikt perspektivisch, geht also von einem bestimmten Ort aus. Bei allem Respekt Hegel gegenüber können wir zwar nie absolutes Wissen erreichen, aber wir können durch dialogisches, hermeneutisches Verstehen in Verbindung mit einem Gewahrsein der zweifachen ontologischen Dimensionen „wirkungsgeschichtlichen Bewusstseins“ (eine davon ist bewusst, eine größtenteils unbewusst) zu fundierten, vernünftigen und relativ angemessenen Urteilen kommen.

Unbewusst werden wir durch unsere Geschichte(n) beeinflusst, bisweilen sogar bestimmt: wir sind – wie Heidegger in *Sein und Zeit* von seiner früheren Augustinus-Lektüre her beleuchtet – zweifellos an bestimmte Orte, in eine bestimmte Zeit, Familie und Kultur geworfen. Gleichwohl kann einem Geworfenheit, also das Los des Da-seins, zur Bestimmung werden. Ob wir es nun mit Heidegger so benennen, oder als Verhängnis (im Sinn der griechischen Tragödie), Zufall (in der Postmoderne), „Fortuna“ (bei den Römern und in der Renaissance), Vorhersehung (bei den Stoikern, bei Juden, Christen und Muslimen), Prädestination (bei Augustinus, Luther, Calvin), spielt für ein umfassenderes Verständnis der Auswirkungen von Geschichte auf uns, sprich das „wirkungsgeschichtliche Bewusstsein“, eine große Rolle. Welche Bezeichnung wir aber auch immer finden mögen für das, was uns widerfährt: die Realität einer wirkmächtigen geschichtlich-ontologischen Bestimmung ist nicht zu leugnen.

Deshalb gibt es aus meiner Sicht keinen prinzipiellen Grund, weshalb die Gadamer'sche Hermeneutik nicht als Hermeneutik der Wiedergewinnung, die untrennbar mit einer des Verdachts verbunden ist, gedeutet werden sollte, nachdem sie von zwei Grundsätzen konstituiert wird, nämlich dialogischer Wiedergewinnung und wirkungsgeschichtlichem Bewusstsein. Eine zweifache Hermeneutik wie die Gadamers ist als solche grundsätzlich jeder weiteren zeitgenössischen Kritischen Theorie zugänglich – trotz Gadamers eigener Neigung zum Konservatismus.

Der Umstand, dass Gadamer die Zweideutigkeit der hermeneutischen Erfahrung durch die Kategorie des wirkungsgeschichtlichen Bewusstseins eingestanden hat, könnte seine eigene Darstellung seiner Hermeneutik einem weniger polemischen Dialog mit zeitgenössischen kritischen Theorien gegenüber geöffnet haben. Dieser Schritt hätte eine komplexere Deutung der Tradition ermöglichen können, als Gadamer sie üblicherweise vorgelegt hat. Letzten Endes sind Traditionen keinesfalls monolithische Wirklichkeiten, die sich ohne Einschränkung verteidigen ließen. Jede klassische Tradition – kultureller, religiöser, künstlerischer, philosophischer oder theologischer Natur – ist gewiss, wie Gadamer vorbrachte, mit tiefgründigen Wahrheiten, Gütern und Werten gesättigt. Gleichzeitig ist jede Tradition von inneren Widersprüchlichkeiten, unlösbaren Paradoxen, von Versagen, Ausschluss und Abwesenheit, verborgenen Familiengeheimnissen und unheimlichen Abhängigkeiten infiziert. Es gibt keine unschuldige Tradition; und es gibt keine unschuldige Interpretation (auch nicht diese hier).

Überdies war Hans-Georg Gadamer der führende hermeneutische Denker, der die wichtige hermeneutische Wahrheit lehrte, dass der Intention des Autors keine Herrschaft über den Text zugestanden werden darf. Damit sind Gadamers eigene Einstellungen und Absichten eine kontingente, nichtnotwendige Folge seiner zweifachen Hermeneutik der Wiedergewinnung (die dialogische Ontologie jeglichen Verstehens) und des Verdachts (die Fähigkeit des wirkungsgeschichtlichen Bewusstseins, die größtenteils unbewussten Verzerrungen des Positivismus, Szientismus und Historismus zu enthüllen).

Hermeneutik ist ein geistiges und existentielles, rigoroses Ringen um die besten Interpretationen unserer mehrschichtigen und mehrdeutigen Tradition im Interesse der Gegenwart wie einer nicht bloß als „Telos“ verstandenen Zukunft. Wie Walter Benjamin es in ruhiger Deutlichkeit verkündete: „Das wahre Bild der Vergangenheit huscht vorbei. Nur als Bild, das auf Nimmerwiedersehen im Augenblick seiner Erkennbarkeit eben aufblitzt, ist die Vergangenheit festzuhalten. [...] In jeder Epoche muss versucht werden, die Überlieferung von neuem dem Konformismus abzugewinnen, der im Begriff steht, sie zu überwältigen.“[5]

Hermeneutik ist unendlich; der Hermeneut ist endlich. Nirgendwo ist dieses philosophische Urteil so gut bezeugt wie in der schwierigsten, beinahe unmöglichen hermeneutischen Disziplin – der Theologie. Theologie ist der

[5] Benjamin, Über den Begriff, 695.

endlose Versuch von endlichen Interpretinnen und Interpreten, über 21 Jahrhunderte hinweg einmal besser, einmal schlechter anzuwenden, was immer ihnen jeweils an hermeneutischen Methoden zur Verfügung steht um zu einem vorsichtigen, ja vorläufigen, Verständnis des unbegreiflichen Geheimnisses zu gelangen – nämlich Gottes, des aktual unendlichen, unendlich liebenden trinitarischen Gottes. Theologie ist eine endliche Auslegung des unbegreiflich Unendlichen durch eine im Prinzip quantitativ endlose Anzahl von Interpretationen. Eine gewisse Reflexion auf eine Hermeneutik des Unendlichen durch endliche Interpreten scheint daher angebracht, um diese komplexeste aller hermeneutischen Disziplinen, die Theologie, besser zu verstehen.

Was Theologie in die Hermeneutik einführt, ist die Unendlichkeit. Da Unendlichkeit sowohl eine philosophische, mathematische und kosmologische als auch eine theologische Kategorie darstellt, erfordert sie als Kategorie eine öffentliche Theologie, die sich nicht auf die private Sphäre beschränken lässt.

3. Theologie: Endliche Interpretationen des unendlichen, unbegreiflichen Gottes

Ein eindeutiges Verständnis des Unendlichen gibt es nicht. Unter den vielen verschiedenen Bedeutungen des Konzepts besteht eine grundlegende Unterscheidung zwischen dem quantitativen Unendlichkeitsbegriff in Mathematik, Physik und Kosmologie und dem Begriff eines ontologisch-aktualen Unendlichen als erstes Prinzip, Letzte Wirklichkeit, Quelle aller Wirklichkeit, in Philosophie und Theologie.

In seinen verschiedenen, manchmal widersprüchlichen Bedeutungen ist das Konzept des Unendlichen zu einer unverzichtbaren Kategorie von Öffentlichkeit geworden: erstens als quantitative Kategorie für raum-zeitliche Ausdehnungen in Kosmologie und Physik; zweitens für die multiplen mathematischen Unendlichkeiten in der zeitgenössischen Mathematik; drittens ist das Unendliche eine unverzichtbare ontologische Kategorie für jeden Versuch, die letzte aktuale Realität als aktual Unendliches zu bezeichnen, sowohl in der Philosophie (Plotin, Descartes, Cusanus, Bruno, Spinoza, Whitehead u. a.) als auch in der Theologie (Gregor von Nyssa, Dionysius Areopagita, Johannes Scotus Eriugena, Hadewijch von Antwerpen, Thomas von Aquin, Duns Scotus, Friedrich Schleiermacher, Sören Kierkegaard, Karl Rahner, Simone Weil, Wolfhart Pannenberg, Robert John Russell u. a.). Meines Erachtens ist das Unendliche der erste – wenn auch nicht der letzte – Name, der auf den christlichen Gott unendlicher Liebe angewendet werden muss. Das ontologisch aktual Unendliche bezeichnet das erste Prinzip, die Letzte Wirklichkeit als Quelle aller Wirklichkeit. Im Unterschied zur alternativen idealistischen Kategorie des Absoluten schließt die Kategorie des Unendlichen, wie Levinas in *Totalität und Unendlichkeit* überzeugend darlegt, die Realität nicht (zur Totalität), sondern hält sie endlos offen. Darüber hinaus ist die Unendlichkeit, wie Whitehead argumentiert hat, innerlich mit aller Realität verbunden – was das Absolute per Definition nicht ist.

Die Verpflichtung der griechischen Klassik auf das Formprinzip als Voraussetzung jeglicher Verstehensmöglichkeit erlaubte es Platon, seine Ideenlehre zu entwickeln, verunmöglichte ihm aber die Erkenntnis, dass seine Beschreibung der Letzten Wirklichkeit (d. h., einer notwendig vollendeten Wirklichkeit) als das Gute jenseits des Seins (Politeia VI) tatsächlich ein unendliches, endloses, Gutes konzeptualisierte. Für Platon muss das Letzte, Endgültige vollkommen sein; daher muss es wie jede Vollkommenheit eine bestimmte begrenzte Form besitzen, d. h. eine bestimmte Idee darstellen. Daher muss die Letzte Wirklichkeit eine Idee über alle Formen hinaus darstellen, aber so eben doch von begrenzter Form sein, nicht das formlose Unendliche. Das Unendliche war also für Platon wie für nahezu das gesamte klassische Verständnis von Vollkommenheit formbezogen. Jegliche formlose Realität wäre ja chaotisch, unverstehbar und daher unvollkommen.

Aristoteles hielt trotz seiner radikalen Kritik an Platons Ideenlehre am Formprinzip als Schlüssel zur Möglichkeit von Verstehen überhaupt und, im Äußersten, Letztendlicher Vollkommenheit fest (der unbewegte Beweger stellt kein aktual Unendliches dar, sondern die letzte Quelle aller Wirklichkeit und ist insofern nur in seiner Wirkung unbegrenzt). Im Gegensatz zu Platon hat Aristoteles nicht zugelassen, dass die Form von der Materie getrennt sei, sondern sie mit einer potentiell endlosen Materie verbunden, um sein Grundprinzip von Form und Materie zu formulieren. Ob nun in seiner Platonischen, Aristotelischen, Stoischen oder gar Epikureischen Gestalt stellte das Formprinzip für einen Großteil abendländischen Denkens von Platon bis Hegel und darüber hinaus den notwendigen ontologischen Schlüssel jeglicher Möglichkeit von Verstehen dar. Erst in der zeitgenössischen Philosophie, bei so bedeutenden Denkern wie Heidegger und Whitehead auf je verschiedene Weise, hat das „Ereignis" die Substanz (und damit also die Form) als zentrale metaphysische Kategorie ersetzt. So ist das „Ereignis", wie Whitehead überzeugend dargelegt hat, zur modernen Hauptkategorie für das Verständnis von jeglichem quantitativ Unendlichen geworden, zuerst in der Mathematik, Physik und Kosmologie, in Folge aber auch in der Philosophie selbst.

Der wesentliche philosophische Durchbruch, die Letzte (und von daher vollkommene) Wirklichkeit als Unendliches zu beschreiben, gelang Plotin, der sich selbst bloß als treuer Platon-Interpret verstand. Seine Bescheidenheit erlaubte es ihm nicht, sich selbst wie der späteren Schulphilosophie als *Neu*-Platonist zu gelten. In Wirklichkeit aber ist er der eigenständigste antike Philosoph nach Platon und Aristoteles, und hat der Philosophie zum Thema Unendlichkeit den entscheidenden Beitrag geleistet. Insgesamt hielt Plotin implizit und manchmal auch explizit an einer Position fest, die Platon und Aristoteles ausdrücklich ablehnten: im Widerspruch gegen Aristoteles betonte er, dass die Letzte Wirklichkeit (für ihn das Eine) aktual und nicht bloß potentiell unendlich sei. Er hat so ausgeführt, was Platon nicht auf den Begriff gebracht hatte: dass die ontologische Bedeutung des „Guten jenseits des Seins" (Politeia) unendlich sei und nicht endlich; darüber hinaus kann dieses Gute jenseits des Seins philosophisch zu dem „Einen" im *Parmenides* in Beziehung gesetzt werden. Daher rührt Plotins eigene Ausarbeitung der Letzten Wirklichkeit als Unendliches, formloses Eines. Endlich konnte sich die Philosophie mit der Kategorie des Unendlichen anfreunden, indem sie dem Endgültig Wirklichen einen Namen gab.

Philo hat wie Klemens von Alexandrien – aber im Gegensatz etwa zu Origenes – darauf bestanden, dass Gott unendlich sei. Trotzdem sind es die Philosophie und Theologie Gregors von Nyssa, der man sich zuwenden muss, um die erste entwickelte theologische Hermeneutik Gottes als unendlich und, deswegen, unbegreiflich anzutreffen. Gregor von Nyssa ist für die christliche Theologie, was Plotin zuvor für die Philosophie gewesen war: der erste bedeutende Autor, der ein Verständnis des philosophisch Unendlichen entwickelte, um den unendlichen Gott zu benennen.

Das Hauptwerk von Gregors späteren, eher mystischen Jahren *Das Leben des Moses* entstand mehr als zehn Jahre nach seinen früheren, dialektisch-argumentativen, eher auf die (philosophische) Öffentlichkeit ausgerichteten Hauptwerken, den beiden Bänden *Gegen Eunomius*. Im Gegensatz dazu ist *Das Leben des Moses* ein kontemplativer Klassiker der spirituellen Theologie, und kein dialektischer Text. Im *Leben des Moses* und anderen Spättexten, insbesondere in seinem letzte Text, dem Hoheliedkommentar *In Canticum Canticorum* hat Gregor seine Aufmerksamkeit von den früheren dialektischen Debatten mit dem rationalistischen Neo-Arianer Eunomius abgewandt, um die Implikationen eines christlichen Wegs in Leben und Theologie umfassender auszuarbeiten, das Selbst durch die Gnade Gottes zu verwandeln – desjenigen Gottes, der als Unendlicher notwendig unbegreiflich ist (und nicht umgekehrt). Gregors philosophisches und theologisches Werk zeigt aller Öffentlichkeit den Fehler dreier einflussreicher bipolarer Gegenüberstellungen im westlichen Denken: zuerst, jeder philosophischer Entgegensetzung von Philosophie oder Theologie als Theorie und Philosophie oder Theologie als Lebensform (Pierre Hadot); zweitens, eine noch irrigere Konkurrenz zwischen Kontemplation und Aktion; drittens, eine damit verbundene post-Gregorianische spätmittelalterliche und moderne theologische Spaltung zwischen Theologie und Spiritualität.

In seinem Frühwerk *Gegen Eunomius* schuf Gregor strenge dialektische und rhetorische Argumente gegen den größten Dialektiker seiner Zeit, um die Christologie von Nizäa wie die sich im Hinblick auf das Erste Konzil von Konstantinopel entwickelnde Trinitätslehre zu verteidigen. Obwohl sich diese frühen dialektischen Werke Gregors im Hinblick auf ihr Genre wie ihren Ton deutlich davon abheben, unterschieden sie sich im Inhalt nicht von seinen eher kontemplativen, manchmal gar mystischen Spätwerken *Das Leben des Moses* und *In Canticum Canticorum.* Wenige Denker waren mit dem Einsatz der klassischen Vernunft in vollem Umfang so vertraut wie Gregor von Nyssa – von der diskursiv-dialektischen Argumentation und rhetorischer Überzeugung über die konstruktive Spekulation zur reinen Kontemplation in seinem mystischen Spätwerk. Gregor verstand es, Vernunft – d. h. öffentliche Darlegungen Gottes als unendlich in seiner Theologie, in dialektischer wie auch kontemplativer Form – mit aktiver Seelsorge im Dienst der Armen und Marginalisierten seiner Gesellschaft (d. h. Sklaven und Migranten) zu verbinden. An Gregor von Nyssa kann man eine sowohl hermeneutische als auch ethisch-politische Theologie beobachten, die in beiderlei Hinsicht (wie jene seines westlichen Zeitgenossen Augustinus) eine vollkommen öffentliche Theologie darstellt, als Theologie des Wortes wie der Tat.

In seinem Spätwerk verband Gregor seine philosophische Prädikation Gottes als des Unendlichen, eine These, die er zuerst in seiner Auseinandersetzung mit Eunomius entwickelt hatte, mit seinem neuartigen spirituellen Verständnis unseres grenzenlosen, liebenden Verlangens, das er bekanntermaßen als Epektasis, d. h. ein Sichausstrecken nach Gott, bezeichnete. In Gregors Denken ereignet sich die spirituelle Verwandlung all unsrer Wünsche und Tugenden durch unser begnadet-endloses Verlangen (Epektasis), wenn der Glaube die Seele befreit, ein endloses Verlangen in liebender Versenkung auf den unendlichen Gott hin zu erfahren, das mit einem potentiell grenzenlosen Liebeshandeln anderen gegenüber verbunden ist. In Gregors Theologie erfährt ein wirklich freies und begnadetes christliches Selbst also ein unendliches Sichausstrecken (Epektasis) nach dem Unendlichen Gott. Der Unendliche Gott entspricht für Gregor dem, was Plotin das Unendliche Eine ist (ohne ihm identisch zu sein). Für beide Denker muss das Unendliche notwendigerweise unbegreiflich bleiben. Gregors christlicher Gott ist jedoch nicht das apersonale Eine Plotins, sondern der unendlich weise und liebende Gott der Bibel, der von Nizäa an auch als der von den wirklichen Relationen von Vater, Sohn und Geist bestimmte Trinitarische Gott verstanden wurde.

Gregors fortschrittliche Deutung des Verlangens als Epektasis beruhte auf seiner Auslegung einer Sport-Metapher, die Paulus in Philipper 3,14–15 gebrauchte. Gregor machte aus Paulus' Verb ein Substantiv: Epektasis wurde nunmehr als Streckübung nicht des Körpers, sondern der Seele verstanden. Für Gregor stellte dies eine präzise Metapher des unaufhörlichen intellektuellen und erotischen „Ausstreckens" nach Gott in diesem und auch, in Absetzung von einem Gutteil der christlichen Überlieferung seiner Zeit, nach diesem Leben dar. Auf hermeneutischer Ebene legt „Epektasis" für den etymologisch faszinierten Gregor sowohl die Begriffe „epi" („beim" oder „zum" unendlichen, unbegreiflichen Gott) als auch „ek" („aus", „draußen") nahe: d.h. das Selbst außerhalb („ek") seiner selbst in jener unendliche Epektasis, die eine Erfahrung von Ekstase darstellt, in der die Seele endlos nach dem unendlich wissenden und liebenden Gott verlangt.

Gregors frühere Argumente in den öffentlichen Diskussionen mit Eunomius erwiesen sich aus philosophisch-theologischen Gründen als kritischer Moment der Theologiegeschichte durch ihren Beitrag zur endlos (da von Haus aus komplexen) im Zentrum des christlichen Fragens stehenden hermeneutischen Frage, wie man Gott philosophisch und theologisch benennen könne. In der christlichen Theologie der Zeit Gregors waren die zentrale Auseinandersetzung, der zentrale Dialog hermeneutisch: wie ist das unverwechselbar christliche trinitarische Gottesverständnis theologisch, mit philosophischer Unterstützung zu verstehen? Die innerchristlichen Debatten des 4. Jahrhunderts über die Benennung Gottes waren vielseitig. Ein „Hauptbeteiligter an der Auseinandersetzung war der Neo-Arianer Eunomius. Eunomius' zentrale Lehre sagte aus, dass es die diskursive, dialektische Vernunft – wo sie die göttliche Offenbarung angemessen dialektisch zu reflektieren wisse – dem Dialektiker ermögliche, das Wesen Gottes zu erkennen: dass er wesentlich „agennetos", ungezeugt, ist. Wenn diese Definition hält, folgt für Eunomius logisch daraus, dass jedes wahrhaft christliche Gottesverständnis nur den ungezeugten Vater „Gott" nennen könne. Mit anderen Worten hätte Arius, und nicht Athanasius (der geistige Held von Gregor und Basilius), Recht gehabt. Immerhin werden Sohn und Geist von allen Christen als gezeugt anerkannt, selbst, so Eunomius, von den orthodoxen Anti-Arianern von Nizäa wie Athanasius, Basilius von Caesarea und Gregor von Nyssa. Daher können Eunomius zufolge Sohn und Geist nicht angemessen Gott genannt werden, denn sie sind gezeugt im Gegensatz zum ungezeugten Vater. Weil sie von der ungezeugten Gottheit des Vaters gezeugt wurden, müssen Sohn und Geist daher, wie schon Arius betont hatte, als höchste, gott-ähnlichste Geschöpfe gedeutet werden, aber sie sind nicht Gott in Gott selbst. Für Arius wie für Eunomius sind Sohn und Geist als solche zu ehrende göttliche Geschöpfe, aber sie sind nicht der Schöpfer Gott, der ungezeugte Vater, der alleine Gott ist.

Paradoxerweise hat sich der Eunominanische Streit als „glückliche Schuld" für Gregor erwiesen, indem er ihn dazu zwang, seine eigene im Entstehen begriffene philosophische, d.h. öffentliche, Theologie zu klären, um genauer zu verstehen, was bei seinen eigenen Versuchen auf dem Spiel stand, Gott als das Eine, Gute und letztlich als unendliche Trinitarische Liebe zu benennen. Eunomius' Hauptfehler lag für Gregor in dessen Annahme, dass unser endlicher Verstand das unendliche Wesen Gottes jemals wirklich erfassen kann. Für Gregor muss Gott, selbst in philosophischen (d.h. neu-platonischen) Begriffen, als das aktual Unendliche verstanden werden und als Unendliches unserem endlichen Verstand unbegreiflich bleiben. Wie einer guter Teil der von dem jüdischen Philosophen des 1. Jahrhunderts, Philo von Alexandrien, beeinflussten christlichen Tradition, hat auch Gregor von Nyssa darauf bestanden, dass unser endlicher Verstand wissen kann, *dass* Gott ist, aber nicht wissen kann, *was* Gott ist. Diese originär philonische Position fand sich von da an nicht nur bei Gregor von Nyssa, sondern in je eigener Gestalt bei den meisten späteren christlichen Theologen (darunter auch Thomas von Aquin).

Im Gegensatz zu einigen zeitgenössischen Formen Apophatischer Theologie, betrachtete Gregor Gott nicht als unendlich aufgrund seiner Unbegreiflichkeit, sondern hielt daran fest, dass er aufgrund seiner Unendlichkeit unbegreiflich sei. Dionysius Areopagita hat – wahrscheinlich zwei Jahrhunderte nach Gregor – Gottes strikt theologische (d.h. biblische und liturgische) Unfassbarkeit auf eine Weise betont, dass Gregors philosophische und theologische Analysen von Gottes Unendlichkeit als theologischer Schlüssel zum Verständnis seiner Unbegreiflichkeit den Mystiker Dionysius nicht zu bekümmern schienen (zumindest nicht für seine uns vorliegenden Texte).

Gregor betonte neben seiner dialektischen Auseinandersetzung mit Eunomius von Kyzikos über Gottes Unendlichkeit, dass wenn Gott unendlich ist, sein Dasein per Definition bekannt sein, letztlich aber unserem endlichen Verstand unfassbar bleiben muss. Ähnlich Plotins Konzept des Einen, das durchaus Gregor beeinflusst haben kann, ist Gott nicht bloß wegen der Endlichkeit unseres Geists unbegreiflich, sondern viel grundlegender, weil der unendlich wissende und liebende christliche Gott wirklich, in vollstem Sinn, wahrhaftig Unendlich ist, in und als Gott in seiner Gottheit selbst.

Darüber hinaus hielt Gregor als ein gleichermaßen der Bibel verpflichteter Theologe daran fest, dass der allwissende, allmächtige, allliebende Gott der Bibel unsere Geister und Seelen befreit und reinigt durch das schiere Geschenk, die Gnade des Glaubens – ein Geschenk, das unsere Vernunft durch ein neues kontemplatives Verständnis verwandelt, wie auch der Glaube das endlose Verlangen des begnadeten Eros freigibt.

In Gregors Theologie zertrümmert Gott die Grenzen und Bande der geschaffenen, endlichen Menschheit und ihrer vorwiegend diskursiven Denkformen. Von nun an können, so Gregor, die Christen ein vollkommen christliches spirituelles Leben authentischer Freiheit (die für Gregor das Hauptattribut des Menschen als Abbild Gottes darstellt) führen, indem sie Kontemplative werden, die sich ebenfalls in tätiger Liebe („agapisch") für andere einsetzen, insbesondere für die in der Welt Entrechteten. Diese Freiheit zu ermöglichen, ist für Gregor die begnadete, grenzenlose Epektasis des Menschen: die Bewegung aus („ek") seinem Selbst heraus („ekstasis") in Richtung auf („epi") ein immer größeres und letztlich grenzenloses, unendlich liebendes Verlangen, den unendlich liebenden Gott besser zu verstehen. Verlangen kennt kein Ende, nicht einmal im Leben nach dem Leben.

Seit der bahnbrechenden Studie Jean Daniélous über Gregors Auffassung von Epektasis[6] kann man besser verstehen, wie für Gregor Gottes unendliche Liebe immer die Triebkraft (die *dynamis*) des unendlichen Verlangens der Menschen ist. Im Gegensatz zu seinem Lateinischen Zeitgenossen Augustinus hat Gregor von Nyssa Ruhelosigkeit als begnadetes, freies, völlig positives Verlangen der Seele nach dem Unendlichen Gott verstanden. „Epektasis" als grenzenloses, unendliches Verlangen hat Gregors neuartige theologische Hermeneutik überaus gestärkt.

Gregor von Nyssa bietet der Theologie eine ihrer frühesten philosophischen und mystischen Wesenserhellungen – als einmaliger Form von Hermeneutik: einer sowohl philosophischen (in Religionsphilosophie wie Fundamentaltheologie) als auch theologischen (in systematischer und spirituell-praktischer Theologie gleichermaßen öffentlichen Charakters), unendlichen Interpretation des unendlichen Gottes durch einen zweifellos endlichen Interpreten.

Es ist kein Wunder, dass Gregors Theologie heute als ein Modell hermeneutischer Theologie (philosophischer wie theologischer Art) fungiert, das sowohl die östliche wie die westliche Theologie zutiefst beeinflusst. Wie Gregors Beispiel (unter vielen anderen) zeigt, ist die als Hermeneutik verstandene Theologie notwendig auch eine öffentliche Theologie für alle „mit Ohren um zu hören".

---

[6] Vgl. Daniélou, Platonisme.

Übersetzung aus dem Amerikanischen von Josef Kern

Literaturverzeichnis

Benjamin, W., Über den Begriff der Geschichte, in: GS, Bd. I,2, Frankfurt/M. 1974.

Daniélou, J., Platonisme et théologie mystique. Essai sur la doctrine spirituelle de Saint Grégoire de Nysse, Paris 1954.

Derrida, J., Grammatologie, Frankfurt/M. 2003 (orig. De la grammatologie, Paris 1967).

Derrida, J., Vom Geist. Heidegger und die Frage, Frankfurt/M, [3]2000 (orig. De l'esprit: Heidegger et la question, Paris 1990).

Derrida, J. / Vattimo, G., Die Religion, Frankfurt/M. 2001. (orig. La Religion, Paris 1996). Beiträge: Derrida (9–106), Gadamer (240–251).

Faulkner, W., Werkausgabe (Bd. 15), Requiem für eine Nonne. Roman in Szenen, aus d. Amerikan. von R. Schnorr, Zürich 1982.

Gadamer, H.-G., Die Idee des Guten zwischen Plato und Aristoteles, in: GW VII: Griechische Philosophie III, Tübingen 1985.

Gadamer, H.-G., Hegels Dialektik. Fünf hermeneutische Studien, Tübingen 1971.

Gadamer, H.-G., Hermeneutik und Historismus, in: GW II: Hermeneutik II, Tübingen 1993, 387–424.

Gadamer, H.-G., Kleine Schriften, Bd. 1: Philosophie, Hermeneutik, Tübingen 1967.

Gadamer, H.-G., Die Lektion des Jahrhunderts. Ein Interview von Riccardo Dottori, Münster u.a. 2002.

Gadamer, H.-G., Vorwort zur 2. Auflage, in: GW II: Hermeneutik II, Tübingen 1993, 437–448.

Gadamer, H.-G., Wahrheit und Methode, in: GW I: Hermeneutik I, Tübingen [6]1990.

Habermas, J., Theorie und Praxis. Sozialphilosophische Studien, Frankfurt/M. [6]1993.

Heidegger, M., Sein und Zeit, Tübingen [19]2006.

Heidegger, M., Unterwegs zur Sprache, Stuttgart [13]2003.

Lévinas, E., Totalität und Unendlichkeit, München [3]2002.

Ricœur, P., Le conflit des interpretations: Essais d'herméneutique, Paris 1969.

Ricœur, P., Das Selbst als ein Anderer (Übergänge – Texte und Studien zu Handlung, Sprache und Lebenswelt 26), München 1996 (orig. Soi-même comme un autre, Paris1990).

Werkgeschichtliche Einführung zu Walter Raberger

Franz Gruber

1. Eine persönlich gefärbte Einleitung

Walter Rabergers Person und Theologie vorzustellen, ist eine große Ehre, aber auch eine Herausforderung. Insofern er mein wichtigster theologischer Lehrer ist (unsere Wege kreuzten sich erstmals 1983 in Linz und ich hatte das Glück, sein erster und am längsten angestellter Assistent zu sein), ist keine neutrale Distanz der Beschreibung möglich. Steht man seinem Lehrer über einen langen Zeitraum so nahe, ist der hermeneutische Verdacht angebracht, ob man überhaupt noch fähig ist, ein einigermaßen „objektives" theologisches Porträt zeichnen zu können. Im Rahmen dieses Symposiums wage ich es dennoch, Walter Raberger bekannt zu machen und ihn aus meiner Perspektive vorzustellen.

Ich beginne mit einem Bild: Walter Rabergers Persönlichkeit erscheint mir wie der regional weithin bekannte monolithische Berg, der wie ein Wächter am Eingang des Salzkammergutes steht: der Traunstein. Er ist ein wuchtiger und steiler Berg. Wer ihn besteigt, muss 1000 Höhenmeter aufsteigen, er nötigt Kondition und Ausdauer vom ersten Schritt des Einstiegs ab. Nur geübte, schwindelfreie Bergwanderer schaffen den Aufstieg. Wer ihn erklommen hat, dem bietet sich ein wunderbarer Überblick über die Landschaft. Sein Gipfelplateau ist angenehm flach, man möchte dort oben Hütten bauen. Der Abstieg allerdings ist abgrundhaft. Man glaubt, in den See zu stürzen, und jedes Jahr fordert der Traunstein tatsächlich seine Opfer. Daher genießt der Berg großen Respekt.

In der theologischen Szene kennen Raberger nur jene, die entweder mit ihm studienmäßig und beruflich zu tun haben, oder die ihm zufällig begegnet sind. Wer ihm jedoch begegnet ist, ob als Student, als Kollege oder als Teilnehmer eines Symposions, vergisst diesen Theologen nicht mehr. Seine Denk- und Argumentationsform ist unverwechselbar. Sein leiblicher und geistiger Habitus bilden eine unverkennbare Einheit.

Rabergers Theologie ist intellektuell anspruchsvoll. Seine Vorlesungen haben höchstes Niveau. Zugleich baut er selbst mit seinem kabarettistischen Talent für die Zuhörenden einen humorvollen, aber deshalb nicht weniger tiefsinnigen Weg zum Verständnis seines Denkens. Für Nicht-Eingelesene sind Rabergers Texte durchaus fordernd. Wer jedoch die Mühe des begreifenden Lesens nicht scheut, steht am Ende in einer theologischen Denklandschaft, in der sich die Schlüsselbegriffe des Glaubens in einer neuen

Perspektive darstellen, die man zuvor nicht gekannt hat. Raberger zu verstehen, ist wahrlich ein Gipfelerlebnis!

Wer sich in die Rabergersche Dogmatik begibt, wird mit dem Abgrund der Geschichte und der Natur konfrontiert. Raberger ist weder verträumter Romantiker noch semantischer Utopist. Seine Dogmatik führt den seinen Denkwegen Nachfolgenden zu den Katastrophenlandschaften unserer Epoche: zu den platten Betonflächen positivistischen Denkens, zu den arroganten Kalktürmen machtpolitischen Kalküls, zu den sprachlos machenden Abgründen der Verbrechen, die himmelschreiendes Leiden verursacht haben und noch immer verursachen. Und dennoch lässt Raberger den Leser und die Leserin nie hoffnungslos zurück.

Rabergers Denken ist zu intensiv von diesen Wunden und Phänomenen geprägt, als dass sein abstraktes Denken nicht letztlich immer gesellschaftspolitische und pastorale Handlungsimpulse implizieren würde; es ist zu komplex, als dass es sich mit rhetorischer Oberflächlichkeit zufrieden geben würde; es ist zu problem- und sachbewusst, als dass es akademischen Eitelkeiten und Narzissmen Vorschub leisten wollte; es ist schließlich in einem zu ausgeprägten Maße selbst-bescheiden, als dass Raberger aus seinem Talent und seinem Scharfsinn ein großes Werk gemacht hätte. Aber es ist ein Denken, das von einer Energie angetrieben wird, dessen Form nicht in den Rahmen einer Universitätsprofessur hineinpasst, die mit 65 Jahren im Ruhestand enden würde. Auch mit 75 scheint noch keine Grenze seines beruflichen Schaffens markiert zu sein.

Walter Raberger ist wie der unverwechselbare Berg, den man Traunstein nennt. Wer ist dieser Theologe aus Bad Ischl und welche Gestalt hat seine Theologie? In gebotener Kürze seien einige Daten seiner Biographie und einige Grundlinien seines Denkens vorgestellt.

Walter Raberger wurde wenige Tage nach Ausbruch des 2. Weltkrieges, am 9. 9. 1939 in Wels geboren. Seine Kindheit war nicht nur kriegsbedingt sondern auch aufgrund der familiären Umstände schwierig. Doch Rabergers Kapital waren schon als Kind seine Intelligenz, sein Witz und Humor und seine Leidenschaft, die Masken der gesellschaftlichen Verblendungen zu entblößen. Er besuchte das Bundesrealgymnasium in Gmunden, maturierte 1958 und begann das Studium der Germanistik und der Klassischen Philologie in Wien, das er mit der Lehramtsprüfung für die Fächer Deutsch und Latein abschloss. Aber letztendlich enttäuschte ihn das Studium der Germanistik. Seine Wiener Lehrer empfand er als sterile Aristokraten einer positivistisch betriebenen Sprach- und Literaturlehre. Es folgte das Theologiestudium in Innsbruck, das aufgrund der Entscheidung Priester zu werden, automatisch zu absolvieren war. In Innsbruck erlebte er die nächste

Enttäuschung: Die Systematische Theologie, zu der es ihn hinzog, war geprägt von neuscholastischer Lebensferne und Denkverboten.

Doch Innsbruck ist für Raberger auch eine Art messianische Erfahrung. Als der junge aufstrebende Jesuit Franz Schupp einen der drei Dogmatik-Lehrstühle übernahm, erschloss sich für Raberger erstmals eine Denkform, in der seine intuitive Idee von Theologie, Kirche, priesterlicher Existenz und gesellschaftskritischer Sensibilität eine angemessene Artikulationsform annahm. Schupp brach nämlich auch mit der damals als Nonplusultra geltenden Transzendentaltheologie Karl Rahners, die bekanntlich in Innsbruck selbst, wo Rahner so lange wirkte, keine adäquate Weiterführung fand. Schupp rezipierte die damals noch verpönte analytische Philosophie und im Besonderen die Frankfurter Schule. Raberger wurde durch Schupp mit dem Denken von Wittgenstein, Carnap, Popper, Horkheimer, Adorno, Habermas, Kuhn, u. a. vertraut und erkannte dieses als Chance, die autoritären, nichthinterfragbaren, aber in alten Denkschemata stecken gebliebenen Theorieformen der neuscholastischen Theologie aufzubrechen. Auch die theologische Avantgarde der 1970er Jahre prägte den schon gut 30-jährigen Walter Raberger: Johann Baptist Metz, Jürgen Moltmann, Edward Schillebeeckx.

1971 wurde Raberger zum Priester geweiht. Glücklicherweise wurde er von der Diözese Linz für das Promotionsstudium freigestellt und war von 1971 bis 1974 als Assistent am Institut für Fundamentaltheologie und Dogmatik an der Innsbrucker theologischen Fakultät tätig. Als wichtigster Mitarbeiter von Franz Schupp wurde er für die Studenten zum Hermeneuten Schupps; in Konversatorien musste er die anspruchsvollen Vorlesungen Schupps auf das Niveau studentischen Verstehens übersetzen. Er hat wahrscheinlich von jener Zeit seine fantastischen didaktischen Fähigkeiten erworben, hochabstrakte Gedankengänge in einfache bildhafte Figuren aufzulösen. Diese Blütezeit der Theologie war für Raberger die Inkubationsphase seines eigenen theologischen Weges, der allerdings 1974 einen plötzlichen schockhaften Abbruch erfuhr: Die Jesuiten zogen Pater Schupp vom Lehrstuhl ab, nachdem es intern und durch Unterstützung des Innsbrucker Diözesanbischofs gegenüber Schupp massive Kritik an seiner Theologie gab. Obwohl Raberger als Assistent am Institut hätte weiterarbeiten können, holte ihn kurze Zeit nach Schupps Abgang Bischof Zauner aus Linz in die Diözese zurück.

Raberger wirkte fortan als Gymnasiallehrer für Latein und Religion am Bad Ischler Realgymnasium und als Kooperator in den Pfarren Bad Ischl und Bad Goisern. Seine theologische Karriere wäre beendet gewesen, hätte ihn nicht sein Vorgänger auf dem Linzer Dogmatik-Lehrstuhl, Gottfried Bachl, aus der „Versenkung im Salzkammergut“ zurück auf die Hochschulbühne geholt. 1983 erhielt Raberger einen Lehrauftrag in Linz, 1984 ging Bachl nach Salzburg und Raberger entschied mit Abstand die Bewerbung auf den vakanten Dogmatikposten für sich. 1990 bis 1992 übte er die Funktion des Rektors aus, 1997 und 1998 vertrat er seinen Vorgänger Bachl in Salzburg, 2004 wurde Walter Raberger emeritiert – aber seit 10 Jahren ist er weiterhin mit Lehraufträgen eine unverzichtbare Säule des Instituts für Fundamentaltheologie und Dogmatik in Linz.

2. Rabergers theologisches Werk – ein Überblick

Walter Rabergers theologisches Arbeiten vollzieht sich zuerst und hauptsächlich in seiner Lehre. Und darum lernt man Raberger nur kennen, wenn man in seine Vorlesungen geht und seine Seminare besucht. Ich kenne keinen Fachkollegen oder -kollegin, der bzw. die die Vorlesungen mit einer solchen Akribie vorbereitet wie Walter Raberger. Das heißt, sein Werk besteht eigentlich zuerst in den ausgearbeiteten dogmatischen Traktaten, die er seit 30 Jahren ununterbrochen doziert. Es umfasst alle dogmatischen Traktate sowie Vorlesungen über die Ökumenische Theologie. Es gibt zu jeder Vorlesung druckreife Skripten, allerdings ist davon bis dato nichts publiziert. Weil sie Raberger bisher nicht für publikationswürdig hielt, müssen wir auf eine posthume Veröffentlichung warten. Diese möge allerdings zugunsten von Rabergers irdischem Dasein noch eine Zeitlang auf sich warten lassen! Es ist den Umständen der Innsbrucker Turbulenzen geschuldet, dass seine Innsbrucker Dissertation: *Schöpfung als Problemfigur: zur Artikulation einer Prämisse in der Bewältigung ambivalenter Wirklichkeit bei DtJes 45,7, maschinenschriftliches Manuskript, Innsbruck 1974*, unter großem Zeitdruck fertig gestellt werden musste und ein unvollendetes Werk blieb. Einzig ein Aufsatz im Korrespondenzblatt des Canisianums über die Mariologie zeigt Rabergers sprachliche und dogmatische Originalität in seinen Anfängen. Der Aufsatz erschien 1974. Die weiteren Aufsatzpublikationen und Buchbeiträge sind allesamt in seine Linzer Zeit zu datieren. Sie sind einerseits Auftragsarbeiten, die man entweder direkt von ihm erbeten hat oder Vorträge vor verschiedenen Foren, die er hin und wieder veröffentlicht hat. Daraus erklärt sich die Vielfalt der Titel, die einen Bogen von pastoralen, ekklesiologischen, über dogmatische bis hin zu philosophischen Themen spannen. Schaut man seine Literaturliste[1] durch, so findet man Titel wie:

- Der Fundamentalismus – eine Illusion?, in: ThPQ 134 (1984) 160–169

[1] Eine vollständige Liste ist auf der Homepage www.ku-linz.at zu finden.

- Art. Mythos, in: NHthG III (1985) 163–174; Neuauflage: NHthG III (1991) 418–430; Neuausgabe: NHthG III (2005) 161–171
- Die Motivationskrise der Jugend, in: ThPQ 135 (1987) 113–122
- Der Hochschullehrer – Versuch einer Selbstdarstellung. FS KTH, Linz o.J., 45–49
- Die Geltungsproblematik der „Glaubenswahrheit" im Kontext der Geschichtlichkeit von „Offenbarung", in: Horst, U. H. (Hg.), Wahrheit und Geschichtlichkeit, Düsseldorf 1989, 11–38
- Die „Letzten Dinge". Anmerkungen zu einigen Versuchen in der „Eschatologie", in: Achleitner, W. / Winkler, U. (Hg); Gottesgeschichten. Beiträge zur systematischen Theologie, Freiburg-Basel-Wien 1992, 171–191
- „Ordinationsfähigkeit" der Frau, in: ThPQ 144 (1996) 398–411
- „Einen unbedingten Sinn zu retten ohne Gott, ist eitel", in: Löffler, W.O. / Runggaldier, E. (Hg.), Dialog und System, St. Augustin 1997, 115–131
- Theologie: kritische und selbstkritische Reflexionsgestalt einer Erinnerungsgemeinschaft, in: SaThZ 2 (1998) 21–44
- Überlegungen zu Horkheimers Satz: „Man wird das Theologische abschaffen. Damit verschwindet das, was wir Sinn nennen, aus der Welt", in: Hofer, P. (Hg.), Achtsame Solidarität, Regensburg 2002, 227–242
- „Ich benötige keinen Grabstein" – oder: über den Umgang mit angstmachender und sinnstiftender Erinnerung, in: ThPQ 151 (2003) 17–28
- 2003 publizierte er gemeinsam mit seinem Fachkollegen Hanjo Sauer die wichtigsten Aufsätze von Franz Schupp in einem Sammelband unter dem Titel: Vermittlung im Fragment. Franz Schupp als Lehrer der Theologie, Regensburg 2003
- Ein Höhepunkt in Rabergers Laufbahn war das Wiener Symposium „Glauben und Wissen" über und mit Jürgen Habermas; Rabergers Beitrag lautete: „Übersetzung" – „Rettung" des Humanen?, in: Langthaler, R. / Nagl-Docekal, H. (Hg.), Glauben und Wissen. Ein Symposium mit Jürgen Habermas, Wien 2007, 239–258
- „Wir sagen, was Es nicht ist. Was Es aber ist, das sagen wir nicht", in: Gruber, F. / Niemand, Ch./ Reisinger, F. (Hg.), Geistes-Gegenwart. Vom Lesen, Denken und Sagen des Glaubens, Frankfurt 2009, 265–282
- „... wer einmal Kritik gekostet hat..." Prolegomenon haud magnum, in: Hofer, M. u.a. (Hg.), Der Endzweck der Schöpfung. Zu den Schlussparagraphen (§§ 84–91) in Kants Kritik der Urteilskraft, Freiburg-München 2013, 141–171
- „der Religion gleichzeitig als Erbe wie als Opponent gegenüberzutreten" (J. Habermas), in: Kreutzer, A. / Gruber, F. (Hg.), Im Dialog. Systematische Theologie und Religionssoziologie, Freiburg 2013, 236–254

An der Form der Titel, besonders der letzten 10 Jahre, wird sichtbar, dass Raberger meistens ein Schlüsselzitat eines Autors oder Textes direkt in den Titel zieht, um damit noch pointierter seinen Denkstil anzuzeigen: Auseinandersetzungen mit markanten Denkern und Themen im Stil einer dialogisch-dialektischen Reflexionsform. Was das Titelzitat anzeigt, wird zur thematischen Strukturform im Text selbst. Kurze oder längere Zitate sind gleichsam die Fundamente oder die Stockwerke, die Raberger einzieht, um die Problem- und Lösungspositionen abzustecken. So entsteht ein Text aus Texten, ein Gespräch markanter Autoren, die aber in einer Weise ins Gespräch gebracht werden, wodurch ein neuer, noch nie gehörter Diskurs entsteht. Auf der Basis dieser Texte möchte ich im Folgenden einige Konturen von Rabergers theologischem Denken herausarbeiten.

3. Konturen von Walter Rabergers theologischem Denken

3.1 Das Verständnis von Theologie

Ein erster markanter Aspekt der Rabergerschen Theologie ist die Sensibilität für das, was Theologie ist, in welcher Form, mit welchem Selbstverständnis sie auftritt. Rabergers intellektuelles „Trauma" war die Denkform der neuscholastischen Theologie, die an den theologischen Fakultäten bis in die 1960er Jahre gelehrt wurde und ein äußerst defizientes Denken darstellte. Weder legte sie die kritischen Impulse der theologischen Meisterdenker frei, allen voran eines Thomas von Aquin, noch gab sie die Sprengkraft der biblischen Traditionen zu erkennen. Raberger hatte eine Theologie zu lernen, die in mehrfacher Hinsicht ihrem Namen nicht gerecht wurde: sie verstellte den Impuls zu jener jesuanischen Vision von Transzendenz, der doch ihr Widerstand gegen das Unrecht und ihre Hoffnung auf eine unbedingte Humanität im Bild des Gottesreiches eingeschrieben ist; sie war abstrakt, lebensfern, ahistorisch, kurzum: sie verstellte den inneren Zusammenhang von narrativer Form der biblischen Botschaft und der reflexiven Denkform des theologischen Diskurses; sie verstellte schließlich die untrennbare Einheit mit dem philosophischen Denken selbst, das sich dialektisch als fruchtbare Spannung von fides und ratio darstellt.

Wie aber müsste eine Theologie sein, wenn sie diese Mängel überwinden will? An einem Artikel von W. Raberger kann sein Theologieverständnis exemplarisch dargelegt werden. In dem Aufsatz: „*Theologie: Denken und Glauben im Kontext aktueller Lebenswelten. Anmerkungen zu einer möglichen Kritik sowohl einer funktionalistischen wie auch einer fragmentierten*

Vernunft"[2] zeigt Raberger, dass nicht mehr die neuscholastische Theologie die Gefahr für theologisches Denken sei, sondern Funktionalismus und Fragmentarismus. Der Titel markiert die innere Doppelstruktur der Theologie: Sie ist Denken und Glauben. Dass diese Konjunktion, die im Titel so harmonisch verbunden klingt, alles andere als unproblematisch ist, darum weiß Raberger Bescheid. Dennoch: Beides, der Akt des Denkens und des Glaubens sind die beiden Quellen der Theologie und in diesem Sinne ist Rabergers Theologieverständnis eine Aktualisierung der „fides-quaerens-intellectum"-Tradition seit Augustin und Anselm von Canterbury.

Mit dem Stichwort „aktuelle Lebenswelten" kommt nun allerdings ein Horizont zum Vorschein, der sich sowohl von den klassischen als auch von den transzendentaltheologischen Theologiekonzepten unterscheidet: Theologisches Denken ist nicht die Überwindung der Phänomene und Probleme aktueller Lebenswelten, sondern deren Identifizierung und reflexive Öffnung auf Lösungsmöglichkeiten hin. Genau das markiert nun genauer der Untertitel: Theologie ist kritische Theologie, d. h. es gilt die Rahmenbedingungen ihrer Reflexivität in Auseinandersetzung mit Herausforderungen oder Bedrohungen unserer Epoche auszuloten. Kritisch ist dieses Denken in doppelter Hinsicht: Nach *außen*, insofern Theologie gegenüber den Immunisierungs- und Herrschaftsansprüchen aktueller Trends oder Systemimperative der Ökonomie und der Macht einen Einspruch erhebt; nach *innen*, insofern Theologie sich selbst über ihre eigenen ideologisierenden und immunisierenden Tendenzen aufklären lassen muss.

Worin besteht die aktuelle Situation, vor der Theologie sich zu bewähren hat? Raberger expliziert sein Theologieverständnis formal in drei Kapiteln, die jeweils einen Kristallisationspunkt bilden, den es zu verstehen und aufzulösen gilt. Der erste Punkt ist eine Kritik an der Theologie, die von Th. W. Adorno in „Erziehung nach Auschwitz" formuliert wurde: „Es war einer der großen, mit dem Dogma nicht unmittelbar identischen Impulse des Christentums, die alles durchdringende Kälte zu tilgen. Aber dieser Versuch scheiterte; wohl darum, weil er nicht an die gesellschaftliche Ordnung rührte, welche die Kälte produziert und reproduziert."[3] Adorno erinnert aus seiner Perspektive an einen Grundzug des Christentums, dass es einmal als Impuls in die Geschichte eingetreten ist, um die alles durchdringende Kälte, in der gesellschaftliche Kommunikation und Organisation erstarren kann, zu brechen. Aber dieser Versuch scheiterte, weil es überhaupt nicht zu jenem Generator vordrang, der diese Kälte produzierte: zur Logik der gesellschaftlichen Ordnung.

---

[2] In: Langthaler, Theologie als Wissenschaft, 123–138.

[3] Adorno, Ob nach Auschwitz, 61.

Für Raberger ist die Kritische Theorie der paradoxale Einspruch, dass christlicher (und jüdischer) Glaube Erzählungen und Praxen beinhaltet, die in geschlossenen Gesellschaften und hoffnungslosen Lagen einen Stachel darstellen; dieser wurde jedoch so umgebogen, dass er sogar als Legitimations- und Immunisierungsmittel einer inhumanen Gesellschaft verwendet werden konnte. Aber auch die Totalkritik eines Marx und das marxistische Gesellschaftsmodell sind gescheitert, sie haben die industrielle Kälte der Inhumanität nur in heiße, zerstörerische Revolutionsluft transformiert.

Das zweite Kapitel ruft sodann einen Theorieansatz auf, der eine verlockende Lösung für den Legitimations- und Plausibilitätsverlust von Religion in der modernen Gesellschaft anbietet: Niklas Luhmanns funktionalistische Systemtheorie. Bekanntlich weist Luhmann der Religion eine Funktion in einer ausdifferenzierten Gesellschaft zu, die ihr wieder eine unvertretbare Rolle verleiht, weil Religion „demnach … für das Gesellschaftssystem die Funktion [habe], die unbestimmbare, weil nach außen (Umwelt) und nach innen (System) hin unabschließbare Welt in eine bestimmbare zu transformieren."[4] Für Raberger aber ist eine solche religionssoziologische Funktionszuweisung ein unseriöses Angebot, demgegenüber Theologie einen Einspruch zu leisten hätte: „denn es kann nicht Aufgabe der Religion sein, das Unbestimmte des *ganz Anderen* durch Funktoren zu *verdecken,* das bleibend Unverwaltbare letzter Bedeutsamkeit im herrschenden Codierungssystem gesellschaftlicher Selbstregulierung und Selbstreferentialität einzuklinken."[5]

Was aber hätte dann Theologie als „reflexives Element von Religion"[6] zu leisten? Diese Leistung formuliert Raberger nochmals mit einem Denker der Gegenwart, dessen kritische Ortsbestimmung ein Programm anbietet, worin Theologie ihre ursprüngliche Aufgabe, aber auch ihre eigentliche gesellschaftskritische Funktion wiederfinden könnte. Jürgen Habermas hat in seinem Werk eine kleine, aber bemerkenswerte Korrektur in der Funktionsbestimmung von Religion formuliert. Sie ist eine Schlüsselstelle für Rabergers Selbstexplikation einer kritischen Theologie heute: „Die ihrer Weltbildfunktion weitgehend beraubte Religion ist, von außen betrachtet, nach wie vor unersetzlich für den normalisierenden Umgang mit dem Außeralltäglichen im Alltag. Deshalb koexistiert auch das nachmetaphysische Denken noch mit einer religiösen Praxis."[7] Freilich scheint auch Habermas ein funktionalistisches Konzept von Religion anzubieten, aber nicht,

[4] N. Luhmann, Funktion, 26.
[5] Raberger, Theologie, 127.
[6] Ebd.
[7] Habermas, Nachmetaphysisches Denken, 60.

um unlösbare Grenzprobleme einer normativ tauben Systemtheorie der Gesellschaft mit Religion zu lösen, sondern gerade umgekehrt, um die Gefahr jeder Gesellschaft nicht zu vergessen, dass der Mensch es in seinem Sprechen und Handeln mit Geltungsansprüchen der Wahrheit, der Gerechtigkeit und der Wahrhaftigkeit zu tun hat, die gerade nicht durch soziale Kommunikation eingelöst werden können.

In einem letzten Abschnitt kommt Raberger auf die gesellschaftlichen Prozesse und philosophischen Interpretationen der Gegenwart zu sprechen: Unter der Überschrift „Aber in Auschwitz-Zeiten…" wird ein letztes Mal eine Sprachformel aufgerufen, die nun direkt auf jene Katastrophe blickt, für die Auschwitz zum Mahnbegriff geworden ist. Raberger beschreibt in kurzen Strichen die Mentalität der „Achtundneunziger-Generation", die sich in ihrem weisen Lächeln dem empörten Zorn der „Achtundsechziger" gegenüber erhaben und abgeklärt wähnt. Ihre Zeit-Signatur ist nicht die Verweigerung gegenüber dem, was zerstört, sondern die Vielfalt und der Widerstreit, „die Pluralität und Polykontextualität, die Heterogenität und Differenz"[8]. Auf dem Höhepunkt dieser Welle erschien alles, was nach Gründen fragte, fundamentalistisch. Richard Rortys Pragmatismus liefert Raberger die reflexive Argumentation für einen solchen radikalen Relativismus: „Um unser Denken von den letzten Spuren des Cartesianismus zu befreien, um in unserem Denken ganz darwinistisch zu werden, dürfen wir Wörter nicht mehr als Repräsentationen betrachten, sondern als Knoten in dem kausalen Netz, das den Organismus und seine Umwelt miteinander verbindet".[9]

Auch wenn Raberger hier ebenfalls seinen heftigen Einspruch erhebt ob solchen „Verzicht[s] auf Wahrheitskompetenz"[10], nimmt er einen Gedanken Rortys auf, der nicht nur Rortys Argument auszuhebeln scheint, sondern wiederum das Kerngeschäft der Theologie auf die Bühne ruft: „Aber in Auschwitz-Zeiten, wenn die Geschichte in Aufruhr ist und traditionelle Institutionen und Verhaltensmuster zusammenbrechen, brauchen wir etwas, das jenseits von aller Geschichte und Institutionen steht. Was kann das anderes sein als Solidarität unter den Menschen, als das wechselseitige Erkennen der Menschlichkeit, die uns allen gemeinsam ist?"[11] Dieser theologie-verdächtige Satz wird von Raberger nun unmittelbar in einen theologischen Arbeitsauftrag übersetzt: „Die gesellschaftliche Relevanz der Theologie steht und fällt mit ihrer Fähigkeit, über den zynischen Gebrauch

[8] Raberger, Theologie, 133.
[9] Rorty, Relativismus, 5.
[10] Raberger, Theologie, 135.
[11] Rorty, Kontingenz, 305 f.

der Begriffe und Spielregeln aufzuklären, denn *gemeinsame Vokabulare und gemeinsame Hoffnungen* hatten Faschisten und Stalinisten, haben Fundamentalisten und Makler auch. Solidarität gilt für Mafiosi ebenso wie für Kurien, Peergroups und Gangs."[12]

Hier also wird ein weiteres Moment des Rabergerschen Theologieverständnisses sichtbar: Sie ist – durchaus dem Wittgensteinschen Anliegen ähnlich – eine Sprachkritik, eine Grammatik, die über den Gebrauch der Begriffe und Sprachregeln aufklärt. Diese Sprachkritik hat aber selbst noch einmal einen Maßstab, der das unmittelbar Sprachliche und Theoretische aufsprengt und letzten Endes in der menschlichsten Fähigkeit seinen Bezugspunkt hat, den Raberger aber ähnlich einer „negativen Dialektik", einer „negativen Theologie" nicht affirmativ artikuliert, sondern nur parabolisch erschließt. Im Schlusskapitel erinnert der Germanist Walter Raberger an die Geschichte des Kreidekreises und den Streit zweier Frauen um ein Kind, für das beide Mutterschaft reklamieren. Bekanntlich besteht das salomonische Urteil der Bibel darin, dass der weise König durch die Androhung der gewaltsamen Zerteilung des Kindes die wahre Mutter identifizieren kann (vgl. 1 Kön 3,16–28). Mit der Erwähnung von Bert Brechts Erzählung des kaukasischen Kreidekreises kehrt Raberger in die Gegenwart unserer Gesellschaft zurück: in die „Grausamkeit der Herrschaftslogik" in den „geschlossenen Kreis des besitzorientierten, nur sich selbst kennenden, kalten Herrschaftssubjekts, welches den *Anderen* um jeden Preis sich unterwirft."[13] Die Magd Grusche rettet das Leben des Kindes, indem es seinen Arm loslässt und nicht über den Kreis zieht, weil sie aus Liebe lieber verliert. Eine solche Logik des Leben-Gewinnens durch Leben-Verlieren ist Raberger folgend nur eine, die sich „der Liebe erschließt"[14]. Eben darin findet die Theologie ihren definitiven Auftrag und auch ihre kritische Form: „Dafür Sorge zu tragen, dass eine solche Logik vielleicht doch *an die gesellschaftliche Ordnung rühren* könnte, wäre die Aufgabe der Theologie, eingedenk der Forderung Adornos, ‚dass Auschwitz nicht noch einmal sei', eingedenk aber auch der Hoffnung, dass vielleicht auch ein erstes Mal die Aufklärung über die Dialektik der Ausbeutung und Gewalt des Menschen über den Menschen gelingen könnte."[15]

[12] Raberger, Theologie, 136.
[13] Raberger, Theologie, 137.
[14] Ebd., 138.
[15] Ebd.

3.2 Im Dialog mit der Kritischen Theorie

Walter Rabergers theologisches Denken ist – und das ist bisher bereits mehrmals angeklungen – vor allem durch eine philosophische Referenztheorie geprägt: die Kritische Theorie der Frankfurter Schule. Horkheimer, Adorno, Benjamin, Marcuse und Habermas sind Autoren, die Raberger von Beginn seiner Lehrtätigkeit an als die vorrangigen philosophischen Gesprächspartner im Linzer Universitätsbetrieb eingeführt hat. Von diesen Denkern weiß sich Raberger in einem eminenten Ausmaß inspiriert und herausgefordert: Denn sie formulieren für ihn zum einen gesellschaftspolitische Signaturen und Abgründe moderner und postmetaphysischer Gesellschaften; sie bewahren aber auch in ihrem normativ sensiblen Blickwinkel auf die Opfer und Verwerfungen des Fortschrittsprozesses das semantische Potenzial der religiös motivierten Empörung und Hoffnung auf Wiedergutmachung und Heilung.

Wie diese Autoren ist Raberger vom Phänomen der Gewalt in der menschlichen Geschichte aufs Höchste irritiert. Blickt man auf die Rezeptionslinien der Kritischen Theorie in Rabergers Publikationen und Vorlesungsmanuskripten, so sind es einige immer wiederkehrende Motive, die sein theologisches und philosophisches Denken bestimmen:

- Die Dialektik der Aufklärung, die im gleichnamigen Werk von Horkheimer und Adorno den unfassbaren Widerspruch zwischen einer der menschlichen Würde und Vernunft gemäßen Erhebung aus Despotie, Gewalt, Unterdrückung und einer noch viel potenzierteren, dialektischen Inkraftsetzung solcher destruktiver Energien der menschlichen Spezies artikuliert. Rabergers Theologie ist überzeugt von der Geltung der intellektuellen und normativen Impulse der Aufklärung, aber immer wieder von Neuem erschüttert über die subtilen Mechanismen der Entmündigung und Instrumentalisierung, die in Form neuer Mentalitäten und Massenprodukte auf uns einwirken.
- Die Unabgegoltenheit der Opfer einer Siegergeschichte, für die die Frankfurter im Besonderen die sprachlichen und normativen Traditionen des jüdischen und christlichen Erbes in Anspruch nehmen, die aber zugleich davon überzeugt sind, dass sie im Modus einer Metaphysik des Absoluten nicht mehr begründbar sind, sondern nur noch als „Hoffnung" (Horkheimer) oder als „Negative Dialektik", als Denken des „Nichtidentischen" (Adorno) oder als „Bewusstsein von dem, was fehlt" (Habermas) formulierbar sind.
- Die von Habermas vor allem in den Blick genommene Koexistenz und Kooperation von kommunikativer Vernunft und einer anamnetisch-

theologisch reflektierten Religion, die die Impulse des modernen Humanismus in ihrem rituellen und sprachlichen Erbe auf eine andere Weise codiert und gerade darin als unverzichtbare Sinnressource für die Entropien des Sinns in spätmodernen und postsäkularen Kulturen benötigt wird.

Diese Denkschule stellt der Theologie Aufgaben und Prinzipien, an denen sich diese nach Raberger zunächst selbst einmal abzuarbeiten hat. Der aufklärerische Impuls liegt darin, dass Theologie sich der reflexiven Verantwortung bewusst werden muss, sowohl die Vernünftigkeit als auch die Gewalt einer je dem Denken schon vorausliegenden rituellen und praktischen Kommunikation auf diskursive Weise sichtbar zu machen. Die Kritische Theorie bedeutet für die Theologie zuerst deren Selbstanwendung, d. h. nur als *kritische* Theologie hat Theologie den Anspruch, im Dialog mit den Philosophien und Gesellschaftstheorien Einspruch erheben zu können gegen die gesellschaftlichen Pathologien der Geschichte.

Als Kritische Theologie muss es sodann einer Erinnerungs- und Glaubensgemeinschaft darum gehen, in ihren eigenen Entwicklungen und in den Verläufen der historischen Prozesse, die Opfer der Geschichte wahrzunehmen. Rabergers theologisches Denken ist darum in einem intensiven Sinne „leidsensibel", es ist diese Leidsensibilität, die ihn im Besonderen mit der Politischen Theologie eines J.B. Metz, J. Moltmann oder Richtungen der Befreiungstheologie verbindet. Das Gedächtnis dieser Leidenden, das exemplarisch und sakramental verdichtet am Lebensgeschick des Mannes aus Nazareth sichtbar wurde, entzieht Raberger zufolge der Theologie jede Grundlage, in einer heilsgeschichtlichen Naivität zu verbleiben. Die entsetzliche Feststellung, dass den Opfern im Diesseits kein Heil mehr widerfahren kann; die schockierende Erkenntnis, dass jederzeit in der Geschichte aufs Neue das Verbrechen, die Barbarei Einzug halten kann, verbietet es, in unreflektierter Weise ein Gotteslob anzustimmen oder sich in frommer Hoffnung auf ein gutes Ende einzustimmen.

Und dennoch lebt Rabergers Theologie von einer Hoffnung, die ihn wohl wegen dieser unausrottbaren „Triebfeder" zu einem späten Kantianer macht. Rabergers Kantrezeption ist eine Rezeption der Hoffnung aus Vernunftgründen, dass in Kants Postulaten eine Dimension zutage tritt, die der Glaube im Symbol des Reiches Gottes als des endgültig human gewordenen Gemeinwesens vorstellt und denkt. Aber Raberger artikuliert diese Hoffnung dann doch nicht so sehr in kantischer als in der Sprache Adornos. Von diesem zitiert Raberger immer wieder z. B. folgende Passagen: „Am Ende ist Hoffnung, wie sie der Wirklichkeit sich entringt, indem sie diese negiert, die einzige Gestalt, in der Wahrheit erscheint. Ohne Hoffnung wäre die Idee der

Wahrheit kaum nur zu denken, und es ist die kardinale Unwahrheit, das als schlecht erkannte Dasein für die Wahrheit auszugeben, nur weil es einmal erkannt war. Hier viel eher als im Gegenteil liegt das Verbrechen der Theologie [...]."[16] „Vergebliches Warten verbürgt nicht, worauf die Erwartung geht, sondern reflektiert den Zustand, der sein Maß hat an der Versagung [...]. Gleichwohl könnte nichts als wahrhaft Lebendiges erfahren werden, was nicht auch ein dem Leben Transzendentes verhieße [...]."[17]

3.3 Walter Rabergers Reaktualisierung theologischer Rede: Theologie als Einspruch

Als dritten werkgeschichtlichen Aspekt von Walter Raberger möchte ich noch kurz seine dogmatische Arbeit vorstellen. Walter Raberger versteht sich zuerst und vor allem als Lehrer der Theologie. Sein Arbeitsplatz ist der Hörsaal, die Bibliothek, der Kopierer, der Schreibtisch, seine penibel organisierte Handbibliothek. Seine Vorlesungen sind intellektuelle und didaktische Sternstunden mit satirischen Einsprengseln. Raberger hat alle dogmatischen Traktate viele Male doziert, die druckreif ausgearbeiteten Manuskripte immer wieder auf dem Hintergrund der neuesten Literatur überarbeitet, weitergeschrieben und ggf. neu konzipiert. Sein hohes Lehr-Ethos ist geprägt von dem Ideal, dass die Studierenden im Hörsaal die bestmögliche Theologie geboten bekommen sollen. Dass er sie dabei überfordert, erst recht die jüngste StudentInnengeneration – das weiß er; und so hat Walter Raberger einen eigenen Stil entworfen, der seinesgleichen sucht: Er trägt seine geschliffenen, lange überlegten und begrifflich, stilistisch und argumentativ ausgefeilten Sätze vor – und erklärt sie dann in freier und höchst anschaulicher und lebendiger Weise. Meistens notieren die Studierenden nur das frei gesprochene Wort, denn das Manuskript erhalten sie ohnehin am Ende des Semesters.

Wer Walter Raberger als Lehrer der Theologie erlebt, dem fallen vor allem folgende Merkmale auf. Rabergers Stil ist konsequent diskursiv. Das heißt, seine Theologie ist nicht thetisch, apodiktisch oder gar erbaulich, sondern das kunstvolle Arrangement von Problemkonstellationen, die – wie in seinen Veröffentlichungen – mittels Zitat positioniert und dann von verschiedenen Seiten ausgeleuchtet werden. Eine entscheidende Intention dabei ist, die grammatische Struktur der theologischen Begriffe deutlich zu machen.

[16] Adorno, Minima moralia, 110.
[17] Adorno, Negative Dialektik, 368.

Diese Methode verfolgt Raberger seit seiner Innsbrucker Zeit als Doktorand bei Franz Schupp. Seine Dissertation: *„Schöpfung als Problemfigur“* legt auf Basis einer historisch-kritischen Analyse des deuterojesajanischen Schöpfungskonzeptes die Funktion schöpfungstheologischer Rede frei: dass nämlich Schöpfung nicht eine kausale, objektsprachliche Welterklärung ist, sondern eine das praktische Handeln leitende „Sinnprämisse“.

Dieses Verfahren wendet Raberger konsequent für jeden theologischen Grundbegriff an. Es geht darum, den doppelten Paradigmenwechsel der transzendentalphilosophischen Wende und des linguistic turn für die Theologie fruchtbar zu machen. Das bedeutet begriffslogisch, dass in jedem theologischen Traktat klar gemacht werden muss, dass die theologischen Grundbegriffe wie „Gott“, „Schöpfung“, „Gnade“, „Erlösung“, „Offenbarung“ usw. keine objektsprachlich-gegenständlichen Begriffe, sondern metasprachliche Kategorien sind, die als „Sinnprämissen“, als „Reflexionsbegriffe“ zu interpretieren sind. Betroffen von der weithin reflexionslosen Naivität theologischer Rede im lehramtlichen, pastoralen und katechetischen Kontext ist für Raberger einer der Gründe des Reflexions- und Plausibilitätsverlusts von Religion und Glaube das gedankenlose Hantieren mit theologischen Grundbegriffen, so als könnten mit ihnen empirische oder gar anschauliche Sachverhalte designiert werden. Für Raberger muss dagegen in einem theologischen Traktat deutlich werden, dass die theologischen Kategorien regulative Funktion haben. Sie bezeichnen nicht transzendente Sachverhalte, sondern disponieren und orientieren die glaubende und bekennende Erinnerungs- und Erzählgemeinschaft auf eine bestimmte Interpretation, Sinndeutung und Lebenspraxis hin. Darum gibt es für Raberger auch keinen Theorie-Praxis-Dualismus, sondern jede Praxis ist bereits theorieinduziert und jede Theorie hat praktische, orientierende Wirkungen.

Rabergers Dogmatik unterscheidet sich deshalb auch von der modernen schultheologischen Handbuch-Methodik, die den Stoff methodologisch in einem differenzierten Mehrfachverfahren anordnet: Darstellung des Gegenstandsbereichs und seiner historischen Reflexionsgestalt; Biblische Grundlagen; Dogmengeschichtliche Entwicklungen; Systematische Darstellung. Vielmehr wird der gesamte Traktat permanent mit der dogmatischen Tradition oder der biblischen Grundlage konfrontiert und seine Anschlussfähigkeit oder aber auch Widerspenstigkeit und Einspruchskraft gegenüber aktuellen Positionen ausgelotet. Es gibt bei Raberger deshalb auch keine kompakte Systematik, die quasi als Ergebnis gebündelt werden könnte. Alles ist und bleibt permanent im diskursiven Fluss.

Ein weiteres Anliegen der Rabergerschen Lehrpraxis ist die Sichtbarmachung ideologischer Muster in bestimmen philosophischen oder soziologischen, aber genauso theologischen oder lehramtlichen Begründungen. An einem publizierten Text soll das noch einmal veranschaulicht werden. In seinem Aufsatz über die „‚Ordinationsfähigkeit' der Frau"[18] wird zunächst die lehramtliche Regelung referiert, sodann aber sofort das problematische, ideologieverdächtige Argument auf den Prüfstand gestellt. Das Argument, die Kirche könne aus Treue zu Jesus Christus keine Priesterweihe für Frauen spenden, wird sodann mit Beispielen konfrontiert, bei denen die Kirche ein beachtliches Selbstvertrauen an den Tag legte, wenn sie etwa bestimmte sakramentale Vollzüge reglementiert hat, z. B. im Fall der tridentinischen Festlegung, dass der Kommunionempfang auf die Gestalt des Brotes zu reduzieren sei. Das Argument, die Kirche selbst bestimme das Wesenhafte des Sakramentes und zugleich auch die Kriterien, mit denen das Wesen der Kirche bzw. der Sakramente ermittelt werden, ist Raberger zufolge ein Zirkelschluss.[19]

An Beispielen der Revision kirchlicher definitiver Regelungen fehlt es allerdings kirchengeschichtlich nicht, wie der nächste Argumentationsaufweis Rabergers aufzeigt: Tatsächlich hat die Kirche in der Frage des Zinsverbotes, der Frage der persönlichen Gewissensfreiheit und der Judenfrage eine lange kontinuierliche Tradition, die sie mit göttlichem Recht begründete, und dennoch revidierte, nachdem sie zur Einsicht gekommen war, dass die theologischen Gründe in Wahrheit kulturell bedingte Gründe oder Plausibilitäten waren. Die Frage der Geltungsdauer als solche ist noch nicht von sich aus ein Wahrheitsargument. „Es ist richtig: die kirchliche Praxis wurde niemals in einer Weise problematisiert oder so grundlegend irritiert, dass die Glaubensgemeinschaft sich zu einer Identitätsvergewisserung – etwa im Rahmen einer konziliaren Entscheidung – veranlasst gefühlt hätte. Darin aber schon den Erweis von ‚Gottes Plan für seine Kirche' zu sehen, spricht eher für die Kraft des Interesses als für die Anstrengung theologischen Reflektierens: denn die letztlich ungebrochene Kontinuität der kirchlichen Praxis resultiert aus der Ungebrochenheit einer patriarchalen Kultur und Lebenswelt."[20] Die aus heutiger Sicht höchst problematische Argumentation großer Theologen in deren Versuch, das Wesen der Frau zu bestimmen, wird von Raberger anhand einiger Beispiele eindrucksvoll kritisiert.

Für die Frage der Frauenordination heißt das: die Begründung der Christusrepräsentanz kann nicht auf die Geschlechtlichkeit reduziert werden, weil das grundlegende christologische Prinzip nicht die Mannwerdung

[18] in: ThPQ 144 (1996) 398–411.
[19] Vgl. ebd., 402.
[20] Ebd., 406.

sondern die Menschwerdung des Logos ist. Mit W. Beinert wird festgestellt: „,In persona Christi' handeln bedeutet sakramententheologisch nicht den Aufweis des Geschlechtes Jesu, sondern die Tatsache, dass Christus der eigentliche und originäre Spender aller Sakramente ist…"[21]

Am Ende plädiert Raberger dafür, dass die Kirche bei der Anerkennung dieser Sachlage den Mut haben müsste, „über den eigenen Schatten zu springen."[22] In schon pädagogischer Intention blendet Raberger am Schluss dieses Lösungsvorschlags eine kurze Replik auf die protestantische Tradition ein. Er führt Luthers Argumentation für das Verbot der Frauenordination an und die Entscheidung der 6. Generalsynode der Evangelischen Kirche Österreichs 1965, die sich für die Möglichkeit der Frauenordination aussprach. Er erwähnt das altkatholische Monitorium von 1976, der anglikanischen Freigabe nicht zu folgen, und dessen Revision der altkatholischen Kirche aus dem Jahre 1992 und 1996. Das Fazit Rabergers spannt den Bogen zurück an den Beginn: „Die Diskussion muss weitergehen!"[23]

Schließlich ist ein drittes Motiv durchgängiges Prinzip in Rabergers Lehre: Der Aufweis, dass Kirche und christlicher Glaube die aus anderen Reflexionsprozessen entdeckten Potentiale des Humanen für sich fruchtbar machen sollten. Auch hier soll der Blick auf ein publiziertes Textbeispiel demonstrieren, wie Raberger diese Potenziale freilegt und neu bestimmt. Unter dem dogmatisch noch unverfänglichen Titel „*Welt – Kirche: Weltkirche*" ist der Untertitel die Zusammenfassung seiner Position und Neudefinition: „*Vom Umgang mit dem ,Außeralltäglichen' oder: Von der ,Weigerung zu vergessen, was sein könnte*'"[24]. Raberger greift auf das Thema der Weltkirche originell zu: Er versucht das „Welthafte" der Weltkirche herauszuarbeiten, und zwar unter jenen Hinsichten, für welche die folgenden Begriffe stehen: „Identität – Verweigerung"; „Gültigkeit – Gleich-Gültigkeit; „Letzthorizont – Sinn". Die Abstraktheit dieser Duale wird im Argumentationsverlauf durch eine Vielzahl von Grundlagenfragen des Christlichen konkretisiert: zunächst wird die religionssoziologische Deutung der Definition von Religion in der Sichtweise Durkheims, Luhmanns und Habermas' aufgerufen, um sodann mit Bonhoeffers Verhältnisbestimmung von Diesseitigkeit und Jenseitigkeit jeden Dualismus aufzubrechen. Daraufhin wird das theologische Ringen um die „Weltlichkeit" des Christentums am Beispiel des Umgangs mit dem Säkularisierungsbegriff bei Gogarten und Metz aufgewiesen. Aber auch dieser Diskurs wird noch einmal gebrochen

[21] Beinert, Dogmatische Überlegungen, 197.
[22] Raberger, Ordinationsfähigkeit, 410.
[23] Ebd., 411.
[24] in: ThPQ 148 (2000) 12–24.

mit der Auseinandersetzung zwischen Rorty und Habermas hinsichtlich der Begründungsfähigkeit universaler Prinzipien. Im Streit zwischen Rortys Relativismus und Habermas' Konsensualismus wird mit Denkfiguren der Kritischen Theorie das Theologische zu Wort gebracht: „Im Gottesbegriff war lange Zeit die Vorstellung aufbewahrt, dass es noch andere Maßstäbe gebe als diejenigen, welche Natur und Gesellschaft in ihrer Wirksamkeit zum Ausdruck bringen."[25] Einer dieser Maßstäbe ist nach Horkheimer die „Weigerung, zu vergessen, was sein könnte".[26] Genau das wäre für Raberger aber nun eine Identitätsbestimmung für Kirche: Sie stünde entsprechend dieses Maßstabs „als Weltkirche im Dienst der Kritik gegenüber allen Formen des Vergessens und Verdrängens des Verlierer- und Opfergeschicks."[27] Diese Parteilichkeit radikalisiert Raberger mit dem berühmten Briefdialog von Horkheimer und Benjamin über die Bedeutung der Geschichte, dass das Eingedenken der Opfer selbst ein theologaler Reflexionsvorgang ist. Mit diesem Maßstab ist aber nun ein Kriterium gewonnen, wie die auf Glück, Identität, Autonomie ausgerichtete Moderne normativ fokussiert werden könnte. Mit den Worten von G. Kaiser sagt W. Raberger: „Wäre Glück lediglich an der Gegenwart orientiert, genügte bei seiner Abwesenheit eine Veränderung des Gegebenen, es herbeizuführen. Weil es an die Vergangenheit geknüpft ist, an das, was unwiderruflich versäumt und dahin ist, schwingt in der Vorstellung von Glück unveräußerlich die der Erlösung mit, denn Erlösung ist dadurch gekennzeichnet, dass sie die Vergangenheit einzubeziehen mächtig ist. Sie erlöst nicht nur von dem, was falsch *ist*, sondern auch von dem, was falsch *war*."[28]

Für diesen Gedanken reklamiert Raberger ein theologisches Heimatrecht: „Es ist der Gedanke der Hoffnung, der Sehnsucht, und nicht des wahren Wissens. Es ist der Gedanke der Parteinahme für den Geschädigten, der Impuls für das Eingedenken dessen, an den sich niemand erinnert. Der Vermittlung dieses Gedankens bedarf es eines Ortes: warum sollte man ihn nicht *Kirche* nennen!"[29]

Literaturverzeichnis

Adorno, T.W., „Ob nach Auschwitz noch sich leben lasse". Ein philosophisches Lesebuch, hrsg. v. R. Tiedemann, Frankfurt/M. 1997.

Ders., Minima moralia. Reflexionen aus dem beschädigten Leben, Frankfurt/M. [20]1991.

---

[25] Adorno, Negative Dialektik, 378.
[26] Horkheimer, Die Sehnsucht, 392.
[27] Raberger, Weltkirche, 22.
[28] Ebd., 24.
[29] Ebd.

Ders., Negative Dialektik, Frankfurt/M. 1975.

Beinert, W., Dogmatische Überlegungen zum Thema Priestertum der Frau, in: ThQ 173 (1993) 186–204.

Habermas, J., Nachmetaphysisches Denken, Frankfurt/M. 1989.

Horkheimer, M., Die Sehnsucht nach dem ganz Anderen, Hamburg 1970.

Luhmann, N., Funktion der Religion, Frankfurt/M. 1982.

Raberger, W., Theologie: Denken und Glauben im Kontext aktueller Lebenswelten. Anmerkungen zu einer möglichen Kritik sowohl einer funktionalistischen wie auch einer fragmentierten Vernunft, in: Langthaler, R. (Hg.), Theologie als Wissenschaft (LPTB 1), Frankfurt/M. 2000, 123–138.

Ders., Welt – Kirche: Weltkirche. Vom Umgang mit dem „Außeralltäglichen" oder: Von der „Weigerung zu vergessen, was sein könnte", in: ThPQ 148 (2000) 12–24.

Ders., „Ordinationsfähigkeit" der Frau, in: ThPQ 144 (1996) 398–411.

Ders., Schöpfung als Problemfigur. Zur Artikulation einer Prämisse in der Bewältigung ambivalenter Wirklichkeit bei DtJes 45,7, unveröff., Innsbruck 1974.

Rorty, R., Relativismus. Entdecken und erfinden, in: Information Philosophie 23 (1997) 5–23.

Ders., Kontingenz, Ironie und Solidarität, Frankfurt/M. 1989.

„Erkenntnis geht nicht länger in der Entsprechung von Sätzen und Tatsachen auf."[1]

Walter Raberger

> „Auch die Reflexion verdankt sich einem vorgängigen dialogischen Verhältnis und schwebt nicht im Vakuum einer kommunikationsfrei konstituierten Innerlichkeit."[2]

Nach meinem abgeschlossenen Studium der *Germanistik* und der *klassischen Philologie* war ich zumindest in dem einen Punkt mit mir eins: nämlich nicht zu einem *Faust* unterwegs zu sein, sondern mich in der Rolle von Fausts Famulus zu wissen: „Mit Eifer hab' ich mich der Studien beflissen. Zwar weiß ich viel, doch möcht' ich alles wissen". Einige Jahre später wusste ich es besser: dass ich – bestätigt durch eingesammelte Kolloquienzeugnisse – eigentlich aus K. R. Poppers „Kübeltheorie" getrunken hatte, wie sie Popper folgendermaßen skizziert: „Ich beginne mit einer kurzen Charakterisierung der zu kritisierenden Auffassung, die ich gewöhnlich als ‚Kübeltheorie der Wissenschaft (oder ‚Kübeltheorie des menschlichen Geistes') bezeichne. Diese Auffassung geht von der sehr einleuchtenden Feststellung aus, dass wir zunächst einmal Wahrnehmungen haben müssen, bevor wir über die Welt etwas wissen können und etwas aussagen können… Unser Geist gleicht sozusagen einem Behälter mit Öffnungen – einer Art Kübel –, in dem sich die Wahrnehmungen und das Wissen ansammeln… In der Wissenschaft spielt nicht so sehr die Wahrnehmung, wohl aber die *Beobachtung* eine große Rolle… Der Beobachtung geht ein Interesse voraus, eine Frage, ein Problem – kurz, etwas Theoretisches…, dass Erwartungen… vorausgehen…: die Hypothese wird zum Führer zu neuen Beobachtungsresultaten. Ich bezeichne diese Ansicht als die ‚Scheinwerfertheorie…"[3]

Soweit ein kurzer Hinweis auf die Begegnung mit jenem Autor, dessen 1934 veröffentlichtes Werk „Logik der Forschung" schließlich im Jahr 2005 noch in der 11. Auflage erschienen ist. K. R. Poppers Arbeiten haben sich freilich nicht nur mit Erkenntnis- und Wissenschaftstheorie auseinandergesetzt, öffentliche Anerkennung wurde dem Autor eher durch jene Publikationen zuteil, in denen er sich mit geschichtsphilosophischen und gesellschaftspolitischen Themen beschäftigte, nicht selten durch einprägsame und zugespitzte Formulierungen markiert, wenn es heißt: „Das Wissen im

[1] Habermas, Wahrheit, 237.
[2] Habermas, Rationalität, 103.
[3] Popper, Objektive Erkenntnis, Anhang 1, 401–407.

Sinne der Naturwissenschaft ist *Vermutungswissen*, es ist ein kühnes Raten… Aber es ist ein Raten, das durch rationale Kritik diszipliniert wird… Das macht den Kampf gegen das dogmatische Denken zur Pflicht. Es macht auch die äußerste intellektuelle Bescheidenheit zur Pflicht."[4]

Die für mich – den theologischen Adepten – zunächst erfreuliche Genugtuung, dass *Dogmatismus* nicht bloß den lehramtlich-dogmatischen – gegen jede Art der Falsifizierbarkeit immunen – Geltungsansprüchen zum Vorwurf gemacht wird, sondern mit kritischem Blick nun auch beim positivistischen Rationalismus festgestellt wurde, diese vorerst erfreuliche Genugtuung wurde gedämpft durch eine weitere, im Privatissimum meines theologischen Lehrers F. Schupp auferlegte Beschäftigung mit dem sogenannten „Positivismusstreit in der deutschen Soziologie"[5], in welchem Sammelband eine reizvolle Runde wie u. a. Th. W. Adorno, K. R. Popper, H. Albert und J. Habermas präsentiert worden ist. Wie von mir nicht anders zu erwarten, wähle ich aus *der reizvollen Runde* J. Habermas und dessen kritische Anmerkungen zu K. R. Popper. Unwidersprochen angenommen wird einmal von J. Habermas, dass „Erfahrungsdaten… Interpretationen im Rahmen vorgängiger Theorien" sind; „sie teilen daher selbst deren hypothetischen Charakter".[6] Eine *positivistische Restproblematik* wird freilich insofern noch wahrgenommen, dass von K. R. Popper eine „epistemologische Unabhängigkeit der Tatsachen von den Theorien, die diese Tatsachen und die Relationen zwischen ihnen deskriptiv erfassen sollen"[7], *unterstellt* würde, obwohl doch – so J. Habermas – „der Sinn der empirischen Geltung von Tatsachenfeststellungen (und mittelbar auch der Sinn erfahrungswissenschaftlicher Theorien) durch die Definition der Prüfungsbedingungen im vorhinein bestimmt wird."[8] Demnach agiere jener interpretierende Zugriff auf die „Wirklichkeit unter dem leitenden Interesse an der möglichen informativen Sicherung und Erweiterung erfolgskontrollierten Handelns"[9]. Genau dieses leitende Erkenntnisinteresse wäre nun aber einer kritischen Reflexion auszusetzen, um es nicht bei einer Fixierung auf ein empirisch-analytisches Wissenschaftsparadigma zu belassen. Gerade aus der Perspektive der Reflexion des theologischen Interpretationsinteresses unterstreiche ich deshalb jenen von J. Habermas bekundeten kritischen Einwand, dass K. R. Popper durch die Fixierung des Wahrheitsbegriffes auf das Korrespondenzmodell etwas Entscheidendes vernachlässigt habe, nämlich:

[4] Popper, Auf der Suche, 52.
[5] Maus/Fürstenberg (Hg.), Der Positivismus.
[6] Habermas, Rationalismus, 239.
[7] Ebd. 241.
[8] Ebd.
[9] Ebd. 244.

„Eine kritische Erörterung schließt … einen dreifachen Gebrauch der Sprache ein: den deskriptiven, um Sachverhalte zu beschreiben; den postulatorischen, um Verfahrensregeln festzulegen; und den kritischen, um solche Entscheidungen zu rechtfertigen.“[10] Es bedarf also einer differenzierenden Reflexion jener Einstellungen und Erkenntnisinteressen, welche gleichsam als Kontext die Interpretationsregeln für die Rechtfertigung der jeweiligen Geltungsansprüche liefern. So kann ein *technisches Interesse* als Vorverständnis leitend werden bei der Rechtfertigung von Beherrschungsprinzipien im Dienst der Instrumentalisierung von Natur und Mensch, zielt ein emanzipatorisches Interesse auf eine Selbstreflexion, welche sich der eigenen Ideologieverflochtenheit bewusst werden möchte. Eine Auseinandersetzung mit dem Problem der Rechtfertigung von *Einstellungen* und Interessen war für K. R. Popper allerdings kein zentrales Problem, wenn J. Habermas auch einmal anmerkt: „Popper hält eine Rationalisierung von Einstellungen nicht für ausgeschlossen.“[11] Anerkennend wird zudem erklärt: „*Poppers* Theorie habe ich für die Auseinandersetzung gewählt, weil er meinen Bedenken gegen den Positivismus bereits einen Schritt entgegenkommt… Er ist einerseits ein repräsentativer Vertreter der analytischen Wissenschaftstheorie und hat doch bereits in den zwanziger Jahren die epistemischen Voraussetzungen des neueren Positivismus überzeugend kritisiert.“[12]

Mit einer weiteren Privatissimum-Lektüre, abgearbeitet anhand eines Eindringens in den 1. Band der Reihe „suhrkamp taschenbuch wissenschaft“, welche Reihe J. Habermas im Jahr 1973 mit dem – (schon 1968 veröffentlichten) – Titel “Erkenntnis und Interesse“ eröffnete, wurde mein Theologieverständnis elektrisiert und nachhaltig aufgebrochen. Neugierde wurde mobilisiert, als im Jahr 2000 stw 1464 das Ergebnis der Beschäftigung eines Soziologenkongresses mit „Erkenntnis und Interesse“[13] präsentierte. In einem Resümee zu diesem Projekt blickt J. Habermas mit deutlichem Abstand auf diese weit zurückliegende Arbeit zurück und formuliert Revisionen und weiterhin bestehende Identifikationen. Unterstrichen wird schließlich die Thematisierung eines doppelten Aspekts „der wissenschaftlichen Erkenntnis und der Aufklärung… Aufklärung unterscheidet sich ja von Wissenschaft durch den reflexiven Bezug auf das erkennende Subjekt: sie ‚ist nicht primär Wissensfortschritt, sondern Naivitätsverlust‘. Gegen einen antiszientistischen Gadamer konnten wir mit Popper das

[10] Ebd. 258.
[11] Ebd. 251.
[12] Ebd. 236.
[13] Müller-Doohm, Das Interesse der Vernunft.

Zeugnis erfahrungswissenschaftlicher Lernprozesse anrufen... Und gegen den traditionalistischen Gadamer konnte mit Adorno das ideologiekritische Argument ins Spiel gebracht werden: Setzte sich nicht zugleich mit der wirkungsgeschichtlichen Dominanz eines ‚tragenden' Einverständnisses auch eine faktische Gewalt von Siegern durch, die die Bedingungen für eine zwanglose Kommunikation gerade zerstört?"[14]

> „Die Tatsachen, welche die Sinne uns zuführen, sind in doppelter Weise gesellschaftlich präformiert: durch den geschichtlichen Charakter des wahrgenommenen Gegenstands und den geschichtlichen Charakter des wahrnehmenden Organs. Beide sind nicht nur natürlich, sondern durch menschliche Aktivität geformt."[15]

Im Zentrum der sogenannten „Kritischen Theorie" steht zweifellos die Absicht, das traditionelle, sogenannte *bürgerliche Denken* darüber aufzuklären, dass dieses in der Gefolgschaft eines Szientismus die gesellschaftlichen Bedingtheiten des Denkens und der Vernunft ausblendet und damit den ideologischen Charakter von Theorie und erkenntnisleitenden Interessen nicht reflektiert. „In der Tat steckt in der gesellschaftlichen Praxis" – so M. Horkheimer – „auch das vorhandene und angewandte Wissen; die wahrgenommene Tatsache ist daher schon vor ihrer bewussten, vom erkennenden Individuum vorgenommenen theoretischen Bearbeitung durch menschliche Vorstellungen und Begriffe mitbestimmt... Selbst dort, wo es sich um die Erfahrung natürlicher Gegenstände als solcher handelt, ist deren Natürlichkeit durch den Kontrast zur gesellschaftlichen Welt bestimmt und insoweit von ihr abhängig."[16] Wo dieses nicht durchschaut oder nicht zum Bewusstsein gebracht wird, geschieht Entfremdung. „Die Vernunft kann sich selbst nicht durchsichtig werden, solange die Menschen als Glieder eines vernunftlosen Organismus handeln."[17] Dass die Gesellschaftsbezogenheit der Bedingungen des Denkens als *Vorverständnis* für das interpretierende und handelnde Subjekt nicht reflektiert würde, dies demonstriert die *Kritische Theorie* Horkheimers als den entscheidenden Kern der Einnistung von Ideologie in der traditionellen Theorie. Nicht uninteressant scheint mir diesbezüglich eine Bemerkung von J. Habermas im Vorwort zur 1968iger Ausgabe von „Erkenntnis und Interesse" zu sein, die lautet: „Die

[14] Habermas, in: Müller-Doohm, Das Interesse, 20; zu dem von J. Habermas eingeschobenen Zitat: vgl. Martens,/Schnädelbach (Hg.), Philosophie, 32 und den hier erwähnten Verweis auf Horkheimer.

[15] Horkheimer, Theorie, 22.

[16] Ebd. 22 f.

[17] Ebd. 28.

Analyse des Zusammenhangs von Erkenntnis und Interesse soll die Behauptung stützen, dass radikale Erkenntniskritik nur als Gesellschaftstheorie möglich ist."[18] Gewiss ist es bei dieser Zielsetzung der Analyse nicht geblieben, wie die beiden – 1981 erschienenen – umfangreichen Bände „Theorie des kommunikativen Handelns" sowie die nachfolgenden „Vorstudien und Ergänzungen zur Theorie des kommunikativen Handelns" wohl zeigen.

Zuvor möchte ich aber die Thematik einer wechselseitigen Verschränkung von „Erkenntnis und Interesse" im Kontext der *Paradigma*-Debatte ansprechen, zumal sich damit auch die Frage nach Genese und Wirkungsgeschichte von „theologischer Theoriebildung" aufdrängt, wie beispielsweise H. Peukert in dem erstmals 1976 aufgelegten Werk „Wissenschaftstheorie. Fundamentale Theologie. Analysen zu Ansatz und Status theologischer Theoriebildung" demonstriert sowie durch seinen eigenen Ansatz einer neuen Verortung der theologischen Selbstreflexion zudem bestätigt. Wissenschaftsgeschichtlich interessant ist übrigens auch ein Verweis auf die arabische Vermittlung des aristotelischen Organons und der griechischen Philosophie im kommunikativen Milieu von *al-Andalus* (ab dem 8. Jahrhundert), um im philosophischen-theologischen Diskurs und Streit über Regeln der Begründung von Wahrheitsbehauptungen und Geltungsansprüchen (al-Ghazâlî: „Die Inkohärenz der Philosophen"/Averroes: „Die Inkohärenz der Inkohärenz")[19] die dialektische Verflochtenheit von Erkenntnis und Interessen, von Wissen und Kultur, von Rationalität/Irrationalität und Gesellschaft wahrzunehmen.

Das Reizvolle in der Beschäftigung mit dem Paradigma-Thema sah ich zunächst in der Erschließung eines weiten Horizontes in der Anwendung einer lebensweltlich codierten Matrix, welche nicht nur die erkenntniskonstitutiven Einstellungen und Bedingungen organisiert, sondern zugleich auch das produktive und innovative Potenzial freisetzt für die Wahrnehmung der geschichtlich-gesellschaftspolitischen sowie kulturellen und kommunikativen Problemstellen. Mit dem Thema vertraut gemacht habe ich mich in erster Linie durch die Beschäftigung mit Th. Kuhns Arbeit aus dem Jahr 1962, betitelt mit „Die Struktur wissenschaftlicher Revolutionen"[20], und einer weiteren Veröffentlichung aus dem Jahr 1978 zum Thema „Die Entstehung des Neuen."[21] Mehr oder minder ignoriert habe ich die von Th. Kuhn im Vorwort zu seiner älteren Studie gemachte Bemerkung einer

[18] Habermas, Erkenntnis, 9.
[19] Vgl. dazu: Rudolph, Islamische Philosophie, 73; vgl. ferner: AL-FĀRĀBĪ, Über die Wissenschaften; Averroes, Abhandlung.
[20] Vgl. Kuhn, Die Struktur.
[21] Vgl. Kuhn, Die Entstehung.

zufälligen Kenntnisnahme von L. Flecks Monografie „Entstehung und Entwicklung einer wissenschaftlichen Tatsache“[22] aus dem Jahr 1935. Erst mit der 2011 publizierten Arbeit über L. Flecks „Denkstile und Tatsachen“ wurde ich motiviert, mich zu informieren, „inwieweit Fleck... die Paradigmen-Theorie von Thomas Kuhn, vorweggenommen und beeinflusst habe...“[23]

Die Frage, was man unter *Paradigma* zu verstehen habe, ist nicht einfach zu beantworten, wie Th. Kuhn schon mit der Feststellung demonstrieren wollte, wenn er „mindestens 22 verschiedene Bedeutungen“ zu registrieren vermochte. Schließlich wurde doch die begriffliche Klärung durch eine Reduktion auf die Kurzformel „disziplinäre Matrix“ entschieden. „‚Disziplinär‘ weil sie der gemeinsame Besitz der Vertreter einer Fachdisziplin ist.“[24] Das bedeutet eine vorhandene Gemeinsamkeit in der sprachlichen Verständigung und bei den praktizierten Kommunikationsregeln. Mit der Bezeichnung *Matrix* wird die Codierung der lebensweltlichen Perspektiven, der gesellschaftlich eingespielten Interessen und der daraus abgeleiteten Systembildungen verstanden, als Impulse der kulturellen Befindlichkeiten, der Einstellungen und auch Unterstellungen, als erkenntnisleitende Theorie im Zugriff auf die zu interpretierende Wirklichkeit. Die Funktion des Paradigmas erlischt interessanterweise genau dann, wenn die Matrix selbst problematisiert wird, d.h. wenn eine *Paradigmazerstörung* einsetzt. Um diesen Prozess zu verdeutlichen, präsentiert Th. S. Kuhn mehrere Beispiele, so etwa „Röntgens Entdeckung,... dass sein Schirm glühte, als er es gar nicht sollte“, also die „Wahrnehmung einer Anomalie – eines Phänomens also, auf welches das Paradigma den Forscher nicht vorbereitet hatte – eine wesentliche Rolle als Wegbereiter für die Wahrnehmung einer Neuheit... Obwohl die Röntgenstrahlen aufgrund der etablierten Theorie nicht ausgeschlossen waren, verletzten sie doch tief verankerte Erwartungen... Dieses Bewusstsein der Anomalie eröffnet eine Periode, in der Begriffskategorien umgemodelt werden, bis das anfänglich Anomale zum Erwarteten geworden ist.“[25] Demnach registriert Th. Kuhn die Konfrontation mit einem bisher nicht wahrgenommen und nun zum Problem gewordenen Phänomen als jene produktive Irritation, die sich zur Verabschiedung einer bislang wissenschaftlich und lebensweltlich anerkannten Selbstverständlichkeit entschließt und dazu auch genötigt weiß. Obwohl Th.S. Kuhn als Wissenschaftstheoretiker vorrangig – und damals wohl paradigmabestimmt – den

[22] Kuhn, Die Struktur, 9.

[23] Vgl. die Einleitung von Sylwia Werner und Claus Zittel in: Fleck, Denkstile und Tatsachen, 12.

[24] Kuhn, Die Entstehung, 389 und 392.

[25] Kuhn, Die Struktur, 86 f.; 94.

Typos *Wissenschaftlichkeit* aus der Perspektive des Analytischen und Empirischen definierte, wird ein *Paradigma* als Matrix in der Deutung der Kontextualität gleichfalls auf den sozial- und gesellschaftspolitischen Verlauf der Lebenswelten übertragbar, wie aus der folgenden Feststellung hervorgeht: „... der genetische Aspekt der Parallele zwischen politischer und wissenschaftlicher Entwicklung dürfte nicht länger zweifelhaft sein."[26] Es fällt zudem nicht schwer nachzuweisen, dass die konfligierenden Irritationen bei den dogmengeschichtlichen Auseinandersetzungen um Wahrheit und Geltung von Glaubenstraditionen weitgehend durch das Faktum eines Paradigmenwechsels zu erklären sind, wie beispielsweise eine Christologie im Kontext eines biblischen Weltbildes anders codiert wurde als etwa unter den Verstehensbedingungen eines griechisch-philosophisch reflektierenden Paradigmas, wovon die chalzedonensische Formel deutliche Belege liefert. Aufreizend ist Th. Kuhns Bemerkung allemal, die da heißt: „Der Wettstreit zwischen Paradigmata kann nicht durch Beweise entschieden werden."[27] Nicht weniger bemerkenswert ist ein von Th. Kuhn eingebrachtes Zitat aus der „Wissenschaftliche[n] Autobiographie" von M. Planck: „Eine neue wissenschaftliche Wahrheit pflegt sich nicht in der Weise durchzusetzen, dass ihre Gegner überzeugt werden und sich als belehrt erklären, sondern vielmehr dadurch, dass die Gegner allmählich aussterben und dass die heranwachsende Generation von vornherein mit der Wahrheit vertraut gemacht ist."[28] In der Weiterführung dieser Interpretation könnte man vielleicht zynisch ergänzen, dass die eigentliche Spannung im Prozess der *Paradigmazerstörung* sich insofern zuspitzt, dass in der Geschichte der *Paradigmarettung* von den Selbsterhaltern bekanntlich alles unternommen wurde, um das eigene Aussterben wenigstens zu verzögern und die auf einen Paradigmawechsel Setzenden nicht allmählich, sondern vielmehr spontan *sterben zu lassen* (Ketzerverbrennungen et cet.). Das von Th. Kuhn verwendete Vokabular bei der Beschreibung der erkenntnisleitenden Interessen und deren lebensweltlicher Performanz markiert den Funktionscharakter. „Wir müssen" – so Th. Kuhn – „fragen, wie eine Konversion eingeleitet und wie ihr Widerstand geleistet wird."[29] Und ein wenig später lesen wir: „wir müssen vielleicht – explizit oder implizit – die Vorstellung aufgeben, dass der Wechsel der Paradigmata die Wissenschaftler und die von ihnen Lernenden näher und näher an die Wahrheit heranführt"[30]. Damit ist zwar die Logik der Gründe und Überzeugungen nicht ganz aus dem Spiel, doch das Rationa-

[26] Ebd. 129.
[27] Ebd. 196.
[28] Ebd. 200.
[29] Ebd. 201.
[30] Ebd. 223.

litätsquantum, nämlich die Problemlösungskapazität, wirkt als Selbstorganisation eines Systems. Die Schlussbemerkungen Th. S. Kuhns geben diesem Gedanken auch Raum: „Der Prozess, der in Abschnitt XII als die Lösung von Revolutionen beschrieben wurde, ist die durch einen Konflikt innerhalb der wissenschaftlichen Gemeinschaft herbeigeführte Selektion des geeignetsten Weges, die zukünftige Wissenschaft zu betreiben... Und der ganze Prozess kann so vor sich gegangen sein, wie wir es heute von der biologischen Evolution annehmen..."[31] Eine brisante Frage steht an: wer *rechtfertigt* was, was *rechtfertigt* wen? Wie steht es um die Differenz von „Faktizität und Geltung"[32]?

> „Die kommunikative Verwendung sprachlicher Ausdrücke dient nicht nur dazu, Intentionen eines Sprechers zum Ausdruck zu bringen, sondern auch dazu, Sachverhalte darzustellen (bzw. deren Existenz zu unterstellen) und interpersonale Beziehungen mit einer zweiten Person herzustellen. Darin spiegeln sich die drei Aspekte des / sich / über etwas / mit jemandem zu verständigen."[33]

Mit dem kommunikationstheoretischen Ansatz kommt die Bezugnahme auf eine *soziale Welt* in den Blick, wodurch die Disposition von Beobachtern und Beteiligten in deren Bezogenheit als Interpretationsgemeinschaft zu reflektieren ist. „Die objektive Welt ist nichts Abzubildendes mehr, nur noch der gemeinsame Bezugspunkt eines Verständigungsprozesses zwischen Angehörigen einer Kommunikationsgemeinschaft, die sich miteinander über etwas verständigen... Das ‚Kommunikationsmodell' der Erkenntnis bringt die Einsicht zur Geltung, dass wir keinen ungefilterten, von unserer Verständigungspraxis und dem sprachlich verfassten Kontext unserer Lebenswelt unabhängigen Zugriff auf Entitäten in der Welt haben"[34]. Ich möchte hier J. Habermas zustimmen, dass damit die Zuordnung von *Wahrheit und Rechtfertigung* neu vermessen wird: „... nach der linguistischen Wende gehen alle Erklärungen vom Primat einer gemeinsamen Sprache aus. Die Beschreibung von Zuständen und Ereignissen in der objektiven Welt ist ebenso wie die Selbstdarstellung der privilegiert zugänglichen subjektiven Erlebnisse abhängig vom interpretierenden Gebrauch einer gemeinsamen Sprache. Deshalb bezieht sich der Ausdruck ‚intersubjektiv' nicht länger auf das Ergebnis einer *beobachteten* Konvergenz von

---

[31] Ebd. 226.

[32] Vgl. dazu: Habermas, Faktizität und Geltung, 24–32.

[33] Habermas, Rationalität, 110 f.

[34] Habermas, Wahrheit, 237 f.

Gedanken und Vorstellungen verschiedener Personen, sondern auf die vorgängige, aus der Perspektive der Beteiligten selbst *vorausgesetzte* Gemeinsamkeit eines sprachlichen Vorverständnisses oder eines lebensweltlichen Horizontes, innerhalb dessen sich die Angehörigen einer Kommunikationsgemeinschaft vorfinden, bevor sie sich miteinander über etwas in der Welt verständigen…"[35] Dass die *Angehörigen einer Kommunikationsgemeinschaft* kompetent genug seien, um in rationalen Diskursen die Kontingenzen der Verständigung und die Möglichkeiten kollektiver Verblendung zu reflektieren, wird wohlweislich unterstellt.

Das ist nun der Punkt, wo J. Habermas sich kritisch mit Rortys[36] „pragmatischer Wende" auseinandersetzt, zumal gerade darin sich auch eine „Naturalisierung der versprachlichten Vernunft"[37] exponiert. R. Rorty entzieht sich nämlich der Frage, ob es möglich sei, „dass wir prinzipiell Wahrsein von Für-wahr-Gehaltenem unterscheiden können"[38], mit dem „Versuch, das traditionell philosophische (und s. E. aussichtslose) Streben nach Wahrheit und Gewissheit durch die Forderung nach Hoffnung und Fantasie zu ersetzen"[39]. Dazu passt die Erklärung von G. Kneer, „dass die Poetisierung der Philosophie und Kultur, die Rorty vorschlägt, nicht auf eine Widerlegung, sondern auf die Verabschiedung der metaphysischen Tradition abzielt. Dem Gedanken der Widerlegung liegt die Auffassung zugrunde, wir könnten neutrale, objektive Kriterien für die Wahl eines bestimmten Vokabulars anbieten. Der Gedanke der Verabschiedung betont hingegen, dass es eine solche neutrale Perspektive nicht gibt."[40] In diesem Horizont ist antimetaphysischer Protest und Absage an die Vorstellung sogenannter zeitloser Vernunftwahrheiten angesagt. R. Rortys Utopie einer möglichen Strategie des Umgangs mit der lebensweltlichen Heterogenität und Pluralität resultiert aus der Analyse eines modernitätsgesteuerten Paradigmas. Gesellschaften und Gemeinschaften produzieren eine Vielzahl von Perspektiven und entwickeln ein ausdifferenziertes Vokabular für kommunizierbare Beschreibungen des Selbstverständnisses. Nach einer Verabschiedung des Wahrheits- und Sinndiskurses im Konzept eines postmodernen

---

[35] Habermas, Wahrheit, 244.

[36] Vgl. dazu: Rorty, Solidarität?; ders., Kontingenz; ders., Kultur; ders., Wahrheit; eine Hinführung zu Rorty präsentiert das 7. Kapitel in: Nagl, Pragmatismus; Mouffe (Hg.), Dekonstruktion; Davidson/Rorty, Wozu Wahrheit?; Rorty, Philosophie; Rorty, Hoffnung.
Vgl. ferner: Dahms, Positivismusstreit; James, Pragmatismus; Oehler, Sachen; Oehler (Hg.), William James; Pape, Pragmatismus; Schäfer/Tiez/Zill (Hg.), Hinter den Spiegeln; Schönherr-Mann, Postmoderne Theorien; Wolf, Utilitarismus, Pragmatismus.

[37] Habermas, Wahrheit, 266.

[38] Ebd. 249.

[39] Müller-Friemauth, Mit Darwin und Freud, 237.

[40] Kneer, Utopie, 71.

Pragmatismus eröffnet sich erst recht ein Markt von sich selbst organisierenden Orientierungen. „Die Vorstellung, liberale Gesellschaften würden durch philosophische Überzeugungen zusammengehalten, scheint mir“ – so R. Rorty – „lächerlich. Zusammengehalten werden Gesellschaften durch gemeinsame Vokabulare und gemeinsame Hoffnungen. Die Vokabulare sind typischerweise Parasiten der Hoffnungen – in dem Sinn, dass die Hauptfunktion der Vokabulare darin besteht, Geschichten über zukünftige Ergebnisse zu erzählen, die gegenwärtige Opfer kompensieren werden.“[41] Die Formulierung gemeinsamer Hoffnungen setzt sich bewusst von einem Paradigma des Unbedingten und des Wahrheitserweises ab. Es „entfällt die absolut ‚richtige‘ Sicht der Dinge. Die Form der gesellschaftlichen Differenzierung macht die Einsicht plausibel, dass jede Beobachtung… eine kontingente Konstruktion ist, also nur eine weitere (Neu-) Beschreibung“[42]. Dem steht der Begriff „Begründung“ gegenüber, der auf einen Wahrheitserweis zielt. Die Entscheidung R. Rortys, anstelle der Begründungsszenarien vorrangig auf neue Kommunikationsebenen zu setzen, gibt zu denken, wenn man R. Rortys Äußerung in einem Zitat aus „Solidarität oder Objektivität“ damit in Verbindung bringt: „Was rational bzw. als fanatisch gilt, ist nach dieser Auffassung relativ und richtet sich nach der Gruppe, vor der man sich rechtfertigen zu müssen meint; es richtet sich nach dem Korpus gemeinsamer Überzeugungen, das den Bezug des Wortes ‚wir‘ bestimmt…“[43]

Das *Wir*-Argument als Instrument der Rechtfertigung für die Geltung einer Konzeption oder Handlungsstrategie setzt konsequent auf den Gewinn jener Intersubjektivität, die als Basis der Solidarität eine Stärkung von Zustimmungs- und Anerkennungsressourcen und so auch Bestätigungseffekte ermöglicht. Dazu könnte eine Nebenbemerkung dienlich sein, nämlich: dass mehrmals die Gegenüberstellung der Begriffe „überzeugen – überreden“ in ein Resümee einmündet: „Die Logik hilft uns nur noch in einigen marginalen Fällen, in allen großen Auseinandersetzungen sind wir auf die Mittel der Rhetorik verwiesen.“[44] Mit der Rhetorik wird und soll ja auch die Differenz eingeebnet werden, denn „Überzeugen“ zielt auf einen Diskurs der Begründung, „Überreden“ zielt aber auf eine strategische Beeinflussung, ohne die verdeckten Interessen preiszugeben. J. Habermas benennt die Differenz in forscher Kürze: „Lernen und Indoktrination“[45]. Beipflichten möchte ich J. Habermas in dessen Beurteilung, dass R. Rortys angezielte Argumentationserfolge unmittelbar überlebensstrategische Ziele

[41] Rorty, Kontingenz, 147 f.
[42] Kneer, Utopie, 77.
[43] Rorty, Demokratie, 85 (zitiert nach: Kneer, Utopie, 74).
[44] Schäfer (Hg.), Hinter den Spiegeln, 120.
[45] Habermas, Wahrheit, 270.

verfolgen, die einer sogenannten *Naturalisierung* der Vernunftkultur zuarbeiten, welche sich aus einer „Soziologisierung der Rechtfertigungspraxis"[46] heraus entfaltet. Dass R. Rorty die Vernunftkultur mit darwinistischen Vokabeln zu beschreiben versucht, instrumentalisiert offenkundig auch die Sprache als intelligente werkzeugliche Befähigung durch den Evolutionsprozess der Natur. „Ganz gleich, ob es sich um einen Hammer oder um ein Gewehr, eine Überzeugung oder eine Feststellung handelt, der Gebrauch von Werkzeugen gehört zur Interaktion des Organismus mit seiner Umgebung."[47] Die von J. Habermas getroffene Feststellung, dass damit eine „neodarwinistische Selbstbeschreibung" vorliege, wird nicht zuletzt durch R. Rortys geradezu programmverdächtigen Vorschlag veranlasst, es sei „unser Denken von den letzten Spuren des Cartesianismus zu befreien, um in unserem Denken ganz darwinistisch zu werden".[48] Mit der Soziologisierung der Rechtfertigung von Geltungsbehauptungen hat R. Rorty zweifellos den szientistischen Positivismus ausgehebelt und die lebensweltlichen Zusammenhänge als Bedingungsfelder für intersubjektiv legitimierte Verständigungsprozesse wahrgenommen, doch er hat den Wahrheitsbegriff getilgt und dafür den Kontext gesetzt. „Wir müssen uns" – so R. Rorty – „von der Vorstellung trennen, es gebe unbedingte, transkulturelle moralische Pflichten, die in einer unveränderlichen, ahistorischen menschlichen Natur wurzeln. Dieser Versuch, sowohl *Platon* als auch *Kant* ad acta zu legen, verbindet die europäische Philosophietradition nach *Nietzsche* mit den Pragmatisten der amerikanischen Philosophie."[49]

Ich möchte nicht enden, ohne aus den letzten Seiten von „Kontingenz, Ironie und Solidarität" eine Äußerung zu zitieren, welche mich aufhorchen ließ. So heißt es: „Aber in Auschwitz-Zeiten, wenn die Geschichte in Aufruhr ist und traditionelle Institutionen und Verhaltensmuster zusammenbrechen, brauchen wir etwas, das jenseits von aller Geschichte und Institutionen steht. Was kann das anderes sein als Solidarität unter den Menschen, als das wechselseitige Erkennen der Menschlichkeit, die uns allen gemeinsam ist?"[50]

Eine gewisse Beunruhigung möchte ich nicht unterschlagen: was bedeutet Solidarität in Auschwitz-Zeiten für SS-Mannschaften im Umgang mit Lagerinsassen, in Feind-Freund-Kontexten, bei Katastrophenhilfen, bei Religionskriegen im Hinblick auf das *wechselseitige Erkennen der gemeinsamen Menschlichkeit?* Solidarität kennen auch Mitglieder der Mafia. Es

---

[46] Ebd. 268.
[47] Rorty, Relativismus, 12.
[48] Ebd. 12.
[49] Ebd. 5.
[50] Rorty, Kontingenz, 305 f.

müsste doch vielmehr gelten: „Was wir für wahr halten, muss sich mit überzeugenden Gründen nicht nur in einem anderen Kontext, sondern in allen möglichen Kontexten, also jederzeit gegen jedermann verteidigen lassen. Davon lässt sich die Diskurstheorie der Wahrheit inspirieren…“[51]

Literaturverzeichnis

AL-FĀRĀBĪ, Über die Wissenschaften. De scientiis, Lateinisch–Deutsch. Nach der lateinischen Übersetzung Gerhards von Cremona. Mit einer Einleitung und kommentierenden Anmerkungen herausgegeben und übersetzt von Franz Schupp, Hamburg 2005.

Averroes, Die entscheidende Abhandlung und die Urteilsfällung über das Verhältnis von Gesetz und Philosophie. Arabisch–deutsch. Mit einer Einleitung und kommentierenden Anmerkungen übersetzt von Franz Schupp, Hamburg 2009.

Dahms, H. J., Positivismusstreit. Die Auseinandersetzung der Frankfurter Schule mit dem logischen Positivismus, dem amerikanischen Pragmatismus und dem kritischen Rationalismus, Frankfurt 1994.

Davidson, D./Rorty, R., Wozu Wahrheit? Eine Debatte, hg. und mit einem Nachwort v. M. Sandbothe, Frankfurt 2005.

Fleck, L., Denkstile und Tatsachen. Gesammelte Schriften und Zeugnisse, hg. v. Sylwia Werner und Claus Zittel, Frankfurt 2011.

Habermas, J., Erkenntnis und Interesse. Mit einem neuen Nachwort, Frankfurt (1968) 1973.

Habermas, J., Faktizität und Geltung. Beiträge zur Diskurstheorie des Rechts und des demokratischen Rechtsstaats, Darmstadt [4]1994.

Habermas, J., Gegen einen positivistisch halbierten Rationalismus, in: Maus, H./ Fürstenberg, F. (Hg.), Der Positivismus in der deutschen Soziologie, Neuwied–Berlin [2]1970, 235–266.

Habermas, J., Rationalität der Verständigung. Sprechakttheoretische Erläuterungen zum Begriff der kommunikativen Rationalität, in: Wahrheit und Rechtfertigung. Philosophische Aufsätze, Frankfurt 1999.

Habermas, J., Wahrheit und Rechtfertigung. Zu Richard Rortys pragmatischer Wende, in: Wahrheit und Rechtfertigung. Philosophische Aufsätze, Frankfurt 1999; zunächst publiziert in: DZPh 44 (1996) 715–741.

Horkheimer, M., Traditionelle und kritische Theorie. Vier Aufsätze, Frankfurt (1968) 1970.

James, W., Pragmatismus. Ein neuer Name für einige alte Denkweisen, Darmstadt 2000.

Kneer, G., Notwenigkeit der Utopie oder Utopie der Kontingenz?, in: Eickelpasch, R./Nassehi, A. (Hg.), Utopie und Moderne, Frankfurt 1996.

[51] Habermas, Wahrheit, 259.

Kuhn, Th. S., Die Struktur wissenschaftlicher Revolutionen, Frankfurt 1973.

Kuhn, Th. S., Die Entstehung des Neuen. Studien zur Struktur der Wissenschaftsgeschichte. Herausgegeben von Lorenz Krüger, Frankfurt 1978.

Martens, E./Schnädelbach, H. (Hg.), Philosophie, Hamburg (1985) 1989.

Maus, H./Fürstenberg, F. (Hg.), Der Positivismus in der deutschen Soziologie, Neuwied-Berlin (1969) [2]1970.

Mouffe, Ch. (Hg.), Dekonstruktion und Pragmatismus. Demokratie, Wahrheit und Vernunft, Wien 1999.

Müller-Doohm, St., Das Interesse der Vernunft. Rückblicke auf das Werk von Jürgen Habermas seit „Erkenntnis und Interesse“, Frankfurt 2000.

Müller-Friemauth, F., Mit Darwin und Freud am Feind, hg. v., Schäfer, Th./Tiez, U./Zill, R. (Hg.), Hinter den Spiegeln. Beiträge zur Philosophie Richard Rorys mit Erwiderungen von Richard Rorty, Frankfurt 2001.

Nagl, L., Pragmatismus. Frankfurt–New York 1998.

Oehler, K., (Hg.), William James, Pragmatismus. Ein neuer Name für einige alte Wege des Denkens, Berlin 2000.

Oehler, K., Sachen und Zeichen. Zur Philosophie des Pragmatismus, Frankfurt 1995.

Pape, H., Der dramatische Reichtum der konkreten Welt. Der Ursprung des Pragmatismus im Denken von Charles S. Peirce und William James, Weilerswist 2002.

Popper, K. R., Auf der Suche nach einer besseren Welt. Vorträge und Aufsätze aus dreißig Jahren, München–Zürich 1984.

Popper, K. R., Objektive Erkenntnis. Ein evolutionärer Entwurf. Mit einem Nachwort von H. Schmidt, Hamburg 1973.

Rorty, R., Der Vorrang der Demokratie vor der Philosophie. Solidarität oder Objektivität? Drei philosophische Essays, Stuttgart 1988.

Rorty, R., Eine Kultur ohne Zentrum. Vier philosophische Essays, Stuttgart 1993.

Rorty, R., Hoffnung statt Erkenntnis. Eine Einführung in die pragmatische Philosophie, Wien [2]2013.

Rorty, R., Kontingenz, Ironie und Solidarität (Contingency, Irony and Solidarity, Cambridge 1989), Frankfurt 1989.

Rorty, R., Philosophie als Kulturpolitik, Frankfurt 2008.

Rorty, R., Relativismus: Entdecken und Erfinden, in: Information Philosophie 25 (1997) 5–23.

Rorty, R., Solidarität oder Objektivität? Stuttgart 1988.

Rorty, R., Wahrheit und Fortschritt (Truth and Progress, Cambridge 1998), Frankfurt 2003.

Rudolph, U., Islamische Philosophie. Von den Anfängen bis zur Gegenwart, München 2004.

Schäfer, Th./Tiez, U./Zill, R. (Hg.), Hinter den Spiegeln. Beiträge zur Philosophie Richard Rortys, Frankfurt 2001.

Schönherr-Mann, H. M., Postmoderne Theorien des Politischen. Pragmatismus, Kommunitarismus, Pluralismus, München 1996.
Wolf, J. C., Utilitarismus, Pragmatismus und kollektive Verantwortung, Freiburg–Basel–Wien 1993.

II. Hermeneutik und Theologie

Hermeneutik und Theologie

Wie viel Theologie verträgt eine kritische Hermeneutik?

Werner G. Jeanrond

Kritisch arbeitende Theologinnen und Theologen sind heute durchweg von der Notwendigkeit hermeneutischen Denkens überzeugt und haben ihrerseits auch schon viel zum interdisziplinären Gespräch über die Praxis der Hermeneutik in den Geisteswissenschaften beitragen können. David Tracy hat entscheidende Impulse für dieses Gespräch sowie für die Entwicklung hermeneutischen Denkens in der Theologie vermittelt. Dieser Artikel verdankt sich Tracys Denkanstößen und versucht, hermeneutisches Denken in der Theologie entsprechend weiterzuführen.

Theologie hat es mit dem Verständnis von unterschiedlichen Ausdrucksformen religiöser Praxis (Texte, Symbole, Riten usw.) zu tun, also mit ganz bestimmten mikrohermeneutischen Herausforderungen. Seit Friedrich Schleiermacher sind christliche Theologinnen und Theologen immer wieder für eine angemessenere Textinterpretation eingetreten. Dabei stand stets die Frage im Raum, welcher Ausgangspunkt die theologische Textinterpretation leiten solle. Schleiermacher forderte die am Verfassersubjekt orientierten Textinterpreten dazu auf, den Textautor letztlich besser zu verstehen, als es ihm selbst möglich gewesen sei. Und den historisch-kritischen Bibelinterpreten rief Karl Barth hundert Jahre später zu, sie müssten lernen, kritischer zu denken, also über das reine Textverstehen hinauszugehen, und Gottes Selbstoffenbarung in Christus als theologischen Ausgangspunkt ihrer hermeneutischen Anstrengungen anzunehmen.[1]

Auch im Streit zwischen Karl Barth und Rudolf Bultmann, sowie einigen später in Chicago und Yale lehrenden Theologinnen und Theologen, ging es jeweils um die Abwägung zwischen einer theologisch motivierten Hermeneutik und einer hermeneutisch motivierten Theologie. Soll man zuerst den umständlichen und arbeitsreichen Weg einer Hermeneutik der Textbedeutung (Signifikationshermeneutik) einschlagen, um schließlich zu einer theologischen Hermeneutik vorzustoßen, oder kann man diesen umständlichen Weg irgendwie abkürzen und die offenbarungsträchtigen Texte direkt theologisch interpretieren (Offenbarungshermeneutik), ohne sich zuvor mit

[1] Nähere Erläuterungen zur Entwicklung der Hermeneutik finden sich in: Jeanrond, Theological Hermeneutics.

dem Problem der Deutung von sprachlicher Bedeutung insgesamt auseinanderzusetzen?[2]

Ich habe mich wiederholt dafür ausgesprochen, Paul Ricœurs Mahnung zu befolgen und die Sprachlichkeit menschlicher Aussagen ernst zu nehmen. Nur durch die Sprache hindurch lässt sich ein Text begreifen.[3] Oder wie Ricœur es formulierte: „Es gibt keine Exegese ohne einen ‚Sinngehalt'; dieser liegt im Text und nicht im Urheber des Textes begründet."[4] Ricœurs Betonung der semantischen Autonomie von Texten und seine Kritik an einer vorschnellen theologischen Adoption existential-philosophischer Denkweisen gehen Hand in Hand. Eins nach dem anderen, ansonsten versäumt man die notwendige „radikale Neufassung der Frage nach der Sprache"[5] und der Sprachlichkeit des Denkens überhaupt. Es gibt keine Abkürzungen im Bereich der Deutung komplexer Texte: Wir müssen nun mal durch die Sprache hindurch.[6]

Wenn man bereit ist, den langen Weg durch die Sprache und ihre Manifestationen zu gehen, drängt sich aber immer wieder die Frage nach dem Sinnganzen auf, ja wird gerade in den diversen mikrohermeneutischen Auseinandersetzungen aktuell und akut: Wie verhält sich unser Verständnis eines Textes zu unserem Verständnis des Sinns des Ganzen – ein Verständnis, das immer unterwegs ist? Mit anderen Worten, wie verhalten sich Mikro- und Makrohermeneutik zueinander?

In diesem Artikel möchte ich dieser Frage weiter nachgehen, denn an der entsprechenden Antwort entscheidet sich die mögliche Bedeutung theologischen Denkens für das Ganze des hermeneutischen Horizonts, in dem jede Hermeneutik immer schon arbeitet. In einem ersten Schritt versuche ich die hermeneutische Interessenslage der Theologie näher zu erörtern. Dabei stelle ich die Grundlinien einer Hermeneutik der Liebe vor, in deren Rahmen eschatologische Dimensionen beleuchtet werden können, die für die Makrohermeneutik von entscheidender Bedeutung sind. In einem zweiten Schritt diskutiere ich das Verhältnis von hermeneutischem Denken und Theologie. Hier möchte ich Wilhelm Diltheys Aufspaltung der Wissenschaften in verstehende und erklärende Disziplinen hinterfragen, da sie mir den Blick auf das Ganze zu verstellen scheint. Abschließend werde ich in einem dritten Schritt die Rolle der Theologie im Geflecht der Wissenschaften entsprechend bewerten. Eine kritische Hermeneutik bedarf einer

[2] Vgl. Jeanrond, Theology in the Context of Pluralism and Postmodernity.
[3] Vgl. Jeanrond, Theological Hermeneutics, 70–77.
[4] Ricœur, Hermeneutik und Strukturalismus, 194.
[5] Ebd., 197. Vgl. dazu auch: Jeanrond, Textverstehen in der christlichen Tradition.
[6] Vgl. dazu: „Sein, das verstanden werden kann, ist Sprache." (Gadamer, Wahrheit und Methode, 450.)

kritischen und selbstkritischen Theologie, die die eschatologischen Dimensionen der Interpretation verdeutlicht.

1. Die Hermeneutik der Liebe als Ausgangspunkt der Makrohermeneutik

Das hermeneutische Interesse der Theologie hat sich letztlich nie bloß auf das Textverstehen beschränkt. Vielmehr stand jedes Textverstehen in der Theologie immer schon in einem weiteren Horizont, nämlich in jenem des menschlichen Verstehens schlechthin: Woher kommen wir, wer sind wir, und wohin sind wir unterwegs? Wie verhalten wir Menschen uns zum radikal Anderen, zu Gott? Und welchen Einfluss hat diese mögliche Gottesbeziehung auf unser menschliches Selbstverständnis als deutende und verstehende Wesen? Zwischen dem mikrohermeneutischen Interesse am Verstehen des Sinngehalts autonomer Texte und dem makrohermeneutischen Interesse am Verstehen der Situation des Menschen im Universum besteht ein dialektisches Verhältnis. Nur darf diese Dialektik eben nicht kurzschlüssig in die eine oder andere Richtung aufgelöst werden.

Die Kirchenväter waren sich dieser Herausforderung sehr wohl bewusst, wenn sie die verschiedenen Dimensionen des Verstehens genauer zu profilieren suchten: Das Verstehen eines Textsinns bedarf zusätzlich zur Erhebung des Literalsinns auch der allegorischen, moralischen und eschatologischen Erörterung, um einigermaßen vollständig zu erscheinen.[7] Ein solches umfassenderes Textverständnis ist in der jüngeren Theologie manchmal zu kurz gekommen. Dennoch hat gerade die Theologie in den letzten Jahrzehnten enorme Anstrengungen unternommen, um den Prozess der Sinnsuche nicht vorzeitig abzukürzen, sondern immer wieder auf die Unabgeschlossenheit jedes Deutungsprozesses komplexer Texte hinzuweisen. Die vielfältige Erörterung des Begriffs der Andersartigkeit oder Alterität im Hinblick auf Gott, aber auch auf den Menschen selbst und dessen Weltverständnis, hat die Theologie von einem krankhaften Dogmatismus befreit und erneut Raum geschaffen, um Gott, Welt und Subjekt immer wieder neu zu denken. Von daher ist eine kritische und selbstkritische Makrohermeneutik heute in einer wesentlich besseren Ausgangslage als noch vor ein paar Jahrzehnten.

Trotzdem ist der theologischen Hermeneutik gerade die anagogische oder eschatologische Dimension zuweilen abhandengekommen. Ich möchte deshalb hier versuchen, dieser Dimension unter neuen Bedingungen wieder

[7] Vgl. Jeanrond, Theological Hermeneutics, 18–30.

zu ihrem Recht zu verhelfen. Dabei geht es also nicht darum, die Sprachlichkeit unseres Sinnverstehens irgendwie eschatologisch zu unterlaufen, sondern vielmehr die theologischen Deutungen von Ausdrucksformen religiöser Praxis auch auf ihre möglichen eschatologischen Implikationen abzuklopfen. Um dieses eschatologische Potential besser und dynamischer zu verstehen, schlage ich vor, die Theologie hauptsächlich vom Begriff der Beziehung her zu denken.

Dies ist keine Kriegserklärung an ontologisches, soteriologisches oder semantisches Denken. Alle diese Denkformen haben natürlich ihren Platz in der Theologie. Vielmehr verstehe ich die Theologie als Beziehungswissenschaft, um der Rolle der religiösen Erfahrung und ihrer Dynamik in der Theologie besser gerecht zu werden. Die Theologie erörtert ja gleichzeitig unsere menschlichen Beziehungen untereinander, unsere Erfahrungen von Gott und von Gottes Beziehungsangebot an uns Menschen, unsere Beziehung zum Universum und nicht zuletzt auch unsere Beziehung zu unserem eigenen, immer im Entstehen befindlichen Selbst. Alle diese Beziehungen vollziehen sich in Sprache – wenn auch nicht immer in rein verbaler Sprache. Gleichzeitig ist dieses komplexe Beziehungsgeflecht der Ort aller unserer mikrohermeneutischen Anstrengungen.

Die wechselseitige Anerkennung aller dieser Beziehungen durch die jeweiligen Subjekte gedeiht meines Erachtens am erfolgreichsten in der Praxis der Liebe. Ungeachtet der Tatsache, dass sich göttliche und menschliche Liebesformen unterscheiden, ist die Praxis der Liebe der Ort, an dem alle diese Beziehungen zu sich selbst kommen können. So gesehen steht jede Hermeneutik, gleichgültig ob Mikro- oder Makrohermeneutik, unter dem Anspruch von Liebe. Eine theologische Hermeneutik, die sich nicht immer auch als Hermeneutik der Liebe versteht, verfehlt demnach ihre eigentliche Bestimmung.

Hier ist nicht der Ort, eine umfassende Theologie der Liebe zu entwickeln. Das habe ich anderswo bereits versucht.[8] Aber ich möchte wenigstens unterstreichen, dass ich „Liebe" nicht auf bloße mehr oder minder sentimentale Romantik reduziert sehen möchte. Vielmehr bezeichnet der Begriff der Liebe eine Praxis der wechselseitigen Anerkennung und Annahme des Anderen – eine Praxis, die ihrerseits erotisch, doch nicht notwendig sexuell motiviert sein mag, also von einem Verlangen nach tieferer Anerkennung und Annahme des Anderen, auch Gottes als des radikal Anderen.

Liebe ist dabei nicht Produkt gelungener Auseinandersetzung mit dem Anderen, sondern bezeichnet den Prozess der erwartungsvollen Hinwendung zum Anderen – dem menschlichen und dem göttlichen Anderen.

[8] Vgl. dazu: Jeanrond, A Theology of Love.

Liebe steht also nicht am Ende unserer hermeneutischen Bemühungen, sondern inspiriert diese von Anfang an.

Liebe lebt von Verschiedenheit. Wogegen Empathie die Haltung einer Person zu anderen Personen bezeichnet, meint Liebe die gegenseitige, jedoch nicht notwendigerweise symmetrische Beziehung zu anderen Personen, wobei eine Art von Vereinigung ersehnt wird, allerdings keine Einheit oder Vereinheitlichung. Die Praxis der Liebe kann sowohl den Anderen als auch das eigene Ich als Anderes vor jeglicher Form von Vereinnahmung bewahren. Liebe garantiert Verschiedenheit, indem sie diese für die jeweilige Beziehung fruchtbar macht.

Liebe ist dabei umfassender als bloßes Mögen[9] – mehr noch, man kann selbst eine Person lieben, die man nicht mag. In den abrahamitischen Traditionen ist die Feindesliebe zum göttlichen Gebot avanciert. Liebe hat hier nichts mit Harmoniebedürfnis oder Harmoniesucht zu tun. Auch zielt sie nicht unbedingt auf Einverständnis. Vielmehr will sie eine Kommunikationsbeziehung mit dem Anderen herstellen, in dem ein Verstehen des Anderen überhaupt erst möglich wird. Eine Hermeneutik der Liebe ist jedoch nicht nur an der Dynamik der Begegnung, sondern auch an ihrer eschatologischen Öffnung auf Transzendenz und Transformation hin interessiert.[10]

Eine Hermeneutik der Liebe scheint mir deshalb auch die angemessene Antwort auf Hans-Georg Gadamers Einsicht in die Horizontverschmelzung im Akt des Verstehens zu sein. Das Spektrum von Verstehen übersteigt dabei natürlich die mikrohermeneutischen Aufgaben des Textverstehens. Denn Hermeneutik betrifft alle Kommunikationsformen, zu denen wir Menschen fähig sind. Ganz im Geiste Gadamers sollten wir also den universalen Aspekt hermeneutischen Denkens unterstreichen, der jegliche Methodik in den Geisteswissenschaften übersteigt und sich niemals auf rein technokratische Strategien reduzieren lässt. Gadamer hat uns zu Recht daran erinnert, dass es dem Verstehen letztlich ja um nichts weniger geht als um die Erkenntnis von Wahrheit.[11] Allerdings war Gadamer mehr an der Wahrheit selbst als an der Unterschiedlichkeit der Wahrheitsoffenbarung interessiert. Eine Hermeneutik der Liebe macht nun jedoch beides möglich: eine Wahrheitserkenntnis, die immer auch schon an der Einsicht in die Verschiedenheit des Anderen festhält, weil sie sich nicht von der Beziehungswirklichkeit des Menschen trennen lässt.

---

[9] Im Englischen wird dies besonders deutlich, wenn man zwischen *love* und *like* unterscheidet.

[10] Vgl. zum Folgenden auch: Jeanrond, Interkulturalität und Interreligiosität.

[11] Vgl. Gadamer, Wahrheit und Methode, 463–65.

Dies ist also der Rahmen, in dem sich Hermeneutik je neu vollziehen und in dem eine kritische sowie selbstkritische Theologie dazu beitragen kann, Vorstellungen von einem gelungenen Leben zu entwickeln. Im Licht unseres Verständnisses der Anerkennungsproblematik und des von hier aus jedem Subjekt als Möglichkeit zukommenden spezifischen, aber gerade so auch beziehungsträchtigen Verstehens, kann jedes Gespräch über Ziel und Ende des Lebens nur radikal pluralistisch gedacht werden. David Tracy hat auf diesen Umstand immer wieder hingewiesen und auch die entsprechenden Implikationen für unser Verständnis von christlicher Gemeinschaft angemahnt.[12] Es ist den christlichen Institutionen und Traditionen immer wieder schwer gefallen, die hermeneutische Kompetenz der Gläubigen ernst zu nehmen. Diese Kompetenz bedeutet nicht, dass alles Verstehen immer schon von Erfolg gekrönt sein muss, sondern dass jedes Subjekt eine spezifische Perspektive in das hermeneutische Geschehen einbringen kann, möglicherweise zur Transformation des makrohermeneutischen Horizonts aller.

In diesem Zusammenhang scheint auch die jüngste Diskussion um die *Pluridoxie* in der Theologie, die den Dualismus von Orthodoxie und Häresie überwinden will, vielversprechend zu sein.[13] Denn sie möchte die Interdependenz jedes theologischen Ansatzes würdigen und vor einem Abfall in monotone Machtdefinitionen und Machtverhältnisse bewahren. Das hermeneutische Problem müsste aber dann auch entsprechend geklärt werden: Es handelt sich ja nicht bloß um die subjektive Wahrnehmung und Formulierung dogmatischer Inhalte in einer Beziehungsgemeinschaft, sondern um die Erkenntnis, dass gerade in einer Hermeneutik der Liebe die Gemeinschaft nie als abgeschlossen oder als geschlossen gedacht werden darf, weil sie immer auch von der Erfahrung der konkreten Gottesbeziehung dynamisch mitgeprägt wird, die den Horizont aller miteinander kommunizierenden Subjekte zu berühren und zu transformieren vermag. Hier wäre also auch der Ort, um die Dialektik zwischen Eschatologie und Ekklesiologie näher zu untersuchen.

Gleichzeitig befreit eine Hermeneutik der Liebe christliches Denken von der Versuchung, die Praxis der Liebe im Ansatz immer schon rein christologisch bestimmen zu wollen, wie es nicht nur von Nygrenianern, Barthianern usw. immer wieder versucht wird.[14] Am Anfang steht die von Juden, Christen und Anderen bezeugte göttliche Einladung, Gott und ein-

[12] Vgl. dazu: Tracy, Theologie als Gespräch, sowie auch: ders., Dialogue with the Other.

[13] Vgl. dazu: Keller/Schneider (Hg.), Polydoxy, sowie dazu die Diskussionsbeiträge in: Modern Theology 30/3 (2014). Vgl. dazu auch die Diskussionsbeiträge in: Polydox Reflections.

[14] Vgl. jüngst dazu etwa: Davies, Theology of Transformation.

ander zu lieben. Dies ist ein breiterer Rahmen, um eine Theologie aufzubauen, in der dann jede Christologie im Licht einer Theologie der Liebe erst entwickelt werden müsste. Ich möchte also den Horizont der Liebe offen halten für die Dynamik, welche die allen Menschen von Gott geschenkte Gnade der Liebespraxis immer wieder neu ermöglicht und die jeder Verknöcherung oder Versteinerung theologischen Denkens nach innen oder außen Widerstand leistet. Erst eine solchermaßen offene Hermeneutik der Liebe bietet einen angemessenen Horizont für das Verstehen des Anderen und den damit verbundenen eschatologischen Öffnungen.

Diese Bemerkungen mögen verdeutlichen, dass eine Hermeneutik der Liebe letztlich immer eines eschatologischen Horizonts bedarf, der für Gottes Selbstoffenbarung in unserem Universum und die damit verbundenen Transformationen aller menschlichen Beziehungen offen bleibt. Es ist nun einmal entscheidend, in welchem Rahmen man Hermeneutik betreibt. Das gilt natürlich nicht nur für die Theologie, sondern für alle Wissenschaftszweige.

2. Hermeneutisches Denken und Theologie jenseits der Spaltung von Verstehen und Erklären

Bezüglich der Bedeutung der Hermeneutik der Liebe für die Theologie als Wissenschaft macht es, wie wir gesehen haben, einen gewaltigen Unterschied, ob man an einer *theologischen Hermeneutik* oder an einer *hermeneutischen Theologie* interessiert ist, die sich der Auseinandersetzung mit den eigenen Verstehensbemühungen kritisch stellt. Wenn diese Bemühungen jedoch schon theologisch vorbestimmt sind, dann kann Verstehen weder dynamisch noch kritisch und selbstkritisch werden. Die Herausforderung einer kritischen und selbstkritischen Theologie verlangt also nach einem in jeder Beziehung ideologiekritischen Denken. Dieses Verlangen kommt nun nicht, wie immer wieder behauptet wird, einem Ausverkauf der Theologie gleich, sondern umgekehrt: Ideologiekritik ermöglicht überhaupt erst Theologie als ein Streben nach kritischem und selbstkritischem Verstehen von Gott, Mensch, Gemeinschaft, Entwicklung, Welt und Universum durch die Interpretation von religiösen Ausdrucksformen hindurch.

Auch sollte eine Kritische Theologie dabei helfen, um erneut auf Paul Ricœurs Mahnung zu sprechen zu kommen, den von Wilhelm Dilthey mitverantworteten Graben zwischen den sogenannten verstehenden und erklärenden Wissenschaften hermeneutisch zu überwinden. Dabei ist wichtig, sich in Erinnerung zu rufen, dass es Diltheys zentrales Anliegen war, die Wissenschaftlichkeit der Geisteswissenschaften aufzuzeigen und ihre

Verpflichtung auf die historische Methode sicherzustellen. Er ging dabei – für uns heute vielleicht zu pauschal – von der selbstverständlichen Vormachtstellung der Naturwissenschaften aus, deren kausales und analytisches Denken für ihn Wissenschaftlichkeit gewährleisteten. So beklagte er 1875 in seinem berühmten Aufsatz „Über das Studium der Geschichte der Wissenschaften vom Menschen, der Gesellschaft und dem Staat" die „Tatsache des unvollkommenen Gesamtzustandes der moralisch-politischen Wissenschaften, verglichen mit dem der Naturwissenschaften", denn „diese erstgenannten Wissenschaften vermögen noch nicht einen Zusammenhang aufzustellen, in welchem die einzelnen Wahrheiten nach ihrem Abhängigkeitsverhältnis von der Erfahrung und von anderen Wahrheiten geordnet wären".[15]

Später, in den „Ideen über eine beschreibende und zergliedernde Psychologie" von 1894, definiert Dilthey folgendermaßen: „Wir erklären durch rein intellektuelle Prozesse, aber wir verstehen durch das Zusammenwirken aller Gemütskräfte in der Auffassung. Und wir gehen im Verstehen vom Zusammenhang des Ganzen, der uns lebendig gegeben ist, aus, um aus diesem das Einzelne uns fassbar zu machen. Eben dass wir im Bewusstsein von dem Zusammenhang des Ganzen leben, macht uns möglich, einen einzelnen Satz, eine einzelne Gebärde oder eine einzelne Handlung zu verstehen. Alles psychologische Denken behält diesen Grundzug, dass das Auffassen des Ganzen die Interpretation des Einzelnen ermöglicht und bestimmt."[16]

Im Bereich psychologischen Denkens erkennt Dilthey also die Bedeutung des Verstehens einzelner Ausdrücke im Rahmen eines Ganzen an. Gleichzeitig erfordert die Psychologie aber auch analytisches Denken: „Unter Analysis verstehen wir überall gleichmäßig die Zergliederung einer gegebenen Wirklichkeit. Durch die Analysis werden Bestandteile gesondert, die in der Wirklichkeit verbunden sind."[17] Auch unterstreicht Dilthey die Notwendigkeit teleologischen Denkens in der Wissenschaft vom Seelenleben. Er spricht hier von „Entwicklung" als einem der Grundgesetze des Seelenlebens. Dennoch lässt er keinen Zweifel am grundsätzlichen Unterschied zwischen Natur- und Geisteswissenschaften: „Die Natur erklären wir, das Seelenleben verstehen wir. [...] Der erlebte Zusammenhang ist hier das erste, das Distinguieren der einzelnen Glieder desselben ist das Nachkommende. Dies bedingt eine sehr große Verschiedenheit der Methoden,

[15] Dilthey, Gesammelte Schriften (Bd. 5), 31.
[16] Ebd., 172.
[17] Ebd., 174.

vermittels deren wir Seelenleben, Historie und Gesellschaft studieren, von denen, durch welche die Naturerkenntnis herbeigeführt worden ist."[18]

Dilthey sieht gerade die Psychologie dazu berufen, eine Art Basiswissenschaft für die Geisteswissenschaften zu sein, ähnlich wie Schleiermacher ehedem die Rolle der Philosophie definiert hatte. Denn, so Dilthey, jede Geisteswissenschaft „bedarf psychologischer Erkenntnisse"[19]. Und für die Theologie ist von Bedeutung, dass „jede Analyse der Tatsache Religion auf Begriffe, wie Gefühl, Wille, Abhängigkeit, Freiheit, Motiv, welche nur im psychologischen Zusammenhang aufgeklärt werden können"[20], kommt.

Für Dilthey ist „Leben" Grundbegriff aller Geisteswissenschaften sowie der ihnen zugrunde liegenden Psychologie. Es gilt, das Leben in all seinen Ausdrucksformen zu verstehen. Hier wurzelt dessen hermeneutischer Eros. Da nun aber alle Ausdrücke von Menschen stammen, ist das Hauptanliegen der Hermeneutik, Menschen durch ihre Ausdrücke, ihre Werke zu verstehen. Und Dilthey stimmt Schleiermacher zu, wenn er gegen Ende seines Aufsatzes „Die Entstehung der Hermeneutik" von 1900 betont: „Das letzte Ziel des hermeneutischen Verfahrens ist, den Autor besser zu verstehen, als er sich selbst verstanden hat. Ein Satz, welcher die notwendige Konsequenz der Lehre von dem unbewussten Schaffen ist."[21] Neben der Bemühung um allgemein nachvollziehbare Auslegung konkreter Sprachdenkmäler, liegt aber die Hauptaufgabe der Hermeneutik darin: „sie soll gegenüber dem beständigen Einbruch romantischer Willkür und skeptischer Subjektivität in das Gebiet der Geschichte die Allgemeingültigkeit der Interpretation theoretisch begründen, auf welcher alle Sicherheit der Geschichte beruht. Aufgenommen in den Zusammenhang von Erkenntnistheorie, Logik und Methodenlehre der Geisteswissenschaften, wird diese Lehre von der Interpretation ein wichtiges Verbindungsglied zwischen der Philosophie und den geschichtlichen Wissenschaften, ein Hauptbestandteil der Grundlegung der Geisteswissenschaften sein."[22]

Diltheys apologetisches Interesse an der Hermeneutik im Namen der Wissenschaftlichkeit der Geisteswissenschaften ist hier allzu deutlich. Selbstverständlich kann man auch heute noch leicht einsehen, dass es öffentlich nachvollziehbarer Interpretationsmethoden bedarf, um alle möglichen Wirklichkeitsaspekte in ihrem Gesamtzusammenhang zu begreifen. Allerdings vermisse ich bei Dilthey ein Verständnis der Dialektik zwischen der Erkenntnis von Teilen und dem Ganzen. Er setzt geisteswissenschaftlich

[18] Ebd., 144.
[19] Ebd., 147.
[20] Ebd.
[21] Ebd., 331.
[22] Ebd., 331.

stets das Ganze als Ausgangspunkt der Analyse voraus, wogegen er das bei den Naturwissenschaften nicht tut. Auch scheint mir im Gegensatz zu Dilthey nicht „Leben“ als Grundbegriff wissenschaftlichen Denkens zu taugen, sondern vielmehr „Beziehung“. Dilthey wollte das Singuläre verstehen und die Verstehensprozesse auf ihre Allgemeingültigkeit hin untersuchen.[23] Mir geht es darum, die Beziehungen zu verstehen, die unsere Existenz im Universum prägen. Dilthey hat dazu die Anregung gegeben, die Hermeneutik dynamisch zu denken. Doch an die wechselseitige Beziehungsstruktur aller unserer Erkenntnis zugänglichen Phänomene hat er noch nicht gedacht – auch nicht an den von der Theologie eröffneten eschatologischen Horizont. Aufgrund dieses eschatologischen Potentials empfiehlt es sich also, an Stelle der Psychologie eher die Theologie zur Basiswissenschaft zu küren.

Für Theologie als Beziehungswissenschaft sind nachvollziehbare Auslegungen menschlicher Religionsäußerungen selbstverständlich von zentraler Bedeutung. Und die in der Geistesgeschichte entwickelten Strategien von Komposition und Interpretation sprachlicher Ausdrucksformen bleiben unverzichtbar. Diltheys Leistung auf allen diesen Gebieten soll hier nicht geschmälert werden. Aber der Theologie geht es doch um mehr als um wissenschaftliche Integrität: Ihr geht es um das dialektische Verstehen des Ganzen und seiner Teile: um die Beziehungen des Menschen im Universum. Und das nie abgeschlossene Verständnis dieser Beziehungsdynamik erfordert die Zusammenarbeit aller Wissenschaften. Hermeneutisches Denken darf also nicht länger nur auf geisteswissenschaftliche Anstrengungen begrenzt bleiben. Vielmehr muss der Beitrag aller Wissenschaften zum dialektischen Verständnis des Ganzen und der Teile erhoben, erörtert und kritisch evaluiert werden. Die wissenschaftliche Theologie könnte die Koordination dieser großen hermeneutischen Gemeinschaftsanstrengung leisten – allerdings nicht jede Art wissenschaftlicher Theologie.

Einerseits ist eine theologisch bestimmte Hermeneutik, die von vorneherein dogmatisch denkt, also in festen Formeln Gottes Nähe definiert, nicht offen genug für die sich ständig neu offenbarende Beziehungsdynamik zwischen Gott und Mensch in unserem Universum. Andererseits denkt eine hermeneutisch bestimmte Theologie, die sich nur für die Interpretation bestimmter religiöser Texte, Rituale oder Symbole interessiert, nicht aber für das Verstehen des Ganzen, nicht weit genug, um am multidisziplinären Interpretieren von Beziehungswirklichkeit konstruktiv teilnehmen zu können. Welche Theologie scheint letztendlich in der Lage zu sein, das

[23] Vgl. ebd., 317.

hermeneutische Denken unserer Zeit nicht nur zu koordinieren, sondern auch selbst kritisch zu befördern?

Theologie, wie ich sie betreiben möchte, ist also an einem ganzheitlichen Beziehungsgeflecht interessiert, das auf einer Dialektik von Mikro- und Makrohermeneutik basiert und dadurch eine eschatologische Dynamik eröffnet. Eine Hermeneutik der Liebe lädt dabei zu einer Praxis ein, in der die Erfahrung von Verschiedenheit oder Andersartigkeit nicht auf ein schlimmes Schicksal, sondern auf Verheißung tieferen Verstehens aller Beziehungen hindeutet.

3. Die Rolle der Theologie im Geflecht der Wissenschaften

Abschließend möchte ich fragen, ob und inwiefern die Theologie das intellektuelle Gewissen der heutigen Universität (oder des heutigen Wissenschaftsbetriebs) sein könnte. Mit dieser provozierenden Frage meine ich nicht, dass die Theologie ihren längst verlorenen Platz als Königin der Wissenschaften zurückerobern sollte. Vielmehr möchte ich zum Ausdruck bringen, dass es keiner anderen Wissenschaft möglich ist, einen so umfassenden Horizont für eine dialektisch begründete Hermeneutik zu eröffnen. Nirgendwo sonst wird das Beziehungsgeflecht zwischen Mensch, Gott und Universum so umfassend, dynamisch und nach vorne offen erörtert wie in einer hermeneutisch bewussten Theologie. Gerade eine solche Theologie weiß aber auch, dass sie stets der Zusammenarbeit aller Wissenschaftszweige bedarf, um die dynamischen Beziehungen und ihre jeweiligen Ausdrucksformen in Natur und Kultur zu studieren. Auch ist Theologie hier nicht nur als christliche Theologie zu verstehen, sondern als kritische und selbstkritische Deutungsinstanz aller religiösen Ausdrucksformen.

Warum Gewissen? – Mit dem Verweis auf Gewissen möchte ich betonen, dass jede hermeneutische Praxis, die auf dem Verhältnis von Teil und Ganzheit fußt, Verantwortung gerade für das Verständnis des Ganzen trägt sowie für die jeweiligen Prozesse, die zum Verstehen, Erklären und Deuten der Teile sowie des Gesamthorizonts vonnöten sind.[24]

Warum richtet sich die Herausforderung, das intellektuelle Gewissen der Wissenschaft zu sein, an die Theologie? Erstens, weil Theologie nach vorne hin offen bleibt, also eschatologisch bewusst arbeitet und somit immer wieder neu Raum schafft für die Erörterung menschlicher Zukunft in dem komplexen Beziehungsgeflecht, in das wir Menschen verwickelt sind.

[24] Zum Verhältnis von Verstehen, Erklären und Deuten beim Interpretationsakt siehe: Jeanrond, Text und Interpretation, 66–72.

Zweitens, weil Theologie die Erörterung dynamischer Beziehungen als ihr Hauptanliegen begreift und sich und jede andere Wissenschaftsdisziplin immer wieder daran erinnern möchte, dass solche Beziehungen nur im Rahmen einer Dialektik zwischen Teil und Ganzem verstanden werden können. Drittens, weil Theologie weiß, dass nicht nur Raum und Zeit, sondern auch Sprache zu den wesentlichen Kategorien menschlichen Denkens gehört. Viertens, hat Theologie gelernt, dass ontologisches Denken immer wieder neu mit der menschlichen Erfahrung in Zusammenhang gebracht werden muss, wie auch jedes analytische Denken immer wieder mit seinem je größeren Verstehenskontext versöhnt werden muss.

So ist es etwa in der Zahnmedizin angebracht, Studierende daran zu erinnern, dass der Mensch nicht nur aus Mund und Gebiss besteht, sondern die Untersuchung von beidem dazu beitragen kann, den Menschen in seinem Beziehungsgeflecht zu verstehen und von hier aus Krankheiten ganzheitlich zu deuten. Auch in der Theologie müssen wir uns immer wieder neu darauf besinnen, dass religiöses Verstehen, Erklären und Deuten nie auf bloße Textinterpretation reduziert werden dürfen, wie wichtig diese Dimensionen gelungenen Interpretierens auch immer sein mögen. Letztlich geht es der Theologie um das Verstehen und um die Gestaltung aller dynamischen Beziehungen in Geschichte, Gegenwart und Zukunft. Zu solchem Verstehen kann natürlich jede angemessene Textinterpretation immer wieder neue und zentrale Aspekte beisteuern.

Als intellektuelles Gewissen im Wissenschaftsbetrieb unserer Zeit könnte eine kritische und selbstkritische Theologie auch die Koordination aller Teilerkenntnisse im Rahmen eines nach vorne hin offenen Horizonts erwägen. Dabei geht es um mehr als nur um die Organisation eines andauernden Gesprächs zwischen den Wissenschaften, nie jedoch um weniger. Hier hat die Auseinandersetzung mit Jürgen Habermas' Denken wertvolle Hinweise vermittelt.[25] Der Theologie liegt jedoch nicht nur ein solcher Diskurs am Herzen, sondern auch die wechselseitig kritische Diskussion von Zukunftsentwürfen.

In diesem Zusammenhang hat Thomas Nagel in seinem Buch *Mind and Cosmos* auf die Unmöglichkeit verwiesen, aufgrund von reiner Physik oder Chemie den Ursprung und die Evolution von Leben und Geist erklären zu können.[26] Nagel betont, dass Bewusstsein nicht rein physisch/körperlich

[25] Vgl. Tracy, Theologie als Gespräch, 44–45 und 88. Vgl. dazu auch: Tracy, Religion im öffentlichen Bereich. Vgl. dazu auch: Habermas, Nachmetaphysisches Denken (Bd. 2), 183–237.

[26] Vgl. dazu: "[T]he respective inadequacies of materialism and theism as transcendent conceptions, and the impossibility of abandoning the search for a transcendent view of our place in the universe, lead to the hope for an expanded but still naturalistic understanding that

erklärt werden könne. Der Charakter unseres Universums ist nun einmal „physical and mental"[27], also körperlich und geistig. Unser Leben lässt sich nicht auf einen rein biologisch evolutionären Prozess reduzieren. „Ursprünglich handelte es sich um einen biologischen Evolutionsprozess, und in unserer Spezies wurde es auch ein kollektiver kultureller Prozess. Jedes unserer Leben ist ein Teil des längeren Prozesses, in dem das Universum nach und nach aufwacht und sich seiner selbst bewusst wird."[28]

Die Tatsache, dass die Wirklichkeit von Bewusstsein, Denken und Wertvorstellungen nicht plausibel mit dem herkömmlichen wissenschaftlichen Naturalismus – weder konstitutiv noch historisch – in Einklang gebracht werden kann,[29] bedeutet natürlich nicht, dass deshalb theologische Erklärungsmodelle das Rätsel lösen könnten. Vielmehr ermutigt Nagels Selbstkritik auch uns Theologinnen und Theologen, erneut selbstkritisch darüber nachzudenken, was wir teleologisch zu sagen haben und was nicht. Auch die Theologie kann keine schlüssige Teleologie vorweisen. Aber sie kann stattdessen über Hoffnung sprechen.

Hoffnung bezeichnet, wie auch Liebe, ein Beziehungsgeschehen, allerdings eines, das noch nicht konkret greifbar ist, sondern von Zusagen, Verheißungen, Erwartungen, Träumen, Verlangen usw. getragen wird. Allen unseren Hoffnungsentwürfen ist die Erwartung von Veränderung gemeinsam, die Erwartung von der Transformation bestehender Zustände. Ungeachtet aller Unterschiede im Einzelnen hegen Juden und Christen die Hoffnung, dass das Verhältnis von Mensch zu Mensch, von Mensch zu Gott, von Menschen und Gott zum Universum sowie von jedem Menschen zu sich selbst im Gesamt aller Beziehungen einem guten Ende entgegen geht, heil wird. Diese Hoffnung unterscheidet sich prinzipiell von allen möglichen partikulären Hoffnungen, die uns Menschen beflügeln mögen. Die von Gott verheißene Heilshoffnung übersteigt alle diese einzelnen Hoffnungen radikal. In ihr geht es um das Ganze aller Beziehungen, aus dem heraus alle einzelnen Beziehungen neu beurteilt werden müssen. Deshalb schließt diese

avoids psychophysical reductionism. The essential character of such an understanding would be to explain the appearance of life, consciousness, reason, and knowledge neither as accidental side effects of the physical laws of nature nor as the result of intentional intervention in nature from without but as unsurprising if not inevitable consequence of the order that governs the natural world from within. That order would have to include physical law, but life is not just a physical phenomenon, the origin and evolution of life and min d will not be explainable by physics and chemistry alone. An expanded, but still unified, form of explanation will be needed, and I suspect it will have to include teleological elements." (Nagel, Mind and Cosmos, 32–33.)

[27] Ebd., 69.

[28] Ebd., 85 (meine Übersetzung).

[29] Vgl. ebd., 98 ff.

radikale Hoffnung immer auch ein Urteil mit ein. Allerdings sind uns dieses Ganze und das damit einhergehende Urteil zeitlebens noch nicht zugänglich. Und dennoch fasziniert, irritiert und inspiriert uns die Verheißung dieser radikalen Hoffnung, die über jede Einzelhoffnung hinausgeht, heute schon. Was dürfen wir also letztlich hoffen? Und was können wir heute schon über diese Hoffnung sagen?

Diese radikale Hoffnung ist sowohl der letzte Horizont hermeneutischen Denkens als auch dessen Grenze. Denn in jedem Einzelakt des Verstehens schwingt die Dimension der letzten Frage mit: Wie verhält sich das jeweilige Einzelverstehen zu dem Ganzen – zu dem Ganzen, das wir zeitlebens nicht voll verstehen können? Unsere Begrenztheit durch Raum, Zeit und Sprache gilt lebenslänglich und lässt sich lediglich im Glauben, dieser für das Eschaton offenen Vertrauensbeziehung, transzendieren, doch nicht aufheben.

Liebe bezeichnet die Beziehungswirklichkeit, Hoffnung den letzten Horizont dieser Wirklichkeit und Glaube die im Vertrauen gewagte Vorwegnahme jeder Beziehungserfüllung. Theologie ist bemüht, diese drei ineinander greifenden Beziehungsaspekte zu erörtern und für das multiwissenschaftliche Gespräch immer wieder neu fruchtbar zu machen. Damit kann sie jeder hermeneutischen Bemühung einen zentralen Dienst erweisen.

Selbstverständlich geht die hermeneutische Aufgabe der Theologie über diesen allgemeinen Dienst an der Wissenschaft hinaus, vor allem im Hinblick auf die Deutung konkreter religiöser Praxis und deren jeweiliger Entwicklung. Dennoch steht auch die Theologie selbst in der Pflicht des Verstehens und ist von daher aufgerufen, über den Horizont Rechenschaft abzulegen, vor dem sie alle möglichen Verstehensakte vollzieht. Der Theologie geht es also nicht anders als den anderen Wissenschaften auch: Sie interpretiert die Ausdrucksformen in ihrem Umfeld, sie versteht, erklärt und deutet und arbeitet dadurch an einer immer angemesseneren Interpretation. Gleichzeitig deutet sie ihren umfassenden Verstehenshorizont immer wieder neu.

Die Dialektik zwischen Teilverstehen und Verstehen des Ganzen betrifft alle wissenschaftlichen Deutungen. Was die Theologie jedoch allen anderen Wissenschaften voraus hat, ist die komplexe Erfahrung mit der Verheißung endzeitlichen Heils. Darauf immer wieder verwiesen zu haben, ist Karl Barths und Rudolf Bultmanns unbestrittenes Verdienst – trotz ihrer jeweiligen hermeneutischen Kurzschlüssigkeit. Aus der Erfahrung der Heilshoffnung, die natürlich selbst immer Gegenstand und Herausforderung hermeneutischen Denkens bleiben muss, ergibt sich also die Verantwortung einer wirklich dialektischen Theologie, intellektuelles Gewissen aller Wissenschaften zu sein. In der Beziehung zur Theologie entscheidet sich demnach, wie groß der Horizont jeder wissenschaftlichen Hermeneutik letztlich ist.

Literaturverzeichnis

Davies, O., Theology of Transformation. Faith, Freedom, and the Christian Act, Oxford 2013.

Dilthey, W., Gesammelte Schriften (Bd. 5), Die geistige Welt. Einleitung in die Philosophie des Lebens, Stuttgart–Göttingen [4]1964.

Gadamer, H.-G., Wahrheit und Methode. Grundzüge einer philosophischen Hermeneutik, Tübingen [4]1975.

Habermas, J., Nachmetaphysisches Denken (Bd. 2). Aufsätze und Repliken, Berlin 2012.

Jeanrond, W. G., A Theology of Love, London–New York 2010.

Jeanrond, W. G., Interkulturalität und Interreligiosität. Die Notwendigkeit einer Hermeneutik der Liebe, in: Schreijäck, T./Wenzel, K. (Hg.), Kontextualität und Universalität. Die Vielfalt der Glaubenskontexte und der Universalitätsanspruch des Evangeliums. 25 Jahre „Theologie interkulturell", Stuttgart 2012, 156–73.

Jeanrond, W. G., Text und Interpretation als Kategorien theologischen Denkens, Tübingen 1986.

Jeanrond, W. G., Textverstehen in der christlichen Tradition, in: Gerber, U./Hoberg, R. (Hg.), Sprache und Religion, Darmstadt 2009, 83–101.

Jeanrond, W. G., Theological Hermeneutics. Development and Significance, London 1994.

Jeanrond, W. G., Theology in the Context of Pluralism and Postmodernity. David Tracy's Theological Method, in: Jasper, D. (Hg.), Postmodernism, Literature and the Future of Theology, New York 1993, 143–63.

Keller, C./Schneider, L. C. (Hg.), Polydoxy. Theology of Multiplicity and Relation, London–New York 2011.

Nagel, T., Mind and Cosmos. Why the Materialist Neo-Darwinian Conception of Nature Is Almost Certainly False, Oxford–New York 2012 (dt. Geist und Kosmos. Warum die materialistische neodarwinistische Konzeption der Natur so gut wie sicher falsch ist, Berlin 2013).

Ricœur, P., Hermeneutik und Strukturalismus, übers. von J. Rütsche, München 1973.

Tracy, D., Dialogue with the Other. The Interreligious Dialogue, Louvain 1990.

Tracy, D., Religion im öffentlichen Bereich. Öffentliche Theologie, in: Kreutzer, A./Gruber, F. (Hg.), Im Dialog. Systematische Theologie und Religionssoziologie, Freiburg–Basel–Wien 2013, 189–207.

Tracy, D., Theologie als Gespräch. Eine postmoderne Hermeneutik, übers. von S. Klinger, Mainz 1993.

Religiöse Erfahrung als Paradigma der hermeneutischen Erfahrung?

Anmerkungen zu einer Spannung in Gadamers Hermeneutik

Michael Hofer

> „Ce qui vient au monde pour ne rien troubler ne mérite ni égards ni patience."
> René Char, Poème pulvérisé

1. Kritische Theologie und das Bemühen um Begründung

Gestatten Sie mir, bitte, eine persönliche Vorbemerkung:[1] Ich kann mich noch gut daran erinnern, dass für uns, die wir in Wien Theologie studierten, Linz Gesprächsthema war. Und zwar in folgender Hinsicht: Da war vor allem von einem Dogmatiker zu hören, einem gewissen Raberger, der die dogmatischen Traktate nicht nur „realienkundlich" höchst versiert vorzutragen verstehe, sondern, so ließ sich vernehmen, Theologie auch hinsichtlich ihres theoretischen Status befrage und obendrein sich von der Kritischen Theorie inspirieren lasse. – So in etwa hörten sich die Berichte durch Studienkolleginnen und Kollegen, die nach Wien wechselten, an. Erfreulicherweise hatten sie auch Skripten mit dabei, die diese Einschätzung eindrucksvoll bestätigten und deren Lektüre bald eine Art Gruppenzwang in unserer Clique darstellte. Zugleich wurde immer auch hervorgehoben, dass Raberger besonders lustig sei; und teilweise – aber hier wird meine Erinnerung unsicher – blieb es wohl bei diesem Hinweis auf den geradezu sagenhaften Humor Rabergers bzw. war dieser Hinweis der vorherrschende gegenüber den oben genannten. Außerdem kannten wir das studentische Publikationsorgan *Lokomotive*, in dem ebenfalls ein theoretischer Zug, um es so zu nennen, nicht zu überlesen war, und uns im Redaktionsteam bezüglich des Kurses unseres *Schöpflöffels* – so hieß die Studentenzeitung an der Wiener Katholisch-Theologischen Fakultät – bestärkte. Und so machte sich bei uns die Vermutung breit, dass das alles irgendwie zusammen hänge und vor allem mit dem dortigen Dogmatiker, einem gewissen Raberger zu tun habe.

[1] Der Beitrag stellt die überarbeitete Fassung des Vortrags im Rahmen des Symposiums „Kritische und/versus hermeneutische Theologie" in Linz zu Ehren von Walter Raberger und David Tracy dar. Der Vortragsstil wurde beibehalten.

Zugleich wurde ich im Rahmen meines Philosophiestudiums mit einem ehemaligen Schüler des Innsbrucker Dogmatikers Franz Schupp bekannt. Dieser versorgte mich nicht nur mit Literatur, sondern auch mit entsprechenden Hinweisen zur Situation in Innsbruck Anfang der 70er Jahre, als Walter Raberger Assistent bei Schupp war. Und so ergab sich für mich – Ende der 80er, Anfang der 90er Jahre – in Umrissen ein Bild. Zur Vorbereitung auf dieses Symposion habe ich nun den Quaestiones-disputatae-Band *Auf dem Weg zu einer kritischen Theologie* (1974) erneut zur Hand genommen: Wie damals stellte sich bei der Lektüre wieder der Eindruck ein, den zu benennen nicht ganz einfach ist. So etwas wie „höchste Rezeptionsbereitschaft" wird hier zum Ausdruck gebracht, also größtes Interesse v. a. gegenüber der Philosophie, und zwar der Kritischen Theorie, auch Kant, und – durchaus spannungsreich dazu – dem kritischen Rationalismus Poppers und auch der analytischen Philosophie gegenüber. Das Hauptanliegen dieser programmatisch zu nennenden Texte lässt sich, würde ich meinen, auf zwei Punkte bringen. Einmal geht es um den Theoriestatus der Theologie und damit einher um eine kritische Reflexion und Durcharbeitung der theologischen Tradition, zugleich geht es um eine Verhältnisbestimmung zu und gegenüber den Wissenschaften. Für Schupp ist noch klar, dass für diese Vorhaben die Philosophie bevorzugter Gesprächspartner ist. – Damit sind freilich Themenfelder angesprochen, die geradezu typisch sind für die Diskussionen der 70er Jahre. Es sei diesbezüglich exemplarisch nur an Helmut Peukerts Buch *Wissenschaftstheorie, Handlungstheorie, Fundamentale Theologie* erinnert, das damals, 1976, erschien oder an Gerhard Sauters diesbezügliche Bemühungen in dieser Dekade. Die Zeitgebundenheit dieser Vorhaben lässt sich noch verstärken durch den Hinweis, dass bei Schupp die Theologie Karl Rahners – zumindest als Hintergrund – gut sichtbar ist. Außerdem wird nach meinem Dafürhalten deutlich, dass es Schupp um eine Begründung zu tun ist, die einerseits (noch) transzendental inspiriert und zugleich bemüht ist, Geschichtlichkeit als solche zu würdigen. Sind diese Vorhaben, versehen mit dem Zeitindex „70er Jahre", deshalb obsolet?

Die Zeiten haben sich geändert. Die Diskussionslandschaften in Theologie und Philosophie ebenfalls. Um es aber bei dieser trivial anmutenden Aussage nicht zu belassen, seien – wohl gemerkt aus der Sicht eines Philosophen – Hinweise angeführt, warum sowohl die Frage nach dem Theoriestatus als auch die Frage nach dem Verhältnis zu den Wissenschaften an Triftigkeit und auch an Dringlichkeit nicht verloren haben. Dies zu betonen, lebt freilich von der Voraussetzung, dass dies gegenwärtig nicht unbedingt zu den am meisten berücksichtigten Themenfeldern in der Fundamentaltheologie und Dogmatik gehört. Zugleich ist aber hervorzuheben, dass es geradezu zu so etwas wie einem Signum der Linzer Fundamentaltheologie und Dogmatik geworden ist, die Orientierung an diesen Fragen und den Austausch mit der Philosophie nicht nur beizubehalten, sondern auch nach erfolgtem Generationenwechsel fortzuführen. Dies alles möge nicht als Anmaßung genommen werden, und insofern sei betont, dass es sich hierbei wohlgemerkt um den – möglicherweise unzureichenden – Eindruck eines Philosophen handelt.

Nun zu den Hinweisen. Es ist vielleicht hilfreich, sich folgende Zahlen und Umstände vor Augen zu führen: 80 bis 90 Prozent der Wissenschafter, die je gelebt haben, leben heute. Jedes Jahrzehnt bringt so viele Wissenschafter hervor wie die gesamte Menschheitsgeschichte zuvor. Das zeitigt Folgen: „Eine so dramatische quantitative Veränderung bedingt stets auch eine qualitative [...]. ‚Little Science' – die von Neugier getriebene Forschung Einzelner oder kleiner Gruppen – hat sich zur ‚Big Science' gemausert." Auch folgender Umstand verdient Aufmerksamkeit: „Der Wissenschaftsbetrieb wächst derzeit schneller als die Weltbevölkerung oder die Bruttosozialprodukte, die sich jeweils in fünfzig bzw. zwanzig Jahren verdoppeln." Dieses Wachstum der Wissenschaften setzte im 18. Jahrhundert ein, seit etwa 1920 kommt es zu Verdoppelungszeiten von zehn bis fünfzehn Jahren. Nun ist bei diesen Angaben die Rede von den Naturwissenschaften und bei der Theologie handelt es sich zweifellos nicht um „Big Science", ist sie doch „heute bekanntlich klein und hässlich", wie Benjamin schon 1942 formulierte[2]. Interessant ist, neben den eindrucksvollen Zahlen, die ich Gottfried Schatz, dem emeritierten Biochemiker in Basel und begnadeten Essayisten, verdanke, auch die Einschätzung, zu der er vor diesem Hintergrund kommt: „[...] Universitäten lehren Fakten, Methoden sowie ‚Berufsethik', aber nur selten, was Wissenschaft ist und wie sie unsere Sicht der Welt verändert. Ergebnis dieser Entwicklung ist der gut ausgebildete, ungebildete Wissenschafter."[3] Diese Kennzeichnung sollte auf Absolventinnen und Absolventen der Theologie nicht zutreffen. Zu prekär ist der Status der Theologie als Wissenschaft, als dass sie sich leisten könnte, auf wissenschaftstheoretische Grundlegungen zu verzichten. Auch kann es Theologie nicht beim bloßen Aufweis und Auffinden von vermeintlich hilfreichen und theologiekonformen Ergebnissen der Einzelwissenschaften belassen, sondern sie bedarf der – philosophisch vermittelten – Grundlagenreflexion in ihrer Verhältnisbestimmung.

Ein zweiter Hinweis: Aufgrund rein organisatorischer Erfordernisse wurden in Österreich die ehemals medizinischen Fakultäten ausgegliedert

[2] Benjamin, Begriff der Geschichte, 693.

[3] Schatz, Das Zeitalter, 22.

und als selbständige Medizin-Universitäten organisiert. Aus anderen Gründen kam es zur Aufwertung der ehemaligen Kunsthochschulen zu Universitäten und gesetzliche Rahmenbedingungen ermöglichten seit dem Jahr 2000 die Errichtung von Privatuniversitäten, die oft ebenfalls nur einem Fachbereich gewidmet sind. Dies brachte nicht nur die Entleerung des Begriffs der Universität – im Sinne der *Universitas litterarum* – mit sich, sondern führt auch zur Auflösung einer Verhältnisbestimmung der Wissenschaften untereinander; das Bewusstsein einer systematischen Gliederung der Wissenschaften droht verloren zu gehen. Auch aufgrund dieser neuen Umstände ist also die Selbstbesinnung aller Wissenschaften, v. a. aber auch der hier in Rede stehenden Theologie hinsichtlich ihrer Eigenart als Wissenschaft und in ihrer Verhältnisbestimmung zu anderen Wissenschaften besonders vordringlich. Kurz: Mit diesen Hinweisen sollte verdeutlicht werden, dass wissenschaftstheoretische Selbstreflexion im Besonderen und begründungstheoretische Reflexionen im Allgemeinen eine auch heute unverzichtbare Aufgabe darstellen. Dabei wurden – im Sinne einer Vergewisserung der Situation – bislang nur *äußere* Umstände der gegenwärtigen Wissenschaftsorganisation ins Treffen geführt, die deutlich machen sollten, dass das ganz grob skizzierte Projekt einer kritischen Theologie nicht nur nach wie vor verfolgenswert, sondern geradezu dringlich ist.

Im Folgenden sollte nun auf Begründungsfragen und -problematiken eingegangen werden, wie sie sich aufgrund einer Rekonstruktion der inneren Zusammenhänge – gemäß dem gestellten Thema – der Hermeneutik, hier in der Gestalt, wie sie Hans-Georg Gadamer erarbeitet hat, stellen. Die Heranziehung von und die Auseinandersetzung mit dessen philosophischer Hermeneutik ist dabei nicht willkürlich. Gadamers Hauptwerk *Wahrheit und Methode (1960)* hat von Beginn an große Verbreitung und Resonanz gefunden. Henrich stellt zurecht fest: „In allen Ländern, welche die Menschheitstradition des Denkens in Bewegung halten, hat dieses Werk einen sicheren Platz."[4] Ist man gewillt, MacIntyres Kennzeichnung dessen, was ein Klassiker ist und was sich daraus ergibt, zu teilen, wird eine Auseinandersetzung mit Gadamer richtiggehend unumgänglich: „To accord a text the status of a classic is to say that it is a text with which it is necessary to come to terms, that failure to reckon with it will seriously harm our enquiries."[5]

David Tracy, einer unserer beiden Jubilare, hat sich bekanntermaßen mit der Hermeneutik auseinandergesetzt und sich v. a. auch am Konzept des

[4] Henrich, Gadamer, 34.
[5] MacIntyre: On Not having the Last Word, 157.

Klassischen bei Gadamer abgearbeitet. Auch ihm ist es grundsätzlich um eine *kritische* Theorie zu tun, die er ganz allgemein als Bezeichnung für eine jede Theorie ansieht, die den Primat kritischer Reflexion verteidige, indem ihr am Aufdecken von Verzerrungen und am Ermöglichen von Emanzipation gelegen sei.[6]

Im Projekt der Kritischen Theologie ist Hermeneutik ebenfalls ein Thema. Im Rahmen der kritischen Durcharbeitung und Reinterpretation dogmatischer Inhalte braucht es – in Schupps Sprache – eine „semantisch-genetische Identifizierung"[7] dieser Inhalte, die ohne Begriffsgeschichte und Wirkungsgeschichte, beides hermeneutische Unternehmungen, nicht zu leisten ist. Walter Rabergers Veröffentlichungen und Vorträge geben von dieser Bemühung eindrucksvoll Zeugnis. Es ist daher auch nicht überraschend, dass die schon angesprochene Programmschrift Schupps mit Thesen zu einer Theorie der Theologie schließt, die als zweiten Punkt „Hermeneutik und Dialektik" anführt und damit kraftvoll ausklingt. Allerdings verwundert es ebenso wenig, dass Schupp bei grundsätzlicher Affirmation einzelner Theoreme der Gadamerschen Hermeneutik, wie z. B. der sog. Vor-Struktur des Verstehens in Gestalt des Vorverständnisses oder der Wirkungsgeschichte und der damit einhergehenden geschichtlichen Vermitteltheit jeglichen hermeneutischen Gegenstandes, einen grundsätzlichen Vorbehalt gegenüber dieser Ausarbeitung der Hermeneutik anmeldet und als Reflexionsdefizit im Theoriestatus anspricht.[8]

In einem zweiten Punkt sollte ein Grundmotiv der Hermeneutik Gadamers herausgearbeitet bzw. in Erinnerung gerufen werden. Damit wird es zugleich möglich, eine Spannung sichtbar zu machen. Diese Spannung hat zu tun mit der Beschreibung religiöser Erfahrung und dem Stellenwert derselben innerhalb der hermeneutischen Erfahrung. Es wird dabei die Rede auf einen in der Diskussion wohl bekannten Punkt kommen: dem Stellenwert der Tradition. Es sollte dabei der Versuch unternommen werden, neues Licht auf diese Frage zu werfen. Im Rahmen dieses Aufsatzes werden, dies sei betont, die angesprochene Spannung in *einer* Richtung – also einseitig – aufgenommen und die bedenkenswerten Folgen herausgearbeitet. *Wahrheit und Methode* ist ein Werk, das eine große synthetische Leistung vollbringt. Dies bringt Spannungen mit sich, zugleich ermöglichte es eine überaus produktive und facettenreiche Rezeption.

---

[6] Vgl. Tracy, Theologie, 119.
[7] Schupp, Auf dem Weg, 130 f.
[8] Vgl. Schupp, Auf dem Weg, 128 f.

2. Das Grundmotiv der Hermeneutik Gadamers und ein Moment der Spannung

Im Werk Gadamers finden sich immer wieder Versuche, das, was Hermeneutik ist, zu kennzeichnen. Dabei lässt sich feststellen, dass über die Jahre eine Kennzeichnung vorherrschend wurde: In der Hermeneutik sei es darum zu tun, *sich etwas sagen zu lassen.*[9] Im Zusammenhang des Gadamer'schen Denkens erweist sich die Formulierung als tatsächlich aufschlussreich und erlaubt vielerlei Explikationen und Anschlussmomente für einzelne Theoreme. Zum Auftakt sei eine – nicht sonderlich gebräuchliche, aber – hilfreiche Zuhilfenahme bei einem Autor vorgenommen, der als Grenzgänger zwischen Theologie und Philosophie angesehen werden mag: Sören Kierkegaard. In seinem frühen, umfangreichen Werk *Entweder – Oder (1843)* kommt als letztes Kapitel, gewissermaßen als Zusammenfassung ein erneuter, letzter Aufruf zu stehen, der überschrieben ist mit: Ultimatum. Darin wird die Predigt eines Pastors wiedergegeben, die der Autor für mitteilenswert hält und die den Titel trägt: *Das Erbauliche, das in dem Gedanken liegt, dass wir gegen Gott immer unrecht haben.* Das Wort „immer" ist dabei zur Hervorhebung gesperrt gedruckt und ist tatsächlich von großer Bedeutung in den weiteren Ausführungen dieser Predigt. Denn das Erbauliche in dieser Explikation des Gottesverhältnisses liege nicht darin, dass es – Aufrichtigkeit und Willen zur Besserung vorausgesetzt – mit der Zeit immer weniger und seltener vorkomme, gegen Gott Unrecht zu haben. In dieser landläufigen Ansicht diene das Unrechtsbewusstsein als erster Schritt zur Besserung. Allein, ein Mehr oder Weniger, ist nach Kierkegaard Kennzeichen für ein endliches Verhältnis. Das Verhältnis zum Unendlichen, als unendliches Verhältnis ist nur gewahrt, in dem *unaufhebbaren Immer* des Immer-im-Unrecht-sein-gegenüber-Gott. Nur das Unendliche gewähre Erbauung.

Ausgehend von einer Liebesbeziehung entwirft Kierkegaard nun folgende Situation: Eine Person wird mit einem Umstand konfrontiert, den sie der geliebten Person nicht zutrauen und also nicht wahrhaben will. Nach ausführlicher Auseinandersetzung sieht sich die Person vor die widersprüchliche Situation gestellt: Einerseits *wünscht* sie, Unrecht zu haben, in dem, was sie da vom anderen erfahren hat und möchte alles daran setzen, dass dem nicht so ist. Andrerseits sieht sie sich gezwungen, Unrecht zu haben, da sie wider besseres *Wissen* Unrecht haben will. In einer so verfassten Konstellation läge das Erbauliche nur im Wunsch, Unrecht zu haben; im Wissen, im Gezwungensein, Unrecht zu haben, liegt der Schmerz.

[9] Vgl. z. B. GW 8, 144.

Inwiefern lässt sich dies nun auf das Gottesverhältnis übertragen? Sollte ich Gott gegenüber erkennen müssen, dass ich ihm gegenüber Unrecht habe, liegt hierin dann die Erbauung, während dies unter Menschen Schmerz verursacht? Ist Gott gegenüber ein Widerspruch zwischen dem Wunsch und dem Wissen denkbar? Nach Kierkegaard: Nein. Und durch diese Argumentation kommt es zu einer Abwendung von Liebesverhältnissen unter Menschen, denn hier ist der Widerspruch, bei gegebener Situation, unausbleiblich. (Bei Rahner wird bekanntlich anders argumentiert, der eine Linie von der Liebe zwischen Menschen zur Gottesliebe zu ziehen erlaubt, die in seiner Sprache transzendentale Möglichkeitsbedingung zwischenmenschlicher Liebe ist.) Die Verhältnisbestimmung zwischen Wunsch und Wissen ist im Verhältnis zu Gott deshalb nicht widersprüchlich, weil das Wissen dem Wunsch nachgeordnet ist. Es sei eben der Wunsch der Liebe, Unrecht zu haben, und dies sei ein Akt der Freiheit. Die Erkenntnis, dass Gott immer Recht habe, ist nachträglich. Deshalb ist der Gedanke, Unrecht zu haben, erbaulich, er ist von Liebe und Freiheit getragen und durchwirke deshalb als solcher Akt das ganze Wesen eines Menschen. Wäre der Gedanke der Erkenntnis geschuldet, so handelte es sich um Zwang: Es läge eine Notwendigkeit darin, zu erkennen, dass Gott immer Recht hat und in der Folge ich gegenüber Gott immer Unrecht habe. Zu dieser Erkenntnis wäre ein ganz anderes Verhältnis denkbar: Niemand kann gezwungen werden, diese Erkenntnis auch tatsächlich auf sich selbst anzuwenden. (Ein Umstand der unter dem Schlagwort der unmöglichen Demonstrierbarkeit des Glaubens hinlänglich bekannt ist.) Zur Kennzeichnung der Gottesverhältnisse, begründet im Wunsch oder in der Erkenntnis, führt Kierkegaard folgende Unterscheidung ein: Erkenntnis lasse lediglich ein Verhältnis zu Gott dergestalt zu, dass man „außerhalb Gottes“[10] stehe, Liebe begründe jedoch ein Verhältnis, das einen in Gott berge. Letztlich werde mit diesen Ausführungen nur zum Ausdruck gebracht, dass die Liebe Gottes immer größer sei als unsere Liebe. In diesem Gedanken liege geradezu eine Ermöglichung und Ermunterung zum Handeln und zwar unter der gewissermaßen erleichternden Betonung, dass ich Unrecht habe.

Ohne nun detailliert die sorgfältige Komposition des Textes nachzeichnen zu wollen, kommt es dabei auf folgendes an: Entlang der Explikation des Gottesverhältnisses, das nach Kierkegaard darin besteht, dass der Mensch gegenüber Gott immer Unrecht und Gott immer Recht habe, lassen sich das Grundmotiv der Hermeneutik Gadamers als auch einige maßgebende Theoreme erläutern.

[10] Kierkegaard, Entweder-Oder, 928.

Sich etwas sagen zu lassen, darin liege der Kern der Hermeneutik. Lässt sich dies nicht als eine Paraphrasierung des Kierkegaard'schen gegen Gott immer Unrecht zu haben, lesen? Freilich, bei Kierkegaard ist – in seiner typisch psychologisierenden Sprache – die Rede vom Wunsch, Unrecht haben zu wollen. Trotzdem: die gewollte Parallelisierung läuft auf eine Entsprechung von Tradition, wie sie bei Gadamer bestimmt wird, und Gott hinaus. Der Akzent liegt aber auf dem Verhältnis und auf der Haltung des Menschen. Kierkegaard betont dies ausdrücklich, denn: Zu sagen, dass Gott immer recht habe, darin läge kein „Jubel" und keine „Freude"; vielmehr müsse vorrangig von mir ausgegangen werden, der ich gegen Gott immer unrecht habe. Die Dimension des Verhältnisses und des Subjekts ist also betont. Auch in der Titelformulierung wird dies berücksichtigt: *Das Erbauliche, das in dem Gedanken liegt, dass wir gegen Gott immer unrecht haben.*

Folgende Punkte seien hervorgehoben: Das Verhältnis zur Tradition wird ebenfalls durch das Unrecht-haben-wollen begründet; es ist dies auch ein Akt der Liebe – oder hier besser – der Wertschätzung und ein Akt der Freiheit, insofern es eine Haltung ist, die eingenommen und eingeübt werden kann. Hermeneutische Erfahrung setzt Offenheit voraus; mangelnde Offenheit kann dann etwa in „moralischen Blockaden durch die Selbstliebe"[11] liegen. Nur diese Offenheit, sich etwas sagen zu lassen, ermöglicht hermeneutische Erfahrung in ihrer vollen Gestalt.

Außerdem lässt sich die Kierkegaard'sche Kennzeichnung dieses Aktes als eines, der den ganzen Menschen in Anspruch nehme, mit Gadamers Charakterisierung des hermeneutischen Zirkels ins Verhältnis setzen: Gadamer bemängelt die lange vorherrschende Auffassung, wie sie prominent auch von Schleiermacher vertreten wurde, als formal. Dem gegenüber lasse sich mit Hilfe von Heidegger eine vertiefte Auffassung dieses Zirkels gewinnen. Es gehe nicht bloß um ein immer weiter ausholendes, d. h. immer tieferes Verstehen zwischen unterschiedlich großen semantischen Einheiten (z. B. Wort und Satz, Satz und Absatz etc.), sondern es gehe vielmehr darum, den Zirkel zwischen dem Text und dem Vorverständnis des Interpreten anzusetzen bzw. zwischen dem Verstehen des Textes und dem Selbstverständnis des Interpreten, das sich wechselweise vertiefe. Eine solche Konzeption des hermeneutischen Zirkels macht deutlich, dass man im Verstehen nicht nur etwas, sondern auch sich versteht, also – auf dieser Ebene und

[11] GW 8, 144: Diese Formulierung gewinnt einen ganz neuen Sinn, wenn man sie angesichts der Heranziehung Kierkegaards und dessen Verhältnisbestimmung von ethischem (als nach wie vor der Selbstliebe verhaftetem) und religiösem Stadium liest.

auf seine Weise – ebenso den ganzen Menschen erfasst.[12] Darüber hinaus hat die Tradition bei Gadamer Wahrheitsgehalt, der sich nicht methodisch sichern lässt und trotzdem das Leben orientieren und Lebensmöglichkeiten aufschließen kann. Das Verhältnis zur Tradition ist gekennzeichnet durch Anerkennung, die sich – wie Gadamer immer wieder betonte – einem Akt der Freiheit und der Erkenntnis verdanke. Doch auch hier ist die Ausdrücklichkeit der Erkenntnis eine nachträgliche. Vorrangig ist die „Zugehörigkeit" zur Tradition. Die Tradition ist – als Tradition – unausgesprochen in Geltung, wirkt autoritativ und „hat immer schon von sich eingenommen, bevor einer sozusagen zu sich kommt und den Sinnanspruch, der an ihn ergeht, zu prüfen vermag."[13]

Auch die Negativität der hermeneutischen Erfahrung, auf die Gadamer zurecht immer wieder zurückkommt, hat hier ihre Entsprechung. Mit dieser Negativität ist gemeint, dass Verstehen vor allem und zuerst über das Zurückweisen von Verstehenserwartungen statt hat. Das Vorverständnis, das wir von Texten gefasst haben, wird in der Regel eben nicht bestätigt, sondern erweist sich – sofern man bereit ist, sich etwas sagen zu lassen – als revisionsbedürftig.

Wenn man bereit ist, diese Entsprechung des Kierkegaard'schen Gottesbegriffs und des Begriffs der Tradition bei Gadamer mitzumachen, dann gewinnt auch das Lehrstück der Zugehörigkeit zur Tradition, wie es bei Gadamer heißt, seinen Platz: Nur wer sich, so lasen wir in *Entweder – Oder*, in das unendliche Verhältnis begibt, ist Gott zugehörig. Im Erkennen bleibt es bei einem äußerlichen Gegenüber. Gadamer wirft den Geisteswissenschaften in ihrer Orientierung am Erkenntnisideal der Naturwissenschaft genau dies vor: Auf Distanz zu gehen und den Text (oder das Kunstwerk) zu einem Objekt zu degradieren und damit dessen Wahrheitsanspruch nicht mehr zu gewärtigen.

Man kann es als Fingerzeig nehmen, aber es gilt selbstredend nicht als Argument: Beim späten Gadamer finden sich Verweise auf Kierkegaard und die vorauf erörterte Textpassage.[14] Und wohl damit steht im – nicht immer explizit gemachten – Zusammenhang, dass er v. a. in späten Interviews das Verstehen als „Kunst, Unrecht haben zu können" kennzeichnet. Durch diese Abänderung der ursprünglichen Formel, die das für den Kierkegaard'schen Text maßgebliche „immer" streicht und die modale Bestimmung der Möglichkeit in Gestalt des „Unrecht haben zu können" einfügt, wird in einer

[12] Vgl. Wahrheit und Methode, 296 ff. [Zitation nach Band 1 der Ausgabe der Gesammelten Werke (GW) unter dem Kürzel WuM.].

[13] WuM 494.

[14] Vgl. z. B. GW 10, 70. Vgl. dazu z. B. Grondin, Gadamer, 20 oder di Cesare, Gadamer, 269.

Art *Immanentisierung* nicht nur die Verhältnisbestimmung grundsätzlich geändert, sondern wohl auch die Pole des Verhältnisses. Diese Maßnahme einer Immanentisierung findet sich an zahlreichen Stellen im Werk, die an unterschiedlichen theologischen Begrifflichkeiten bzw. Strukturen vorgenommen wird. Um bei Kierkegaard zu bleiben, soll zuerst die Bezugnahme erwähnt werden, wie sie sich in *Wahrheit und Methode* findet: Dessen Begriff der Gleichzeitigkeit wird aufgenommen und eben immanentisiert. Es geht nicht, trotz des zeitlichen Abstandes, um die Erfahrung der Gegenwart Christi, sondern die Erfahrung von Kunst in Gestalt eines Mitvollzugs als Dabeisein.[15] Auch das Kapitel zum *verbum interius* darf im Hauptwerk nicht übersehen werden: Anhand der Trinitätsspekulationen, wie sie sich v. a. bei Augustinus finden, wird hier durch Immanentisierung die untrennbare Verbindung von Gedanke bzw. Sache und Wort gewonnen.[16] Oder es wird das Realsymbol des eucharistischen Geschehens zur Verdeutlichung dessen herangezogen, was Kunst als Symbol meint.[17] Ebenso lässt sich sein Hinweis bezüglich der Rede vom „Selbstverständnis" anführen: Auch hier ist Gadamer daran gelegen, auf „einen pietistischen Unterton" hinzuweisen, der da mitschwinge und meine, dass ein Selbstverständnis zu gewinnen scheitern und dies zum Glauben führen würde. Hier findet sich auch die – etwas unspezifische – Redeweise, die Gadamer für die ins Treffen geführte *Immanentisierung* gebraucht: „Mutatis mutandis", so formuliert er, würde dies auch für die Hermeneutik gelten.[18] – Im Folgenden soll es darum gehen, eine Spannung in Gadamers Hermeneutik sichtbar zu machen: In *Wahrheit und Methode* wird hermeneutische Erfahrung entlang der Du-Erfahrung entfaltet und somit der Umgang mit Texten in die Nähe des Umgangs mit Personen gerückt und in der Folge auch als „moralisches Phänomen" gekennzeichnet.[19] Diese Symmetrie steht aber, das macht die Spannung aus, einer Asymmetrie entgegen. Die Spannung wird daran deutlich, dass an zahllosen anderen Stellen die Überlieferung durch einen „beherrschenden Anspruch"[20] ausgezeichnet ist bzw. die Aufgabe der hermeneutischen Erfahrung in der „Aneignung eines überlegenen Sinnes" [21] bestehe. Mein Vorschlag geht dahin, dass diese Spannung durch das Paradigma der religiösen Erfahrung und deren Stellung eingeführt wird. Während die Bezugnahme auf Kierkegaard durch Immanentisierung noch nicht eindeutig

---

[15] Vgl. WuM 132 f.

[16] Vgl. WuM 422–431.

[17] Vgl. GW 8, 126.

[18] GW 10, 142.

[19] Vgl. WuM 364–368, hier 364.

[20] Z. B. WuM 316.

[21] GW 2, 264.

der Asymmetrie zugerechnet werden kann, kommt es zu einer Verschiebung hin zur Betonung der Geltung der Tradition. Letztlich ist es mir darum zu tun, den in der Gadamer-Literatur vertrauten Diskussionspunkt, er lade die Tradition nicht zuletzt durch Bezugnahme auf juristische und biblische Texte autoritativ auf, um das Selbstverständnis der Geisteswissenschaften zu korrigieren, nicht nur zu reformulieren, sondern – wenn man so sagen will – auf Zusammenhänge im Werk Gadamers aufmerksam zu machen, die auf Bestimmung und Stellenwert dessen, was er als religiöse Erfahrung ansieht, zurückgehen.

Selbstredend heißt das nicht, dass all diese unterschiedlichen Erscheinungsgestalten von Texten (Literatur, Gesetz, Bibel) und deren Erfahrungsweisen in eins fallen. Doch ist es dann vor diesem Hintergrund besonders interessant, ob und in welcher Weise es Gadamer unternimmt, religiöse Texte von Dichtung bzw. religiöse Erfahrung von ästhetischer zu unterscheiden, wie er dies in dem Aufsatz *Ästhetische und religiöse Erfahrung (1964/1978)* unternimmt.[22] Beide sind nach Gadamers Dafürhalten hermeneutische Erfahrungen. Und in der Regel sind die Parallelisierungen, nicht die Unterschiede dieser doch zu unterscheidenden hermeneutischen Erfahrungen vorherrschend bzw. wird die religiöse Erfahrung geradezu als Paradigma für die ästhetische genommen – so in *Wahrheit und Methode* im Rahmen der Erörterung von Applikation und Horizontverschmelzung.

Das Verbindende zwischen diesen beiden Erfahrungsweisen sieht Gadamer in dem „Das bist du!". Die ästhetische Erfahrung wird in dieser Aussage auf den Punkt gebracht. Wesentlich ist dabei die Vielzahl von Erfahrungsmöglichkeiten: Die Erfahrung kann an Werken der Kunst als auch an unterschiedlichsten Personen bzw. Charakteren, wie die Literatur sie bietet, gemacht werden; dem entsprechend kennt diese Erfahrung auch die unterschiedlichsten Nuancierungen von Zusage, Ermunterung, Ermahnung, Abschreckung etc. Gadamer spricht diesbezüglich von der Symbolstruktur der Kunst: Sie erlaube zu erkennen und wiederzuerkennen, d.h. Fragen und entsprechende menschliche Existenzmöglichkeiten auszumachen, die helfen, das Leben neu auszurichten und – wie er es formuliert – „aufs neue […] heimisch zu werden" in der Welt.[23]

Die religiöse Erfahrung wird entlang dem Christentum, genauer dem Protestantismus, buchstabiert. Aufs Erste könnte man meinen, dass es sich der Struktur nach in der Verkündigung des Gekreuzigten um die gleiche Symbolstruktur handelt: Im Lesen oder Hören der Botschaft erkennt man

---

[22] Für Gadamer ist es ungewöhnlich von ästhetischer Erfahrung zu sprechen, da diese Redeweise mit den Problemen des ästhetischen Bewusstseins (vgl. WuM 87–106) belastet ist.

[23] GW 8, 152 f.

den allgemeinen Gehalt und man erkennt sich wieder als Angehöriger dieser Gemeinschaft, die Christus anhängt. Dem ist aber nicht so bzw. wäre das zu wenig für eine religiöse Erfahrung. Dabei führt Gadamer eine Argumentation aus, die an Luther erinnert. Luther setzte die *spes Christianorum* der *spes hominum* entgegen, denn – so sein Argument – der gänzlich neue, nämlich eschatologische Hoffnungsinhalt bringt es mit sich, dass die Struktur der Hoffnung eine gänzlich andere ist. In unserem Falle verläuft das ähnlich: der Inhalt der Erfahrung ist ein anderer. Er ist gekennzeichnet durch einen ausschließenden Anspruch (solus Christus) und damit einhergehend durch einen Singular: „'*Das* bist du!' – dieser dem Leiden und dem Tode hilflos Ausgesetzte." Nicht eine Vielzahl von Identifikationsmöglichkeiten gibt es, sondern diese eine: „Nicht der unendliche Reichtum von Lebens- und Weltmöglichkeiten begegnet in solchem ‚Das bist du!', sondern gerade die äußerste Armut des Ecce homo."[24] Die Wirkung ist ebenfalls eine andere: Während die ästhetische Erfahrung zu einem Heimischwerden in der Welt verhelfen will, wird in der religiösen Erfahrung eine Hoffnungsperspektive eröffnet, die gegen alles innerweltliche Hoffen dennoch hoffen lässt (*contra spem sperare:* Röm 4, 18). Der Verweis auf Luther gewinnt an Triftigkeit durch folgende kurze Andeutung, die Gadamer gibt: Ästhetische Erfahrung gebe Anlass zu einem Staunen, das durchaus auch Züge der „Bestürzung" und des „Erschreckens" haben könne, „dass solches geschah oder dass Menschen solches gelang".[25] Ein Gewahrwerden also dessen, was dem Menschen an Hervorbringungen möglich ist, bzw. ein Innewerden dessen, was es denn alles geben oder sich ereignen kann. In Bezug auf den Inhalt der christlichen Botschaft betont Gadamer, dass dieser „in die umgekehrte Richtung" weist. „Sie zeigt, was Menschen nicht gelingen kann, und gewinnt gerade daraus ihren Anspruch und die Radikalität ihres Angebots."[26] Vor dem Hintergrund dieser Erläuterungen wird klar, dass das „Das bist du!" in ästhetischer und religiöser Erfahrung nicht univok zu verstehen ist, vielmehr gehe es darum, den „Doppelsinn und Unterschied" herauszuarbeiten. Dies unternimmt Gadamer indem er gegenüber der Symbolstruktur der Kunst nun vom Zeichen spricht, das die Eigenart religiöser Erfahrung zum Ausdruck bringen soll. Das Zeichen meint, dass mich etwas trifft, sofern ich mich treffen lasse; es ist etwas, „das nur dem gegeben wird, der es als ein solches zu nehmen imstande ist."[27] Im Wesentlichen geht es um Gnade, als Zuwendung Gottes in einem Zeichen, und Glaube, als entsprechende Hal-

[24] GW 8, 153.
[25] GW 8, 155.
[26] GW 8, 155.
[27] GW 8, 153.

tung des Annehmens. Der ausschließliche Anspruch der christlichen Botschaft und der Glaube als erforderte Haltung zum Verständnis derselben machen den Unterschied zur ästhetischen Erfahrung aus. Müßig zu betonen, dass es Mischformen in vielerlei Gestalten gibt: Dichtung mit religiös-christlichem Inhalt genauso wie biblische Texte mit literarischen Qualitäten.

Die von Gadamer unternommene Differenzierung von Erfahrungsweisen dient zugleich einer besseren Bestimmung des Verhältnisses: Er verbindet damit die Absicht, deutlich zu machen, dass auch die Erfahrung von Kunst mit einem Wahrheitsanspruch zu versehen ist. Kunst schließt für ein Verständnis der Welt auf und trägt zu einem ausdrücklicheren Selbstverständnis bei. Dies tut sie auf plurale Weise – im Unterschied zum ausschließlichen Anspruch der Offenbarungsreligionen – und die Zugänglichkeit zu diesem Angebot, das durchaus fordernd und bestürzend sein kann, ist nicht über den Glauben „beschränkt". In kurzen, wenngleich in der Sache weitausholenden Passagen unternimmt Gadamer – pointiert formuliert – so etwas wie die Rehabilitierung des Mythos bzw. allgemeiner gesprochen der Kunst insgesamt, damit einhergehend eines über die Grenzen der Offenbarung hinausgehenden Begriffs der Religion.[28] Die Gegensätze von Dichtung und Philosophie (seit Platon) und in der Folge von Religion und Mythos bzw. Dichtung (seit dem Christentum), wie sie sich in der abendländischen Geistesgeschichte ergeben haben, will er durch *hermeneutische Reflexion* in ihrer Fixiertheit verflüssigen. Literatur und Kunst, als Nachfolger der antiken mythischen Überlieferung, sind mehr als bloße Glaubenshilfe und in ihrem Wahrheitsanspruch zu würdigen. Religiöse und ästhetische Erfahrung sind hinsichtlich ihres Inhaltes zu unterscheiden; beide kommen aber darin überein, dass es sich dabei um Wahrheit handelt. Damit ist eine *Verschiebung* verbunden: In der Erörterung Kierkegaards war von einem Verhältnis die Rede und im Vordergrund stand die Haltung des Subjekts. Nun liegt das Gewicht auf dem Inhalt und dessen Qualifikation: Angesichts der Unterscheidung wird die Gemeinsamkeit in der Qualifikation als „wahr", also Geltung für Lebensfragen beanspruchend, unübersehbar. Diese Geltung bleibt von den Unterschieden und möglichen Immanentisierungen unberührt. Zugegebenermaßen unbeholfen sei dieser Umstand als *Betonung der objektiven Dimension* angesprochen, worin der zweite Pol der Spannung in Gadamers Hermeneutik auszumachen ist.

Daraus zieht Gadamer Konsequenzen. Als besonders prominent kann hier das Lehrstück der Applikation bzw. der Horizontverschmelzung gel-

[28] Vgl. GW 8, 158.

ten:[29] Verstehen dürfe nicht auf bloße Rekonstruktion festgelegt werden, d. h. sich nicht auf die Erarbeitung eines Sinnes, wie ein Text zu seiner Zeit – als er abgefasst wurde – verstanden werden wollte bzw. verstanden wurde, beschränken; vielmehr meint Verstehen vollumfänglich auch ein „Anwenden" auf meine jeweilige Situation. Die Erarbeitung dieses historischen Horizontes ist ebenso unabdingbar wie die Erarbeitung des Horizontes des gegenwärtigen Interpreten; Verstehen hat erst dann *sensu stricto* stattgehabt, wenn es zu einer Verschmelzung dieser beiden Horizonte kommt. Mit Gadamer gesprochen: Ein Text lässt sich als Antwort auf eine Frage auffassen. Die Abhebung dieser historischen Frage ist ebenso notwendig wie die Erarbeitung der gegenwärtigen Frage des Interpreten. Das Verschmelzen der Horizonte meint nun, dass die ursprüngliche Frage zu *meiner* Frage geworden ist und der Text damit auch in meine Situation als Antwort spricht.

Im nächsten Abschnitt soll kurz auf Adornos Erörterung des Begriffs Tradition eingegangen werden, mit der Absicht zu prüfen, ob von ihm her ein Einspruch gegen die genannte objektive Dimension der Tradition zu gewärtigen ist.

3. Adorno und dessen Bestimmung von Tradition als Korrektiv?

In der Essaysammlung *Ohne Leitbild. Parva Aesthetica* findet sich auch ein Text mit dem Titel *Über Tradition.* Dabei fällt zunächst einmal auf, dass Adorno eine objektive Dimension der Tradition, oder mit Hegel gesprochen: in der Gestalt des objektiven Geistes, stark hervorhebt. Als Beispiel gilt ihm diesbezüglich v. a. die Tradition der Sprache, hier durchaus mit Gadamer (und Heidegger) im Einklang, in die wir gewissermaßen eingelassen sind. Aus Sicht des reflektierenden Bewusstseins, also in diesem Sinne subjektiv gesehen, stellt sich der Sachverhalt so dar, dass ein Beschwören von Tradition ebenso unmöglich ist, da damit die Tradition als Tradition bereits an Geltung verloren hat, wie auch das Verabschieden von Tradition als Anbruch der Inhumanität gekennzeichnet wird. So bleibt auf subjektiver Seite nur die kritische Bezugnahme auf die Tradition: „Rechnung trägt dem nur ein Verhalten, das Tradition ins Bewusstsein hebt, ohne ihr sich zu

[29] Hier liegt eine Begriffsunschärfe vor, die sich am besten so lösen lässt, dass Applikation – entgegen den Ausführungen in *Wahrheit und Methode*, allerdings in Übereinstimmung mit späteren Erläuterungen – als implizites Moment allen Verstehens (als Ichbezogenheit) aufgefasst wird und Horizontverschmelzung als kontrolliert vollzogener Vorgang, vgl. dazu ausführlich: Hofer, Nächstenliebe, 205–218.

beugen."[30] Die Betonung der Notwendigkeit, Tradition zu kritisieren, ist gegenüber Gadamer zweifellos eine neue Dimension.[31]

Im sog. Ideologiekritikstreit, der zwischen Habermas, Apel und Gadamer ausgetragen wurde, kam dieses Moment einer kritischen Distanzierung v. a. zum Tragen und wurde von Jürgen Habermas argumentativ ausgebaut. Zugleich darf aber nicht übersehen werden, dass Adorno vehement für Tradition, selbstredend in kritischer Aufnahme und Auseinandersetzung, eintritt. Die Haltung eines Verabschiedens in Gestalt eines „Das interessiert uns nicht mehr" wird dabei ebenso zurückgewiesen wie die vermeintliche historische Informiertheit, die jegliches Neue unter bereits Vorhandenes im Sinne der Haltung „Das sei ja alles schon dagewesen" einordnet. Tradition birgt in sich ein Potential, und gerade das „am Weg liegen gebliebene, Vernachlässigte, Besiegte, das unter dem Namen des Veraltens sich zusammenfasst", wäre Gegenstand einer „Besinnung auf Tradition"[32]. In einer solchen Besinnung geht es nicht um ein *Einrücken in einen Überlieferungszusammenhang*, wie dies bei Gadamer heißt, sondern um ein Aufbrechen der Wirkungsgeschichte, das unsichtbar Gewordenes ans Licht bringt.

Ebenso sollte die vorhin angesprochene objektive Dimension der Tradition nicht übersehen werden. Es wird – darin liegt eine weitere Korrespondenz zwischen den beiden Hegelkennern Adorno und Gadamer – dieser Dimension eine eigne Art der Tätigkeit zugesprochen: So würden sich – ohne Zutun des Bewusstseins – in einer „eigenen Dynamik"[33] „wechselnde Schichten" ablösen. In diesem Prozess käme es zu einer „correspondance", in der es zu einer wechselseitigen Erhellung von Gegenwart und Tradition komme. Dies zieht aber unweigerlich folgende Problematisierung nach sich: Die Rede der correspondence mag aufs Erste zwar unmittelbar einleuchten. Näher hin betrachtet, ergeben sich allerdings auch hier Fragen: Was genau sind die Relationsglieder der correspondence? Die Situation einer Äußerung, die ihre Entsprechung in einer gegenwärtigen Situation findet; oder geht es um eine Entsprechung in der Fragestellung oder in den Antworten? Adorno spricht hier von einer „Tradition, der allein noch zu folgen wäre. Ihr Kriterium ist correspondence." Ist *correspondence* tatsächlich hinreichend

30 Adorno, GS 10/1, 317.

31 Gadamer, der überaus lehrreiche und souveräne Interpret v. a. auch antiker Texte, kennt die Möglichkeit des Aufbrechens der Wirkungsgeschichte sehr wohl, z. B. die späte Bemerkung (1988) in GW 7, 14.

32 Adorno, GS 10/1, 317.

33 Adorno, GS 10/1, 316; Gadamer betont dies auch unter ausdrücklicher Bezugnahme auf Hegel: WuM 464 f., 468.

als Kriterium? Oder wird nicht auch hier eine Wirkmächtigkeit der Tradition als Geschehen und Ereignis ins Treffen geführt?

Bei Gadamer hat die Betonung des objektiven Moments zweifellos Übergewicht. Die Tätigkeit des Bewusstseins, die hier als subjektive Dimension angesprochen wird, ist bei Gadamer denkbar gering angeschlagen. Möglicherweise ist der beiden Autoren gemeinsame Hegelianismus bei Gadamer noch stärker ausgeprägt. Die Rede vom wirkungsgeschichtlichen Bewusstsein macht dies unübersehbar: Diese terminologische Wendung ist als *genetivus subjectivus* zu lesen, d.h. dass die Wirkungsgeschichte selbst sich bewusst wird und sich selbst versteht und fortschreibt.[34] Allerdings – aufgrund der behaupteten Offenheit als Vollendung der hermeneutischen Erfahrung – ist dieses Verstehen als jeweiliges Andersverstehen und nicht als Besserverstehen zu fassen. „Es genügt zu sagen, dass man anders versteht, wenn man überhaupt versteht."[35] Dass dies Begründungsprobleme mit sich bringt, war immer wieder Gegenstand der Diskussion.

Möglicherweise ließe sich *Wahrheit und Methode* als versuchte Reformulierung der *Phänomenologie des Geistes* lesen und darin eine Lösung der diagnostizierten Spannung von Symmetrie und Asymmetrie sehen. Freilich aufgrund des behaupteten bloßen Anders- und nicht eines Besserverstehens als schlecht unendliches, also endloses Unterfangen und in der Durchführung zweifellos weniger motivreich.[36]

4. Zwei Folgen

In den seinerzeit weit verbreiteten *Screwtape Letters* (1942), die unter dem Titel *Dienstanweisung für einen Unterteufel* auch im deutschen Sprachraum in den 70er Jahren weite Verbreitung erfuhren, zu einer Zeit, als die Rezeption der Hermeneutik Gadamers voll im Gange war und die dritte bzw. vierte Auflage von *Wahrheit und Methode* erschien, ist folgende Passage zu finden: „Nur die Gelehrten lesen alte Bücher. Wir aber haben diese Gelehrten so geschult, dass sie unter allen Menschen am wenigsten geeignet sind, sich die Weisheit aus den Büchern der Alten anzueignen. Wir haben das erreicht, indem wir ihnen den ‚geschichtswissenschaftlichen Stand-

[34] Vgl. WuM 314: „Das Verstehen erweist sich als ein Weise von Wirkung und weiß sich als eine solche Wirkung."

[35] WuM 302.

[36] Gadamer selbst charakterisiert sein Vorhaben als ein Zurückgehen (!) des Weges der hegelschen Phänomenologie. Die damit verbundene Absicht, das objektive Moment, die „Substantialität" gegenüber der Möglichkeit reflexiver Einholbarkeit hervorzuheben, kann als Hinweis auf den einen Pol der Spannung gelten: vgl. WuM 307.

punkt‘ unauslöschlich eingeprägt haben. Der ‚geschichtswissenschaftliche Standpunkt‘ bedeutet kurz gefasst dies: Wenn ein Gelehrter irgendeiner Aussage eines früheren Autors begegnet, dann ist die *eine Frage, die er nie stellen wird, die, ob sie wahr ist.* Er fragt, wer den antiken Verfasser beeinflusst hat, wie diese Aussage mit dem übereinstimmt, was er in andern Büchern sagt [...] Die Schriften des alten Verfassers als mögliche Quelle der Erkenntnis anzusehen, zu erwarten, dass das, was sie sagen, möglicherweise die eigenen Gedanken oder das eigene Handeln ändern könnte – das würde als äußerst einfältig abgewiesen.“[37]

Beim Lesen sind zunächst die Übereinstimmungen unübersehbar: Der von C.S. Lewis als „geschichtswissenschaftlicher Standpunkt“ gekennzeichnete Umgang mit der Überlieferung wird von H.-G. Gadamer unter dem Begriff des „historischen Bewusstseins“ diskutiert und kritisiert. Ebenso wird eindrücklich davon gesprochen, dass die „alten Bücher“ – unter Beachtung von Gadamers Selbstkorrekturen sollte man besser von „fremden Büchern“ sprechen[38] – Einfluss auf uns nehmen könnten, dass wir ihnen gegenüber, denken wir an die Kierkegaard-Paraphrase, Unrecht haben könnten und uns etwas sagen lassen wollten. Dies wäre Gadamers Position, die auch Lewis vertritt, allerdings in ironischer Verkehrung als „äußerst einfältig“ zurückweist.

An einer Stelle gibt es jedoch eine erhebliche Differenz: Es geht um die Frage, ob das, was ein Text sagt, auch wahr sei. Diese Frage bleibe aus. Lewis ist daran gelegen, dies zu korrigieren und die Frage in einem Umgang mit der Überlieferung sehr wohl zu stellen. Hier enden die Gemeinsamkeiten mit Gadamer, da für dessen Konzeption klar ist, dass die Wahrheitsfrage in der Hermeneutik *nicht* gestellt wird.

Wird hier erneut die Spannung sichtbar, die vorauf zwischen dem Dialogmodell einerseits und dem beherrschenden Anspruch der Überlieferung andererseits angesprochen wurde? Im Folgenden soll gezeigt werden, welche Folgen die Betonung der objektiven Dimension, die mit dem Stellenwert religiöser Erfahrung zu tun hat, nach sich zieht.[39] Genauer hin sollen zwei Auswirkungen benannt werden.

---

[37] Lewis, Dienstanweisung, 169 [kursiv v.m., M.H.].

[38] Vgl. z.B. WuM 304 und die Anm. 228.

[39] Vgl. dazu Eberhard, The Middle Voice, bes. 172–215. Eberhard diagnostiziert ebenfalls diese Spannung und führt sie auf eine allzu protestantische Beschreibung der religiösen Erfahrung zurück, die geradezu der hermeneutischen Erfahrung entgegenstehe: „the kerygma tends to be at best an extreme form of hermeneutics and at worst an exception to it.“ (216) Eberhard beschreitet den anderen, möglichen Weg: Das Dialogmodell zu stärken unter Betonung der Medialität des Verstehens und von daher auch die Explikation religiöser Erfahrung und das Glaubensverständnis Gadamers zu korrigieren.

Zum einen wirft dies ein Licht auf die Bestimmung von Verstehen. Noch einmal kann hier auf Vorausgegangenes zurückgegriffen werden: Zwar wird zwischen religiöser und ästhetischer Erfahrung unterschieden. Aber auch in der ästhetischen Erfahrung gibt es Momente, die als Wucht und Stoß, die einem widerfahren können, beschrieben werden. Im Vollzug solcher Erfahrungen mag tatsächlich die Wahrheitsfrage nicht aufkommen; man fühlt sich überwältigt und bewegt. Allerdings stellt sich die Frage, ob das auf der Ebene des ausdrücklichen Verstehens – wo es darum geht, sich etwas sagen zu lassen, das aufs Erste schwer verständlich erscheint – sich ebenso verhält. Warum sollte es nicht möglich sein, den Text zwar – ganz den wichtigen Hinweisen Gadamers folgend – als Antwort auf meine Frage zu verstehen, diese aber als solche nicht zu akzeptieren, sondern als bloß mögliche Antwort anzuerkennen? Ist die von Gadamer nahe gelegte Alternative tatsächlich zutreffend: entweder den Text als Antwort auf meine Frage zu verstehen und zuzustimmen oder den Text als unverständlich anzusehen, weil er nicht als Antwort aufgefasst werden kann? Wieso sollte es nicht möglich sein, den Text zwar durchaus als Antwort zu verstehen, aber als *mögliche* Antwort auf *meine* Frage *zurückzuweisen.* Immer wieder wird in Gadamers eindrucksvollen Umschreibungen dessen, wie Kunst zu wirken vermag, die Reaktion darauf mit einem „So ist es" zum Ausdruck gebracht. Ist diese scharf gefasste Alternative zwischen Zustimmung oder Unverständlichkeit doch der Analogie zur religiösen Erfahrung geschuldet? Wirkt hier, trotz der Immanentisierung die Unbedingtheit des Glaubens, der etwas als Zeichen zu nehmen vermag oder im Unverständnis bleibt, fort?[40]

Damit ist keinesfalls so etwas wie eine Begründung geliefert, aber es sollte doch ein Zusammenhang eröffnet werden, der die Struktur hermeneutischer Erfahrung durch das Paradigma religiöser Erfahrung erhellt.

Möglicherweise rührt die beschriebene Wirkmächtigkeit des Textes doch von der Erinnerung an Kierkegaards unendliches Verhältnis her? Bleiben Reste desselben wirksam? Dem kann man die Maßnahme der Immanentisierung entgegenhalten: Braucht es für religiöse Erfahrung Gott und Glauben, so hier nun Überlieferung und Offenheit als Bereitschaft, sich etwas sagen zu lassen. Die Verschiebung hat jedoch statt beim Bemühen um eine Differenzierung von religiöser und ästhetischer Erfahrung: Denn da wird betont, dass es sich bezüglich der Bereitschaft, sich etwas sagen zu lassen, um eine Abstufung handelt; die religiöse Erfahrung stellt dabei die „äußerste Zuspitzung"[41] dar, die aber für *alle* hermeneutische Erfahrung gilt.

[40] Vgl. Eberhard, The Middle Voice, 187: „Gadamer is fond of the expression ‚so ist es', reminiscent of amen."

[41] GW 8, 151.

Die durchscheinende Struktur religiöser Erfahrung lässt sich auch an einem weiteren Detail der hermeneutischen Erfahrung aufweisen: Die überaus komplexe Struktur der sog. Frage-Antwort-Dialektik hat zweierlei Pointen. Einmal die bereits angesprochene Überlegung, dass Verstehen sich nur vollzieht in einem Verstehen von etwas als Antwort auf eine Frage. Die zweite Pointe ist darin zu sehen, dass es eigentlich der Text ist, der die Bewegung von Frage und Antwort eröffnet. Nicht das Subjekt stellt eine Frage an den Text, sondern der Text stellt den Verstehenden in Frage. Bedenkt man die zuerst namhaft gemachte Entsprechung von Überlieferung und Gott, dann kommt hier noch einmal ein Versatzstück aus der Beschreibung religiöser Erfahrung zum Tragen: Gott bzw. dessen Gnade ist es, die vorrangig ist.

Als zweite Folge lässt sich noch ein weiteres Problemfeld wenigstens abschreiten: der Ausfall der Wahrheitsfrage bzw. die Betonung der Geltung der Tradition. Hier ist kurz weiter auszuholen: Immer wieder wurde die Frage nach dem Theoriestatus der Hermeneutik aufgeworfen. Gadamer selbst hat dazu nicht unerheblich beigetragen, indem er über die Jahre diesbezüglich recht unterschiedliche Vorschläge gemacht hat, bis die Bezugnahme auf Aristoteles und dessen Konzept der Praktischen Philosophie vorherrschend wird.[42] Damit einher geht auch die Frage nach der Begründung des in der Hermeneutik Gadamers konzipierten Verstehens. Die hermeneutische Reflexion wird nämlich als „ein integrales Moment des Verstehens selber“ gefasst[43], und hier wird die Wahrheitsfrage eben nicht gestellt: „Die hermeneutische Reflexion ist darauf beschränkt, Erkenntnischancen offenzulegen, die ohne sie nicht wahrgenommen würden. Sie vermittelt nicht selbst ein Wahrheitskriterium.“[44] Die Inhalte, die sich dem Verstehen als Aufgabe stellen, sind zwar fremd, herausfordernd und nicht selbstverständlich; die Geltung derselben wird allerdings von vornherein vorausgesetzt. Mag durch die Immanentisierung des Unrecht-habens auch ein Zugang zu ermäßigten Bedingungen möglich geworden sein: Um sich etwas sagen zu lassen, braucht es nicht den Glauben, sondern die Offenheit genügt. Aber die Geltung dessen, was einem da gesagt wird, ist und bleibt vorausgesetzt – die oben angesprochene objektive Dimension.

An dem Punkt, der nun erreicht wurde, schießen viele Fäden zusammen, sodass sich hier eine überaus komplexe Lage ergibt, die auseinanderzulegen von unterschiedlichen Seiten her, je nach nachdem, welcher Faden aufgenommen wird, angegangen werden kann. Lediglich angesprochen seien: Der

[42] Vgl. dazu ausführlich: Hofer, Hermeneutische Reflexion, 57–83.
[43] GW 2, 270.
[44] GW 2, 263.

Wahrheitsbegriff Gadamers, der als Eröffnen und Geborgensein an die Aletheia-Konzeption Heideggers anschließt[45] und der Aussagewahrheit vorausliegt. Der Ausfall der Dichotomie von wahr oder falsch in Gestalt der Aussagewahrheit wurde immer wieder benannt und kritisch angesprochen.[46] In jedem Fall ist auch das Reflexionsverständnis Gadamers zu nennen, das wiederum aufs engste mit dem Stellenwert bzw. der Abwertung – oder gemäßigter – der „Abdämpfung der Subjektivität" zu tun hat.[47] Darüber hinaus darf sein Begriff des Mythos nicht übergangen werden, in dem von Selbstverständlichem, „den als Welt bekannten Göttern" [48], in je neu abgewandelter Form erzählt wird, etc.

Der Faden, der hier aufgenommen wurde, ist die Verhältnisbestimmung zur religiösen Erfahrung: Parallelen werden der hermeneutischen – oder enger gefasst – der ästhetischen Erfahrung gegenüber vorgenommen; allerdings immer unter dem Hinweis auf das „mutatis mutandis", das wir als Akt der Immanentisierung gekennzeichnet haben. In bestimmten Zusammenhängen gewinnt die religiöse Erfahrung den Charakter des Paradigmas für hermeneutische Erfahrung überhaupt. Dies ist mit ein Grund für das Vorherrschen der sogenannten objektiven Dimension. Erwächst daraus nicht ein Gefüge, das den Spielraum des Verstehens unzulässig einschränkt? Dies kommt durch eine Verschiebung zustande, die möglichweise dem Charakter der Beschreibung religiöser Erfahrung geschuldet ist: Vorrangig ist hier vom Zeichen die Rede, das gegeben wird. Zugleich ist die Absicht der entsprechenden Ausführungen, die Wahrheitsdimension der Kunst – oder in einem weiteren Umfang: der Tradition insgesamt – herauszustellen. Es ist ein Unterschied, ob von einer Haltung der Offenheit die Rede ist, wie die immanentisierende Reformulierung des Wunsches, immer Unrecht zu haben, lautet, oder ob von einer Erfahrung die Rede ist, die durch etwas veranlasst wird, das überwältigt und bezwingt. – Das ist mit der etwas hilflosen Rede des Objektivismus gemeint. Die Maßnahme der Immanentisierung wurde anhand der Bezugnahme auf Kierkegaard herausgestellt. Zwar wird auch eine Ausdifferenzierung von religiöser und ästhetischer Erfahrung vorgenommen, der Wahrheitsanspruch der Tradition, in dem Fall der Kunst, bleibt aber von einer Immanentisierung unberührt. Es bleibt bei einer Parallelisierung von Heiliger Schrift und Kunst. Das ist möglich aufgrund eines Wahrheitsbegriffs, der auf die Erschließung von Lebensmöglichkeiten

[45] Vgl. z. B. GW 8, 125.
[46] Vgl. Habermas, Wahrheit, 77: „Das Versäumnis, die Darstellungsfunktion der Sprache, also die Bedingungen für Referenz und Wahrheit von Aussagen überzeugend zu analysieren, bleibt die Achillesferse der gesamten hermeneutischen Tradition."
[47] Dem nachzugehen habe ich mich bemüht in: Hofer, Abdämpfung, 593–611.
[48] Vgl. z. B. GW 8, 161; vgl. dazu auch den Artikel von Raberger, Mythos, 161–171.

hinweist (*aletheia*) und vor der Ausdifferenzierung in wahr oder falsch in Gestalt der Aussagenwahrheit liegt.

So kann man in *Wahrheit und Methode* von der entsprechenden „Dienstform" der Auslegung lesen: „Im Dienste dessen, was gelten soll, sind die Auslegungen, die Applikation einschließen."[49] – Woher ist ausgemacht, was gelten soll? Im Rahmen von Offenbarungsreligionen mag es der Anspruch sein, dass das, was als Wort Gottes auszumachen ist, gelten soll. Aber in der Erfahrung der Kunst?

Um Missverständnissen vorzubeugen: Es soll hier nicht um eine Aufkündigung der Arbeit an der Überlieferung gehen. Kulturelle Amnesie ist tatsächlich eine Bedrohung, uns uns selbst vergessen zu lassen. Sofern wir ein Verhältnis zur Tradition haben und dieses gestalten wollen: Haben wir aber nicht jeweils mit *bestimmten* Traditionen zu tun? Und mit diesen sollten wir uns auseinandersetzen, weil wir mit Sicherheit davon lernen und uns etwas sagen lassen können, ohne jeweils zustimmen zu müssen. Legt davon nicht auch auf eindrucksvolle Weise Gadamer Zeugnis ab, als Hermeneut *in actu?*

5. Zum Schluss

Kant schreibt – in einer verworfenen Fassung zur Vorrede der Religionsschrift – einmal, dass der Theologie gegenüber „Philosophie [...] sich ihr zur Begleiterin und Freundin anbietet"[50]. An dieser Stelle möchte ich Dir, lieber Walter, danken, dass Du dieses Angebot von Seiten der Philosophie nicht nur angenommen, sondern erwidert hast.

Literaturverzeichnis

Adorno, Th. W., Über Tradition, in: GS 10/1, Frankfurt a. M. 2003, 310–320.

Benjamin, W., Über den Begriff der Geschichte, in: ders., Gesammelte Schriften I/2, hg. v. Tiedemann, R. und Schweppenhäuser, Werkausgabe Bd. 2, Frankfurt a. Main 1980, 691–704.

di Cesare, D., Gadamer. Ein philosophisches Porträt, Tübingen 2009.

Eberhard, P., The Middle Voice in Gadamer's Hermeneutics. A Basic Interpretation with Some Theological Implications, Tübingen 2004.

Gadamer, H.-G., Gesammelte Werke, 10 Bde., Tübingen 1990–1995.

Grondin, J., Hans-Georg Gadamer. Eine Biographie, Tübingen 1999.

Henrich, D., Gadamer, H.-G., Splitter eines Gedenkens, Warmbronn 2008.

[49] WuM 316.

[50] Kant, AA XX 438.

Hofer, M., Abdämpfung der Subjektivität. Drei Beispiele aus der amerikanischen bzw. französischen Gadamer-Rezeption, in: ZphF 54 (2000) 593–611.

Hofer, M., Nächstenliebe, Freundschaft, Geselligkeit. Verstehen und Anerkennen bei Abel, Gadamer und Schleiermacher, München 1998.

Hofer, M., Hermeneutische Reflexion? Zur Auffassung von Reflexion und deren Stellenwert bei Hans-Georg Gadamer, in: Wischke, M./Hofer, M. (Hgg.), Gadamer verstehen / Understanding Gadamer, Darmstadt 2003, 57–83.

Kant, I., Vorredeentwürfe zur Religionsphilosophie. Zweiter Entwurf, in: Akademie Ausgabe, hg. v. d. Königlich Preußische Akademie der Wissenschaften, Abt. 3 Bd. XX, Berlin 1942, 433–440.

Kierkegaard, S., Entweder-Oder, hg. v. Diem, H. und Rest, W., München [4]1996.

Lewis, C.S., Dienstanweisung für einen Unterteufel, München 1981.

MacIntyre A., On Not having the Last Word: Thoughts on Our Debts to Gadamer, in: Gadamer's Century. Essays in Honor of Hans-Georg Gadamer, hg. v. Malpas, J. u. a., Cambridge / London 2002, 157–172.

Raberger, W., Art. Mythos, in: Neues Handbuch theologischer Grundbegriffe Bd. 3, hg. v. Eicher, P., München 2005, 161–171.

Schatz, G., Das Zeitalter der „Big Science“. Über den gut ausgebildeten, aber ungebildeten Wissenschafter und andere Probleme, in: NZZ Nr. 199 (29.8.2014) 22.

Schupp, F., Auf dem Weg zu einer kritischen Theologie, Freiburg i.Br. 1974.

Tracy, D., Theologie als Gespräch. Eine postmoderne Hermeneutik. Mit einer Einführung von Jeanrond, W. G., Mainz 1993.

Die Sprache verlassen

Zur Kritik der theologischen Hermeneutik

Knut Wenzel

Lange Zeit war es mir ein selbstverständlicher Gedanke – *a truism* –, dass die Hermeneutik, die Arbeit des Verstehens, beim Unverständlichen ansetzt, dass sie das Unverstandene oder das Nichtverstehen voraussetzt, einen blinden Fleck entweder im Gegenstand des Verstehens oder eine Blindheit in der Tätigkeit, der Methodologie des Verstehens. Bis auf einer Tagung zu Methodenfragen systematischer Theologie ein Kollege auf den erneut vorgetragenen Gedanken replizierte, ob Hermeneutik nicht vielmehr von der grundsätzlichen Vertrautheit des dem Verstehen aufgegebenen Sinns und nicht von dessen Fremdheit her zu bestimmen sei. Nun steht der Kollege der Denkform analytischer Philosophie nahe, die das Feld des Sinns als ein grammatologisches konzeptualisiert, in welchem das Unverständliche entweder durch die korrekte Anwendung der Regeln beseitigt wird oder eben, da grammatologisch nicht repräsentierbar, inexistent ist: eine Denkform mithin, die das Fremde, Un-Vertraute in der Sphäre der Bedeutungen grundsätzlich nicht kennt. Ich glaubte es mir deswegen mit der Zurückweisung des Einwands leicht machen zu können. Nach wie vor halte ich die Frageebene analytischer Philosophie für naiv, die Fremdheitsbezogenheit der Hermeneutik für triftig.[1]

Aber ein Echo dieser Frage blieb haften. Wie konnte es überhaupt möglich sein, die Hermeneutik in einem Rahmen der Grundvertrautheit mit dem Sinn zu situieren, wo sie doch ihre Arbeit immer dann aufnimmt, wenn die Erschlossenheit eines Sinns nicht gegeben ist? Jede philosophische Denkform hat ihre Genese. Man könnte auch sagen: Jeder philosophischen Aussage haftet das Material der Denkform an, in der oder mit deren Hilfe sie artikuliert wird. Dies berührt aber die Reichweite oder Gestalt oder Fokussierung der *Geltung* der betreffenden Aussage. Wird man also nicht doch, nämlich in einschränkender Weise, von einer genealogischen Bedingtheit der Geltung philosophischer Aussagen sprechen müssen? Die philosophische Hermeneutik jedenfalls, die von der Theologie als Denkform in Gebrauch genommen wird, hat eine Vorgeschichte, die sie nicht per Abstraktion abstreifen kann. Sie ist durch sie an eine epistemische Kon-

[1] Dieser Text führt Überlegungen fort, die mich seit der Dissertation begleiten; vgl. exemplarisch Wenzel, Narrativität; Wenzel, Glaube.

stellation gebunden: Hermeneutik heißt Erkenntnisgewinnung und Wissensbildung in Bezug auf die Instanz des Texts; Text sei hier im weitest möglichen Sinn eines strukturierten und deswegen prinzipiell bedeutungsfähigen Netzes der Symbolisierungen verstanden.[2] Diese Konstellation scheint nahezulegen oder zu prädestinieren, dass jedem die hermeneutische Tätigkeit auf den Plan rufenden Ereignis der Unverständlichkeit hinsichtlich des Sinns stets die Sinnhaftigkeit qua vorgegebenem Text vorausgeht oder den Rahmen gibt. In solcher Konstellation sind Krisen des Sinns immer konkrete, partikulare Unverständlichkeiten, die im Rahmen oder auf dem Fundament des umfassenden oder des zugrunde liegenden Texts prinzipiell klärbar erscheinen müssen. Diese epistemische Konstellation scheint aber eine prästabile Gegebenheit des Sinns zu garantieren, welche Garantie durch einzelne Zusammenbrüche des Sinns selbst dann nicht falsifiziert wird, wenn deren hermeneutische Heilung einmal nicht gelingen sollte. Sollte also der Verdacht einer prinzipiellen Sinnvertrautheit der Hermeneutik Recht behalten? Er könnte sich jedenfalls darin bestätigt finden, dass stark autoritätszentrierte Theologien – ob deren Autoritätsanker nun mit der Schrift oder dem Lehramt besetzt ist – eine signifikante Neigung zu einer traditionsorientierten Hermeneutik als der ihnen adäquaten Denkform erkennen lassen. Eine Hermeneutik aber, die sich in jener epistemischen Konstellation bewegt, ohne sie als solche zu thematisieren, ist Methodologie und eben noch kein philosophisches Unternehmen.

Dass da ein Text ist, bedeutet an sich noch gar nichts. Die Sinnprätention der epistemischen Konstellation der Hermeneutik ist in dem Maß ohne Fundament, wie ungeklärt bleibt, ob der Text Bedeutung haben kann. Wenn die Bedeutungsmöglichkeit des Texts, seine Referentialität, nicht sichergestellt werden kann, bleibt auch seine Sinnhaftigkeit bodenlos. Mit der Frage nach der *Bedeutung* des Text*sinns* ist die Frage nach der Referentialität, nach der Dimension der Wirklichkeitsbezeichnung des Texts gestellt. Man kann ihr prinzipiell nachgehen. Man kann fragen, ob menschliche Zeichenpraxis überhaupt, und wenn ja, unter welchen Bedingungen, *etwas* bezeichnet, ob es einen Ausweg aus dem Zirkel der Autoreferentialität gibt. Die prinzipielle Ebene dieser Frage müsste auf dem Feld erörtert werden, das zwischen Kant, dem Poststrukturalismus und vielleicht dem neuen Realismus (und Brandom?) ausgespannt ist. Der hermeneutischen Perspektive entspricht es allerdings, sich einen Horizont des Prinzipiellen durch den partikularen Stoff einer konkreten Bedeutungssituation oder einer Überlieferungsgeschichte vermitteln zu lassen. Und das heißt: ihre Fragen diesseits des Prinzipiellen zu

[2] Auf der Basis dieses weiten Verständnisses kann Paul Ricœur auch die Handlung als ein intelligibles Ganzes, als Text, auffassen; vgl. Ricœur, Text.

behandeln. Nun zeichnet sich, je weiter die Umformatierung der Geisteswissenschaften in Kulturwissenschaften voranschreitet und Philosophie wie Theologie in den Sog dieser Entwicklung geraten sind – und damit die Rückbezogenheit der in diesem Wissenschaftszweigwerk diskursiv formalisierten Erkenntnistätigkeit auf ein wie auch immer geartetes normatives Fundament einer finalen Lockerung zudriftet –, ohnehin ein Moratorium über die Frage nach der Referentialität ab, die nichts anderes ist als die Wahrheitsfrage. Ohne das Moratorium zu unterzeichnen, kann die Hermeneutik den in dieser Entwicklung tatsächlich entstandenen Freiraum – es ist, genau besehen, der Freiraum, der durch die Literarisierung des grundlegenden Textverständnisses entsteht – nutzen, um die Frage nach den Bedingungen der Sinnhaftigkeit eines Texts aus diesem selbst heraus zu stellen. Welche Bedingungen ihrer Geltung führen die Texte selbst mit?

Wird dies anhand der biblisch-christlichen Religionsüberlieferung durchgeführt, erscheint als Ordnungsstruktur dieser textintrinsischen Geltungsbedingungen doch wieder die Frage nach der Referentialität, allerdings in modifizierter (abgeschwächter, metaphorisierter) Form: Bedeutet es doch keinen Entscheid über den Wirklichkeits- oder Wahrheitsgehalt dieses Megatexts einer gesamten Religionstradition, festzustellen, dass dieser Großtext auf eine Wirklichkeit *zielt* (und nicht von ihr ausgeht); indem diese Überlieferung sich artikuliert, bezieht sie sich auf eine Wirklichkeit, die *sein soll.* Der Text selbst moduliert die Bedingungen seiner Geltung: nicht indikativ, sondern normativ; nicht Gewissheit, sondern Hoffnung; nicht Feststellung, sondern Verheißung.

Wohl wird der Religion die Funktion der *status-quo*-Stabilisierung zugeschrieben – von Marx bis Luhmann und Lübbe. *Dieser* Text (der biblisch-christlichen Religionsüberlieferung) hat daran kein ausgeprägtes Interesse. Er ist stattdessen von einem *Drive forwards* dynamisiert, auch wenn dieser *Drive* zunächst weit *zurück*greift, in eine Zeit vor aller Zeit, eine unerreichbare Vor-Zeit: Am Anfang von allem – soll Wirklichkeit sein. Mit diesem „soll Wirklichkeit sein" ist die schöpferische Strukturdynamik in allem, was geschieht, bezeichnet, biblisch festgehalten in der Schöpfungszusage, dass die Wirklichkeit in ihrem Ursprung gut sei. Dieses Prinzip aller Wirklichkeit des „soll Wirklichkeit sein" findet seine weitere Bestimmung darin, dass Gott sich diese Wirklichkeit zu eigen macht und in ihr sich vergegenwärtigt, in dem, was das inkarnatorische Prinzip des „soll *sich* verwirklichen" genannt werden kann. Dieselbe Dynamik des „soll Wirklichkeit sein" und des „soll *sich* verwirklichen" läuft schließlich auf das eschatologische Prinzip des „soll vollendet werden" zu. Unter diesem dreifachen „soll sein" steht die Welt christlich, in einer Un-Ruhe, die zugleich Anspruch und Zusage ist.

Sie wird nicht sich selbst überlassen, noch auch wird sie auf sich beruhen gelassen. Ihr Seinsollen ist ihr Unruhegesetz. Die Wirklichkeit, auf die der Text des Christentums abzielt und auf die hin er Geltung beansprucht, ist von Nicht-Identität bestimmt hinsichtlich jedes vorfindlichen, kontingent-endlichen *status quo*; nicht das, was ist, ist wirklich; Wirklichkeit scheint auf an den von jenem Religionstext bezeichneten Konturen der Offenheit auf das Sein-Sollende. Nicht-Identität mit dem, was ist und Offenheit auf das, was sein soll – das sind die Komponenten des Realitätsprinzips des Christentums. Die theologische Hermeneutik, die diesem Text gerecht werden will, kann sich nicht autoritativ einbinden lassen, muss sich vielmehr explorativ freisetzen lassen.

Anders formuliert: Die normative Bindung, welche der Text des Christentums einer theologischen Hermeneutik zu denken gibt, ist jene der Frei-Setzung in Lebendigkeit. Wie alle Religionen ist auch das Christentum von Normen, Bindungen, Autoritäten geprägt, nomologisch, institutionell, spirituell. Ohne damit dasselbe anderen Religionen abzusprechen, ist aber für das Christentum geltend zu machen, dass ein hermeneutischer Nachvollzug des Christentums diese Bindungsstruktur grotesk missverstehen würde, wenn er sie *als* bindend rekonstruierte und nicht als freisetzend. Freisetzende Normativität – das ist die Schöpfungsordnung, das ist die Tora als schöpfungsanaloge Ordnung menschlichen Zusammenlebens, das ist schließlich die Liebe als Gesetz Christi.

Dieser normativen Dynamik des Christentums wohnt eine präzis erhebbare Bestimmung der Bedeutung jener sein-sollenden Wirklichkeit inne; sie ist dem Bogen von Schöpfung, Tora und inkarnatorisch verwirklichter Gottesliebe ablesbar: Die sein sollende Wirklichkeit ist bewusste Lebendigkeit;[3] Leben, das um sich weiß und das aufgrund dieses kongnitionsinvolvierenden Selbstverhältnisses, welches keineswegs ein Verhältnis des Selbstbesitzes oder der Selbstverfügung ist, die Verdanktheit seiner Existenz realisieren kann, die darin enthaltene unbedingte Anerkennung erkennen, bejahen und weitergeben und so in der Einsicht in das eigene Geliebtsein liebesfähig werden kann – und in all dem sich selbst als unbedingt, einschränkungslos anerkanntes Subjekt erschlossen wird. Das Bedeutungstelos der normativen Dynamik des Christentums ist das unverfügbare Subjekt, das allein Adressat der sich selbst übergebenden Liebe Gottes, kraft welcher dieser sich in die Existenzgestalt des Geliebten vorbehaltlos hineinbegibt, sein kann.

[3] In Anlehnung an Dieter Henrichs subjekttheoretischen Zentralbegriff des *bewussten Lebens*. Vgl. Henrich, Bewußtes Leben.

Die intrinsischen, aus ihm selbst erhebbaren Bedingungen, unter denen der Text des Christentums Geltung beanspruchen möchte, bilden also eine bedeutungsvolle *Struktur der Offenheit*, die deswegen aber nicht beliebig ist, sondern einen bestimmenden Fokus hat: das Subjekt, das als es selbst Aufbruch ist, in dem eine „Kausalität durch Freiheit"[4] gründet, durch das Neuanfänge möglich werden. Die *doxa*, der *kabod*, der *Glanz* und die *Herrlichkeit* Gottes: das ist, nach Irenäus, der lebendige Mensch, der Mensch in seiner Subjekthaftigkeit. Einer Logik der immer schon festlegenden Autorität, die die Logik des Tods ist, steht die Logik der Freiheit gegenüber, die die Logik der Natalität[5] ist, der Gebürtlichkeit.

Nimmt nun eine Hermeneutik des Christentums diese Logik ernst, muss für sie gelten, dass sie nicht in einer prästabilen Sinnvertrautheit gründet; vielmehr ist sie ins Offene einer sein-sollenden Wirklichkeit ausgespannt, die sich nach dem „Gesetz" des Subjekts vergegenwärtigt – welches Gesetz im Kern nichts weiteres als das des unableitbaren Neuanfangenkönnens ist. Eine hierdurch sich normieren lassende Hermeneutik rekonstruiert das Christentum als Gewärtigung einer stets neu sich einstellenden Bedeutung und rechnet nicht mit der bloßen Bestätigung des (immer) schon Gewussten. Hermeneutik – denn warum sollte die allgemeine, die philosophische Hermeneutik hier weniger radikal sein als die partikulare Hermeneutik christlicher Theologie – kann nicht von einer grundlegenden oder prinzipiellen Vertrautheit des Textsinns ausgehen, und zwar nicht etwa deswegen, weil dieser durch die zeitliche oder räumliche Distanz, welche der Text zwischen seiner Herkunft und der hermeneutischen Gegenwart zurückgelegt hat, Verdunkelungen erleiden musste, Verdunkelungen signalisieren eine umfassendere oder eigentlichere Helle; der Textsinn ist vielmehr deswegen unsicher, weil die *Bedeutung* des Texts offen ist, ins Offene der sein sollenden Wirklichkeit ausgespannt ist, der unausrechenbaren Initiative des Subjekts unterliegt. Daraus ergibt sich aber als textontologische Konsequenz, dass das „Prä" des dem Verstehen aufgegebenen Texts eben keine Garantie eines irgendwie schon gegebenen Sinns involviert. Die Symbolisierung der Wirklichkeit im Text ist nicht die Verdoppelung dessen, was ohnehin gilt; eher noch die Vorausschau auf die, bzw. die Beanspruchung der (ausständigen) verwirklichten Wirklichkeit. Überhaupt wird der ontologische Status des Texts prekär. Wenn ein Textsinn erst in der je und je noch zu verwirklichenden Referentialität, in der noch zu sättigenden Bedeutung des Texts gründet, welche Seinsqualität kann dann seinem „Prä" gegenüber

---

[4] So Kants Formulierung in der Thesis der dritten Antinomie; KrV, A 444, B 472.

[5] Zu diesem Begriff, mit dem Hannah Arendt Martin Heideggers Bestimmung menschlichen Daseins als „Vorlaufen in den Tod" invertiert: Arendt, Vita activa, 165–167. 231–243.

der hermeneutischen Gegenwart zugesprochen werden? Roland Barthes, der, auch wenn er einmal den Autor tot sehen wollte (wenn er nicht gar zu seiner Ermordung aufgerufen hat), ein leidenschaftlicher Verteidiger des produktiven Subjekts war, hat als Kriterium der Qualität eines Texts aufgestellt, nicht dass er lesbar, sondern dass er schreibbar sei.[6] Der *schreibbare Text* – ein Text ist dann gut, wenn er sein Geschriebensein aufhebt zugunsten eines erst noch zu Schreibenden. Der schon existierende Text ist ein Vorschlag.

Die hermeneutische Tätigkeit streift die Beschränkung auf ein bloß rezeptives Verstehen ab; Verstehen als Arbeit am schreibbaren Text wäre nun im Rahmen einer Poetologie zu bestimmen; das Aktionszentrum eines solchen poetischen Verstehens ist das Subjekt. Dieses mag gar nichts wissen und in keinem Besitzverhältnis zu einer Deutungssouveränität stehen; die unter seiner Instanz Angesprochenen mögen in noch so unbedeutenden Lebensgeschichten unterwegs sein: Durch die gesamte biblische Überlieferung hindurch neigt Gott sich dem Menschen in dessen subjektiver Unverfügbarkeit als jener Instanz zu (und beansprucht sie darin), von der aus seine, Gottes, Gegenwart je neu in Gang gesetzt werden soll. Gott lässt seine Gegenwart in dieser geschichtlich sich verwirklichenden Schöpfung von den Menschen erzählen.[7] Die theologische Hermeneutik ist dann nicht kategorial geschieden von den Tradierungsdynamiken des christlichen Texts. Diese Dynamiken vollziehen sich vielschichtig genug, um die Theologie dennoch nicht auf ein bloßes Instrument der Reproduktion des Christentums zu reduzieren; vielmehr bildet sie in diesem Prozess einen eigenen, kritischen, theoretisierenden, eben wissenschaftlichen Diskurs. In dieser Eigenständigkeit der Theologie im und gegenüber dem Selbstvollzug des Christentums begegnet das Diskurs gewordene Äquivalent zur Unableitbarkeit und Unhintergehbarkeit der Subjektinstanz. Die Theologie bezieht die Legitimität ihrer kritischen Funktion also nicht erst aus ihrer Diskursivität, aus ihrer akademisch-wissenschaftlichen Gestalt; sie wird zur Wissenschaft, *weil* sie normativ kritisch ist. Die Norm ihrer Kritik ist das freiheitsautonome Subjekt, als welches Gott den Menschen solchermaßen unbedingt anerkennt, dass er ihn als sein Ebenbild lebendig will und durch die Annahme seiner Gestalt sich selbst menschlich konkret und gegenwärtig macht.

Keineswegs hat die Theologie sich in der Wahl ihrer philosophischen Denkformen immer dem kritischen Niveau gestellt, das sich ihr aus dieser

[6] Vgl. Barthes, S/Z; den Begriff einführend ebd., 7–21.

[7] Vgl. hierzu Schillebeeckx, Menschen. Der Originaltitel bewahrt die oben gemeinte metaphorische Identifizierung deutlicher: mensen als verhaal van God.

intrinsischen Norm ergibt. Was die Hermeneutik anbetrifft, ist die theologische Rezeption über den mit Hans-Georg Gadamer gesetzten Rahmen kaum hinausgekommen. Das bestätigt sich signifikant in dem Profil, das Paul Ricœurs Werk in der theologischen Wahrnehmung angenommen hat: Hier dominiert eine biblische Hermeneutik, die ohnehin schon im Gespräch mit dem *Canonical Approach* entwickelt worden ist,[8] sowie Ricœurs Zentralsetzung von Symbol und Metapher, was nicht unbedingt mit einer theologischen Verarbeitung ihrer Theoretisierung durch Ricœur einhergeht. So gut wie keine theologische Aufmerksamkeit erhält Paul Ricœurs Aufnahme der Kritik der Hermeneutik Gadamers durch die Kritische Theorie in seine eigene Transformation der Hermeneutik.[9]

Diese Öffnung der Hermeneutik für die Kritik an ihr war schon dadurch vorbereitet, dass Ricœur die zur Hermeneutik alternativen theoretischen Bearbeitungen des Zeichens durch Psychoanalyse[10] und Strukturalismus[11] hermeneutisch rekonstruiert und in ihrer Legitimität anerkannt hatte. Nicht übergangen werden darf in diesem Zusammenhang, zumal im Fragehorizont einer theologischen Hermeneutik, Ricœurs affirmative Rezeption der Religionskritik Marx', Freuds und vor allem Nietzsches als Therapeutikum für einen deformierten Gottesglauben.[12] Während Gadamer Hermeneutik in einer Distanz des Misstrauens zur Methode konzipiert hat, führte Ricœur seine Erneuerung der Hermeneutik ausdrücklich durch das Feld der Methodenfrage. Die Aufnahme der Kritik an der Hermeneutik in die Neukonzipierung von Hermeneutik führte unmittelbar zu deren Öffnung auf methodische Zugänge, die nicht in eine genuin hermeneutische Zugangsweise integrierbar sind. Die sich damit vollziehende Selbstrelativierung der Hermeneutik wird von Ricœur als der hermeneutischen Grundperspektive durchaus konform vorgestellt und in einer *Hermeneutik der Endlichkeit*[13] bzw. *Hermeneutik des Umwegs*[14] konzeptualisiert. Die fundamentalhermeneutische Arbeit am Zeichen respektive am Text muss sich als analytische Aufdeckung und Kritik der deformativen und exploitiven Usurpationen und Instrumentalisierungen des Sinns in den politischen, ökonomischen, psychischen, etc. Dynamiken vollziehen und als Rekonstruktion der legitimen Erscheinungen und Beanspruchungen eben dieses Sinns, und kann in

[8] Vgl. exemplarisch Ricœur, Biblische Hermeneutik.

[9] Diese, ausgearbeitet in den 1970er-Jahren in Chicago, findet sich vor allem in dem Sammelband Hermeneutics; vgl. auch den Aufsatz Hermeneutics and the critique of ideology, 63–100, sowie die Sektion III: Studies in the philosophy of social sciences, 197–296.

[10] Vgl. ders., Interpretation; ders., Hermeneutik und Psychoanalyse.

[11] Vgl. ders., Hermeneutik und Strukturalismus.

[12] Vgl. hierzu ders., Religion.

[13] Vgl. hierzu ders., Hermeneutics, 96–100.

[14] Vgl. hierzu ders., Selbst, 27.

dieser bifokalen Arbeit von Kritik und Sammlung des Sinns nur arbeitsteilig, in einem Methodenpluralismus geleistet werden – und zwar als Arbeit an einem Zugang zur *Bedeutung*.

Man wird nicht sagen können, dass Ricœurs Weiterentwicklungen den Methodenmonismus philosophischer Hermeneutik aufgebrochen hätten, steht doch die Hermeneutik in der Linie Heideggers und Gadamers in der Neigung, gar keine Methode haben zu wollen. Man wird aber sagen können, dass die Aufbrechung eines hermeneutischen Perspektivenmonismus durch Ricœur methodisch geworden ist. Diese Aufbrechung geschieht nicht naiv; vielmehr erfordert es die hermeneutische Erfassung der Frage nach der Bedeutung des Textsinns, dass diese Frage durch die zeichenzentrierten Methoden der Kritik – Kritische Theorie, Psychoanalyse, Strukturalismus – und der Rekonstruktion des Sinns – Hermeneutik, Theologie – geführt wird, womöglich mit der Dekonstruktion als Querschnittsmethodologie. Wie auch immer dies präziser zu konzeptualisieren wäre: mit Paul Ricœur lässt sich ein differenziertes und breites Feld des Übergangs oder der Komplementarität von Hermeneutik und Kritischer Theorie, von hermeneutischer und kritischer Theologie denken. Es entspricht der Ricœur'schen Denkungsart, dies Verhältnis sowohl als reziprok irreduzibel als auch als wechselseitige Angewiesenheit zu bestimmen: so dass weder die Kritik in der Affirmation noch diese in jener absorbiert wäre, sondern ein Drittes erwüchse, doch welches wäre dies? – weder dies noch das, sowohl dies als auch das: Kritik und Konstruktion, Nein und Ja.

Die Frage nach einem Dritten ergibt sich aus dem spezifischen Verhältnis von Negation und Position, in dem beide sowohl gelten als auch nicht gelten; die Negation hebt die Position nicht auf; die Position schafft die Negation nicht aus der Welt. Die Negation kann nicht gesetzt werden, ohne dass die Position bestehen bleibt; die Position hat ohne die Negation keinen Bestand. Verneinung und Bejahung als die Grundmöglichkeiten der Sprache – und dazwischen aufgespannt der Text als das Gewebe der unendlich vielfältig ineinander laufenden Modulationen dieser Grundmöglichkeiten. Wäre der Text – die gesprochene Sprache, gebundene Rede, das Gedichtete – dann das gesuchte Dritte? Vielleicht in einer ersten Zuflucht. Wahr daran ist jedenfalls, dass, wo die Sprache ihre äußersten Möglichkeiten – der Benennung, des Ausdrucks – zu verwirklichen sucht, wo sie im Äußersten scheitert, sie sich selbst begegnet. Unlängst hat Anna Mitgutsch in einem luziden Essay, der die Schreiberfahrungen einer Dichterin mit Gelehrsamkeit paart, noch einmal dargelegt, wie es die ästhetische Grunderfahrung der Moderne zwischen Hugo von Hofmannsthal, Rainer Maria Rilke, Ludwig Wittgenstein und Walter Benjamin, bis hin zu Jorge Luis Borges und George Steiner bestimmt, in der absoluten Spannung zwischen einer unnachgiebigen Beanspruchung der Sprache und deren unrettbarem Scheitern vor diesem Anspruch auf eben diese, die Sprache, zu stoßen, auf sie zurückgeworfen zu werden.[15] Immer ist hier Sprache-in-Gebrauch gemeint, der Text.

Das Äußerste der Sprache – gemeint ist damit gar nicht der Ausnahmefall im Sprachgebrauch, sondern, jedenfalls gemäß einer für die klassische Moderne bezeichnenden poetologischen Position, die in die Frühromantik und zu Johann Gottfried Herder zurückreicht, das Wesen, die eigentliche Aufgabe der Sprache: die nicht in Verständigung und Bezeichnung besteht, diese sind wichtige, doch abgeleitete Sprachfunktionen, sondern in der *Evokation von Wirklichkeit.* Die spezifisch *moderne* Spracherfahrung oder -einsicht besteht darin, auch beim unvermeidlichen Scheitern der – gesprochenen – Sprache noch an dem darin virulenten Anspruch an das „Wesen" der Sprache festzuhalten. In dieser Gebrochenheit oder Reflexivität ist ein solches Sprachdenken nicht magisch, sondern modern. Wie der Liebhaber englischer Sportwagen, die in Technik, Design und Ausstattung das ultimative Fahrerlebnis versprechen, dadurch, dass diese sich mehr in der Werkstatt als auf der Straße aufhalten, gezwungen wird, seine Aufmerksamkeit von der bloßen Benutzung des Fahrzeugs auf dieses selbst zu richten, so begegnen die Sprachbenutzenden im Scheitern der Sprache angesichts ihrer äußersten, aber wesensgemäßen Beanspruchung dieser, der Sprache, selbst. Sprachreflexiv wird die Moderne im Scheitern der Sprache an ihrer wesentlichen Funktion.

Paul Ricœur identifiziert in dieser Selbstbezüglichkeit, die wir in ihrem Scheitern hervortreten sahen, die eigentliche Dimension von Sprache: wenn sie nur mehr noch sich selbst spricht. Dies sei das Poetische, die poetische Funktion der Sprache. Das Poetische als das Eigentliche der Sprache – sollte es sich zeigen in einem Rückzug der Sprache auf sich selbst, einem Prozess der Regredierung? Nun sind Regressionen nicht prinzipiell pathologisch, sie können auch integrale, also den gesamten Wahrnehmungs- und Ausdrucksapparat einbeziehende Konzentrationsbewegungen sein, aus denen neue Kraft gewonnen wird. Die Poesie als rein sprachbezogenes Sprechen ist darin nicht reduplizierend, tautologisch; sie ist Doxologie, Feier der Sprache. Darin, dass die Poesie auf nichts sich mehr bezieht als auf sich selbst, entsteht ein Raum der Resonanzen, in ihm klingt eine Fülle der Bedeutungen an; in diesem rein sprachlichen Raum der Poesie wird das Eigentliche der Sprache angesichts ihres Scheiterns aufgehoben und gefeiert: die Evokation von Wirklichkeit.

Was das Eigentliche der Sprache sein mag, ist aber deswegen nicht deren Offensichtliches, sondern dargestellt in den Übertreibungen und Übertre-

[15] Vgl. Mitgutsch, Grenzen.

tungen des poetischen Diskurses. Eine Hermeneutik wie die Paul Ricœurs, die sich von einer Methodologie des Umwegs strukturieren und von dem Symbol und der Metapher, dem Gott-Nennen und schließlich der Offenbarung thematisch binden lässt, ist von einer Extravaganz dynamisiert, die als diskursives Äquivalent zu den sinnproduktiven Transgressionen des Poetischen erscheint. Paul Ricœur formuliert seine Bestimmung des Poetischen im Zusammenhang einer Hermeneutik der Offenbarung.[16] *Materialiter* ist damit die Religion im Spiel; *formal* aber geht es ihm hier um die Gewinnung eines philosophischen, also allgemeinen Begriffs der Offenbarung. Das Offenbarungsverständnis der (christlichen) Religion als Selbst-Erschließung der absoluten Wirklichkeit – des realen Absoluten – schlechthin ist philosophisch nicht als solches einholbar, aber insoweit in seinem anthropologischen Fundament rekonstruierbar, als eine Hermeneutik der Offenbarung die Fähigkeit der Sprache, unausrechenbar neue Bedeutungsmöglichkeiten hervorzubringen, als jene revelatorische Funktion der Sprache theoretisieren kann, die im poetischen Diskurs am sinnfälligsten verwirklicht wird. Unleugbar führt eine solche Überlegung eine untergründige Verbindung des Poetischen mit dem Religiösen mit sich. Jene Transgressionen, die das Eigentliche der Sprache aus-legen sollen, müssen wohl auch den Radius des Poetischen noch überschreiten, zugunsten einer Evokation oder auch nur Nomination absoluter Wirklichkeit, des realen Absoluten.

Die Hermeneutik, zumal wenn sie eine hermeneutische Theologie imprägniert, stößt hier wiederum auf das Dritte gegenüber Position und Negation. Die Hermeneutiken des Verdachts und der Sammlung des Sinns verweisen nicht bloß aufeinander; sie hätten jeweils, und es hätte dieses horizontale Verweisungsverhältnis keine Begründung, wenn diese aufeinander irreduziblen Ja und Nein – deren Verhältnis durch diese Irreduzibilität bestimmt ist – nicht auf ein Anderes Bezug nähmen, jenseits von ihnen. Jede Praxis des Sinns, sei sie nun affirmativ oder kritisch, beansprucht immer schon die Sättigung des Sinns in der Bedeutungsrelation, also der Semantik in der Referentialität, im Ausgriff des Zeichens auf eine der Signifikation erreichbare Wirklichkeit. Nur dass die Semantik als die Praxis des Zeichens keine Kontrolle über diesen Ausgriff hat. Von keinem Zeichen, dessen Sinn bestimmbar sein mag oder nicht, kann mehr gesagt werden, dass es definit dies oder das *bedeute* oder dass es überhaupt etwas bedeuten *könne*. Das Postulat der Bedeutung ist *abstrakt* geworden; abgelöst vom unmittelbaren semantischen Betrieb, ist es *absolut* geworden, gilt für den Betrieb als solchen. Womöglich verwirklicht sich die Freiheit des poetischen Diskurses, die

[16] Vgl. zum Folgenden Ricœur, Hermeneutik der Idee der Offenbarung.

sich aus der Einklammerung der Referentialität ergibt, in der unbeendbaren Bearbeitung der Frage, ob „dies alles" eine Bedeutung habe.

Im Gang durch das poetische Feld wechselt die Frage der Bedeutung aber das Register: Die Referentialität, die Möglichkeit einer gesättigten Bedeutung, zu postulieren, mag die Konsequenz einer logischen Schlussfolgerung gewesen sein; die Durchquerung des poetischen Felds hält jedoch die Lektion der Unableitbarkeit der Bedeutung bereit. Nun kann die Poesie nicht bewerkstelligen, woran Sprache insgesamt scheitert. Vielmehr ist es Prinzip der Poesie, sich das Scheitern der Sprache vor der Bedeutungsforderung zu eigen zu machen.[17] Das Wesen der Poesie ist nicht, Bedeutungen herzustellen, sondern die Worte phantasmagorisch aufzuladen – zu Bildern, Symbolen, Metaphern –, als enthielten sie schon ihre Bedeutung, wären selber die Wirklichkeit, von der sie (oder: die sie) sprechen – und gleichzeitig zu zeigen (oder nicht verbergen zu können), dass sie es nicht sind. Die Energieformel der Poesie liegt in der *Dialektik von Notwendigkeit und Unpräsenz der Bedeutung*. Die diesen dialektischen Raum ausmessende Performanz ist aber nicht die des Postulats, sondern des Begehrens. Im Scheidewasser der Poesie, wenn nicht der Religion, entbirgt das Postulat ein Begehren, Logik wird reduziert (zurückgeführt) auf Subjektivität: das Subjekt ist Instanz unableitbarer Bedeutungsrealisationen. Es ist dies aber selber ungedecktes *initium* der Lebendigkeit, darin schutzlos wie ein Neugeborenes und abgründig wie ein anfangloser Anfang, Ausgang einer Kausalität der Freiheit, darin unkalkulierbar, unbestimmbar – marianisches Subjekt, im Resonanzraum christlicher Semantik: Unter der ungeheuren Zumutung absoluter Bedeutung steht Maria, durch die An-Rede des Engels aus jeder Einbettung katapultiert, jedes Deutungsparadigmas entkleidet, nichts und niemand nimmt ihr etwas ab, im Moment der Entscheidung hat sie keinen Text (nur ein Herz), was auch immer kommt, kommt allein von ihr (auch wenn es Antwort ist, Reaktion). Aber wer ist sie schon? In dem „ich", das unter der Zumutung der Engelsbotschaft sich konstituiert und das sie dann in ihrer Antwort aufbieten, behaupten wird, ist nichts Stabiles, nichts, das vorausgesetzt werden könnte. Weder dass sie selbst hinter sich zurückgreifen oder im Durchgriff durch sich selbst sich eines Fundaments versichern könnte, noch dass wir sie in einen prästabilen Sinnkontext projizieren könnten. Marias Ja zur angelischen Ungeheuerlichkeit hat eine hinge-

[17] Dass diese Überlegungen, bis hin zu einem die Gattungen transzendierenden Verständnis des Poetischen, in der Tradition der Poetologie der Frühromantik stehen, zeigt die Anwendung desselben auf die Signatur des Werks von Robert Schumann: Diese lasse sich erkennen durch die „von der romantischen Fragment-Theorie her gestellte Frage, inwiefern das, woran hochgreifende Intentionen scheitern, in der ästhetischen Struktur nicht als Hohl- oder Negativform noch abgebildet, aufbewahrt sein könne" (Gülke, Schumann, 31).

bungsvolle Souveränität, welche die „wehrlose Übermacht“[18] Christi am Kreuz präfiguriert. In diesem Ja, das ohne Geschichte und Ableitung ist, artikuliert sich in unendlich endlicher Gestalt die Zusage absoluter Bedeutung – unbedingt.

Sinn und Bedeutung, anscheinend so leicht verwechselbar, gehören unterschiedlichen Ordnungen an. Der Sinn ist ans Zeichen gebunden, die Bedeutung an das Subjekt. In diesem trifft beides aufeinander, insofern das Subjekt Zeichen benutzt. Die marianische Konstellation hat aber ein zeichenloses Zentrum, ein unbezeichnetes, unbezeichenbares Zentrum, das deswegen auch nicht als ein Zentrum identifizierbar ist. Aus ihm kommt das Ja, in welchem Bedeutung sich manifestiert. Es ist zuerst kein Wort, Zeichen, Morphem, sondern Akt, in dem das marianische Subjekt sich selbst vollzieht, gibt, ist. Es könnte ganz in dieser Zeichenlosigkeit verbleiben. Und wäre dann als ein „Ja“ gar nicht identifizierbar. Aber es ist zu einer ganzen, global gewordenen Sinn-Geschichte geworden, oder hat sich in der Sinn-Geschichte des Christentums identifizieren, lesen lassen – als der eine Pol in einer Dyade der „Verkündigung“. Es ist aber damit zu rechnen, dass Bedeutungen sich realisieren, ohne je lesbar zu werden. Im marianischen Ja – einem Ja vor allem gesagten, bezeichneten, identifizierten Ja (und auch Nein) – begegnet das Dritte zu Position und Negation, die vertikale Bedeutungsdimension jenes horizontalen Sinnverhältnisses, eine Affirmation vor allem Diskurs.

Ist diese Affirmation *antreffbar?* Subjektverbürgte, das heißt alles andere als garantierte oder erwiesene, sondern im Modus der Sehnsucht nur fassliche Bedeutung – Wirklichkeitsmodus Sehnsucht, der weder durch Unerfülltheit falsifiziert werden noch an verwirklichter Sehnsucht eine Grenze finden kann –, artikuliert sich radikal in der Liebe, die nicht auf Antwort, auf Gegenliebe zentriert ist, sondern auf die Lebendigkeit, die Realität der Geliebten: *Be for real*, heißt ein Liebeslied Leonard Cohens.[19] Unrelativierbares, an keine Bedingung geheftetes – absolutes – Ja: das die lebendige Realität der Anderen will, ihre Gegenwart, die ein Für-mich-Sein nur sein könnte, weil ein An-sich-Sein ihr unerreichbar innewohnt; sie, deren Präsenz die Sehnsucht evozieren möchte, der sie aber keinen Namen geben kann, die unbezeichnet bleibt. Im Sehnsuchtsmodus löst im Du der Name sich auf, in der Adressierung die Adresse, in der Bedeutung die Zeichen. Dem Traum verwandt ist die Sehnsucht: unwirklich wirklich ist sie wie er, uneingrenzbar, unkodiert und doch das Gegenteil von – nichts.

[18] Vgl. hierzu den bedeutenden, immer noch unübersetzten Aufsatz von Schillebeeckx, Overwegingen rond Gods „Weerloze overmacht“.

[19] Auf dem Album The Future (1992).

Anhand des Traums – nicht im Traum oder als Traum, nicht träumerisch, sondern in einem reflektierten und lebensgeschichtlich beglaubigten, man könnte also sagen: intellektuellen Umgang mit dem Traum – begegnet dieselbe Realität der Affirmation: In der langen Freundschaft und in den eng verwobenen Korrespondenzen des Schreibens zwischen Hélène Cixous und Jacques Derrida nimmt der Traum eine bedeutende Position ein. Man erzählt einander Träume und reagiert wechselseitig schreibend auf die Traumerzählungen. Eine solche Traumerzählung Jacques Derridas und ihre Korrespondenzgeschichte bringt wenigstens zwei Bücher hervor.[20] Am Höhepunkt dieses Traumepos – Epos hier als Zeit und Raum durchgreifende, sich fort und fort erzählende Geschichte (die Helden als Figurationen dieses Durchgriffs) –, in Antwort auf den Tod Derridas, lässt Cixous den Traum als solchen hervortreten: in einer Phänomenologie des Erwachens nämlich, als „Traum des Unendlichen". Im Moment des Abstreifens des Schlafs, des Heraustretens aus dem Traum ins Wache, aus dem Meer ans Land – teilt sich das Gefühl des Unendlichen mit, des Ozeanischen, des Traumhaften, in dem Moment oder in der Phase, als man es abstreift – und erwacht. Traum des Unendlichen: Das Unendliche ist nicht Gegenstand des Traums oder Implikat eines Trauminhalts; es ist das Traumhafte selbst. All dies wird gegenwärtig im Moment des Erwachens. Aus dem Traum emportauchend, erwacht der Mensch aus sich selbst; die ihm traumhaft zugemittelte Unendlichkeit geht durch ihn selbst. Erwacht, hat der Mensch sein Subjektsein als Traumerinnerung.[21]

Zur Bestimmung des Modus, des Gegenstands, des Akteurs dieser Bejahung – des Grads seiner Präsenz, Geltung, Mächtigkeit – geraten die Kategorien ins Gleiten: das Unendliche, das Absolute, das Unbedingte ... Kaum möglich, hier einen ordnenden Überbegriff zu finden. Besser ist es vielleicht, statt von einem Zustand, der in Graden zu messen wäre, von einer Bewegung zu sprechen: Bewegung einer je stärkeren Intensität, des *semper maior*. Die traumhafte Unendlichkeit wäre der Horizontbegriff dieser Bewegung.

Festhaltenswert ist die Koppelung dieser Affirmation, der eine akzelerative Bewegung innewohnt, mit dem Subjekt, der Subjektinstanz. Sie begegnet in jenem Werk, welches das Feld der Hermeneutik sowohl weiterführt als auch begrenzt, dem Werk Jacques Derridas, noch einmal; in einem leicht übersehbaren Text, dem einzigen womöglich, in dem Derrida sich ausdrücklich auf Michel de Certeau bezieht, in einer Lektüre de Certeaus,

[20] Derrida/Cixous, Voiles; Cixous, Insister.
[21] Vgl. Cixous, Insister, 86.

die zu einer Hommage wird.[22] Derrida berichtet eingangs davon, dass Begegnungen der beiden Pariser Intellektuellen immer nur in der Fremde stattfanden und jedes Mal von einem Versprechen begleitet waren[23] – was nicht nur eine Reminiszenz ist, sondern die Aufnahme einer Modulation dieser ursprünglichen Affirmation: das Versprechen[24].

Was Derrida zum Ausgangspunkt seiner Lektüre de Certeaus wählt, ist ihm schon vertraut. Bereits in *Sauf le nom* hat er sich ausführlich mit Angelus Silesius beschäftigt.[25] Dieser nun, und das zog die Aufmerksamkeit de Certeaus auf sich – und Derrida zitiert das –, identifiziert den morphologischen Gottespartikel im hebräischen Gottesnamen – ‚J' – mit dem Wort und dem Akt – Ja –. Mag diese Identifikation auch sprachlich gewagt sein, oder eben poetisch, immerhin kreuzt sie zwei Sprachen miteinander, das Hebräische und das Deutsche – und wird zudem von zwei Frankophonen gelesen und interpretiert –, die sachhaltige Aussage lautet: Wenn Gott sich offenbart, das heißt identifiziert und vergegenwärtigt, sagt er: ‚Ja'. „Ich bin da" – als Aussage oder Performativ Gottes – heißt: ‚Ja'. Die Affirmation wird hier mit dem Subjekt identifiziert, das nicht nur transzendentallogisch zu erschließende formale Instanz ist, das vielmehr real absolut ist. Theologisch bewegt Angelus Silesius sich damit auf dogmatisch durchaus nachvollziehbarem Pfad. Offenbarung, verstanden als Selbstmitteilung Gottes, beinhaltet die Anerkennung eines Adressaten dieser Selbstmitteilung, der kraft dieser Anerkennung überhaupt sein kann: Schöpfung als Erstoffenbarung Gottes.

Diese dogmatischen Implikationen interessieren Derrida selbstredend nicht. Es ist nur so, dass diese kreatorische, all-implikative selbst nichts voraussetzende Affirmation sprachlich nicht darstellbar ist. Theologisch nämlich verbindet, darauf macht de Certeau aufmerksam, diese Identifikation die absolute Transzendenz, oder die Transzendenz des realen Absoluten, mit grenzenloser Bejahung. Schon innerhalb des Gottespartikels besteht ja eine Unruhe, eine nicht zu beruhigende Zwiegespaltenheit: In dem Maß er Name ist, ab-solviert er sich, löst er sich von allen (Kon-)Texten ab, wird er ab-solut. Je mehr er aber Aussage ist – Ansatz des „Ich bin da" – und damit Anhaftpunkt für die Identifikation mit dem ‚Ja', desto weniger kann

[22] Derrida, Vielzahl Ja.

[23] Vgl. ebd., 171.

[24] „Das ursprüngliche *Ja* (*oui archi-originaire*) *gleicht* einem absoluten Performativ. Es beschreibt und konstatiert nichts, sondern engagiert in einer Art Ur-Verpflichtung (*archi-engagement*), Bündnis, Einverständnis oder Versprechen, das mit der Einwilligung zusammenfällt, die der Äußerung zuteilwurde, die es stets begleitet, und sei es still, und selbst dann, wenn letztere radikal negativ ausfallen sollte." (Ebd., 180)

[25] Vgl. Derrida, Außer dem Namen.

er bloßer oder reiner Name Gottes, Repräsentation Gottes, sein: unterm selben Zeichen die Signifizierung des transzendenten realen Absoluten und einer grenzenlosen Affirmation, ohne dass beides dasselbe wäre.

Theologisch werden in dieser Identifizierung Gott und Welt miteinander in Berührung gebracht, metaphysisch radikale Transzendenz mit (ich will nicht sagen, Immanenz, aber) Mundanität. Hermeneutisch ist dies die Identifizierung des „Ich", des „Selbst", des „Subjekts" (Begriffe, die auf einer Linie angeordnet zu sein scheinen, zugleich aber jeweils ganze Denktraditionen, auch einander in Konflikte ziehende Debatten repräsentieren), welches unsprachlich oder protosprachlich ist – jedenfalls prinzipiell zu allem Sprachlichen –, mit dem alle Diskursivität, alles Bezeichnen, alle Sinnzuweisung eröffnenden, ermöglichenden ‚Ja'. Diese Identifizierung selbst ist dann aber nicht repräsentierbar. Sie ist weder bloß sprachlich noch bloßer Akt noch auch bloß transzendentallogisch erschließbare Möglichkeitsbedingung. Sie ist all dies *auch*, weswegen Derrida von einem „absoluten Performativ" spricht[26], von einem Ja, das „quasi-transzendental" und „quasi-ontologisch" ist[27]. Eine fundamentalhermeneutische Analyse findet diese Unbestimmbarkeit in der Strukturdynamik des ‚Ja' selbst wieder: Dessen Grenzenlosigkeit geht einher mit einer vollkommenen Objektlosigkeit. Derrida sieht dieses Ja, das „zweifellos zur Sprache gehört", deswegen als „eine Art unhörbare Vokabel", als „sprachlose Sprache (*langage sans langage*)".[28]

Das Ja, das grenzenlos in der Weise ist, dass es sich auf nichts Bestimmtes bezieht, das durch keinen Bezug bestimmt wird, ist schon fast kein Wort mehr, Wort höchstens, das sich davon macht, das von der Sprache Abschied nimmt. In dieser Abschiedlichkeit – Derrida und de Certeau spielen beide mit dem Eckhart'schen Begriff der *gelâzenheit* (oder spielen auf ihn an) – ist das Ja ohne Kontext, ohne Identität in einem Rede-Ereignis, *ort*los in Hinsicht auf die Sprache – und genau deswegen, weil ohne Heimat, *welt*lich. Das grenzenlose wird zu einem universalen Ja, indem es, ohne Ort, ohne Heimat, ohne Rück-Bindung, wandert, den Weltkreis durchstreift, nirgends bleibt, keine Grenze anerkennt, darin die Welt in ihrer Unendlichkeit bejahend. Der in solchem Ja sich artikulierende Wille birgt, will er doch nichts Bestimmtes, in sich ein Nicht-Wollen. Wille, der nicht sich selbst bestreitet oder sich brechen lässt, der bloß – nichts will, und darin auch das Wollen nicht will. Dies aber alles als (Selbst-)Artikulation des Subjekts.

---

[26] Derrida, Vielzahl Ja, 180.

[27] Ebd., 175.

[28] Ebd., 176.

Denn welche Gestalt auch immer sie anzunehmen scheint oder die Reflexion, und sei es die der so vielfach in sich selbst und in ihren Untersuchungsstoff hinein gespiegelten Dekonstruktion, ihr zuweist: eine Bejahung hat ihr *principium*, ihren bestimmenden Ausgang, in der Spontaneität einer ansatzlosen Wendung *hin zu …* – mehr muss eigentlich vom Subjekt an dieser Stelle nicht gesagt werden. Aber dass es eine solche ansatzlose Hinwendung-zu in einer Welt der Kausalzusammenhänge geben kann, aus welcher Hinwendung sich ein ganzes Spektrum der Bejahung in ebendiese Welt entfalten kann, ist schon sehr viel. Das eine Prinzip dieser subjekturgierten Affirmation verwirklicht sich faktisch durch die unzählig vielen Menschen, die – so endlich, so depraviert und verdinglicht, so unbewusst das auch immer geschehen mag – nicht nur mit ihrem Dasein zurecht kommen wollen, sondern dieses in Lebendigkeit anzueignen und zu gestalten suchen. Die darin enthaltende Affirmation ist, so anlassbezogen sie sich artikulieren mag, nicht regionalisierbar.

Das, worauf die Hermeneutik aus ist, indem sie den Text in seiner Sinndimension zu verstehen sucht, nämlich die *Bedeutung des Sinns*, die Referentialität des Texts, entsteht aus der Konjunktion von Subjekt und Affirmation; mag diese auch nicht hinreichend sein, so ist sie doch notwendige Bedingung der Möglichkeit von Bedeutung. Die Reise in dieses Herz der Bedeutung ist zugleich ein Aufbrechen aus der Sprache, in der Sprache. Es kommt zu einer Berührung der Hermeneutik mit der Mystik – nicht als Auslegungsmaterial, sondern als Diskurs, dessen fundamentale Sinndynamik das *Verlassen der Sprache in der Sprache* ist.

Literaturverzeichnis

Arendt, H., Vita activa oder Vom tätigen Leben (1958), München [4]1985.

Barthes, R., S/Z, Frankfurt/M. 1987.

Cixous, H., Insister. An Jacques Derrida, Wien 2014.

Derrida, J./Cixous, H., Voiles. Schleier und Segel, Wien 2007.

Derrida J., Sauf le nom/Außer dem Namen, in: ders., Über den Namen. Drei Essays, Wien 2000, 63–121.

Derrida, J., Vielzahl Ja (1987), in: ders., Psyche. Erfindungen des Anderen I, Wien 2012, 171–183.

Gülke, P., Robert Schumann. Glück und Elend der Romantik, Wien 2010.

Henrich, D., Bewußtes Leben. Untersuchungen zum Verhältnis von Subjektivität und Metphysik, Stuttgart 1999.

Kant, I., Kritik der reinen Vernunft, Hamburg 1956.

Mitgutsch, A., Die Grenzen der Sprache. An den Rändern des Schweigens, St. Pölten u. a. 2013.

Ricœur, P., Biblische Hermeneutik, in: Harnisch, W. (Hg.), Die neutestamentliche Gleichnisforschung im Horizont der Hermeneutik und der Literaturwissenschaft, Darmstadt 1982, 248–339.

Ricœur, P., Das Selbst als ein Anderer, München 1996.

Ricœur, P., Der Text als Modell. Hermeneutisches Verstehen, in: Bühl, W. L. (Hg.), Verstehende Soziologie. Grundzüge und Entwicklungstendenzen, München 1972, 252–283.

Ricœur, P., Die Interpretation. Ein Versuch über Freud (1965), Frankfurt/M. 1969.

Ricœur, P., Hermeneutics and the Human Sciences. Edited and translated by J. B. Thompson, Cambridge–Paris 1981.

Ricœur, P., Hermeneutik der Idee der Offenbarung (1977), in: ders., An den Grenzen der Hermeneutik. Philosophische Reflexionen über die Religion, Freiburg–München 2008, 41–83.

Ricœur, P., Hermeneutik und Psychoanalyse. Der Konflikt der Interpretationen II, München 1974.

Ricœur, P., Hermeneutik und Strukturalismus. Der Konflikt der Interpretationen I, München 1973.

Ricœur, P., Religion, Atheismus und Glaube (1968), in: MacIntyre, A./Ricœur, P., Die religiöse Kraft des Atheismus, Freiburg–München 2002, 65–102.

Schillebeeckx, E., Menschen. Die Geschichte von Gott, Freiburg 1990.

Schillebeeckx, E., Overwegingen rond Gods „Weerloze overmacht“, in: Tijdschrift voor Theologie 27 (1987) 370–381.

Wenzel, K., Glaube in Vermittlung. Theologische Hermeneutik nach Paul Ricœur, Freiburg 2008.

Wenzel, K., Zur Narrativität des Theologischen. Prolegomena zu einer narrativen Texttheorie in soteriologischer Hinsicht, Frankfurt u. a. 1997.

Theologische Nachlassverwaltung?

Fundamentaltheologie im Problemdruck *Kritischer Theorie* und *Dekonstruktiver Hermeneutik*

Gregor Maria Hoff

1. Am Anfang: Ein unmögliches Gespräch

Zwei Fremde sitzen am Tisch. Unter den Titeln *Kritische Theorie* und *Dekonstruktive Hermeneutik* sind sie zu einem Gespräch eingeladen, das sich zu Lebzeiten der entscheidenden Akteure dieser Diskurse nicht ergab. Es wurde nachgeholt, mit jener Ungleichzeitigkeit, die beiden philosophischen Ansätzen entspricht. Im Jahr 2001 nahm Jacques Derrida den Adorno-Preis der Stadt Frankfurt entgegen. Dabei entwickelte er ein *verlorenes Gespräch*, indem er es über das Wahrsagen von Traumepisoden einholte und zugleich mit Walter Benjamin den Philosophen des Eingedenkens in seinen Dialog mit Adorno einschaltete.[1] Gleichzeitig stellte er für die Zukunft ein Forschungsprojekt in Aussicht, das sich entlang der Differenz von „*Kritik* und *Dekonstruktion*"[2] hätte bewegen sollen.[3] Die Differenz – das ist für Derrida aber immer die Linie, auf der man in Verbindung steht; vor allem aber die Bedingung der Möglichkeit einer gemeinsam unterschiedenen Sprache, die etwas Unmögliches bleibt, weil sie dem anderen nie gerecht wird.

Diese Unmöglichkeit kommt auch von der anderen Gesprächsseite her. In den 1960er-Jahren hatte Adorno seine *Negative Dialektik* veröffentlicht, während Derrida seine programmatischen Aufsatzsammlungen *Grammatologie* und *Schrift und Differenz* publizierte, wie Adornos Bücher später bei Suhrkamp verlegt. Aber weder nahm Adorno Foucault oder Derrida wahr, noch hegte er Sympathien für die hermeneutische Philosophie. Seine *Anti-Hermeneutik* ist im Zeichen einer erkenntnistheoretischen Aporetik angelegt, wie sie seine *Ästhetische Theorie* mit grundsätzlichem Anspruch durchführt:

[1] Vgl. Englert, Zum Geburtstag.

[2] Derrida, Die Sprache des Fremden.

[3] Zur Konstellierung von Adorno und Derrida vgl.: Waniek/Vogt (Hg.), Derrida und Adorno. In diesem Band fehlt ein religionsphilosophischer Beitrag.

> „Kunstwerke sind nicht von der Ästhetik als hermeneutische Objekte zu begreifen; zu begreifen wäre, auf dem gegenwärtigen Stand, ihre Unbegreiflichkeit.“[4]

Im Nachvollzug dessen, was sich letzter Aneignung sperrt, weil es im Zwang des Begriffs nicht aufgeht, vollzieht sich Verstehen – aber nur auf Abruf, vorbehaltlich, konsequent in der ästhetischen Form des Fragments gefasst.[5] Das entspricht nicht nur dem ästhetischen Gehalt des Kunstwerks, sondern objektiviert seine Form, indem sie auf einen konstitutiven Bruch im Gefüge der Welt verweist, auf eine elementare Aporetik:

> „Indem Kunstwerke da sind, postulieren sie das Dasein eines nicht Daseienden und geraten dadurch in Konflikt mit dessen realem Nichtvorhandensein.“[6]

Adorno denkt dies geschichtlich, gesellschaftlich, arbeitet aber zugleich an einer philosophischen Denkform, die – mit dem vielzierten Abschluss der *Negativen Dialektik* – „solidarisch mit Metaphysik im Augenblick ihres Sturzes“[7] ist.

Eine eigentümliche – nicht zuletzt *metaphysikkritische* – Nähe zwischen Derrida und Adorno zeichnet sich auf dieser Basis ab.[8] Sie verbindet Denkmotive zweier Philosophen, die sich unterschiedlich genug, gebrochen, zu ihrer jüdischen Identität verhalten haben, um aus jüdischer Tradition eigene Bearbeitungsformen des Problems der Transzendenz zu gewinnen.

Das wiederum hat *grundsätzlich* mit dem unmöglichen Gespräch zu tun, das auf dieser Tagung *Kritische Theorie* und *Dekonstruktive Hermeneutik* aneinander zu vermitteln sucht. Im Zeichen des Unmöglichen[9] tritt die Notwendigkeit auf, sich dem zu stellen, was für Adorno religiös unglaubwürdig wurde und was Derrida gerade unter diesen Voraussetzungen zwingt, die Frage nach der Religion noch einmal neu zu stellen, weil Religion

---

[4] Adorno, Ästhetische Theorie, 179.

[5] Vgl. Tiedemann, Editorisches Nachwort, 535–544, 537 f.

[6] Adorno, Ästhetische Theorie, 93.

[7] Adorno, Negative Dialektik, 400.

[8] In seiner Dankesrede für den Adorno-Preis bekennt Derrida: „Seit Jahrzehnten höre ich, wie man sagt, im Traum Stimmen. Manchmal sind es befreundete Stimmen, manchmal nicht. Es sind Stimmen in mir. Alle scheinen sie mir zu sagen: Weshalb solltest du nicht ein für alle Mal, in aller Deutlichkeit und in aller Öffentlichkeit, die Verwandtschaften zwischen deiner Arbeit und der Adornos anerkennen, ja in Wahrheit die Schuld, in der du Adorno gegenüberstehst? Bist du nicht ein Erbe der Frankfurter Schule?“ (Derrida, Die Sprache des Fremden).

[9] Vgl. ausdrücklich: Derrida, Glaube und Wissen, 9–106.65.

und Vernunft „derselben Quelle entspringen“[10] – mehr noch: weil „die Frage der Religion zunächst die Frage der Frage ist, des Ursprungs und der Ränder der Frage – und ebenfalls der Antwort“[11].

Der Nachlass der Religion fordert zur theologischen Nachlassverwaltung Adornos und Derridas heraus, d.h. der kritischen und dekonstruktiven Diskurse, in die sich die Denkbewegung der Transzendenz eingeschrieben hat. Sie setzen die Theologie unter eigenen Problemdruck: wie sie nämlich – *fundamentaltheologisch* – überhaupt als ein Diskurs der Verantwortung (und nicht *Begründung*) des Glaubens möglich werden könne. Damit steht die Rationalität des Glaubens insofern in Frage, als mit der Fraglichkeit des religiösen Glaubens und der Theologie, zugleich die Erwartungen an die Formen und Grenzen ihrer rationalen Ausweispflichten zu justieren sind. Was vernünftig ist, steht jedenfalls nach Adorno und Derrida nicht vorab fest, sondern ist als Diskurs der Vernunft geschichtlich und semiologisch zu *taxieren.*

2. Von Derrida zu Adorno – der unmögliche religiöse Diskurs

„Ich bewundere und liebe in Adorno jemanden, der nicht aufgehört hat, zwischen dem ‚Nein‘ des Philosophen und dem ‚Ja, vielleicht, manchmal gibt es das‘ des Dichters, des Schriftstellers oder Essayisten, des Musikers, des Malers, des Drehbuchautors oder Filmregisseurs, selbst des Psychoanalytikers zu zögern. Zögernd zwischen dem ‚Nein‘ und dem ‚Ja, manchmal, vielleicht‘ hat er beider Erbe angetreten. Er hat dem Rechnung getragen, was am singulären Ereignis vom Begriff, von der Dialektik nicht begriffen werden kann; und er hat alles darangesetzt, der Verantwortung gerecht zu werden, die ihm von dieser doppelten Erbschaft übertragen wurde.“[12]

Im Zwischenraum von Philosophie und Kunst setzt Derrida den Nachlass Adornos an; hier kommen sich die Denkbewegungen der *Negativen Dialektik* und der *Dekonstruktion* nahe. Beide präparieren, was sich dem Zugriff der allgemeinen Vernunft sperrt. Beide entwickeln ein Gespür für das, was Derrida ein *singuläres Ereignis* nennt. Indem sie sich an der Sprengkraft und Disparität von Ereignissen orientieren, geben sie der antihermeneutischen Denkoperation der *différance* einen Ausdruck. Nach Derrida knüpfen Zeichen an Zeichen an, um sich auf einen gegebenen Sinn zu beziehen, der sich nie einholen lässt, weil er nur in Zeichen vorliegt, die

[10] Ebd., 49.

[11] Derrida, Glaube und Wissen, 65.

[12] Derrida, Die Sprache des Fremden.

der Auslegung bedürfen, also unabschließbare Fortschreibungen erzwingen. Kein Erstes lässt sich denkend erreichen; und auf diese Weise bricht mit jedem Zeichen ein *Unendliches* in die kommunikativen Abläufe ein. Die konkreten Missverständnisse, die Derrida biographisch gut kannte und unter denen er litt[13], sind Ausdruck einer konstitutiven Unmöglichkeit, dem anderen und sich selbst oder auch einem Text Gerechtigkeit widerfahren zu lassen. Nur im bewussten Freilegen dekonstruktiven Verstehens, das um seine Grenzen weiß; im Abschied von vermeintlichen Sicherheiten des Wissens ereignet sich Gerechtigkeit – als Diskurs. Er gibt in der Bewegung über den eigenen Standort hinaus dem anderen Raum: vor allem in den Praktiken radikaler Gabe, die sich aus reziproken Erwartungsverhältnissen lösen.[14]

An dieser Stelle entwickelt sich Derridas *Religionsdiskurs.* Religion begreift er als Grenzüberschreitung[15], die zumal von den Orten aufgezwungen wird, an denen sich signifikante und traditionsstarke religiöse Erfahrungen entzündet haben. Derrida nennt exemplarisch

> „... die Insel, das Gelobte Land, die Wüste. Es handelt sich um drei aporetische Orte, ohne sicheren Weg oder Ausweg, ohne Route, ohne Ankunft, ohne ein Außen, dessen Ort auf einer Karte im Voraus aufgefunden werden und dessen programmatische Funktion berechnet werden könnte."[16]

Diese Orte sind unausweichlich mit Aufbrüchen verbunden, die zugleich nicht kalkulierbar sind. *Finden, ankommen, verlassen* sind Operationen, die etwas Singuläres vertreten, den Charakter des geschichtlichen Ereignisses, das Verbindungen (*religiones*) mit anderen ermöglicht, aber in jeder Serie die Ausnahme bezeichnet. Im Ereignis der Gabe wie des unergründlich Bösen tut sich ein Abgrund der Vernunft auf, der sich mit dem religiösen Sinn von Offenbarung verbinden lässt. Es handelt sich nämlich um die Erfahrung einer *„unendlichen Andersheit*"[17], die sich rational nicht beherrschen lässt, sondern zu denken gibt und insofern in Verantwortung nimmt.[18] Man kann nicht *nicht reagieren* angesichts dieser Zumutungen von Alterität

[13] Vgl. Peeters, Jacques Derrida.

[14] Vgl. Derrida, Falschgeld.
Zu Derridas Gabe-Diskurs aus theologischer Sicht vgl.: Hoffmann, Skizzen zu einer Theologie der Gabe, 77–91.

[15] Vgl. Derrida, Glaube und Wissen, 27.

[16] Ebd., 17.

[17] Ebd., 39.

[18] Bei Adorno tritt dieser Gedanke im „Moment des Hinzutretenden am Sittlichen" auf. (Adorno, Negative Dialektik, 358.)

– man muss antworten. Derridas Religionsdiskurs läuft hier – implizit – auf Levinas zu:

> „[K]eine Antwort erfolgt ohne den Grundsatz der Verantwortung, ohne dass eine Verantwortung auf dem Spiel steht: Man muss dem anderen antworten, dem anderen und sich selbst Rede und Antwort stehen. Es gibt indes keine Verantwortung ohne *gelobte Treue*, ohne Pfand, Versicherung, Eid, ohne ein *sacramentum oder ius iurandum* … Der Einsatz eines vereidigten Versprechens, der im Ursprung einer jeden Anrede schon enthalten ist, der *im Augenblick der Anrede* vom anderen kommt und der ein Kommen des anderen ist, das die Anrede auslöst, erweist sich unmittelbar als eine Anrufung Gottes, die ihn als Zeugen vorlädt. Deshalb kann dieser Einsatz nicht anders als eben Gott zu erzeugen, wenn man so sagen darf, auf eine fast maschinelle Art."[19]

Derrida greift an dieser Stelle ein Sprachspiel auf, das als Redewendung gleichzeitig eine konstitutive Dimension der Sprache aktiviert. Man gelobt Treue *bei „Gott"*. Nach Derrida entsteht der religiöse Diskurs in der Verantwortung, indem er „Gott" als Bezugsraum ihrer unbegrenzten Einlösung einsetzt. Die Wirklichkeit dieses Gottes wird im Glauben bestimmt oder im Unglauben bestritten, aber die Vorgegebenheit dieses zuvorkommenden Anderen umfasst auch diesen Diskurs noch.

> „Man fängt also damit an, im Rückblick das absolute Altersvorrecht eines Einen zu behaupten, das nie geboren wurde und das ungeboren bleibt. Denn indem ein Eid Gott als Zeugen anruft (auch dort, wo Gott ungenannt bleibt, auch dort, wo es um die ‚weltlichste' Verpflichtung und ihr Pfand geht), ist es unumgänglich, dass er Gott als etwas erzeugt, als etwas anruft oder herbeiruft, was bereits da ist, also ungeboren ist und nicht geboren werden kann, was vor dem Sein selbst kommt: nicht erzeugbar. Abwesend an seinem eigenen Ort. Erzeugung und Wiedererzeugung dessen, was nicht erzeugt werden kann und an seinem eigenen Ort abwesend ist. Alles beginnt mit der Gegenwart oder Anwesenheit dieser Abwesendheit – dort, an jenem Ort."[20]

Derrida nutzt zur Bestimmung von *Religion* diese *unendliche Referenz*, die sich öffnet, wo man sich der Tatsache unaufhebbarer und nie vollständig integrierbarer Alterität im Subjekt und in der Kultur stellt:

[19] Derrida, Glaube und Wissen, 46.47.

[20] Ebd., 47.

„Es gibt keine Kultur und keine kulturelle Identität ohne diese Differenz mit sich selbst.“[21]

Die Erfahrung einer nicht-verrechenbaren Alterität wird zugleich zum Bestimmungspunkt von Humanität, weil sich das *Inter-esse* der Gerechtigkeit hier meldet. Vor dem Anderen gibt es keine Sicherheit, weil sich in jede Identität der Bezug auf Anderes, also Fremdes und Befremdendes, einschreibt. Das gilt schon deshalb, weil kein Ort (*die Insel, das Gelobte Land, die Wüste*) einfach mit sich identisch bleibt, sondern immer neu zu erreichen und zu bestimmen ist. In allem, was ist, bleibt das *Anwesende* von *Abwesenheit* durchzogen. Welt, Leben, Bedeutung entziehen sich.

Hier ergibt sich eine spezifische Nähe zu Adorno, zugleich aber auch ein Unterschied. Denn keine Dialektik, auch keine *negative*, integriert dies, hebt dies auf. Der „Einbruch des Ereignisses“[22] bildet eine Singularität, die zu denken gibt – aber wie das *messianische Ereignis*[23] irregulär und doch real bleibt, weil sich hier jeder Horizont überholt. Derrida denkt jeden Raum, jedes Zeichen von seiner Überschreitung, von seiner Offenheit auf andere Anschlüsse her. Damit wird jede Festlegung auf einen Ort und eine Identität, auf eine Zeit und den korrekten Gebrauch der Vernunft in ihrer Bestimmung semiologisch unterwandert. Aber genau das wird markiert. In der Unmöglichkeit des Sagens ereignet sich Sprache; in der Unmöglichkeit der gerechten Dekonstruktion besteht ihr Recht.

An dieser Stelle entdeckt Derrida eine über Benjamin vermittelte Denkfigur, die ihn auf Adorno verpflichtet.

„Im Paradoxon der Möglichkeit des Unmöglichen hat bei ihm [Benjamin – G. M. H.] *ein letztes Mal* Mystik und *Aufklärung** sich zusammengefunden. Er hat des Traumes *sich entschlagen*, ohne ihn zu *verraten* und sich zum Komplizen dessen zu machen, worin stets die Philosophen sich einig waren: dass es nicht sein soll.“[24]

Derridas eigener philosophischer Versuch will

„das bedenken, was der Traum zu denken gibt, vor allem dort, wo er uns die Möglichkeit des Unmöglichen zu denken aufgibt. Die Möglichkeit des Unmöglichen kann nur geträumt werden, sie kann nur als geträumte sein. Aber

[21] Derrida, Das andere Kap, 9–80.13.
[22] Ebd., 39.
[23] Vgl. Derrida, Die vertagte Demokratie, 32–33.
[24] Adorno, Charakteristik Walter Benjamins, 301 (Hervorhebung: Derrida).

> das Denken, ein ganz anderes Denken des Verhältnisses zwischen dem Möglichen und dem Unmöglichen, jenes andere Denken, dem ich im Laufe meiner Vorlesungen und meiner Läufe so lange schon nachsinne oder nachlaufe, das mich schon lange in Atem hält und manchmal außer Atem bringt, es hat zu diesem Traum vielleicht eine größere Affinität als die Philosophie selbst. Es gälte, erwachend nicht müde zu werden, über den Traum zu wachen. Ob es sich um die Zeit, die Gabe, die Gastfreundschaft, die Vergebung, die Entscheidung handelt – oder um die kommende, im Kommen bleibende Demokratie –, ich versuche, auf meine Weise eine Reihe von Konsequenzen aus dieser Möglichkeit des Unmöglichen zu ziehen und aus dem, was zu tun wäre, wollte man den Versuch wagen, sie anders zu denken, das Denken anders zu denken, in einer Unbedingtheit ohne unteilbare Souveränität, jenseits dessen, wovon unsere metaphysische Überlieferung beherrscht wurde."[25]

Der Gedanke haftet an dem, was die metaphysische Tradition hinterließ, ohne ihm Raum zu lassen, weil sie aus Sicht Derridas eine Ordnung des Begreifens und des Besitzes statuierte: am Überschuss der Zeichen; an der unmöglichen Möglichkeit einer Gerechtigkeit, die jedem gerecht wird. Es handelt sich um das Bild einer Zukunft, die immer aussteht, weil man nie allem und allen gerecht werden kann – in ihrem Eigensinn, in ihren Differenzen. Die Hoffnung auf sie ist aber eine Realität, ein Erfordernis, ein eigenes *messianisches Ereignis.*

3. Von Adorno zu Derrida – Hoffnung im Angesicht der Verzweiflung

Das Motiv einer *unmöglich-notwendigen* Hoffnung durchzieht auch Adornos Philosophie. Nach Auschwitz kommt aber jede Hoffnung an eine Grenze. Sie trennt von jeder Affirmation. Auch Verzweiflung als Geschichtswahrheit ist so wenig zustimmungsfähig wie der Glaube an eine Resurrektion der Opfer zum nachträglichen Ausgleich der historischen Bilanzen. So bleibt die doppelte Frage,

> „ob nicht der Zustand, in dem man an nichts mehr sich halten könnte, erst der menschenwürdige wäre; … ob es besser wäre, dass gar nichts sei als etwas. Noch das weigert sich der generellen Antwort … Beckett hat auf die Situation des Konzentrationslagers, die er nicht nennt, als läge über ihr Bilderverbot, so

[25] Derrida, Die Sprache des Fremden.

> reagiert, wie es allein ansteht. Was ist, sei das Konzentrationslager. Einmal spricht er von lebenslanger Todesstrafe. Als einzige Hoffnung dämmert, dass nichts mehr sei. Auch die verwirft er."[26]

Auch radikale Aporetik schafft nur anhaltende Unruhe. Kant gab ihr Ausdruck. Sein Gottespostulat haftet an der Notwendigkeit, in der zerrissenen Naturwelt einen Raum für sittliche Intervention offen zu halten. „Das Geheimnis seiner Philosophie ist die Unausdenkbarkeit der Verzweiflung."[27] Die Denkbewegung einer *Hoffnung wider alle Hoffnung* kann nur noch die Selbstüberschreitung reklamieren, aber solange nicht vollziehen, wie ihr geschichtlich nichts entgegentritt. Wenn sich Adornos intellektueller Widerstand an den verlorenen Opfern der Geschichte entzündet, sperrt sie sich *verzweifelt* gegen den Fatalismus des bloß Gegebenen. Deshalb konstelliert seine Philosophie eine ästhetische Transzendenz, die sich nie damit zufrieden geben kann, in Kunstwerken aufzugehen.

„Kunstwerke werden sie in der Herstellung des Mehr; sie produzieren ihre eigene Transzendenz, sind nicht deren Schauplatz, und dadurch wieder sind sie von Transzendenz geschieden."[28] Transzendenz wird selbst zum unmöglichen Ort, in ein Bilderverbot eingelassen, weil die Toten tot bleiben. Der Mahlstrom der Geschichte gibt niemanden frei. Gleichzeitig stirbt die Vernunft in dieser Dialektik der Aufklärung in ihre Antinomien hinein, indem noch das zu denken ist und als Vorletztes zu sagen bleibt – aber eben doch nur als Vorletztes. In den *Minima Moralia* konfiguriert Adorno das, was er als Letztes begreift: nämlich, „alle Dinge so zu betrachten, wie sie vom Standpunkt der Erlösung aus sich darstellten"[29]. *„Zum Ende"* heißt dieses Denkstück; es bildet den offenen Abschluss des Buchs, das im Gedankensplitter „Konvergenz, das menschlich verheißene Andere der Geschichte"[30], als Hoffnung bestimmt. Die *Negative Dialektik* radikalisiert diesen Gedanken in ihrem Schlussteil: in den „Meditationen zur Metaphysik"[31].

> „Nicht absolut geschlossen ist der Weltlauf, auch nicht die absolute Verzweiflung; diese ist vielmehr seine Geschlossenheit. So hinfällig in ihm alle Spuren des Anderen sind; so sehr das Glück durch seine Widerruflichkeit entstellt ist, das Seiende wird doch in den Brüchen, welche Identität Lügen

---

[26] Adorno, Negative Dialektik, 373.
[27] Ebd., 378.
[28] Adorno, Ästhetische Theorie, 122.
[29] Adorno, Minima Moralia, 334.
[30] Ebd.
[31] Adorno, Negative Dialektik, 354–400.

> strafen, durchsetzt von den stets wieder gebrochenen Versprechungen jenes Anderen."[32]

Und weiter:

> „Kein Licht ist auf den Menschen und Dingen, in dem nicht Transzendenz widerschiene. Untilgbar am Widerstand gegen die fungible Welt des Tauschs ist der des Auges, das nicht will, dass die Farben der Welt zunichte werden. Im Schein verspricht sich das Scheinlose."[33]

Die Figur des Anderen lässt sich aber auch theologisch nicht verrechnen. „Geschichtlich angehäufter Respekt hemmt das Bewusstsein davon."[34] Die von Benjamin übernommene Idee des Messianischen kann nur noch als Unterbrechung fungieren – als politisch-theologische *différance* eines fortlaufenden Aufschubs. Und so bleibt es beim Konjunktiv irrealis eines Traums und einer geschichtlich unaufhebbaren Einschließung in den Tod. Der lässt sich nicht denken[35]; und so steigert Adorno die Vernunftkritik der „Dialektik der Aufklärung" in den anhaltenden äußersten Selbstwiderspruch der Vernunft hinein, der auftritt, wo sie das Undenkbare denken muss – eben die Hoffnung; oder den absoluten Tod.

Wenn für Adorno „die Frage nach der Wirklichkeit oder Unwirklichkeit der Erlösung selber fast gleichgültig"[36] wird, führt aber auch die *Negative Dialektik* in den Bankrott – schon weil sie *trotzdem* nicht vom Ausblick auf *das Andere der Geschichte* lassen kann.

4. Weg zurück: Von Adorno zu Derrida

Adornos Nachlass besteht in der aporetischen Markierung eines Bruchs der Vernunft, der sich nicht sanieren lässt, weil *nach Auschwitz* metaphysische Erfahrung vom millionenfachen Tod widerrufen scheint. Gleichzeitig bestimmt Adorno mit Auschwitz den Ort einer *unmöglich-notwendigen Hoffnung*, für die nur noch die Idee eines unerreichbaren Anderen aufkommen kann. Kunst vermag ihm einen utopischen Ort zuzuweisen – eben als Idee.

---

[32] Ebd., 396.
[33] Ebd., 396–397.
[34] Ebd., 391.
[35] Vgl. ebd., 364 (mit der sich anschließenden Frage, „ob metaphysische Erfahrung überhaupt noch möglich ist", ebd., 365).
[36] Ebd., 334.

Derridas Nachlass erlaubt eine Zuspitzung dieses Gedankens. Kein Ort ist mit sich identisch; jeder Ort bleibt von einer räumlichen Leere bestimmt, die sich in der möglichen Überschreitung des Ortes zeigt und sich in den *Disseminationen* seiner Bezeichnungen artikuliert. Kein Zeichen, kein Name *identifiziert* den Ort.[37] Die formale Denkfigur der Alterität, die an der Konstruktion eines abstrakten Ortes haftet, wird konkret in der Notwendigkeit von Übergängen, mit denen Orte, wie die Wüste oder das Gelobte Land, erreicht und verlassen werden. Es handelt sich um Codierungen, die es erlauben, sich in Räumen zu bewegen, die nur im Modus von Grenzüberschreitungen – nämlich im Bruch der Zeichen und aller Semiosen – als *bestimmte Lebensräume* zugänglich werden. In die Konstitution unseres Denkens ist diese Raumerfahrung eingelassen. Sie tritt zutage in der ständigen Verschiebung von Zeichen, die in der *différance* einen nicht noch einmal identifizierbaren Bezug aneinander anschließender („aufgepfropfter") Zeichen markiert.

Wenn Derrida in diesem Horizont die raumerschließende Bedeutung von Religion(-en) ansetzt, unterwandert er den *nachmetaphysischen* Religionsdiskurs Adornos. Adornos *Negative Dialektik* reguliert die Vernunft, indem sie geschichtsphilosophisch argumentiert, vorab von einer konstituierten Unmöglichkeit her. Sie kann die Singularität eines Ereignisses nicht mehr denken, sondern fügt sie in die Gesetzmäßigkeiten jenes historischen Materialismus ein, den Adorno zugleich negativ-dialektisch zu dekonstruieren versucht. Es bleibt aber beim Abschluss der Geschichte, die als tödliche Totalität ihr Finale kennzeichnet.

Diese Totalität dekonstruiert Derrida, indem er die Politiken ihrer Bezeichnungen differenz-semiologisch bestimmt. Das Moment des Unerreichbaren, der Grenzüberschreitung wäre demnach noch in der *Negativen Dialektik* zu kennzeichnen – also die *Leere*, die jeden Ort bestimmt. Damit ist auch der unmögliche Ort von Adornos Hoffnung anders zu erfassen. Zwar kann er das *messianische Ereignis* als Schattenfigur einer historisch vorübergegangenen Hoffnung (die er mit Metaphysik identifiziert) zeichnen, kassiert es aber in der Selbstabschließung der Vernunft, die sich geschichtlich gibt, jedoch von Geschichte nichts erwartet, was nicht bereits vorgekommen ist.

Derrida weiß sich mit Adorno einig, dass es für das *messianische Ereignis* keine geschichtsimmanente, also notorisierbare Ortsangabe geben kann, weil das Messianische in seiner Identifizierung nur noch einmal zum Projekt einer Selbstbehauptung der Vernunft würde. Seine Dekonstruktionen strengen demgegenüber Denkprozesse an, die als Grenzüberschreitungen

---

[37] Vgl. Derridas Überlegungen zur Chora, in: Derrida, Glaube und Wissen, 34–40.

nicht nur Figuren jenes geschichtlich Anderen darstellen, von dem Adorno *träumte*, sondern auch als Markierungen *unmöglich-notwendiger* Öffnung der Geschichte fungieren: in der Aufsprengung der Vernunft.

Damit ist Alterität als semiologische Bedingung der Möglichkeit des Sprechens, des Zeichengebens bestimmt (freilich nicht transzendental in einem bewusstseinsphilosophischen Sinn, sondern als *geschichtliche Unhintergehbarkeit*). Der religionsphilosophische Diskurs Derridas setzt sich als hermeneutische Selbstüberschreitung des Denkens durch – auch des religiösen. Damit kommt nicht Gott ins Spiel, es wird aber ein Ausblick auf die unbesetzten Leerstellen der Geschichte, auf das Nicht-Identifizierbare *semiologisch* erschlossen. Eine andere Begründungsform des philosophischen, damit aber auch möglicherweise des religiösen Denkens wird performiert: Gründe zu geben, bewegt sich (grammatologisch) jenseits von letzten Begründungen.

Damit sind nicht nur die Theorieerwartungen an eine begründungsorientierte Theologie im Zeichen von Differenzen umgestellt. Derrida führt die Notwendigkeit ein, am unbestimmten Ort mit dem zu rechnen, was noch nicht aufgetreten ist. Theologie, die sich am aporetischen Nachlass Adornos *nach Derrida* abarbeitet, muss sich auf die *messianische Struktur* der Zeit einstellen, auf *Ereignissingularität*, den fordernden Einbruch des Anderen, das Derrida im Raum der Verantwortung *verortet*.

> „[D]as Messianische, das Messianistische ohne Messianismus. Genannt ist damit eine Öffnung auf die Zukunft hin, auf das Kommen des anderen als widerfahrende Gerechtigkeit, ohne Erwartungshorizont, ohne prophetisches Vorbild, ohne prophetische Vorausdeutung und Voraussicht. Das Kommen des anderen kann nur dort als besonderes und einzigartiges Ereignis hervortreten, wo keine Vorwegnahme den anderen kommen sieht... Das Messianische setzt sich der absoluten Überraschung aus. Diese Aussetzung mag sich stets in der phänomenalen Form des Friedens oder der Gerechtigkeit zu erkennen geben, dennoch muss das Messianische, das sich auf solch abstrakte Weise aussetzt, sowohl das Beste als auch das Schlimmste erwarten, da das eine niemals ohne die offen vorhandene Möglichkeit des anderen gegeben ist. Erwartung ohne sichernde Selbstreflexion."[38]

Die apokalyptischen Ambivalenzen offenbarungsbasierten Glaubens werden damit ebenso angesprochen, wie die Notwendigkeit, die „allgemeine Struktur der Erfahrung"[39], im Zuge einer messianischen Öffnung auf Un-

[38] Derrida, Glaube und Wissen, 31–32.
[39] Ebd., 32.

abgeschlossenes (Adorno), auf das Andere der Geschichte und der Zeit ins unkalkulierbare Kalkül zu ziehen.

„Was ist, für den Philosophen, die Philosophie? Das Aufwecken und Erwachen."[40] Derridas Anspruch an die Philosophie macht Theologie hellhörig. Man muss sich an den radikalen Weckruf Gottes erinnern, der aus dem Tod herausruft (*Ekklesia*). Wenn es gleichzeitig gilt, mit Derrida „das Ereignis, seinen Ausnahmecharakter, seine Singularität [zu – G. M. H.] bejahen"[41], zeichnet sich eine *messianische Inversion* in der erkenntnistheoretischen Begründungsarbeit der (Fundamental-)Theologie ab. Sie macht sich an einer Ereignissingularität fest, am unmöglichen Zeugnis von der Auferweckung des Gekreuzigten, das Paulus mit der Rede von der Torheit des Kreuzes als einen grenzüberschreitenden Vernunftdiskurs einführt (1 Kor 1, 18–31). Dieser Diskurs führt entlang einer befremdenden Konstellierung von Unmöglichem (dem von Griechen und Juden Ausgeschlossenen) und Notwendigem (dem *kata graphes* der Schrifterfüllung) zu einer überraschenden, alles umstellenden Einsicht: *dass die messianische Hoffnung in der Geschichte den Raum ihrer Entgrenzung bedeutet.*

Das richtet den religiösen Vernunftdiskurs geschichtlich aus, indem auch er nicht zum Abschluss einer – christologischen – Bestimmung kommt, sondern in der messianischen Jesus-Signifikanz (Christus Jesus) das Moment der Überschreitung des Denkens bewahrt – dogmatisch normiert mit dem Chalkedonense und seiner eigenen negativ-theologischen, disseminierenden, die streng theologische Leerstelle der Derrida'schen *Chora* durchführenden Dynamik.[42] Auf dieser Basis müsste sich eine Fundamentaltheologie der Glaubensräume als topologische Diskursgeschichte entfalten – aber das kann an dieser Stelle nur als Nachlassverwaltung projektiert werden.

Literaturverzeichnis

Adorno, Th. W., Ästhetische Theorie, aus dem Nachlass hg. von G. Adorno und R. Tiedemann, Frankfurt/Main ^{9}1989.

Adorno, Th. W., Charakteristik Walter Benjamins, in: ders., Prismen. Kulturkritik und Gesellschaft, Frankfurt/Main 1976, 301.

Adorno, Th. W., Minima Moralia. Reflexionen aus dem beschädigten Leben, Frankfurt/Main ^{20}1991.

Adorno, Th. W., Negative Dialektik, Frankfurt/Main ^{6}1990.

---

[40] Derrida, Die Sprache des Fremden.

[41] Ebd.

[42] Vgl. Hoff, Chalkedon im Paradigma Negativer Theologie, 355–372.

Derrida, J., Das andere Kap, in: ders., Das andere Kap. Die vertagte Demokratie. Zwei Essays zu Europa, Frankfurt/Main 1992, 9–80.

Derrida, J., Die Sprache des Fremden und das Räubern am Wege. Dankesrede anlässlich der Verleihung des Theodor-W.-Adorno-Preises 2001. [Abrufbar unter: http://monde-diplomatique.de/pm/2002/01/11.mondeText.artikel,a0047.idx,14.]

Derrida, J., Falschgeld, München 1993.

Derrida, J., Glaube und Wissen. Die beiden Quellen der „Religion" an den Grenzen der bloßen Vernunft, in: Derrida, J./Vattimo, G., Die Religion, Frankfurt/Main 2001, 9–106.

Derrida, J., Glaube und Wissen. Die beiden Quellen der „Religion" an den Grenzen der bloßen Vernunft, in: Derrida, J./Vattimo, G., Die Religion, Frankfurt/Main 2001.

Englert, K. (im Gespräch mit Jacques Derrida), Zum Geburtstag von Jacques Derrida. „Ich habe Adorno nie intensiv gelesen", posthum veröffentlicht in der TAZ vom 15.07.2013 [Abrufbar unter: http://www.taz.de/!119825]

Hoff, G. M., Chalkedon im Paradigma Negativer Theologie. Zur aporetischen Wahrnehmung der chalkedonensischen Christologie, in: ThPh 70 (1995) 355–372.

Hoffmann, V., Skizzen zu einer Theologie der Gabe. Rechtfertigung - Opfer - Eucharistie - Gottes- und Nächstenliebe, Freiburg u. a. 2013.

Peeters, B., Jacques Derrida. Eine Biographie, Berlin 2013.

Tiedemann, R., Editorisches Nachwort, in: Adorno, Th. W., Ästhetische Theorie, aus dem Nachlass hg. von G. Adorno und R. Tiedemann, Frankfurt/Main [9]1989, 535–544.

Waniek, E./Vogt, E. (Hg.), Derrida und Adorno. Zur Aktualität von Dekonstruktion und Frankfurter Schule, Wien 2008.

Posthermeneutische Impulse für eine „Theologie des Lauschens"

Sibylle Trawöger

Theologische Reflexionen seit dem 20. Jahrhundert und vor allem nach dem Zweiten Vatikanischen Konzil stützen sich oftmals auf das bekannte Diktum: „Der Glaube kommt vom Hören".[1] Herausgehoben wird dabei insbesondere das gnadenhafte Angesprochen-Sein des/der Glaubenden, das zur Antwort auffordert. Die Beziehungsdimension des Glaubensaktes (fides qua) wird gegenüber der Vermittlung von Glaubensinhalten (fides quae) gewichtig betont.

Zur Annäherung an wesentliche Aspekte des Glaubensaktes als Beziehungsgeschehen, die über das gängige theologische Methodenrepertoire nicht umfassend geleistet werden kann, stellt die Beschäftigung mit zeitgenössischen Methoden und Erkenntnissen kulturwissenschaftlicher Disziplinen eine lohnenswerte Ergänzung dar. Speziell die beim – in diesem Sammelband dokumentierten – Symposion anlässlich des 75. Geburtstags von David Tracy und Walter Raberger diskutierten Bezugstheorien der systematischen Theologie, wie Hermeneutik und Kritische Theorie, können dabei bereichert werden.

Im Folgenden soll die Relevanz kulturwissenschaftlicher Ansätze für die (systematische) Theologie, konkretisiert am Materialobjekt „Stimme" – als theologisch noch kaum bearbeitetes aber wesentliches Moment des Beziehungsgeschehens –, angedeutet werden. Vorrangig wird dabei auf Dieter Merschs posthermeneutische Einbettung der Ästhetik des Performativen Bezug genommen.

1 Kurze Darstellung einer posthermeneutisch eingebetteten Ästhetik des Performativen samt begrifflicher Konkretisierungen

Eine Annäherung an die zwei Begriffe „Performativität" und „Posthermeneutik" soll die Stoßrichtung der Ausführung aufzeigen:

Derzeit findet der Begriff „Performativität" (bzw. „Performanz"[2]) in unterschiedlichen (künstlerischen und wissenschaftlichen) Kontexten

[1] Vgl. dazu beispielsweise die Arbeiten von: Rahner, Hörer; Knauer, Hören; Waldenfels, Hören, die sich u. a. auf Röm 10,17 beziehen.

[2] Kulturwissenschaftliche Performativitätskonzepte differenzieren zwischen den Begriffen „Performativität" und „Performanz" nicht eindeutig. Da im Folgenden kulturwissenschaft-

häufige Verwendung. Oftmals wird der Begriff als „umbrella term“[3] bezeichnet, worin die implizite Gefahr mitschwingt, dass das Performative aufgrund seiner umspannenden Offenheit zur prägnanten Analyse von Phänomenen an Kraft verlieren könnte. Dieser Kraftverlust tritt dann auf, wenn die vielfältigen Ausdifferenzierungen der unterschiedlichen Performativitätskonzepte nicht wahrgenommen werden und das Umfeld, aus dem das jeweilige Performativitätskonzept stammt, nicht mitbedacht wird. Mit den Kulturwissenschaftlern Klaus W. Hempfer und Jörg Volbers gesprochen, markiert „[d]er Begriff des ‚Performativen‘ […] einen Forschungsansatz, dessen ‚rhizomatische‘ Struktur […] keine einheitliche *Theorie*, aber ein plurales Feld der *Theorien* aufspannt“[4]. Geht man von dieser „rhizomatischen Struktur“ aus, ist es notwendig das jeweilige Performativitätskonzept, mit dem gearbeitet wird, bzw. die jeweilige Theorie des Performativen zu konkretisieren und offen zu legen, welche Akzentuierung in den Blick genommen wird. Folgt man den Klassifizierungen der wissenschaftlichen Disziplinen, so können bei den jeweiligen Performativitätskonzepten eigenständige Entwicklungen mit unterschiedlichen Schwerpunktsetzungen im Bereich der Genderphilosophie (z. B. Judith Butler), der Ethnologie (z. B. Victor Turner), der Kunstwissenschaft (z. B. Dorothea von Hantelmann) sowie der Ästhetik u.a.m. festgestellt werden. Die Theologie darf diese Ausdifferenzierungen und die Vielfalt der Performativitätskonzepte nicht übergehen, wenn sie auf Begriff und Methode zugreift. Die Offenlegung der Schattierungen und Schwerpunktsetzungen des jeweiligen Bezugskonzepts im Zuge einer verantworteten Arbeit mit dem Performativen ist notwendig, um eben nicht den negativen Implikationen der Spezifizierung „umbrella term“ ausgeliefert zu sein.

Obwohl selten explizit ausgewiesen, scheint die systematische Theologie mit sprachphilosophischen Performativitätskonzepten zu arbeiten, die vorrangig auf die Vorlesungen von John L. Austin zurückgehen.[5] Auf neuere Entwicklungen wird eher selten Bezug genommen. Im Folgenden möchte

---

liche Konzepte im Vordergrund stehen, wird auch hier dieser Begriffsdifferenzierung, auf die im sprachphilosophischen Kontext eher Wert gelegt wird, nicht näher nachgegangen.

[3] Ohne direkten Verweis aufeinander prägen beispielsweise Fischer-Lichte, Hantelmann und Wirth die Metapher „umbrella term“ für die vielfältigen Konzepte von „Performativität“ bzw. „Performanz“. Vgl. dazu: Fischer-Lichte, Ästhetik, 41; Hantelmann, things, 11; Wirth, Performanzbegriff, 10, 40.

[4] Hempfer/Volbers, Vorwort, 8 (Hervorhebung im Original). Die Theaterwissenschaftlerin Erika Fischer-Lichte spricht von „unterschiedlichen Theoriekernen […], die sich jeweils weiter ausdifferenzieren“ (Fischer-Lichte, Performativität, 38).

[5] Vgl. Austin, things. Doch selbst diese Verortung wirft die Frage auf, unter welcher Perspektive mit Austins Performativitätskonzept gearbeitet wird. Für einen Einblick in die unterschiedlichen Rezeptionen von Austins Ansatz. Vgl. dazu: Rolf, Austin.

ich auf die „Ästhetik des Performativen" eingehen und die Relevanz dieses Performativitätskonzepts für die systematische Theologie aufzeigen. Ich beziehe mich dabei – wie bereits angekündigt – vorrangig auf die posthermeneutischen Ausarbeitungen des Philosophen Dieter Mersch.[6]

Der Versuch Merschs Ästhetik des Performativen systematisch darzustellen, ist ein schwieriges Unterfangen, denn mit aller Gründlichkeit „entzieht" sich dieser Ansatz – und das liegt, wie im Folgenden ersichtlich werden soll, im Grundduktus von Merschs Philosophie –[7] einer eindeutigen Systematisierung. Aspekte und Spezifika von Phänomenen werden in den Blick genommen, die etablierte meist dual-differentialistische epistemische Ordnungen sprengen bzw. sich ihnen entziehen und somit nach einer anderen – etwa der posthermeneutischen – Zugangsweise oder Methodik fragen.

Vorerst zur Begriffsklärung: Posthermeneutik fasst die „Hermeneutik", auf die sie rekurriert, „sehr weit"[8]: Hermeneutik umschließt, „sämtliche Register der Erzeugung von Sinn durch Differenzsetzungen"[9]. Mit dem Präfix „post" ist eine „Überschreitung oder ein[...] Sprung" aus diesem „hermeneutischen" Vorverständnis heraus angedeutet. Die „Mitgängigkeit"[10] des Widerständigen, des Brüchigen und des Überschüssigen eines jeglichen Ereignisses, das durch eine hermeneutische Methode in diesem weiten Sinne nicht vollständig eingefangen werden kann, soll je von neuem eingemahnt werden. Eine leitende Grunddynamik der Posthermeneutik kann mit der Differenzierung von logischem und katachretischem Paradox verdeutlicht werden:[11] Das logische Paradox bezieht sich auf die „*Ordnung*

[6] Ergänzend werden vorwiegend theaterwissenschaftliche Erkenntnisse zur Thematik präsentiert. Es soll damit ein Bezug zu einer Einzelwissenschaft hergestellt werden, die für die Fundamentaltheologie noch keine etablierte Diskurspartnerin darstellt, allerdings in der Kulturwissenschaft und bei der Arbeit mit der Ästhetik des Performativen eine tragende Rolle spielt.

[7] Um bereits an dieser Stelle Merschs Arbeits- und Darstellungsweise etwas zu verdeutlichen, sei auf ein Zitat aus der Einleitung seiner „Posthermeneutik" verwiesen, wo die Grunddynamik, wie folgt, in Worte gefasst wird: „Sie [Merschs Überlegungen; S. T.] entwickeln dabei Konstellationen, die ein Netz disparater Perspektiven aufspannen. Immer wieder trachten sie danach, neu anzusetzen, die Richtung zu ändern oder einen plötzlichen Reflexionswechsel vorzunehmen, um dasselbe von unterschiedlichen Seiten aus anzugehen. Zwischen den einzelnen Kapiteln [der Monographie Merschs; S. T.] ergeben sich deswegen alternative Zugänge oder auch Abwege, Wiederholungen und Kreuzgänge, deren Notwendigkeit ebenso sehr in der strukturellen Unabschließbarkeit des Unternehmens liegt, wie sie zur gleichen Zeit hartnäckig und fordernd seine Unverzichtbarkeit bekunden." (Mersch, Posthermeneutik, 14.)

[8] Mersch, Posthermeneutik, 11.

[9] Ebd.

[10] Ebd., 15.

[11] Vgl. dazu: Mersch, Was sich zeigt, 30–33.

des Sagens“[12], auf Bedeutungs- und Sinnhorizonte. Anlehnend an das logische Nicht-Widerspruchsprinzip generiert es im „Universum des Sinns“ Unsinn. „Dagegen entstammt der *katachretische* Gebrauch des Paradox der Einsicht, dass es gerade der Aporetik bedarf, um sich aus den Sistierungen des Systems zu befreien und dem Gefängnis seiner Ordnung zu entkommen. Es bleibt nicht bei einer *Polemik* der Widerlegung stehen, sondern hintertreibt diese nochmals auf die Entdeckung ihrer impliziten Voraussetzungen hin.“[13] „Denn es gibt nicht das Unsagbare schlechthin, sowenig wie das Irrationale oder die Unvernunft, sondern lediglich Unsagbares oder Unvernünftiges in respekt einer *Ordnung des Sagens*, welche das Terrain der Rede im Ganzen absteckt. Der Widerspruch markiert dann nicht die Verwerfung der Sagbarkeit überhaupt, sondern allein deren Beschränktheit in Ansehung der zugrunde liegenden Prinzipien, wie sie durch das Maß des *logos* determiniert werden.“[14] Mersch kritisiert also das jeglichem (wissenschaftlichem) Denken und Sprechen unhinterfragt vorausgesetzte „Apriori der Interpretation“[15], ohne es vollständig zu verwerfen. Posthermeneutik mahnt in Form des performativen Appells[16] ein, dass das Widerständige, das Brüchige, die Materialität, die Präsenz, das Ereignis, usf. in der „Ordnung des Sagens“ nicht vollständig erfasst werden können. Es bedarf eben paradoxer, chiastischer[17] Zugänge, die einen ständigen Balanceakt in Bezug zur „Logik des Sagens“ vollziehen und ihr dabei nicht zur Gänze verfallen.[18] Das

---

[12] Ebd., 33 (Hervorhebung im Original).

[13] Ebd., 32 (Hervorhebung im Original).

[14] Ebd., 33 (Hervorhebung im Original).

[15] Mersch, Posthermeneutik, 9.

[16] Vgl. dazu: Ebd., 10–11.

[17] Chiasmus „bezeichnet ein Differenzgeschehen ohne Hoffnung auf Identität“ (Mersch, Paradoxien, 100) und steht so dem posthermeneutischen Anliegen, nämlich die Differenz offen zu halten, Pate. Zur Figur des chiastischen Denkens in Anlehnung an Platon und Aristoteles unter Einbezug von neueren Philosophien, wie beispielsweise der von Merleau-Ponty, vgl. auch: Pechriggl, Chiasmen.

[18] Mersch dazu im Original: „Wie aber davon [von Phänomenen wie Ereignis, Präsenz, Performativität, Fülle usw.; S. T.] überhaupt sprechen? Es wäre nicht nur verfehlt, die versuchte Rede nach den Maßstäben strikter Argumentation zu messen oder sie den Kriterien einer rationalen Analytik zu unterwerfen, die auf ihre Wahrheitsansprüche hin geprüft werden könnten; es wäre auch *unmöglich*, weil diese stets innerhalb der Grenzen des Diskurses verbleiben, den in einer gewissen Hinsicht zu sprengen wir uns die Aufgabe gestellt haben. Gleichwohl muss es sich, innerhalb eines philosophischen Diskurses, in Sprache fassen. Doch setzt solches, wie wir bereits angedeutet haben, die *Umwendung des Bezugs* voraus: Denken heißt weder bezeichnen noch unterscheiden oder bestimmen, sondern ‚antworten‘. Das Antworten sucht dem Ereignis als *Widerfahrnis* zu *ent-sprechen*. Denken, oder auch Schreiben, Sprechen und Be-deuten, wird dann in die ‚Aufgabe‘ einer Responsivität gestellt, die sich gleichsam ‚passivisch‘ geriert, wäre dieser Ausdruck nicht schon deshalb unzutreffend, weil er sich noch an die Differenz zwischen *actio* und *passio* hält und sich weiterhin der Struktur der Intentionalität, der bewusst auf sich genommenen Einübung fügt. Statt dessen

„Nichtverstehen", das jedem „Verstehen" voraus und bleibend inhärent ist, gälte es als Eigenständiges und Souveränes gegenüber dem „Verstehen" einzumahnen. Denn jedes „Verstehen" ist von dem was sich in seiner Erscheinung entzieht mitgeprägt.[19] „Entzug" meint dabei zweierlei: Einmal dass das, was erscheint, in der Ambivalenz von Präsenz und Absenz erscheint und somit keinesfalls, wie bisher angedeutet, in sprachlichen Kategorisierungsleistungen eingefangen werden kann; und zudem wird mit dem Terminus „Entzug" der prozesshafte Charakter des Erscheinens angedeutet – sozusagen das „Ziehende" am „Entzug" in Richtung zum Anderen hin, zur Alterität, die sich eben einer vollständigen intentionalen Bemächtigung entzieht. Jedem intentionalen Denk- und Sprechakt wohnt somit etwas „Unverfügbares", ein „Überschuss" inne: „Folglich verlieren [...] die Begriffe ‚Verstehen' und ‚Nichtverstehen' ihre angebbare und eindeutige Kontur, so dass es überhaupt besser wäre, von einer Unverständlichkeit im Verstehen wie von einer Unsagbarkeit im Sagbaren oder einer Undarstellbarkeit im Darstellbaren zu sprechen. Ihre Verschränkung markiert eine ‚De-Markation': Sie bedeutet im Wortsinne die Verweigerung jeder Markierung. [...] Entsprechend beinhaltet das ‚Nicht' auch kein Versagen, keinen Mangel, sondern einen Grundzug im Umgang der Sprache, mit der Welt selber."[20]

Mit Schwerpunktsetzung darauf, was Posthermeneutik ebenso einmahnt, nämlich, dass jedem „Verstehen" der „Status der ‚Verspätung' anhaftet"[21], sei zusammenfassend im Hinblick auf die Termini Präsenz und Gegenwart auf den Systematisierungsvorschlag des Literaturwissenschaftlers Oliver Jahraus hingewiesen: Jahraus subsummiert spezifische Ansätze, die sich mit Gegenwart bzw. Präsenz, unter Einbezug wissenschaftstheo-

ginge es um die Öffnung einer Aufmerksamkeit, die sich antwortend der Vorgängigkeit dessen zuwendet, was (sich) ereignet und als eine Art ‚Empfänglichkeit' beschrieben werden müsste, die nicht schon präformierten Strukturen der Sensibilität gehorcht." (Mersch, Was sich zeigt, 38–39 (Hervorhebung im Original).) Eine konkrete Möglichkeit diesen Balanceakt anzugehen, bietet die Arbeit mit Metaphern. „Metaphern sind *Wege*; sie beschreiben *Annäherungen ans Ungesagte*. [...] An ihnen stellt sich weder die Frage nach ihrer Richtigkeit noch nach ihrem Zutreffen, ihrer Adäquanz: Ihre Redeform ist das *Weisen*, die ‚Zeige'. [...] Nicht beruht solche An-Zeige demnach auf einer Schwäche, einem Mangel an Explikation, der, bei fortschreitender Nuancierung und Verfeinerung, auf seine Überwindung wartete, so dass zuletzt doch ihre Integration in den rationalen Diskurs gelänge, sondern es geht um eine *metabasis*, den Übertritt in eine andere Region." (Mersch, Was sich zeigt, 40–41 (Hervorhebung im Original).)

[19] Vgl. dazu Mersch im Original: „Der Ausgang des Verstehens gründet in einem ebenso Unbestimmten wie Unbestimmbaren, das sich gleichermaßen entzieht wie es sich aufdrängt und in Bann hält [...]." (Mersch, Verstehen? 178.)

[20] Ebd., 180.

[21] Ebd., 181.

retischer Überlegungen, beschäftigen und „sich in letzter Zeit formieren“[22], unter den „Begriff einer Präsenztheorie“[23]: „Präsenztheorie lehnt nicht bestimmte Positionen ab, stellt sich nicht gegen bestimmte Theoreme, sondern Präsenztheorie stellt sich gegen die Theoriebildung *so far*. Das kann man daran erkennen, dass in dieser Konstellation sowohl Hermeneutik als auch Dekonstruktion, die bislang als ein herausragendes antagonistisches Paar von Positionen gegolten haben, gleichermaßen von der Präsenztheorie abgelehnt werden. Was also tatsächlich abgelehnt wird, das ist ein Modell einer differentialistischen Bedeutungskonstitution und mithin jede Form differentialistischer Theoriebildung. Differentialistisch sind aber alle Positionen, die sich mit Bedeutung und Sinn auseinandersetzten.“[24] Allerdings geht es der Präsenztheorie nicht um ein „Auslöschen“ „differentialistischer Theorien“, sondern diese „komplementär durch eine Einübung in das Erleben ästhetischer Präsenzeffekte zu ergänzen und erweitern“[25], denn: „[d]ifferentialistisches Begreifen und präsentisches Greifen gehen […] Hand in Hand.“[26]

Die Ästhetik ist ein wesentlicher Grundbaustein bzw. ein Fundament für das posthermeneutische, präsenztheoretische Unternehmen. Ästhetik, ist dabei nicht als Kunsttheorie bzw. als Reflexion auf Kunstwerke oder als Lehre vom Schönen zu verstehen, sondern vom griechischen Verständnis der Aisthesis her, i. S. einer Wahrnehmungslehre,[27] geprägt. Sie steht allerdings in enger Verbindung zur Kunst in Form der Artistik. Der Bezug von aisthetischer Ästhetik und Artistik, als „Praxis der Kunst“[28], verlangt „sich ihren *Erfahrungen* auszusetzten“[29]. Mersch arbeitet seine „Ästhetik des Performativen“ insbesondere aus den Wahrnehmungs- und Erfahrungsqualitäten heraus aus, die avantgardistische und postavantgardistische

[22] Jahraus, Kategorie, 120. Konkret bearbeitet Jahraus den Literaturwissenschaftler George Steiner, den Philosophen und Literaturwissenschaftler Hans Ullrich Gumbrecht sowie Dieter Mersch.

[23] Jahraus fügt bei der Einführung der Kategorie „Präsenztheorie“ allerdings hinzu: „Das gesamte Feld lässt sich nicht mehr genau überblicken und auch nicht abgrenzen.“ (Jahraus, Kategorie, 121.)

[24] Ebd., 122 (Hervorhebung im Original).

[25] Ebd., 123. Wenn Jahraus von einer „Einübung in das Erleben ästhetischer Präsenzeffekte“ spricht, wird deutlich, wie eng Ästhetik, i. S. der Aisthesis, und Präsenz aufeinander bezogen sind.

[26] Ebd., 124.

[27] Zeitgenössische Ästhetiker, wie Gernot Böhme, Wolfgang Welsch und Dieter Mersch, gehen nicht von einer unüberbrückbaren Trennlinie zwischen ästhetischer Wahrnehmung und „allgemeiner“ Wahrnehmung aus. Dieser Ansatz ermöglicht eine interdisziplinäre Auseinandersetzung mit ästhetischen Theorien, Methoden und Erkenntnissen.

[28] Mersch, Ereignis, 161.

[29] Ebd., 162 (Hervorhebung im Original).

Kunst innerhalb der Kunstgeschichte seines Erachtens erstmals zugänglich machen. Deutlich wird, dass Mersch die Kunstgeschichte mittels einer Hermeneutik des Bruches liest, die den „Umsturz"[30] mit der Avantgarde des 20. Jahrhunderts konstatiert. Vor dem „Bruch" wurde der Werkästhetik[31] vor der Ereignisästhetik Priorität eingeräumt. Nach dem Bruch mahnt die Ereignisästhetik das ein, was der Haltung eines souveränen Subjekts entgeht, das, was Mersch mit „Widerständigkeit", „Präsenz", „Materialität" mit *„Performanz, Ekstasis, Wirkung, Ereignis und Aura"*[32] bezeichnet. Die klassischen philosophischen Kategorisierungsleistungen einer Werkästhetik, wie „Subjektivität, *poiesis*, Imagination, Symbolisierung, Originalität und Form"[33], sind nicht zur Analyse aller (ästhetischen) Phänomene umfassend hilfreich. Die Ereignisästhetik ist u. a. durch eine „Wendung vom Intentionalen zur Nichtintentionalität"[34] geprägt. Die Aufmerksamkeit wird auf das gerichtet, was von der Alterität her „an-fällt oder einbricht"[35]. Das Interesse richtet sich nicht vorrangig auf das Symbolische, Semiotische oder Hermeneutische: „Nicht länger figurieren als Modell Sprache und Text, sondern Vollzug und Ereignen."[36] Die „performative Wende" vollzieht sich

---

[30] Ebd., 168.

[31] Die Werkästhetik richtet die Aufmerksamkeit vorrangig auf das „Endprodukt" des Kunstschaffensprozesses. Das „Endergebnis" kommt durch einen Akt der Produktion zustande, der von der Intentionalität des Künstlers bzw. der Künstlerin, i. S. des kreativen, erfindenden Subjekts, geleitet ist. *„Es zentriert sich um die Grundsätze der Freiheit und Souveränität des Schaffensprozesses und entsprechend um die Ideale der phantasia, der Einbildungskraft und der Originalität. Ihre Vollzugsform ist die Erfindung (creatio), ihr Mittel die Form.* ‚Form' (*morphe*), ‚Werk' (*ergon*), ‚Einbildungskraft', ‚Genie', und ‚Originalität' verschränken sich zu einem einträchtigen Konnex. Dabei erscheint Form als die Wurzel des Werkes, produktive Einbildungskraft als die Grundlage der Form, schließlich Genie im schöpferischen Subjekt als der Ur-Sprung der *inventio* und *imaginatio*, die aus sich ein Original schaffen. Nichts anderes bedeutet Autonomie: Freie Selbstschöpfung der Form aus dem Inneren der Vorstellung. Sie bringt die Selbstständigkeit des Werkes aus der Unselbstständigkeit des Materials hervor." (Ebd., 173–174 (Hervorhebung im Original).) Materialität wird also als geformtes Objekt wahrgenommen und nicht in ihrer Widerständigkeit. Die eigenständige Widerständigkeit der Materialität sowie der Widerfahrnischarakter des Ereignisses in „Produktion" und „Rezeption" des „Werkes" geht unter dem „souveränen Blick" (ebd., 177) von Künstlerin und Betrachter verloren. Der „souveräne Blick" entspricht der Haltung eines herrschenden Subjekts innerhalb einer Subjekt-Objekt-Dichotomie.

[32] Ebd., 223 (Hervorhebung im Original).

[33] Ebd. (Hervorhebung im Original).

[34] Ebd., 184. Generell kann festgehalten werden, dass bei einer Ästhetik des Performativen im Gegensatz zum sprachphilosophischen Performativitätskonzept die Gelingensbedingungen (für eine „erfolgreiche" Kommunikation) nicht an erster Stelle stehen. Vgl. dazu: Fischer-Lichte, Ästhetik, v. a. 32–38.

[35] Ebd., 183. Dieses Anfallende oder Einbrechende beschreibt Mersch auch mit Hilfe eines adaptierten Aurabegriffs von Walter Benjamin. Ebenso umschreibt der Terminus „punctum" bei Roland Barthes diesen Aspekt.

[36] Ebd., 223.

mit einem „Sprung heraus“[37] aus den gängigen Plausibilitäten, die innerhalb einer Werkästhetik vorherrschen; es handelt sich um „Anders-Setzungen“[38], nicht nur um „Gegen-Setzungen“. Im Kontext der Ereignisästhetik meint „Performativität […] zunächst Akt, Vollzug, Setzung. Setzungen gründen nicht vorrangig in Handlungen, sondern in Ereignissen“[39]. „Setzung“ will Mersch „in der Bedeutung einmaliger Statuierung“[40] verstanden wissen und betont damit den unvergleichbaren Charakter von Setzungen und Ereignissen sowie das Moment der Intentionslosigkeit. Folgend verliert die Kategorisierung von Akteur/in und Rezipient/in ihren Nutzen, alle sind am Vollzug Beteiligte und werden vom Vollzug „bestimmt“. Wesentlich am Ereignis ist demnach der nicht-intentionale Grundcharakter, also der Widerfahrnischarakter. Das ereignishafte Widerfahrnis fordert eine bestimmte Haltung: die der aufmerksamen Wahrnehmung; es fordert zudem zur Antwort heraus, da dem Entgegenkommenden nicht ausgewichen werden kann.

2. Konkretisierungen am Beispiel der Stimme

Diese Annäherung an die Grundzüge einer posthermeneutisch eingebetteten Ästhetik des Performativen soll mit Bezug auf ein konkretes Materialobjekt, die Stimme, veranschaulicht werden.[41] Die Fokussierung auf dieses Materialobjekt hat mehrere Gründe: Einmal wurde und wird auf die Stimme in interdisziplinären kulturwissenschaftlichen Diskursen in jüngster Zeit verstärkt Aufmerksamkeit gerichtet. Die aktuellen Forschungsfelder anderer wissenschaftlicher Disziplinen nicht aus den Augen zu verlieren ist für eine interdisziplinär ausgerichtete Fundamentaltheologie notwendig, um gesprächsfähig zu bleiben und über diese Diskurse, Methoden und Erkenntnisse, die für die Theologie förderlich sind, herauszufiltern sowie umgekehrt andere Wissenschaftsgebiete auf die Erkenntnisse der Theologie hinzuweisen.

Zudem wird mit der Stimme ein wesentlicher Punkt einer Ästhetik des Performativen im posthermeneutischen Milieu betont: Der „performative Appell“ – mit dem die Denkbewegungen einer Posthermeneutik um-

---

[37] Ebd., 193.

[38] Ebd.

[39] Ebd., 9. Vgl. dazu auch: *„Das Performative betrifft den Vollzug, seine Zeitlichkeit, das Ereignis der Setzung.“* (Ebd., 217 (Hervorhebung im Original).)

[40] Ebd., 246.

[41] Doris Kolesch und Sybille Krämer bestimmen die Stimme als „ein performatives Phänomen *par excellence*“ (Kolesch/Krämer, Konzert, 11).

schrieben werden können – ist der Stimme inhärent. Den Appellcharakter[42] konkretisiert u. a. die Theaterwissenschaftlerin Doris Kolesch im Zuge der Analyse der Wirkung von Sprache und Stimme, mit einem Zitat von Roland Barthes: „Die Aufforderung zum Zuhören ist das vollständige Ansprechen eines Subjekts: Sie stellt den gleichsam körperlichen Kontakt zwischen diesen zwei Subjekten (durch die Stimme und das Ohr) über alles: Sie schafft die Übertragung: ‚*Hör mir zu*' heißt: *Berühre mich, wisse, dass ich existiere.*"[43] Im Vordergrund der Überlegungen zum appellativen Charakter der Stimme steht somit nicht der Bedeutungsgehalt des Gesprochenen, sondern das Sprech- und Beziehungs- bzw. Berührungsereignis. Mit Mersch kann im Gefolge Lyotards festgehalten werden, dass dem „Dass" der Beziehung bzw. des Ereignisses vor dem inhaltlichen „Was" Priorität eingeräumt wird.

An der sich an der Ästhetik des Performativen orientierenden wissenschaftlichen Analyse des Phänomens Stimme wird eindeutig erkennbar, dass gewisse gängige wissenschaftliche Methoden nicht umfassend an Phänomene, wie das der Stimme, heranreichen: „Das bis heute geläufige Konzept eines distanzierten, unbeteiligten ‚Beobachters' auf der einen Seite und eines davon getrennt wahrgenommenen Gegenstandes auf der anderen Seite verfehlt offenbar wesentliche Aspekte von Stimme und Stimmlichkeit oder blendet sie aus. Die Stimme ist kein abgrenzbarer Gegenstand, kein Ding, sondern ein raumgreifendes, ja raumschaffendes akustisches Geschehen."[44] Die Unmöglichkeit, die Stimme als Materialobjekt eindeutig einzugrenzen, hängt mit ihrer Ambiguität zusammen: „Vergleichbar der komplexen Gegebenheit unseres Körpers, die Helmuth Plessner als Körper-Haben und Leib-Sein umschrieb, könnten wir für unsere Stimme formulieren: Wir haben eine Stimme und wir sind zugleich Stimme. Die Stimme erscheint so als paradigmatische Figur der Überschreitung. Sie ist eine Transgression, die die Grenze, die sie überschreitet, zugleich begründet."[45] Die Stimme „widersetzt" sich „systematischer Definition und Klassifikation" und „entzieht" „sich der eindeutigen Verortung"[46], führt also unweigerlich in Paradoxien.

Zwei ausgewählte Paradoxien sollen im Folgenden dargestellt werden: einmal die Stimme zwischen „Sprecher/in" und „Hörer/in" und andererseits

[42] Vgl. dazu: „Die implizit szenische, ja theatrale Qualität der Stimme, die immer schon Aufführung und Wahrnehmung ist, hat zur Folge, dass eine Stimme gehört und beantwortet werden will. Sie ist Anspruch, Appell und Gabe in einem." (Kolesch, Spur, 279 (Hervorhebung im Original).)

[43] Barthes, Zuhören, 255.

[44] Kolesch, Spur, 274.

[45] Ebd., 274–275.

[46] Ebd., 275. Diesmal nicht Mersch, sondern Kolesch, die damit in genau die posthermeneutische Richtung intendiert.

die Stimme zwischen Bedeutungsträger/in und Geräusch/Klang/Wahrnehmungsereignis. Die Stimme ist im „Zwischenraum" zwischen „Sprecher/in" und „Hörer/in" angesiedelt. Dabei darf dem/der Sprecher/in nicht der aktive und dem/der Angesprochenen der passive Pol zugewiesen werden, denn im Sprachereignis oszillieren diese Pole ständig. Sowohl das Sprachgeschehen als auch das Hörereignis sind von beiden Polen durchzogen. Die Materialität[47] der Stimme ist von dem/der Sprechenden nicht vollständig intentional gesteuert, denn der/die Sprechende ist mit der Alterität, die der eigenen Stimme innewohnt, konfrontiert: sei es implizit in einem immer mitgängigen „Überschuss" bzw. der mitgängigen „Widerständigkeit" der Stimme, oder sei es offensichtlich, wenn beispielsweise die Stimme versagt. Das Widerständige bzw. Überschüssige der Stimme wird mit Verweis auf Michel Serres, der vom „Fleisch"[48] der Stimme spricht, oder im Gefolge Roland Barthes mit der „Rauheit der Stimme"[49] konkretisiert. Die Stimme geht den/die Hörende/n an, er/sie kann sich dem Wahrnehmungsereignis nicht entziehen.[50] Jedoch ist auch der/die Hörende in seiner/ihrer Aktivität gefordert, denn der „Ruf", der angeht, will empfangen werden und fordert eine „Antwort".[51] Aus der Unmöglichkeit, sich der Antwort zu enthalten, zieht Mersch eine enge Verbindung zwischen aisthetischer Ästhetik und Ethizität[52] bzw. Ethik.[53]

Ein weiterer Aspekt der, v.a. in Bezug auf die zur Posthermeneutik erwähnten Ausführungen, hier noch angerissen werden soll, ist die Oszillation der Stimme zwischen Bedeutung und Aisthesis. Die Stimme ausschließlich als Medium, i. S. einer Überträgerin, zu definieren bzw. aus

[47] Materialität darf hier nicht als etwas rein Stoffliches verstanden werden. Angesprochen ist damit die Singularität eines Ereignisses, in Form einer Setzung, von dem aus sich etwas ereignet bzw. erscheint. Vgl. dazu beispielsweise: Mersch, Was sich zeigt, 134; Mersch, Paradoxien, 93.

[48] Dazu: „Erscheinung: etwas wie Fleisch tritt aus der Stimme hervor." (Serres, Sinne, 174.)

[49] Vgl. Barthes, Rauheit.

[50] Vgl. dazu: „In jedem Fall aber dringt die Stimme in mich ein, besetzt mich, hält mich gefangen, auch wenn ich sie nicht verstehe oder der Andere schon längst vorübergegangen ist. Was sie weckt, bedeutet in erster Linie keine Erinnerung und kein Gedächtnis, vielmehr dokumentiert sie eine *Besetzung*." (Mersch, Posthermeneutik, 286 (Hervorhebung im Original).)

[51] Vgl. Mersch, Posthermeneutik, 246–269.

[52] Mersch bezeichnet die Ethizität als „Vorstruktur" oder „Vorbedingung" ethischen Handelns. (Vgl. Mersch, Posthermeneutik, 280–281.) Folgend steht, wie auf den ersten Blick angenommen werden könnte, die Ästhetik (des Performativen), i. S. der Aisthesis, keinesfalls im Kontrast zu den ethischen und politischen Grundmomenten einer Kritischen Theorie.

[53] Vgl. dazu: „Die Sprache befindet sich, weil sie mit dem ersten Wort schon an die Struktur der Alterität gekoppelt ist und diese in sich verwahrt, immer schon im Horizont des Sozialen, der als Rahmen alternativlos bleibt und darum auch weder wählbar noch negierbar erscheint." (Mersch, Posthermeneutik, 281.) Ausführlicher zum Verhältnis von Stimme und Ethizität bzw. Ethik vgl.: Mersch, Ethizität.

medientheoretischen Gesichtspunkten zu analysieren wäre zu kurz gegriffen.[54] Sie ist nicht nur das Transportmittel für Sinn und dient nicht nur der Bedeutungsübertragung von einer Person auf die Andere.[55] Die vielfältigen Möglichkeiten der Artikulation (wie beispielsweise Schreie, Seufzer, Atemzüge, kurze Unterbrechungen, usw.), die auf einer „Loslösung der Stimme von der Sprache"[56] aufbauen, lassen „das Andere des Logos"[57] in der Stimme explizit erklingen. „Die Stimme ist vielmehr in ihrer Materialität bereits Sprache, ohne erst Signifikant werden zu müssen."[58]

3. Relevante Aspekte für die systematische Theologie

Die Stimme – in posthermeneutischer Hinsicht – in die theologische Reflexion mitaufzunehmen, entspricht dem „Dass" vor dem „Was" des Sprech-, Hör- und Beziehungsgeschehens Priorität einzuräumen und kann somit als Beitrag zu einer Theologie verstanden werden, die ihre Reflexionen an dem Diktum „Der Glaube kommt vom Hören" ausrichtet. Denn die Stimme „folgt der Spur der *Begegnung*, die anders ist als *Kommunikation*"[59]. Eine Analyse mittels der Ästhetik des Performativen ermöglicht es, Aspekte des (sprachlichen) Ereignisses in den Vordergrund zu stellen, die nicht ausschließlich dem Moment des Diskurses bzw. dem „Apriori der Interpretation" unterliegen.[60] Um diese Akzentsetzung in jeglichen Bereichen

[54] Vgl. dazu auch: Kolesch, Spur, 277.

[55] Vgl. dazu: „Die Stimme wird als Stimme gewöhnlich überhört, und das gleiche trifft zu auf die alltägliche Geräusch- und Klangkulisse, aus der sich die Stimme heraushebt. Doch es geht nicht nur darum, dass die Laute hinter dem verlautbarten Sinn verschwinden. Das Hörphänomen wird verkannt, wenn man dahinter nicht mehr vermutet als die Verlautbarung von etwas, das im Stillen bereits da ist und nur auf seinen Auftritt wartet, besteht es doch in einem Lautwerden von etwas, das erst im Ertönen oder Erklingen zu dem wird, was es ist. [...] Wenn ich von einem Ereignis des Lautwerdens spreche, so ist nicht in erster Linie an pompöse und spektakuläre Großereignisse zu denken, sondern daran, dass immerzu etwas geschieht, das nicht schon als Akt oder Aktion zu begreifen ist und nicht vorweg den intentionalen und regelförmigen Beschreibungen und den subjektiven Zuschreibungen gehorcht, von denen die gewöhnlichen Sprechakt- und Handlungstheorien ausgehen." (Waldenfels, Leitfaden, 20.)

[56] Fischer-Lichte, Ästhetik, 223.

[57] Ebd.

[58] Ebd., 226.

[59] Mersch, Was sich zeigt, 124.

[60] Vgl. hierzu die Kritik Merschs am Performativitätskonzept von Habermas: „Jenseits der Differenz von Stimme und Schrift nötigt die Auszeichnung ihrer Performativität zugleich zu einer Radikalisierung des Performativitätskonzepts selbst, das Habermas und vor ihm als dessen Begründer, John L. Austin und John R. Searle, allein auf die Logik der Kommunikation beschränkt haben: Engführung, die die Wirkungen der Stimme verfehlt, die stets der Wirksamkeit einer Alterität entspringt. Vornehmlich ist sie vom Ort des Subjekts her analysiert worden – wie überhaupt die Sprechakttheorie die Performativität des Gesprächs auf die

nochmals zu betonen, könnte von einer „Theologie des Lauschens" gesprochen werden. Lauschen meint ein aufmerksames Hinhören (das eine bestimmte Haltung voraussetzt) auf kleinste und leiseste Aspekte, die nicht vollständig fassbar sind und sich – in der posthermeneutischen Diktion – in ihrem Erscheinen bzw. Erschallen entziehen.

Ziel der Darstellungen war es nicht Hermeneutik oder Kritische Theorie durch eine Posthermeneutik zu überschreiben, sondern neben den erstgenannten wichtigen Referenztheorien für die Theologie, die Relevanz ergänzender zeitgenössischer kunst-und kulturwissenschaftlicher Theorien aufzuzeigen. Mittels posthermeneutischen Denkbewegungen werden – sozusagen vom „Anderen" her – die Stärken und Grenzen gängiger geisteswissenschaftlicher Theorien offensichtlich. Im kulturwissenschaftlichen Kontext ermöglicht ein posthermeneutisches Performativitätskonzept, Analysen aufbauend auf dem Modell „Kultur als Text" durch ein Modell „Kultur als Praktik" oder „Kultur als Szenen" zu ergänzen und somit durch diese „Wendung des Bezugs"[61] die „fraglose Vorentscheidung fürs Diskursive"[62] zu überdenken bzw. aus dem „Apriori der Interpretation"[63] herauszuspringen. Diese „Wendung des Bezugs" kann auf wissenschaftstheoretischer Ebene auch für die Theologie von Interesse sein. Durch Methoden und Denkbewegungen der Ästhetik des Performativen, die sich am Modell der „Aufführung"[64] orientieren, können über die Analyse des „Glaubensaktes" „Glaubensinhalte" unter neuem Licht betrachtet werden.[65]

Dies kann abschließend exemplarisch an einem Aspekt des „kontemplativen Gebets"[66] aufgezeigt werden: Beim kontemplativen Gebet stellt sich der/die Betende u. a. über die innere „Anrufung" bzw. das innere „Lauschen"

intentionale Struktur der Handlungen eines Sprechers als dem Subjekt der Kommunikation reduziert hat, denen der Hörer nur nachfolgt, ohne selbst aktiv ins Spiel zu kommen." (Mersch, Was sich zeigt, 123.) Ebenso vgl.: ders., Life-Acts, 37–38.

[61] Mersch, Posthermeneutik, 320.

[62] Ebd., 319.

[63] Ebd., 9.

[64] Vgl. dazu beispielsweise: Fischer-Lichte, Performativität, v. a. 45–72. Das Modell der „Aufführung" entstammt der Theaterwissenschaft. Vorrangig mittels künstlerischen Performances werden Grundgehalte des Performativen ausgearbeitet. Für die Thematik der Stimme, die nicht nur Transportmedium von Sinn ist, wäre beispielsweise auf die Performance „Empty Words" von John Cage zu verweisen. Vgl. dazu: Mersch, Ereignis, 278–289.

[65] Markante Anregungen ergeben sich aus der Beschäftigung mit der Ästhetik des Performativen für jegliche Bereiche der Theologie, wie beispielsweise unübersehbar für die Offenbarungstheologie.

[66] Vgl. zur praktischen Einführung ins kontemplative Gebet: Jalics, Exerzitien. Zur theologischen Reflexion desselben vgl. beispielsweise: Bobert, Jesus-Gebet.

des Namens „Jesus Christus" in die Gegenwart Gottes.[67] Der/die Betende geht davon aus, im Namen Christus zu begegnen. Die Pole der „aktiven" Produktion des Klangwortes und des „passiven"[68] Hinhörens fallen im Moment des Betens zusammen. Dieses Gebetsereignis auf der Hintergrundfolie der oben dargestellten Überlegungen zur Stimme einer Annäherung zu unterziehen, dient nicht nur einer Erläuterung der kontemplativen Gebetspraktik, sondern führt vor allem weiter in christologische Kernthematiken.[69] Offensichtlich wird zudem die Relevanz theologischer Materialobjekte für die kulturwissenschaftliche Forschung. So fallen beim inneren Beten des Namens Jesus Christus die Pole Aktivität und Passivität in einer komplexen Vielschichtigkeit zusammen, die bei zwischenmenschlichen sprachlichen Begegnungen in dieser Eindeutigkeit nicht ins Auge stechen. Die Analyse des kontemplativen Gebets ist somit ein weiterer Beitrag um sich Fragen wie folgender, aus dem kulturwissenschaftlichen Kontext, anzunähern: „Spricht die Stimme oder bedienen wir uns ihrer? Die Frage scheint falsch gestellt, trifft doch wohl beides gleichzeitig zu."[70]

Das Plädoyer für eine „Theologie des Lauschens" ist dann angemessen, wenn „Lauschen" nicht nur den Hörsinn angeht, sondern auf alle Sinne bezogen ist. Mittels des „Sinn"-Spruchs „Theologie des Lauschens" soll die Relevanz von Wahrnehmungsprozessen und -ereignissen für die theologische Reflexion herausgestrichen sowie gleichzeitig auf den für eine Annäherung an diese zur Verfügung stehenden kulturwissenschaftlichen Theorie- und Methodenfundus aufmerksam gemacht werden.[71]

---

[67] Vgl. beispielsweise zur Namensmystik, deren Ursprünge im orthodoxen Christentum ausgemacht werden können: Hagemeister, Imjaslavie.

[68] Wie weiter oben bei der Stimme angeführt, muss auch hier festgehalten werden, dass das Klangwort zuerst nicht nur aktiv erzeugt wird um kurz darauf passiv vernommen zu werden. Denn, das in diesem Fall „innere Sprechen" ist ebenso durch ein passives Moment gekennzeichnet, wie dem „inneren Lauschen" ein aktives Moment innewohnt.

[69] Vgl. dazu: „Die Stimme gibt dem Namen Fleisch, befreit das Wort vom Tod, das Licht reißt es aus der Nacht, die Musik fügt das Fleisch hinzu, verhärtet das Sanfte: Wie weit geht die Inkarnation?" (Serres, Sinne, 174.) Die Materialität der Stimme die dem Wort bzw. Namen (im kontemplativen Gebetsprozess) „Fleisch" verleiht ist beispielsweise eine Herausforderung für die Christologie.

[70] Kolesch, Spur, 276.

[71] Innerhalb der Theologie ist die Kategorie der „Wahrnehmung" gegenüber der „Erfahrung" noch unterbelichtet. Vgl. zur Übersicht über vielfältige theologische Erfahrungsmodelle die Zusammenstellung von: Heidemann, Erfahrung, 14–101. Ein Blick in die Analyse von Wahrnehmungsprozessen zeitgenössischer ästhetischer Ansätze erscheint mir für eine Arbeit an einer „theologischen Wahrnehmungslehre", i. S. einer „Theologie des Lauschens", als sehr lohnenswert. Vgl. dazu beispielsweise: Böhme, Aisthetik.

Literaturverzeichnis

Austin, J. L., How to do things with words, hg. von J. O. Urmson und M. Sbisà, Cambridge (Massachusetts) ²1962.

Barthes, R., Die Rauheit der Stimme, in: ders., Der entgegenkommende und der stumpfe Sinn. Kritische Essays (Bd. 3), aus dem Französischen von Dieter Hornig, Frankfurt/Main 1990, 269–278.

Barthes, R., Zuhören, in: ders., Der entgegenkommende und der stumpfe Sinn. Kritische Essays (Bd. 3), aus dem Französischen von Dieter Hornig, Frankfurt/Main 1990, 249–263.

Bobert, S., Jesus-Gebet und neue Mystik. Grundlagen einer christlichen Mystagogik, Kiel ²2012.

Böhme, G., Aisthetik. Vorlesungen über Ästhetik als allgemeine Wahrnehmungslehre, München 2001.

Fischer-Lichte, E., Ästhetik des Performativen, Frankfurt/Main 2004.

Fischer-Lichte, E., Performativität. Eine Einführung, Bielefeld 2012.

Hagemeister, M., Imjaslavie – imjadejstvie. Namensmystik und Namensmagie in Russland (1900–1930), in: Petzer, T. [u. a.] (Hg.), Namen. Benennung – Verehrung – Wirkung. Positionen der europäischen Moderne (LiteraturForschung 8), Berlin 2009, 77–98.

Hantelmann, D. von, How to do things with art. Zur Bedeutsamkeit der Performativität von Kunst, Zürich–Berlin 2007.

Heidemann, A., Religiöse Erfahrung als theologische Kategorie. Grenzgänge zwischen Zen und christlicher Theologie, Paderborn 2013.

Hempfer, K. W./Volbers, J., Vorwort, in: dies. (Hg.), Theorien des Performativen. Sprache – Wissen – Praxis. Eine kritische Bestandsaufnahme, Bielefeld 2011, 7–12.

Jahraus, O., Die Kategorie der Gegenwart, in: Fritz, E. [u. a.] (Hg.), Kategorien zwischen Denkform, Analysewerkzeug und historischem Diskurs, Heidelberg 2012, 105–125.

Jalics, F., Kontemplative Exerzitien. Eine Einführung in die kontemplative Lebenshaltung und in das Jesusgebet, Würzburg ¹³2011.

Knauer, P., Der Glaube kommt vom Hören – Ökumenische Fundamentaltheologie. 6. neubearbeitete und erweiterte Auflage, Freiburg–Basel–Wien 1991.

Kolesch, D., Die Spur der Stimme. Überlegungen zu einer performativen Ästhetik, in: Epping-Jäger, C./Linz, E. (Hg.), Medien/Stimmen (Mediologie 9), Köln 2003, 267–281.

Kolesch, D./Krämer, S., Stimmen im Konzert der Disziplinen. Zur Einführung in diesen Band, in: Stimme. Annäherung an ein Phänomen, Frankfurt/Main 2006, 7–15.

Mersch, D., Ereignis und Aura. Untersuchungen zu einer Ästhetik des Performativen, Frankfurt/Main 2002.

Mersch, D., Gibt es Verstehen?, in: Albrecht J. [u. a.] (Hg.), Kultur Nicht Verstehen, Zürich 2005, 109–126.

Mersch, D., Life-Acts. Die Kunst des Performativen und die Performativität der Künste, in: Klein, G./Sting, W. (Hg.), Performance. Positionen zur zeitgenössischen szenischen Kunst, Bielefeld 2005, 33–50.

Mersch, D., Paradoxien, Brüche, Chiasmen. Strategien künstlerischen Forschens, in: ders./Ott, M. (Hg.), Kunst und Wissenschaft, München 2007, 91–101.

Mersch, D., Posthermeneutik (DZP Sonderband 26), Berlin 2010.

Mersch, D., Präsenz und Ethizität der Stimme, in: Stimme. Annäherung an ein Phänomen, Frankfurt/Main 2006, 211–236.

Mersch, D., Was sich zeigt. Materialität, Präsenz, Ereignis, München 2002.

Pechriggl, A., Chiasmen. Antike Philosophie von Platon zu Sappho – von Sappho zu uns, Bielefeld 2006.

Rahner, K., Hörer des Wortes. Zur Grundlegung einer Religionsphilosophie, München 1963.

Rolf, E., Der andere Austin. Zur Rekonstruktion/Dekonstruktion performativer Äußerungen – von Searle über Derrida zu Cavell und darüber hinaus, Bielefeld 2009.

Serres, M., Die fünf Sinne. Eine Philosophie der Gemenge und Gemische, übersetzt von Michael Bischoff, Frankfurt/Main 1993.

Waldenfels, B., Stimme am Leitfaden des Leibes, in: Epping-Jäger, C./Linz, E. (Hg.), Medien/Stimmen (Mediologie 9), Köln 2003, 19–35.

Waldenfels, H., Der Glaube kommt vom Hören, in: ThPQ 159 (2011) 363–369.

Wirth, U., Der Performanzbegriff im Spannungsfeld von Illokution, Iteration und Indexikalität, in: ders. (Hg.), Performanz. Zwischen Sprachphilosophie und Kulturwissenschaften, Frankfurt/Main 2002, 9–60.

III. Kritische Theorie und Theologie

Zum zwiespältigen Verhältnis der Kritischen Theorie zur „Religion"

Ein Blick auf Benjamin, Adorno und Horkheimer[1]

Rudolf Langthaler

Zunächst sollen einige Leitmotive vergegenwärtig werden, die in den „theologisch“ inspirierten Debatten zwischen Adorno, Benjamin und Horkheimer in den 30er-Jahren bestimmend waren. Die berühmt gewordene damalige Kontroverse zwischen Benjamin und Horkheimer einerseits, und ein beinahe gleichzeitig dazu erfolgter intensiver Gedankenaustausch zwischen Adorno und Benjamin über diese Themen erweist sich nicht nur für Adornos damaliges Verhältnis zu beiden als höchst aufschlussreich; sie sind in mancher Hinsicht auch für erst später ausgebildete (bzw. wiederkehrende) motivliche Konstellationen im Denken Adornos bestimmend geworden. Vor diesem Hintergrund soll sich sodann aber zeigen, dass die spätere Rezeption dieser Kontroversen bei Adorno und Horkheimer selbst mit Rücksicht auf jene maßgebenden Motivlagen der 30er-Jahre bemerkenswerterweise nicht nur in unterschiedlicher Weise verlief, sondern diesbezüglich für deren spätere Denkwege in mancher Hinsicht geradezu gegenläufige Entwicklungen bestimmend wurden.

1. Eine kurze Anmerkung zur Horkheimer-Benjamin-Kontroverse

Bekanntlich konzentrierte sich die zwischen Benjamin und Horkheimer (Mitte der 30er-Jahre) ausgetragene Debatte (im Kontext von „Überlegungen zum dialektischen Materialismus“ und einer Kritik an traditionellen geschichtsphilosophischen Entwürfen) vor allem auf die strittige Frage der „Unabgeschlossenheit der Vergangenheit“. Schon zuvor hatte Horkheimer in einem Aufsatz nicht nur das Obsolet-Werden traditioneller religiöser Einstellungen und den Untergang der Metaphysik (als einer Säkularisierung der Religion) betont: „Das völlige Freisein von jedem Glauben an die Existenz einer von der Geschichte unabhängigen und sie doch bestimmenden Macht – dieser Mangel gehört zur primitivsten intellektuellen

[1] Eine ausführlichere Version dieses Aufsatzes findet sich, in: Langthaler, Zu Adornos zwiespältigem Verhältnis, 379–421.

Klarheit und Wahrhaftigkeit des modernen Menschen."[2] Unter diesen Vorzeichen, so betont Horkheimer wenig später, kommt auch einer kritischen Geschichtswissenschaft nunmehr eine besondere Aufgabe zu bzw. muss der kritische Historiker eine besondere Rolle übernehmen, weil die „Ausübung dieser besonderen … Fähigkeit, das Entschwundene im Gedächtnis zu bewahren", einzig „das Geschäft des Historikers" sei: „Denn durch dessen „absichtliches Ordnen und Bewahren", so Horkheimer, mache „die Historie sich selbst nicht bloß zum Werkzeug für bessere gesellschaftliche Verhältnisse, sondern auch zum Spiegel der vergangenen Ungerechtigkeit. Was den Menschen, die untergegangen sind, geschehen ist, heilt keine Zukunft mehr. Sie werden niemals aufgerufen, um in der Ewigkeit beglückt zu werden. Natur und Gesellschaft haben ihr Werk an ihnen getan, und die Vorstellung des Jüngsten Gerichts, in welche die unendliche Sehnsucht von Bedrückten und Sterbenden eingegangen ist, bildet bloß einen Überrest des primitiven Denkens, das die nichtige Rolle des Menschen in der Naturgeschichte verkennt und das Universum vermenschlicht. Inmitten dieser unermesslichen Gleichgültigkeit kann allein das menschliche Bewusstsein die Stätte bilden, bei der erduldetes Unrecht aufgehoben ist, die einzige Instanz, die sich nicht zufrieden gibt… Jetzt, wo das Vertrauen auf das Ewige zerfallen muss, bildet die Historie das einzige Gehör, das die gegenwärtige und selbst vergängliche Menschheit den Anklagen der vergangenen noch schenken kann."[3]

Und direkt an die Adresse Benjamins bzw. gegen von Benjamin in geschichtsphilosophischem Kontext geltend gemachte theologische Motive über die „Unabgeschlossenheit des Vergangenen", betont der berühmte Einspruch Horkheimers (in einem Brief an Benjamin im Frühjahr 1937), Benjamins „Feststellung der Unabgeschlossenheit sei idealistisch, wenn die Abgeschlossenheit nicht in ihr aufgenommen ist. Das vergangene Unrecht ist geschehen und abgeschlossen. Die Erschlagenen sind wirklich erschlagen. Letzten Endes ist Ihre [Benjamins] Aussage theologisch. Nimmt man die Unabgeschlossenheit ganz ernst [was Benjamin macht], so muss man an das Jüngste Gericht glauben. Dafür ist mein Denken jedoch zu sehr materialistisch verseucht. Vielleicht besteht in Beziehung auf die Unabgeschlossenheit ein Unterschied zwischen dem Positiven und Negativen, so dass das Unrecht, der Schrecken, die Schmerzen der Vergangenheit irreparabel sind. Die geübte Gerechtigkeit, die Freuden, die Werke verhalten sich anders zur Zeit, denn ihr positiver Charakter wird durch die Vergänglichkeit weitgehend negiert. Dies gilt zunächst im individuellen Dasein, in welchem nicht

[2] Horkheimer, Atheismus und Religion, 286.

[3] Horkheimer, Zu Bergsons Metaphysik, 341.

das Glück, sondern das Unglück durch den Tod besiegelt wird. Das Gute und das Schlechte verhalten sich nicht in gleicher Weise zur Zeit."[4] Von diesem zunächst kritisch gegen Benjamin gewendeten Motiv wurde der späte Horkheimer offenbar selbst „eingeholt".[5]

Es war wohl nicht zuletzt Adornos Würdigung seiner früheren „theologischen" Motive und der daraus gewonnene Rückhalt, die Benjamin[6] gegenüber Horkheimer sodann wiederum zu dem eindringlichen „Korrektiv" provozierten: „Das Korrektiv dieser Gedankengänge [Horkheimers] liegt in der Überlegung, dass die Geschichte nicht allein eine Wissenschaft, sondern nicht minder eine Form des Eingedenkens ist. Was die Wissenschaft ‚festgestellt' hat, kann das Eingedenken modifizieren. Das Eingedenken kann das Unabgeschlossene (das Glück) zu einem Abgeschlossenen und das Abgeschlossene (das Leid) zu einem Unabgeschlossenen machen. Das ist Theologie; aber im Eingedenken machen wir eine Erfahrung, die uns verbietet, die Geschichte grundsätzlich atheologisch zu begreifen, so wenig wir sie in unmittelbar theologischen Begriffen zu schreiben versuchen dürfen."[7]

So, als ob Benjamin damit jener von Horkheimer dem „Historiker als Retter" bzw. der „Historie" zugedachten Rolle – das „einzige Gehör, das die gegenwärtige und selbst vergängliche Menschheit den Anklagen der vergangenen noch schenken kann" – die darin zu Tage tretende (buchstäblich hoffnungslose) Überforderung ironischerweise noch einmal vor Augen führen wollte, nehmen sich seine bemerkenswerten motivlichen Anleihen bei dem Neukantianer H. Lotze in den Entwürfen zu Benjamins Passagen-Werk aus. Nicht zuletzt das Theologumenon einer „restitutio ad integrum" würdigte Benjamin, von Lotze inspiriert, als ein provokantes und auch als

[4] Benjamin, Passagen-Werk (Bd. 1), 588–589.

[5] Siehe dazu weiter unten: Punkt 3.

[6] Bekanntlich wollte Benjamin sein ursprünglich geplantes Dissertations-Projekt der kantischen Geschichtsphilosophie widmen; er hat dieses zunächst von hohen Erwartungen begleitete Vorhaben jedoch schon bald (und zunehmend) skeptisch beurteilt und schließlich überhaupt fallen gelassen. Möglicherweise darf aber, trotz der Enttäuschung seiner „hochgespannten Erwartung", als eine späte Frucht dieser Auseinandersetzung mit Kant und der daraus gereiften Einsicht, dass bezüglich der für ihn zentralen Probleme der „Geschichtsphilosophie ... bei Kant im entscheidenden Sinne wohl erst dann etwas [zu] lernen [sei,] wenn wir sie für uns neu gestellt haben" (Benjamin, Briefe (Bd. 1), 161.159), jene strikt gegenläufige Perspektive einer „historischen Konstruktion" angesehen werden, die sich vielleicht noch einer Erinnerung an den von ihm (obgleich schon eher zurückhaltend) erwogenen neuen Zugang zur kantischen Geschichtsphilosophie „von der Ethik aus" (ebd. 176) verdankt. Einschlägige motivliche Spuren sind wohl auch noch in seinen Bezügen auf Lotze zu identifizieren. Die von Benjamin vornehmlich angemerkte geschichtsphilosophische Notwendigkeit einer Kritik des kantischen „Erfahrungsbegriffs" ist hier nicht zu verfolgen.

[7] Benjamin, Passagen-Werk (Bd. 1), 589. So Benjamin in seiner berühmten Antwort an M. Horkheimer.

denkwürdiges kritisches Motiv, zumal er darin jenes angezeigte imperfektische „es *war*" in das hoffend antizipierende „*was es gewesen sein wird*" gleichsam „aufgehoben" sah; den fortschritts-kritischen Sinn dieses theologischen Motivs wollte Benjamin mit Lotze – und wenigstens indirekt gegen Horkheimer – vor allem offenbar darin erkennen, dass dies sich nicht einfach mit der Erinnerung des „Unabgegoltenen" vergangener, „subjektlos" gewordener Hoffnungen begnügen will – und sich auch nicht begnügen darf. Gegen einschlägige zyklopische Verengungen und Borniertheiten machte Benjamin in der Gefolgschaft Lotzes, des „Kritikers des Fortschrittsbegriffs",[8] überdies geltend, „dass gewisse Relationsbegriffe ihren guten, ja vielleicht besten Sinn behalten, wenn sie nicht von vorne herein ausschließlich auf den Menschen bezogen werden. So dürfte von einem unvergesslichen Leben oder Augenblick gesprochen werden, auch wenn alle Menschen sie vergessen hätten. Wenn nämlich deren Wesen es forderte, nicht vergessen zu werden, so würde jenes Prädikat nichts Falsches, sondern nur eine Forderung, der Menschen nicht entsprechen, und zugleich auch wohl den Verweis auf einen Bereich enthalten, in dem ihr entsprochen wäre: auf ein Gedenken Gottes."[9]

Auch darin zeigt sich Benjamins besondere Sensibilität dafür, dass andernfalls jener selbst bloß abstrakte – weil eigentümlich subjektlos bleibende – Rekurs Horkheimers auf die unabgegoltenen Hoffnungen im „Gedächtnis der Historiker", die ihrer Unabgegoltenheit indes stillschweigend die *Hoffenden selbst* opfern würde. Wäre doch gerade der moralische Vernunftanspruch und die ihn belebende leid-sensible Erinnerung an die „Geschichte als Leidensgeschichte der Welt" viel zu gering veranschlagt, wollte es sich in der Tat lediglich auf das Unabgegoltene vergangener Hoffnungen und Klagen beschränken. Dem jenem „Historiker als Retter" von Horkheimer zugemuteten Anspruch wird durch Benjamins provokante Inanspruchnahme des „Gedenkens Gottes" jedoch nicht nur dessen hoffnungslose

[8] Von Lotze ist offenbar auch der Hinweis inspiriert: „Der Fortschrittsbegriff musste von dem Augenblick an der kritischen Theorie der Geschichte zuwiderlaufen, da er nicht mehr als Maßstab an bestimmte historische Veränderungen herangebracht wurde, sondern die Spannung zwischen einem legendären Anfang und einem legendären Ende der Geschichte ermessen sollte. Mit andern Worten: sobald der Fortschritt zur Signatur des Geschichtsverlaufes *im ganzen* wird, tritt der Begriff von ihm im Zusammenhange einer unkritischen Hypostasierung statt in dem einer kritischen Fragestellung auf. Dieser letztere Zusammenhang ist in der konkreten Geschichtsbetrachtung daran kenntlich, dass er den Rückschritt zumindest ebenso scharf umrissen als irgendeinen Fortschritt ins Blickfeld rückt." (Benjamin, Passagen-Werk (Bd. 1), 598–599) Bezüglich des „Fortschritts" vgl. auch Benjamins Rekurs auf den Neukantianer H. Lotze, in: Benjamin, Passagen-Werk (Bd. 1), 602.

[9] Benjamin, Gesammelte Schriften (Bd. 4.1), 10. „Der Gedanke des Opfers kann sich nicht ohne den der Erlösung durchsetzen." (Benjamin, Gesammelte Schriften (Bd. 1.3), 1244–1245)

Überforderung vor Augen geführt, sondern ebenso die Mahnung, sich nicht mit dem noch Unabgegoltenen vergangener Hoffnungen begnügen zu dürfen, zumal dies doch zuletzt auf ein stillschweigendes Einverständnis zur Preisgabe der hoffenden Subjekte selbst hinausliefe. Möglicherweise enthält Benjamins Anknüpfung an Lotze ja auch eine indirekte Kritik an Adornos/Horkheimers Forderung, es sei „um die Einlösung der vergangenen Hoffnung ... zu tun", wenn dies doch nicht an „die Hoffenden" selbst heranreicht. Nur nebenbei sei angemerkt, dass ein kantischer Hintergrund in diesen motivlichen Bezügen wohl unüberhörbar ist. Vor allem sind es die in Benjamins Entwürfen zum Passagen-Werk – insbesondere in seinem (zustimmenden) Rekurs auf Lotzes Schrift „Mikrokosmos" – zutage tretenden aufschlussreichen Motive, die an dieser Nahtstelle von Geschichts- und Religionsphilosophie zentrale kantische Fragestellungen berühren.[10]

Daraus versteht sich auch Benjamins ausdrücklicher „postulatorischer" Hinweis auf die „Verbindung des Gedankens des Fortschritts mit dem der Erlösung bei Lotze: ‚Weil der Sinn der Welt sich in Widersinn verkehren würde, weisen wir den Gedanken zurück, dass ins Endlose die Arbeit vergehender Geschlechter nur denen zu Gut komme, die ihnen folgen, für sie selbst aber unwiederbringlich verloren gehe.' ... Das darf nicht sein, wenn nicht die Welt selbst mit dem ganzen Aufgebot ihrer geschichtlichen Entwicklung als ein unverständlicher und vergeblicher Lärm erscheinen soll... Dass, in welcher geheimnisvollen Weise es auch sein mag, der Fortschritt der Geschichte doch auch für sie geschieht: dieser Glaube erst gestattet uns, von einer Menschheit so zu sprechen, wie wir es tun: ... Lotze nennt das ‚den Gedanken einer Aufbewahrung und Wiederbringung'..."[11] Darauf zielt

[10] Dass Lotze hier in aufschlussreicher Weise für Benjamin als Brückenschlag zu geschichtsphilosophischen Motiven Kants fungiert, verdeutlicht sein Hinweis auf „Lotze als Kritiker des Fortschrittsbegriffs: ‚Es ist kein ... klarer Gedanke, sich die Erziehung auf die Reihenfolge der menschlichen Geschlechter verteilt zu denken und spätere die Früchte genießen zu lassen, die aus der unbelohnten Anstrengung, oft aus dem Elend der frühern hervorwachsen. Von edlen Gefühlen eingegeben ist es dennoch eine unbesonnene Begeisterung, die Ansprüche der einzelnen Zeiten und der einzelnen Menschen gering zu achten, und über all ihr Missgeschick hinwegzusehen, wenn nur die Menschheit im Allgemeinen fortschreite ... Es kann keinen Fortschritt ... geben, der nicht ein Zuwachs an Glück und Vollkommenheit in denselben Gemütern wäre, welche vorher unter einem unvollkommenen Zustande litten.'" (Benjamin, Passagen-Werk (Bd. 1), 599) Zu Benjamins geschichts-kritischen Bezügen auf Lotze vgl.: Ebd., 599 ff. Dass diese Lotze'schen/Benjamin'schen Motive ein wichtiges Scharnier zwischen Geschichts- und Religionsphilosophie darstellen, ist nicht zu übersehen; gleichwohl dürfen sie nicht sogleich nur religionsphilosophisch-theologisch „besetzt" werden, weil andernfalls der darin enthaltene Stachel für eine kritische Geschichtsphilosophie nicht mehr erkennbar wäre.

[11] Benjamin, Passagen-Werk (Bd. 1), 600.
In diesen Lotze'schen Kategorien sah Benjamin offenbar noch am ehesten dem Verbot Rechnung getragen, die Geschichte „unmittelbar in theologischen Begriffen zu schreiben". „Die Ahnung, dass wir nicht verloren sein werden für die Zukunft, dass die, welche vor uns

wohl auch Benjamins daran geknüpfter – ebenfalls von Lotze inspirierter – Rekurs auf eine „geheime Verabredung zwischen den gewesenen Geschlechtern und unserem“[12], der sich aus der „Idee der Menschheit“ begründet.

Die skizzierte frühe Kontroverse zwischen Benjamin und Horkheimer hat der junge Adorno, der mit beiden in enger Verbindung stand, nicht nur mit Aufmerksamkeit verfolgt; ebenso hat er dazu auch beiden gegenüber, in aufschlussreicher Weise Stellung genommen. Bevor davon die Rede sein soll, möchte ich noch eine allgemeine Bemerkung zu Adornos Haltung zu „Metaphysik und Religion“ vorausschicken: Auch wenn sich auf seinem späteren Denkweg manche Perspektiven verschoben haben, so wird schon beim frühen Adorno sichtbar, dass seine vielfältigen Äußerungen zum Thema „Metaphysik und Religion“ wohl kaum auf einen gemeinsamen Nenner zu bringen, sondern eine eigentümliche Spannung sichtbar machen: So stehen der frühen Verabschiedung von Metaphysik und Religion – als obsolet gewordenen und einander ablösenden Bewusstseinsgestalten bzw. als unwiderruflich überwundenen „Wegen des Bewusstseins von gestern“ – die nicht weniger eindeutige Anerkennung dessen gegenüber, was philosophisch-spekulatives Denken zweifellos der Erbschaft von Religion und Theologie zu verdanken hat. Daran ist der Anspruch geknüpft, dass eine kritische Aneignung mit der „Aufhebung“ ihrer als unaufgebbar angesehenen Sinngehalte nicht nur vereinbar ist, sondern dies geradezu unverzichtbar macht. Unbeirrbar hielt Adorno jedoch daran fest, dass „nichts an theologischem Gehalt unverwandelt fortbestehen [wird]; ein jeglicher wird der Probe sich

gewesen sind, zwar ausgeschieden sind aus dieser irdischen, aber nicht aus aller Wirklichkeit, und dass, in welcher geheimnisvollen Weise es auch sein mag, der Fortschritt der Geschichte doch auch für sie geschieht: dieser Glaube erst gestattet uns, von einer Menschheit und von ihrer Geschichte so zu sprechen, wie wir es tun.“ (Lotze, Mikrokosmos, 51) „Und so weiter in infinitum, bis die ganze Vergangenheit in einer historischen Apokatastasis in die Gegenwart eingebracht ist.“ (Benjamin, Passagen-Werk (Bd. 1), 573)

[12] Benjamin, Über den Begriff der Geschichte, 693. „Die Vergangenheit führt einen heimlichen Index mit, durch den sie auf die Erlösung verwiesen wird. Streift denn nicht uns selber ein Hauch der Luft, die um die Früheren gewesen ist? Ist nicht in Stimmen, denen wir unser Ohr schenken, ein Echo von nun verstummten? … Ist dem so, dann besteht eine geheime Verabredung zwischen den gewesene Geschlechtern und unserem. Dann sind wir auf der Erde erwartet worden. Dann ist uns wie jedem Geschlecht, das vor uns war, eine schwache messianische Kraft mitgegeben, an welche die Vergangenheit Anspruch hat. Billig ist dieser Anspruch nicht abzufertigen.“ (Ebd., 693) Indes, „schwach“ bleibt (nicht zuletzt einer kantischen Lesart zufolge) diese uns „mitgegebene messianische Kraft“ nicht zuletzt deshalb, weil sie sich lediglich auf den „Gott in uns“, auf seine „moralische Sensibilität“ und die darauf begründete Hoffnung zu stützen vermag. Dass dem „Gedächtnis der Namenlosen … die historische Konstruktion geweiht“ (Benjamin, Gesammelte Schriften (Bd. 1.3), 1241) ist, bestätigt dies lediglich.

stellen müssen, ins Säkulare, Profane einzuwandern“[13], denn allein in bzw. durch eine solche „Eindringung ins Profane“ seien jene Gehalte noch als „lebendige“ zu retten. Ungebrochen-affirmative Wiederbelebungsversuche stehen jedenfalls unter prinzipiellem Ideologieverdacht: „denn so gewiss es wahr ist, dass die großen Gehalte der Philosophie und der Metaphysik genetisch aus der Theologie ebenso entsprungen sind wie sie Elemente der Erfahrung in sich enthalten“, so sei es jedoch „die Frage, ob nicht gerade von ihrem Ziel her teleologisch, also durch ihre Verwandlung, ja gerade durch ihre Säkularisierung diese Gehalte eigentlich substantiell werden“. Ähnliches habe auch für einen kritischen Umgang mit der traditionellen Metaphysik zu gelten: Dem unvermeidlich nüchternen Befund, „Aufklärung lässt vom metaphysischen Wahrheitsgehalt so gut wie nichts übrig“, also einerseits zuzustimmen und dennoch „metaphysischen“ Intentionen – nicht zuletzt denjenigen Kants – im Sinne einer „kritischen Rettung der Metaphysik“ gleichermaßen treu zu bleiben: Solche Spannung auszuhalten wollte Adorno offenbar sowohl den kritischen Verteidigern als auch den „kritischen Kritikern“ von Religion und Metaphysik durchaus zumuten. Etwas davon wird beim frühen Adorno auch in seiner Stellungnahme zu Horkheimers Motiv des „Historikers als Retter“ und zu dessen daran geknüpfter Kontroverse mit Benjamin sichtbar. Zunächst also einige Anmerkungen:

2. Zu Adornos Würdigung von Horkheimers frühem Motiv des „Historikers als Retter“ und zu seiner Rezeption des Motivs der „Rettung des Hoffnungslosen“ (W. Benjamin)

Wiederholt hat Adorno Horkheimers Motiv des „Historikers als Retter“ ausdrücklich gewürdigt. So heißt es in einem Brief Adornos an Horkheimer: „Ich finde Ihre Ausführungen über den „Historiker als Retter“ ganz „außerordentlich“, diese Stelle über den „Historiker als Retter“ hat mich „im höchsten Maße ergriffen – es ist erstaunlich, wie völlig hier die Konsequenzen Ihres ‚Atheismus‘ (an den ich freilich je weniger glaube, je vollkommener er sich expliziert: denn mit jeder Explikation steigt seine metaphysische Gewalt) solchen aus meinen theologischen Intentionen begegnen, die Ihnen so unbehaglich sein mögen wie sie wollen, aber deren Konsequenzen jedenfalls (eben) in nichts von Ihren sich unterscheiden – könnte ich doch das Motiv der Rettung des Hoffnungslosen als Zentralmotiv aller meiner Versuche einsetzen, ohne dass mir ein Mehr zu sagen bliebe“; gleichwohl – so lautet Adornos behutsame, in der Sache jedoch wichtige

[13] Adorno, Vernunft und Offenbarung, 608.

kritische Ergänzung – möchte er gegenüber Horkheimer „zu jener historischen Verzeichnung des Leidens und des Nichtgewordenen den Leser hinzudenken, von dem Sie schweigen und der doch der einzige Leser wäre, dem diese Geschichte des kreatürlichen Leidens zugeeignet wäre. Und freilich glaube ich: so wie keiner seiner Gedanken ein Recht zu atmen hätte, wenn er nicht, Ihrem Atheismus konfrontiert, sich als unverhüllend und wahr erwiese, so sicher wäre keiner Ihrer Gedanken zu denken ohne dies Wozu als Kraftquelle durch den Tod hindurch, die umso gewaltiger in Ihre Erkenntnisse hineinwirkt, je dichter [Sie] diese dagegen absperren."[14]

Ebenso zeigte sich Adorno in einem späteren Brief von Horkheimers Kommentar „Zu Theodor Haeckers Der Christ und die Geschichte" zwar „aufs stärkste beeindruckt"; gleichwohl machte er erneut, nunmehr in direktem Verweis auf Benjamins Essay über Goethes „Wahlverwandtschaften", einen ähnlichen Einwand geltend, der ebenso auf sein späteres „Zentralmotiv", „die Rettung des Hoffnungslosen", verweist: „Sie sagen, es sei der Jenseits-Hoffnung der Katholiken und dem bürgerlichen schlechten Materialismus gemeinsam, ‚dass ihr Handeln wesentlich auf das Wohl der eigenen Person bezogen war'. Ich glaube, hier tun Sie dem theologischen Motiv unrecht. Denn die verzweifelte Hoffnung, in der allein das an Religion mir zu sein scheint, worin sie mehr ist als verhüllend, ist nicht sowohl die Sorge um das eigene Ich als vielmehr die, dass man Tod und unwiederbringliches Verlorensein des geliebten Menschen – oder Tod und Verlorensein derer, denen Unrecht geschah, nicht denken kann, und selbst heute kann ich oft nicht verstehen, wie man ohne Hoffnung für jene auch nur einen Atemzug zu tun vermöchte. Benjamin hat im dritten Kapitel der Wahlverwandtschaften-Arbeit … ausgesprochen, dass die Hoffnung allein für den anderen gilt und nie für den Hoffenden, und so, glaube ich, hält es auch die jüdische Theologie. Vielleicht ist es nur dieser winzige Zug, der es mir nicht gestattet, hier alles dem Erdboden gleichzumachen. Aber ich weiß freilich, dass für lang und vielleicht für unsere Lebenszeit davon zu schweigen ist."[15]

Adorno nimmt hier also ausdrücklich Bezug auf Benjamins berühmten Aufsatz über „Goethes Wahlverwandtschaften"; ihn beschließt jener denkwürdige (vielzitierte) Satz, dass „die letzte Hoffnung niemals dem eine ist, der sie hegt, sondern jenen allein, für die sie gehegt wird… So rechtfertigt am Ende die Hoffnung den Schein der Versöhnung, und der Satz Platons, widersinnig sei es, den Schein des Guten zu wollen, erleidet seine einzige Ausnahme. Denn der Schein der Versöhnung darf, ja er soll gewollt werden;

[14] Brief Adornos an Horkheimer, 328.
[15] Brief Adornos an Horkheimer, 34–35.

er allein ist das Haus der äußersten Hoffnung. . Elpis bleibt das letzte der Urworte: die Gewissheit des Segens, den in der Novelle die Liebenden heimtragen, erwidert die Hoffnung auf Erlösung, die wir für alle Toten hegen. Sie ist das einzige Recht des Unsterblichkeitsglaubens, der sich nie am eigenen Dasein entzünden darf."[16] Obwohl Horkheimer in seiner Antwort Adornos „eigenen Gedanken" der „verzweifelten Hoffnung" „gar nicht ... verschweigen" wollte, ja diesen Gedanken auch als ihm selbst „sehr nahe" würdigte, wollte er dennoch den daran geknüpften Einwand Adornos bezüglich des „theologischen Motivs" sowie die darin implizierte Affirmation des in Benjamins „Wahlverwandtschaften"-Aufsatz bestimmenden „Hoffnungs-Motivs" nicht akzeptieren. Jedenfalls ließ sich Horkheimer auch durch jene von Adorno so behutsam geäußerten Bedenken nicht von seiner energischen Kritik an den so unverhüllt zu Tage tretenden „theologischen Motiven" Benjamins abhalten.

Interessant ist mit Blick auf das Verhältnis des frühen Adorno zu Benjamin auch dies: Als besonders inspirierend hat Adorno, über seine schon früher bekundete „Übereinstimmung in den philosophischen Zentren" hinaus, vor allem Benjamins berühmtes Löschblatt-Motiv gewürdigt. Adorno bezieht sich dabei auf Benjamins berühmtes „Löschblatt"-Bild: „Mein Denken verhält sich zur Theologie wie das Löschblatt zur Tinte. Es ist ganz von ihr vollgesogen. Ginge es aber nach dem Löschblatt, so würde nichts, was geschrieben ist, übrig bleiben."[17] Adorno zeigte sich dabei besonders und im Sinne seines vorhin genannten Anliegens der „Profanisierung" (theologischer Gehalte) von der in diesem „Gleichnis vom Löschblatt" erkennbaren Intention Benjamins beeindruckt, „die Kraft der theologischen Erfahrung anonym in der Profanität mobil zu machen"[18]. Damit ging Adorno offenbar nun noch einmal wesentlich weiter als in seiner schon einige Jahre zuvor – ziemlich zeitgleich mit seiner angeführten Debatte mit Horkheimer – bekundeten Zustimmung zu Benjamins Motiv des „Chiffernwesens unserer Theologie" bzw. zu dem „Bild von Theologie" als „inverser Theologie" und dem daran ausdrücklich geknüpften Vorbehalt, entschieden „auf jeden expliziten Gebrauch der theologischen Kategorien zu verzichten"[19].

---

[16] Benjamin, Goethes Wahlverwandtschaften, 332–333.

[17] Benjamin, Passagen-Werk (Bd. 1), 588.

[18] Brief Adornos an Benjamin, 324. Es ist dies eine auch mit Blick auf Habermas' Kennzeichnung des „Postsäkularen" interessante Bemerkung.

[19] Siehe Fußnote 15.

2.1. Späte Benjamin'sche Spuren bei Adorno – ihre unübersehbare Nähe zu kantischen Motiven

Jedoch war auch Adorno seinerseits, trotz seiner erwähnten Zustimmung zu Horkheimers Charakterisierung des „Historikers als Retter", nicht davon abzubringen, ungeachtet der genannten Einwände Horkheimers, für die in Benjamins Aufsatz über „Goethes Wahlverwandtschaften" maßgebenden Motive der „Rettung des Hoffnungslosen" und der verzweifelten Hoffnung nicht nur große Sympathie zu zeigen. Sie gewinnen vielmehr für sein eigenes Denken besonderes Gewicht und klingen auch später unüberhörbar nach. Gegenüber Nietzsches Einwand, „dass Hoffnung mit Wahrheit verwechselt werde" – aber eben auch gegen Horkheimers frühe Skepsis – verteidigte Adorno noch in (der für das Jahr 1945 datierten Reflexion Nr. 61 aus) den „Minima Moralia" dieses von Benjamin inspirierte Motiv der „verzweifelten Hoffnung" und verknüpfte Letzteres sodann in aufschlussreicher Weise mit demjenigen der „Rettung des Hoffnungslosen": „Am Ende ist Hoffnung, wie sie der Wirklichkeit sich entringt, indem sie diese negiert, die einzige Gestalt, in der Wahrheit erscheint. Ohne Hoffnung wäre die Idee der Wahrheit kaum nur zu denken, und es ist die kardinale Unwahrheit, das als schlecht erkannte Dasein für die Wahrheit auszugeben, nur weil es einmal erkannt ward."[20]

Ähnliche Gedanken klingen auch noch in der in seinen „Meditationen zur Metaphysik" (in der „Negativen Dialektik") ausgesprochenen Würdigung einer kritischen metaphysischen Denkform nach. Deren unaufgebbare Wahrheitsmomente werden darin im Kontext des kritischen Anliegens einer „Dialektik der Aufklärung" verortet, die das zu rettende bzw. erst freizulegende Sinnpotenzial der „metaphysischen Ideen" stets verteidigt hat – und zwar vor allem gegenüber einer sich selbst missverstehenden Aufklärung, gegen szientistisch reduzierte Vernunftkonzeptionen sowie gegen einen damit einhergehenden positivistisch gekürzten Wahrheitsbegriff. Eben dies: Eine positivistisch verstümmelte Aufklärung gewissermaßen „über sich selbst aufzuklären" – vor allem dieses kritische Anliegen hat Adorno stets als ein besonders inspirierendes Motiv und als bleibendes Verdienst des „Aufklärers" Kant gerühmt. Mehr noch: Vornehmlich mit Blick auf Kant setzte er gegenüber einer szientistisch-bornierten „metaphysischen Indifferenz" das unabweisliche „Bedürfnis der fragenden Vernunft" und deren

[20] Adorno, Minima Moralia, 110. Dass „ohne Hoffnung die Idee der Wahrheit kaum nur zu denken wäre", gewinnt erst im Lichte der späteren These ihren besonderen Sinn, wonach das „Bedürfnis, Leiden beredt werden zu lassen, … Bedingung aller Wahrheit" sei. (Adorno, Negative Dialektik, 29)

Bezug auf die klassischen Themen der „metaphysica specialis" als dasjenige ins Recht, „was den Menschen in höchst unideologischem Verstande das Dringlichste sein müsste... Nicht sind die Fragen gelöst, nicht einmal ihre Unlösbarkeit bewiesen. Sie sind vergessen, und wo man sie beredet, werden sie nur desto tiefer in ihren schlimmen Schlaf gesungen."[21]

Daraus erklärt sich (nebenbei bemerkt), dass noch in Adornos „Negativer Dialektik" ausdrückliche motivliche Anknüpfungen an die der „metaphysica specialis" zugehörigen kantischen „Vernunftideen" sowie an deren religionsphilosophischen Begründungszusammenhang zu finden sind – freilich nunmehr in „gebrochener" Gestalt, die darüber hinaus auch wichtige Neuakzentuierungen sichtbar macht. So ist es gewiss aufschlussreich, wie noch in späteren Passagen aus Adornos „Negativer Dialektik" jene frühen Motive der „verzweifelten Hoffnung", der „Rettung [als] der innerste Impuls jeglichen Geistes" sowie die „Hoffnung als der einzigen Gestalt, in der Wahrheit erscheint", in seiner kritischen Auseinandersetzung bzw. Aneignung mit der kantischen Vermittlung der Hoffnungsthematik nachklingen – obgleich sich inzwischen (entsprechend seiner späten Leitthese: „Metaphysik möchte gewinnen allein, wenn sie sich wegwirft.") die Akzente doch unverkennbar verschoben haben. Noch ein vielzitierter Passus der „Negativen Dialektik" bestätigt ganz unmissverständlich Adornos skeptische Distanz zu „metaphysischen Ideen" bzw. zu den „religiösen Kategorien" und gleichermaßen seine Sensibilität für deren Wahrheitsgehalt: „Die Kantische Rettung der intelligiblen Sphäre ist nicht nur ... protestantische Apologetik, sondern möchte auch in die Dialektik der Aufklärung dort eingreifen, wo sie in der Abschaffung von Vernunft selbst terminiert."[22] Demzufolge stellt sich in solcher Perspektive die Konstruktion der Unsterblichkeit als eines „Postulats der praktischen Vernunft" als Kants Verurteilung der „Unerträglichkeit des Bestehenden" dar „und bekräftigt den Geist, der sie erkennt. Dass keine innerweltliche Besserung ausreichte, den Toten Gerechtigkeit widerfahren zu lassen; dass keine ans Unrecht des Todes rührte, bewegt die kantische Vernunft dazu, gegen Vernunft zu hoffen. Das Geheimnis seiner Philosophie ist die Unausdenkbarkeit der Verzweiflung... Er hielt an den metaphysischen Ideen fest und verbot dennoch, vom Ge-

[21] Adorno, Negative Dialektik, 387. Adorno sähe, so Habermas, „im Wahrheitskern der liegen gelassenen Metaphysik ein transzendierendes, ein befreiendes Moment, das die dumpfe Immanenz eines alle Lebensbezirke durchdringenden Kapitalismus aufsprengen könnte". Gleichwohl ziele Adornos Intention „auf die Entbindung von abgespaltenen Potenzialen, die eine selbstvergessene Gesellschaft vor ihren eigenen Katastrophen schützen, sie gegen sich selbst immunisieren könnten" und sich dergestalt an einer „Transzendenz von innen" orientiere (so J. Habermas in seinem Kommentar zum Briefwechsel zwischen Adorno und Scholem: Vom Funken der Wahrheit, in: Die Zeit Nr. 15/2015).

[22] Adorno, Negative Dialektik, 377–378.

danken des Absoluten … überzuspringen in den Satz, das Absolute sei darum."[23] Wiederum nur beiläufig sei angemerkt: Unüberhörbar ist auch darin die Nähe zum kantischen Motiv der drohenden „Verzweiflung der Vernunft an sich selbst"[24], das sich ihm zufolge gewissermaßen als Negation des Interesses der Vernunft an ihrer „Selbsterhaltung" manifestiert und dem von ihm so bezeichneten „Vernunftunglauben"[25] innewohnt – er charakterisierte diesen näherhin als die „Maxime der Unabhängigkeit der Vernunft von ihrem eigenen Bedürfnis". Demgegenüber spiegeln sich in der „Tiefenstruktur" jener Hoffnung – zugleich die von Horkheimer der „Historie" zugedachte Bestimmung als „Spiegel der vergangenen Ungerechtigkeit" aufnehmend – augenfällig jene von Horkheimer und Benjamin inspirierten theologischen Motive einer „verzweifelten Hoffnung" bzw. der „Rettung des Hoffnungslosen" wider. Noch die thematisch einschlägigen Bezüge in Adornos späterer „Negativen Dialektik" sind von Benjamin'schen Intuitionen inspiriert – nicht zuletzt dessen berühmtes Motiv des „Eingedenkens der Natur im Subjekt"[26]; auch darin ist Adornos nüchternes Bewusstsein darüber aufbewahrt, dass andernfalls jener Rekurs auf die „Einlösung vergangener Hoffnungen" die leidenden und hoffenden Subjekte selbst gerade noch „außer sich" hätte (und somit eigentümlich „abstrakt" und deshalb „unwahr" bliebe). Dabei verbindet Adorno diese von Benjamin aufgenommenen Intuitionen erneut in eigentümlicher Weise mit Motiven der kantischen Religionsphilosophie. Die Glückseligkeit des „vernünftigen, aber endlichen Wesens" (wie Kant sagt) als unverzichtbares Moment der kantischen Idee des „höchsten Gutes" ist wohl – jenseits aller eudämonistischen Banalisierungen dieses Motivs – auch als Platzhalter jenes „Eingedenkens der Natur im Subjekt" zu verstehen.

Jene Motive der „verzweifelten Hoffnung" bzw. der „Rettung des Hoffnungslosen" fügen sich in Adornos kritischer Bezugnahme auf Kants Postulatenlehre nun zu einer höchst bemerkenswerten Gedankenfigur, die deren Hoffnungskonzeption auch als einen paradoxen Bezug auf die „Irreversibilität vergangenen Leidens" (Habermas) ausweisen will; sofern sie sich gegen jene angezeigte subjekt-vergessene Reduktion des Erinnerns auf das „Unabgegoltene der Hoffnungen" richtet, darf sie nunmehr ebenso als kritisches Korrektiv gegenüber dem Horkheimer'schen Motiv des „Historikers als Retter" gelesen werden. Adornos „opfer-zentrierte" Lesart der kantischen Postulatenlehre erweist sich auch insofern als „kantisch", als die

[23] Adorno, Negative Dialektik, 378.
[24] Kant, Werke (Bd. 3), 668.
[25] Vgl. Kants Orientierungs-Aufsatz, in: Kant, Werke (Bd. 3), 282.
[26] Adorno/Horkheimer, Dialektik der Aufklärung, 58.

ethikotheologische Konzeption Kants von vornherein eine privatistisch-engführende Fixierung auf die „eigene Glückseligkeit" verbietet und demgegenüber ausdrücklich die durchaus „uneigennützige" Orientierung an der Idee des „höchsten Gutes" als eines „Zwecks an sich selbst" betont, der auch nur so der kantischen Vernunft-Idee der „moralischen Welt" entspricht.

Noch in einer wichtigen anderen Hinsicht scheint dies auch ein Blick auf Adornos Einleitung zur „Negativen Dialektik" noch einmal zu bestätigen. Hier findet sich seine erneut jenes Motiv des „Eingedenkens der Natur im Subjekt" variierende (jedoch häufig nur verkürzt wahrgenommene) These (die offenkundig ein korrespondenztheoretisches Motiv in kritischer Absicht gemäß dem „Primat des Praktischen" akzentuiert): „Worin der Gedanke hinaus ist über das, woran er widerstehend sich bindet, ist seine Freiheit. Sie folgt dem Ausdrucksdrang des Subjekts. Das Bedürfnis, Leiden beredt werden zu lassen, ist Bedingung aller Wahrheit. Denn Leiden ist Objektivität, die auf dem Subjekt lastet; was es als sein Subjektivstes erfährt, sein Ausdruck, ist objektiv vermittelt."[27] Darin ist letztendlich wohl auch jenes „Urteilen-*Müssen*" des praktischen Vernunftbedürfnisses begründet, dem Kant deshalb auch den Vorrang gegenüber dem bloß hypothetischen „Urteilen-Wollen des theoretischen Vernunftgebrauchs" eingeräumt hat. Es darf nicht mit Zustimmung gedacht, d.h. eben: *geurteilt* werden, dass die „Idee der moralischen Welt" bzw. des „höchsten Gutes" eine bloße „Chimäre" sei, weil dies dem „Bedürfnis der fragenden Vernunft" zuwider wäre und den Anspruch der „unüberschreibaren Stimme der Vernunft"[28] verraten müsste.

Es sind vor allem diese in Anlehnung an die kantische Postulatenlehre in kritischer Absicht geltend gemachten Transzendenz-Motive, in denen Adorno – im Sinne jenes „Versuch[s] einer kritischen Rettung von Kants kritischer Metaphysik" – (in unübersehbarer Nähe zu Motiven Benjamins) den postulatorischen Impuls Kants als maßgebend identifiziert, „dass der Gedanke, der sich nicht enthauptet, in Transzendenz mündet, bis zur Idee einer Verfassung der Welt, in der nicht nur bestehendes Leid abgeschafft, sondern noch das unwiderruflich vergangene widerrufen wäre"[29]; es ist nicht zuletzt dieses sehr späte Motiv, in dem Adorno auch die Perspektive einer bloßen „Transzendenz von innen" und einer „Transzendenz ins Diesseits" sowie ein daran orientiertes Verständnis jenes Satzes, „Ohne Hoffnung ist kein Gutes", unverkennbar überschritten hat; damit ist auch angezeigt, dass

[27] Adorno, Negative Dialektik, 29.

[28] Kant, Werke (Bd. 4), 146.

[29] Adorno, Negative Dialektik, 395. Die Anerkennung dieses Motivs weist offenbar über die „Transzendenz von innen" hinaus (s.o. Fußnote 21).

seine kritische Anknüpfung an Kant sich mit der „Perspektive auf ein neues Jenseits im Diesseits“ (Habermas) noch nicht begnügen wollte.

Gleichwohl werden in Adornos Stellung zu Metaphysik und Religion auch motivliche Verschiebungen sichtbar, die hier wiederum nur berührt werden können. Die unter den Vorzeichen der Katastrophengeschichte des 20. Jahrhunderts und dem darin geschehenen Zivilisationsbruch unumgänglich gewordene Rückbindung „metaphysischer Fragen“ an „geschichtsphilosophische Reflexionen“ hat Adorno zunehmend in dem Zweifel darüber bestärkt, „ob metaphysische Erfahrung überhaupt noch möglich ist“ und ihm näherhin die Unmöglichkeit vor Augen geführt, „den geschichtsphilosophischen Sturz der metaphysischen Ideen zu verleugnen“[30]. Solcher Wandel ist freilich bis ins Terminologische zu verfolgen: Nicht, wie es noch in jener angeführten Reflexion der „Minima Moralia" geheißen hatte, die Hoffnung ist es nunmehr, welche als die „einzige[!] Gestalt, in der Wahrheit erscheint“[31], gelten darf, nicht mehr solche Hoffnungsgestalt untersteht folglich dem „Bilderverbot“ – es hat sich vielmehr „verschärft: Hoffnung auch nur zu denken, frevelt an ihr und arbeitet ihr entgegen. So tief ist die Geschichte der metaphysischen Wahrheit eingesenkt, die umsonst Geschichte verleugnet, die fortschreitende Entmythologisierung“[32]. Nun spricht tatsächlich einiges dafür, dass vom späteren Adorno jene zwar in der „Negativen Dialektik“ noch ausdrücklich anerkannten Motive substantieller „metaphysischer Erfahrung“ zunehmend – und zwar schon in den späteren Partien seiner „Negativen Dialektik“ selbst relativiert wurden – vornehmlich in dem Sinne, dass „ästhetische Erfahrung“ das Erfahrungspotenzial einer „in Profanität geflüchteten Metaphysik“ ersetzt. Indes, gerade deshalb bleibt auch zu fragen, ob das sich in solcher „ästhetischer Erfahrung“ artikulierende „Ist das denn alles?“ eines „vergeblichen Wartens“ noch an die Radikalität des himmelschreienden „Bewusstseins von dem, was fehlt“, heranreicht – d. h. ob letzteres nicht vielmehr „ästhetisch“ entschärft, gleichsam „besänftigt“ ist – d. h. ob der erfahrenen „Negativität“ derart nicht ihr Stachel genommen wird und so auch das schlechthin „Sinnwidrige“ nicht zum „ „Sinnlosen“ gemildert wird;

[30] Adorno, Negative Dialektik, 365.

[31] Siehe Fußnote 20.

[32] Adorno, Negative Dialektik, 394. Mit ihrer ästhetischen Transformation bzw. Verortung gewinnen auch jene frühen Motive Adornos offenbar einen veränderten Stellenwert. So betont er (im Februar 1964) ausdrücklich gegenüber Scholem: „Mir will es scheinen, und ich dächte, auch Sie müssten dazu neigen, dass die einzige Möglichkeit, sakrale Kunst, ebenso wie ihren philosophischen Wahrheitsgehalt, zu retten, heute in der rücksichtslosen Einwanderung ins Profane liegt“ (zit. nach Habermas 2015, s. o. Fußnote 21).

bleibt darin jene „unüberschreibare Stimme der Vernunft“ (s. o. Anm. 28) in ihrem Anspruch noch vernehmbar?

3. Zu Horkheimers später – gegenläufiger – Annäherung an Benjamin'sche Motive

Während Adornos Parteinahme und entschiedenes „Werben“ für die Leitmotive Benjamins gegenüber dem frühen Horkheimer zunächst erfolglos blieb, werden beim späten Horkheimer jedoch überraschenderweise ganz andere Motivlagen sichtbar: Treten beim späten Adorno jene von Benjamin inspirierten und – nicht zuletzt gegen Horkheimers Einwände – so emphatisch geltend gemachten Motive zunehmend in den Hintergrund bzw. werden diese durch die „ästhetische Erfahrung“ möglicherweise absorbiert, so gewinnen hingegen bei Horkheimer nunmehr überraschenderweise Motive einen besonderen Stellenwert, die geradezu als eine direkte Selbstkorrektur erscheinen und in den darin zutage tretenden gegenläufigen Intuitionen beinahe den Eindruck einer „Konversion“ gegenüber seiner früheren Benjamin-Kritik erwecken. Offensichtlich haben jene vom frühen Horkheimer ehemals als „theologisch“ disqualifizierten Motive ihn doch zeitlebens begleitet und ihn gleichermaßen zunehmend irritiert; sie kehren so bei ihm unverkennbar in Gestalt unerledigt gebliebener später Fragen wieder: „‚Wenn es keinen Gott gibt, braucht es mir nicht ernst zu sein‘, argumentiert der Theologe. Die Schreckenstat, die ich verübe, das Leiden, das ich bestehen lasse, leben nach dem Augenblick, in dem sie geschehen, nur noch im erinnernden Bewusstsein fort und erlöschen mit ihm. Es hat gar keinen Sinn zu sagen, dass sie dann noch wahr seien. Sie sind nicht mehr, sie sind nicht mehr wahr: beides ist dasselbe. Es sei denn, dass sie bewahrt blieben – in Gott. Kann man dies zugestehen und doch im Ernst ein gottloses Leben führen? Das ist die Frage der Philosophie“[33]; es waren nicht zuletzt solche Fragen, aus denen sich nach Kant das „Bedürfnis der fragenden Vernunft“ speist. In einem berühmten späten Interview hat sich Horkheimer dieses Motiv offenbar ganz zu eigen gemacht in dem Rekurs darauf, „dass das Unrecht nicht das letzte Wort sein möge. Diese Sehnsucht gehört zum wirklich denkenden Menschen.“[34]

[33] Horkheimer, Notizen 1950 bis 1969 und Dämmerung, 11. Die späte Nähe zu den (dem Neukantianer Lotze entlehnten) oben (siehe Fußnoten 8 und 10) angeführten Motiven Benjamins ist jedenfalls nicht zu übersehen.

[34] Horkheimer, Sehnsucht, 61.

Was Horkheimer in diesen späten „Notizen" als die „Frage der Philosophie" (und damit zusammenhängende Intuitionen) mit Nachdruck zur Geltung brachte, verdankt sich unverkennbar der hartnäckigen Erinnerung an jenen mit Benjamin geführten frühen – und unabgeschlossen gebliebenen – Disput; dies verrät offenbar die hartnäckige Irritation durch jene auf das „Eingedenken Gottes", auf die „Aufbewahrung und Wiederbringung" sowie auf die „Rettung der Phänomene" abzielenden frühen (dem Neukantianer Lotze entlehnten) Motive Benjamins. Vieles spricht dafür, als wollte Horkheimer ihnen – gegenüber seiner eigenen frühen Kritik an dem von Benjamin geltend gemachten „Verbot, Geschichte prinzipiell a-theologisch zu begreifen" – nunmehr selbst umso entschiedener Recht verschaffen, d.h. sie rehabilitieren: *So*, als ob daraus gleichsam seine späte Sensibilität dafür vernehmbar wird, dass mit jener von ihm ehemals der Historie zugedachten Aufgabe, in Wahrheit nicht nur das „Unabgegoltene" der Hoffnungen und Klagen als ein vergebliches endgültig preisgegeben wäre, sondern vor allem auch die Subjekte solcher Hoffnungen und Klagen selbst, stillschweigend noch einmal verraten würden …

Demgegenüber schien Horkheimer, gewissermaßen in ernüchterter Abkehr von jener von ihm ehemals dem „Historiker als Retter" zugedachten Rolle, nunmehr selbst geradezu darauf zu insistieren, dass auch jener Rekurs auf das Unabgegoltene der menschlichen Hoffnungen mitnichten an die erniedrigten, gequälten und gewesenen Opfer selbst heranreicht. Es war wohl dieses vorrangige Anliegen, das den späten Horkheimer besonders für diese Erfahrung der durch keine innerweltlichen Substitute zu mildernden Negativität sensibilisierte und sonach in seiner (jetzt nicht mehr als „theologisch" abgetanen) „Frage der Philosophie" in kaum überbietbarer Zuschärfung Ausdruck gefunden hat. Sie liest sich jedenfalls wie ein Widerruf seiner früheren (eingangs [vgl. Fußnote 1] schon zitierten) These: „Das völlige Freisein von dem Glauben an die Existenz einer von der Geschichte unabhängigen und sie doch bestimmenden Macht – dieser Mangel gehört zur primitivsten intellektuellen Klarheit und Wahrhaftigkeit des modernen Menschen."

In jener späten „Frage der Philosophie" kommt demgegenüber auch die schonungslose Einsicht in die unaufhebbare Aporie seiner frühen, dem „Historiker als Retter" bzw. der Historie zugedachten Ansprüche zum Ausdruck, die die verblasste Erinnerung an jene frühen Kontroversen beim späten Horkheimer nunmehr mit einer kritisch-aneignenden Erinnerung an Leitmotive Kants verknüpft und daraus auch neue Impulse schöpft: Letztere sieht er nunmehr selbst vor allem in der auf die Undenkbarkeit abzielenden Intuition gegründet, „dass das Unrecht, das die Geschichte beherrscht, endgültig sei", auch jener Rekurs auf den „Historiker als Retter" sich als ganz und gar ohnmächtig erweise. Daran knüpft sich indes die weitere Frage, ob Horkheimers späte Rehabilitierung jenes Benjamin'schen Motivs der „Unabgeschlossenheit des Vergangenen" vielleicht ebenso als ein indirekter Einspruch gegen jenes Ansinnen des späten Adorno gelten darf, die „kritische metaphysische Erfahrung" in „ästhetische Erfahrung" aufzuheben; möglicherweise impliziert dies nunmehr auch die gegenüber dem Freund behauptete Weigerung, jenes von Benjamin inspirierte Motiv der „Rettung des Hoffnungslosen" bzw. der „verzweifelten Hoffnung", in das „vergebliche Warten" ästhetischer Erfahrung überzuführen bzw. darin „aufzuheben".[35]

Demzufolge stünde paradoxerweise der späte Horkheimer jenen (ehemals gegen ihn selbst vertretenen) frühen Anliegen Adornos und Benjamins in mancher Hinsicht näher als der an einer ästhetischen „Aufhebung" der metaphysischen Ideen orientierten Einstellung des späten Adorno. An dessen Kennzeichnung der „Hoffnung, wie sie der Wirklichkeit sich entringt, indem sie diese negiert", als der „einzige[n] [!] Gestalt, in der Wahrheit erscheint" (vgl. Fußnote 20), erinnert auch, freilich in unverkennbar gebrochener Gestalt, Horkheimers spätes (vielzitiertes) Motiv (das auch in dem berühmten Spiegel-Interview anklingt; vgl. Fußnote 35): „Das Bewusstsein unserer Verlassenheit, unserer Endlichkeit, ist kein Beweis für die Existenz Gottes, sondern es kann nur die Hoffnung hervorbringen, dass es ein positives Absolutes gibt... Die Behauptung der Existenz eines allgütigen und allmächtigen Gottes sollte umgewandelt werden in die Sehnsucht nach der Existenz eines allgütigen und allmächtigen Wesens, das dafür sorgen wird, dass das sich in der Geschichte ereignende Unrecht nicht auf die Dauer ein solches Unrecht bleibt, dass der Mörder nicht über das unschuldige Opfer triumphiert."[36] Nur nebenbei sei angemerkt: Ein Blick auf Kants

[35] In seltsamer Spannung – ja wohl sogar im Gegensatz – zu Horkheimers frühem Einspruch gegen die Theologie-Nähe Benjamins steht ein – von W. Raberger gerne zitiertes – spätes Horkheimer-Diktum: „Man wird das Theologische abschaffen. Damit verschwindet das, was wir ‚Sinn' nennen, aus der Welt. Zwar wird Geschäftigkeit herrschen, aber eigentlich sinnlose." (Horkheimer, M./SPIEGEL, „Was wir ‚Sinn' nennen, wird verschwinden", 86)

[36] Horkheimer, Sehnsucht, 62. „Wenn ich beschreiben sollte, warum Kant am Gottesglauben festgehalten hat, so wüsste ich keinen treffenderen Hinweis als den auf eine Stelle bei Victor Hugo. Ich zitiere sie, wie sie mir in der Erinnerung haftet: Eine alte Frau geht über die Straße; sie hat Kinder erzogen und Undank geerntet, gearbeitet und lebt im Elend, geliebt und ist allein geblieben. Aber sie ist fern von allem Hass und hilft, wo sie kann. Jemand sieht sie ihren Weg gehen und sagt: ‚Ça doit avoir un lendemain', das muss ein Morgen haben. Weil sie nicht zu denken [d.h. wohl: mit *Zustimmung* denken, d. i. urteilen bzw. wollen] vermochten, dass das Unrecht, das die Geschichte beherrscht, endgültig sei, haben Voltaire und Kant einen Gott gefordert, nicht für sich selbst. Das höchste Gut im Jenseits ist die Verlängerung des Ziels, das sie im Diesseits sich stellten. In dem Begriffe von Gott und Sittlichkeit entdecken sie die eigene Gesinnung wieder, wie in dem von der Natur den eigenen Verstand." (Horkheimer, Kants Philosophie und die Aufklärung, 212) So erläuterte Horkheimer ein kantisches Motiv. Eben

berühmtes „Ich will, dass ein Gott sei…", und das darin sich artikulierende Vernunftinteresse, von dem man nach Kant indes aus moralischen Gründen „nichts nachlassen *darf*"[37], liegt natürlich wiederum nahe

Auch diese angeführte späte, unverkennbar „opfer-zentrierte" Perspektive revidiert Horkheimers frühe negative Ansicht über die „Unabgeschlossenheit der Vergangenheit" und steht offensichtlich jenen frühen Motiven Adornos – aber auch jenem „Eingedenken der Natur im Subjekt" – wesentlich näher – näher auch als die Aufhebung der „metaphysischen Erfahrung" in „ästhetische Erfahrung" beim späten Adorno.

Literaturverzeichnis

Adorno, Th. W., Brief Adornos an Benjamin vom 04.05.1938, in: Adorno, Th. W., Briefe und Briefwechsel (Bd. 1), hg. von Theodor-W.-Adorno-Archiv, Frankfurt/Main 1994, 324.

Adorno, Th. W., Brief Adornos an Horkheimer vom 25.02.1935, in: Horkheimer, M., Gesammelte Schriften (Bd. 15), hg. von G. Schmid Noerr, Frankfurt/Main 1995, 328.

Adorno, Th. W., Brief Adornos an Horkheimer vom 25.01.1937, in: Horkheimer, M., Gesammelte Schriften (Bd. 16), hg. von G. Schmid Noerr, Frankfurt/Main 1995, 34–35.

Adorno, Th. W., Briefe und Briefwechsel (Bd. 1), hg. von Theodor-W.-Adorno-Archiv, Frankfurt/Main 1994.

Adorno, Th. W., Gesammelte Schriften, hg. von R. Tiedemann unter Mitwirkung von G. Adorno, S. Buck-Morss und K. Schultz, Darmstadt 1998.

Adorno, Th. W., Minima Moralia, in: ders., Gesammelte Schriften (Bd. 4).

Adorno, Th. W., Negative Dialektik, Frankfurt/Main 1966.

Adorno, Th. W., Vernunft und Offenbarung, in: ders., Gesammelte Schriften (Bd. 10.2), 608–616.

Adorno, Th. W./Horkheimer, M., Dialektik der Aufklärung (Gesammelte Schriften, Bd. 3), Frankfurt/Main 1997.

Benjamin, W., Das Passagen-Werk (Bde. 1 und 2), hg. von R. Tiedemann, Frankfurt/Main 1982.

---

dies muss indes das „Gedächtnis des Historikers" als „Spiegel der Ungerechtigkeit" bzw. den „Auftrag, das Entschwundene im Gedächtnis zu bewahren", hoffnungslos überfordern. „Denn wenn die Welt alles ist, was der Fall ist, wird sie kalt und hoffnungslos für jene, die nicht mehr der Fall sind – die Opfer, die vom Mahlwerk der Geschichte Zerriebenen. Dieser Gedanke, so der Philosoph Max Horkheimer (1895–1973), dass die Gebete der Verfolgten in höchster Not nicht erhört werden ‚und dass die Nacht, die kein menschliches Licht erhellt, auch von keinem göttlichen durchdrungen wird, ist ungeheuerlich'." (Klingen, Alles, was der Fall ist)

[37] Kant, Werke (Bd. 4), 277–278.

Benjamin, W., Gesammelte Schriften, unter Mitwirkung von Th. W. Adorno und G. Scholem, hg. von R. Tiedemann und H. Schweppenhäuser, Frankfurt/Main 1991.

Benjamin, W., Goethes Wahlverwandtschaften, in: Goethe, J. W., Die Wahlverwandtschaften. Ein Roman, Erläuterungen von H.-J. Weitz, mit einem Essay von W. Benjamin: „Goethes Wahlverwandtschaften", Frankfurt/Main 1972.

Benjamin, W., Über den Begriff der Geschichte, in: Gesammelte Schriften (Bd. 1.2), Frankfurt/Main 1974, 691–704.

Benjamin, W., Briefe (Bd. 1), hg. und mit Anmerkungen versehen von G. Scholem und Th. W. Adorno, Frankfurt/Main 1978.

Horkheimer, M., Atheismus und Religion, in: Gesammelte Schriften (Bd. 2), hg. von G. Schmid Noerr, Frankfurt/Main 1987, 286.

Horkheimer, M., Die Sehnsucht nach dem ganz Anderen, Hamburg 1970.

Horkheimer, M., Gesammelte Schriften, hg. von A. Schmidt und G. Schmid Noerr, Frankfurt/Main 1988.

Horkheimer, M., Kants Philosophie und die Aufklärung, in: ders., Zur Kritik der instrumentellen Vernunft. Aus den Vorträgen und Aufzeichnungen seit Kriegsende, hg. von A. Schmidt, Frankfurt/Main 1985, 203–215.

Horkheimer, M., Notizen 1950 bis 1969 und Dämmerung. Notizen in Deutschland, hg. von W. Brede, Einleitung von A. Schmidt, Frankfurt/Main 1974.

Horkheimer, M., Zu Bergsons Metaphysik der Zeit, in: Zeitschrift für Sozialforschung 3 (1934), 321–342.

Horkheimer, M./SPIEGEL, „Was wir ‚Sinn' nennen, wird verschwinden." SPIEGEL-Gespräch mit dem Philosophen Max Horkheimer, in: DER SPIEGEL. Die Siebziger. Planlos in die Zukunft? 1/1970, 79–86.

Kant, I., Werke in sechs Bänden, hg. von W. Weischedel, Wiesbaden 1956.

Klingen, H., Alles, was der Fall ist, in: Christ in der Gegenwart (abrufbar unter: http://www.henning-klingen.de/2014/08/23/alles-was-der-fall-ist)

Langthaler, R., Zu Adornos zwiespältigem Verhältnis zu Metaphysik und Religion, in: Uhl, F./Melchardt, S./Boelderl, A. R. (Hg.), Die Tradition einer Zukunft. Perspektiven der Religionsphilosophie, Graal-Müritz 2011, 379–421.

Lotze, H., Mikrokosmos. Ideen zur Naturgeschichte und Geschichte der Menschheit. Versuch einer Anthropologie, Leipzig ²1869.

Was die Theologie von Habermas zu erwarten hat

Edmund Arens

Habermas ist Hochgebirge: enorm anspruchsvoll, aussichtsreich, aber auch abgründig. Seit seiner Frankfurter Friedenspreisrede finden manche in der postsäkularen Gesellschaft ihre *peak experience*. Und seit seinem Münchner Gipfeltreffen mit Joseph Ratzinger besteigen immer mehr Theologinnen und Theologen das Theoriegebirge seiner 66 Bücher, erklimmen insbesondere seine neuesten Klettersteige. Manche meinen in ihm inzwischen einen Apologeten der Religion zu erkennen. Ist der Diagnostiker der postsäkularen Gesellschaft unterdessen vom Ankläger zum Anwalt der Religion mutiert? Dem öffentlichen Gespräch mit Vertretern der Theologie geht der Frankfurter Philosoph jedenfalls nicht länger aus dem Weg. Der herausragende Denker der zweiten Generation der Kritischen Theorie der Frankfurter Schule[1] wird mehr denn je theologisch ausgequetscht und vereinnahmt. Doch während Habermas' Beziehung zur Religion sich signifikant verändert hat, bleibt sein Verhältnis zur Theologie ebenso ambivalent wie klärungsbedürftig. Ob er diese Disziplin als eine gegenwärtige Gestalt des Geistes anerkennt, steht dahin. Die von Seiten des Theoretikers der kommunikativen Vernunft immer wieder bekundete Lernbereitschaft könnte an Grenzen stoßen, wenn es um die Instanz der wissenschaftlichen Reflexion gelebter Religion „von innen" geht.

Im Folgenden soll in drei Schritten der Frage nachgegangen werden, was die Theologie von Habermas zu erwarten hat. Zunächst skizziere ich einige Stationen des zögerlich in Gang gekommenen Gesprächs von Habermas mit Exponenten der Theologie. Sodann wird an einigen signifikanten Beispielen sein Umgang mit theologischen Themen und Termini zwischen Aneignung und Ausgrenzung herausgestellt. Schließlich beleuchte ich die auf reziproke Anerkennung und vorbehaltlose Lernbereitschaft ausgerichtete Philosophie des Denkers der kommunikativen Vernunft einerseits, seine Vorbehalte gegenüber der wissenschaftlichen Theologie andererseits.

[1] Vgl. die umfassende Biografie von Müller-Doohm, Habermas, worin das Kritisch-theoretische bei Habermas in dessen Verbindung von theoretischen Konzeptionen einerseits und tagespolitischen Interventionen als öffentlicher Intellektueller andererseits ausgemacht wird. Dazu meine Rezension in: ThRv 110 (2014) 406–409.

1. Repliken auf Theologen

„Das nachmetaphysische Denken bestreitet keine bestimmten theologischen Behauptungen, es behauptet vielmehr deren Sinnlosigkeit. Es will nachweisen, dass in dem grundbegrifflichen System, in dem die jüdisch-christliche Überlieferung dogmatisiert (und damit rationalisiert) worden ist, theologisch sinnvolle Behauptungen gar nicht aufgestellt werden können", heißt es in der Einleitung einer 1971 erschienenen Essaysammlung „Philosophisch-politische Profile"[2]. Zwanzig Jahre später publiziert Habermas einen „Exkurs: Transzendenz von innen, Transzendenz ins Diesseits", in welchem er nicht nur auf theologische und philosophische Beiträge zu einer an der Divinity School der University of Chicago im Jahr 1988 veranstalteten Konferenz antwortet, sondern zugleich auf den von mir 1989 zu seinem 60. Geburtstag herausgegebenen Sammelband „Habermas und die Theologie" repliziert.[3]

In der ersten der hier zu Wort kommenden Repliken auf Theologen – solche auf Theologinnen gibt es bislang nicht – attestiert Habermas katholischen Theologen, „die ja immer schon ein gelasseneres Verhältnis zum lumen naturale hatten", sich gegenüber sozialwissenschaftlichen Diskursen zu öffnen, wobei allerdings die Gefahr bestehe, „den eigenen Status im Geflecht wechselseitiger Vereinnahmungen zu verlieren".[4] Die Theologie verliert ihm zufolge ihre Identität, wenn sie die dem religiösen Glauben zugrunde liegenden, in der rituellen Praxis der Gemeinde verankerten und darin zugleich gegen Problematisierung abgeschirmten Erfahrungen nicht mehr als eigene Basis anerkenne. Zugleich konzediert Habermas, dass der theologische Diskurs sich von der rituellen Praxis löst, indem er diese erklärt bzw. interpretiert. Theologie erhebt für ihre Aussagen einen Wahrheitsanspruch. Die kritische Theologie des „‚aufgeklärten Katholizismus'" setze ihre Aussagen der wissenschaftlichen Diskussion nahezu vorbehaltlos voraus, ohne allerdings darauf zu verzichten, „die in der Sprache der jüdisch-christlichen Überlieferung artikulierten Erfahrungen als eigene Erfahrungsbasis anzuerkennen"[5].

Laut Habermas verfolgt Helmut Peukert in seiner Wissenschaftstheorie meisterhaft das Ziel apologetischer Argumentation, „den säkularen Gegenspieler auf dem Weg immanenter Kritik so in die Enge zu treiben, dass er aus den aufgewiesenen Aporien nur mit dem Zugeständnis der theologisch

[2] Habermas, Einleitung. Wozu, 27.
[3] Vgl. Habermas, Exkurs; dazu: Arens (Hg.), Habermas; Browning/Schüssler Fiorenza (Hg.), Habermas.
[4] Habermas, Exkurs, 134.
[5] Ebd., 138.

verteidigten Behauptungen herausfinden kann“[6]. Aber so sehr uns die von Peukert und Johann Baptist Metz eingeklagte anamnetische Solidarität bzw. anamnetische Vernunft zu Recht mit der „Frage nach einer Rettung der vernichteten Opfer“[7] konfrontiere, so wenig ist für den Philosophen das Postulat eines aus dem Tode rettenden Gottes außerhalb der Erfahrung und Sprache der christlichen Überlieferung überzeugend. Gegen die argumentativ unausgewiesene theologische Annahme eines rettenden Gottes bringt er ein Verständnis von Transzendenz „von innen“ ins Spiel, die er mit Charles S. Peirce als Fluchtpunkt eines unendlichen Verständigungs- und Interpretationsprozesses versteht. Im Zugehen auf die unbegrenzte Kommunikationsgemeinschaft werden dabei die Beschränkungen der historischen Zeit sowie des sozialen Raumes „von innen“ heraus transzendiert. Eine so gefasste, in die sprachlichen Reproduktionsbedingungen der Lebenswelt eingelassene Transzendenz müsse prinzipiell offen bleiben. Habermas zufolge werden wir uns durch die theologische Frage nach der Rettung der Vernichteten „der Grenzen jener ins Diesseits gerichteten Transzendenz von innen bewusst; aber sie vermag nicht, uns der Gegenbewegung einer ausgleichenden Transzendenz aus dem Jenseits zu vergewissern“[8].

David Tracys korrelative Methode öffentlicher Theologie bringt laut Habermas philosophische sowie wissenschaftliche Deutungen der Moderne mit theologischen Interpretationen christlicher Tradition in eine argumentative Beziehung und ein Verhältnis gegenseitiger Kritik.[9] Tracy wende sich dezidiert gegen einseitig verfallstheoretisch orientierte Lesarten der ambivalenten Moderne, welche Raum lasse für dialogisches, sowohl historisches als auch kontextuelles Verstehen und in der die Theologie in deren jeweiligen Öffentlichkeiten ihre wissenschaftliche Arbeit tue. Gegenüber der von Tracy vorgebrachten Kritik an seinen „Verkürzungen einer expressivistischen Ästhetik“ erkennt der Theoretiker der kommunikativen Vernunft nunmehr sowohl der prophetischen Rede als auch der autonomen Kunst eine „innovativ welterschließende Kraft“[10] zu. Aber er hat Vorbehalte, „religiöse und ästhetische Symbole in einem Atemzug zu nennen“[11]. Gegen

---

[6] Habermas, Exkurs, 141; mit Bezug auf Peukert, Wissenschaftstheorie; vgl. die mit einem instruktiven Nachwort versehene Neuauflage, Frankfurt a. M. [3]2009; ders., Kommunikatives Handeln.

[7] Habermas, Exkurs, 142; vgl. dazu auch Peukert, Wissenschaftstheorie; sowie Metz, Memoria passionis.

[8] Habermas, Exkurs, 142.

[9] Vgl. Tracy, Theology; dazu: ders., Imagination; ders., Religion; zudem Tracys Beitrag im vorliegenden Band.

[10] Habermas, Exkurs, 146.

[11] Ebd., 147.

Tracys Kritik an der in der „Theorie des kommunikativen Handelns“ erfolgten Priorisierung der Argumentation vor dem umfassenderen Ansatz beim Gespräch stellt Habermas heraus, bei der Auszeichnung der argumentativen Rede handele es sich um keine „ontologische Auszeichnung“[12], sondern um einen rein forschungsstrategischen Vorzug. Tracy verlange zu Recht, dass sich die Analyse auf das gesamte Spektrum symbolischer Formen erstrecken müsse.

Der dänische Theologe Jens Glebe-Möller, der in seiner „Politischen Dogmatik“[13] die christlichen Dogmen einer kommunikationstheoretisch ansetzenden Entmythologisierung unterzieht, kommt Habermas’ methodischem Atheismus am nächsten. Eine politische Theologie muss laut Glebe-Möller in der Moderne atheistisch sein und hat von daher den Gottesgedanken als zu transformatorischem Handeln inspirierende, solidarisch-kommunikative Gemeinschaft mit messianischer Kraft auszulegen. Habermas kann dieser Interpretation, welche biblische Botschaften modernen Ohren „auf eine faszinierende“, auch ihn überzeugende Weise erschließe, durchaus etwas abgewinnen. Aber er fragt sich zugleich, wer sich denn in dieser entmythologisierenden Deutung wiedererkenne. „Bleibt das christliche Sprachspiel intakt, wenn man die Idee Gottes so versteht, wie Glebe-Möller es vorschlägt?“[14]

Im Rahmen eines philosophisch-theologischen Symposiums über „Glauben und Wissen“, das 2005 an der Universität Wien stattfand[15], lässt sich Habermas auch auf ein „Gespräch mit der zeitgenössischen Theologie“[16] ein. In seiner Replik auf theologische Beiträge, welche um die Thematik des Übersetzens, der Übersetzbarkeit und deren Grenzen kreisen, kann der Frankfurter Philosoph dem Vorschlag Walter Rabergers, das Verhältnis des nachmetaphysischen Denkens zum Offenbarungsglauben in chalzedonischer Terminologie als „unvermischt“ und „ungetrennt“ zu begreifen, einiges abgewinnen.[17] Auf das für ihn offensichtlich einleuchtende Prädikat „unvermischt“ geht er nicht weiter ein, während er das „ungetrennt“ retrospektiv auf den gemeinsamen Ursprung und die Genealogie der Vernunft bezieht, mit Blick auf die Gegenwart indessen als „Problemtitel für ungeklärte Erbschaftsverhältnisse“[18] versteht. Habermas widerspricht dem

[12] Ebd., 146.
[13] Vgl. Glebe-Möller, Dogmatic; dazu: ders., Kommunikatives Handeln.
[14] Habermas, Exkurs, 139.
[15] Vgl. Langthaler/Nagl-Docekal (Hg.), Glauben.
[16] Habermas, Replik. Im Folgenden zit. n. Habermas, Nachmetaphysisches Denken II, 217.
[17] Vgl. Raberger, „Übersetzung“; dazu: ders., Religion; vgl. auch Rabergers Beitrag im vorliegenden Band.
[18] Habermas, Replik, 218.

Verdacht, das säkulare Denken wolle sich, was das Trösten angeht, von der Theologie vertreten lassen. Statt von Raberger aufgezeigte „Momente der Vereinnahmung" einzuräumen, erkennt er im Dialog zwischen nachmetaphysischer Philosophie und Theologie eine unvermeidliche Asymmetrie, insofern der katholische Theologe alle Register philosophischen Denkens ziehen könne, während sich „der Philosoph schon aus methodischen Gründen nicht auf Offenbarungswahrheiten einlassen"[19] dürfe.

Die freiheitstheologischen Ausführungen von Magnus Striet[20] zur Schöpfung als Absicht Gottes, sich in einem Alter Ego wiederzuerkennen und zum Menschen eine ihn freilassende Beziehung reziproker Anerkennung aufzunehmen, finden bei Habermas weitgehende Zustimmung. Striets theologische Bestimmung des Verhältnisses von Glauben und Vernunft, bei dem sich ersterer nicht „aus" der Vernunft, wohl aber „vor" ihr zu rechtfertigen sucht, passt laut dem Philosophen „gut zum nachmetaphysischen Denken"[21]. In der Kritik des naturalistischen Szientismus, der die egalitäre Freiheit bestreitet und das Selbstverständnis verantwortlich handelnder Personen negiert, sind sich beide einig. Aber dass sich mit der Frage, warum wir überhaupt noch moralisch handeln sollen, die Gottesfrage stellt, leuchtet Habermas nicht ein, weil diese Frage sich ebenso und ähnlich kantisch inspiriert wie theologisch motiviert beantworten ließe. Mit Blick auf die Frage nach der Existenz Gottes, deren Möglichkeit die Theologie „mindestens *e contrario* begründen"[22] soll, stellt der Frankfurter Philosoph kritische Fragen nach dem Modus der Bezugnahme auf eine solche Existenz und von Aussagen darüber, die „ein Vertrauen auf die Zusage eines Beistandes" bezeugen, „der alles innerweltliche Geschehen transzendiert"[23]. Gegenüber voreiligen kataphatischen Analogien könne er die Vorsicht einer negativen Theologie verstehen.

In seiner Replik zum Beitrag von Johann Reikerstorfer[24] stellt Habermas einmal mehr die Bedeutung der negativen Politischen Theologie von Metz und Peukert heraus. Während ersterer im Angesicht von Auschwitz die „alttestamentarische Frage nach der Ungerechtigkeit der Gesellschaft ins Zentrum"[25] rücke und ohne falsche Positivität die Sensibilität für die Möglichkeit eines radikal anderen Zustandes der Welt wachhalte, bleibe dieser theologische Ansatz bei aller Sympathie für die Benjamin'schen

---

19 Ebd., 220.

20 Vgl. Striet, Grenzen.

21 Habermas, Replik, 225.

22 Ebd.

23 Ebd., 226.

24 Vgl. Reikerstorfer, „Übersetzung". Im Beitrag selbst wird Peukert nicht erwähnt.

25 Habermas, Replik, 227.

Anliegen für ihn eine Zumutung: „die Eingemeindung der kommunikativen Vernunft in eine negativ-theologisch vergegenwärtigte Heilsgeschichte bleibt eine Zumutung auch für ein Philosophieren, das sich seines ‚Zeitkerns' bewusst bleibt"[26]. Peukert habe ihn bereits bei der ersten Begegnung Anfang der 1970er-Jahre mit der Frage konfrontiert, ob man den in der *memoria passionis* angelegten Verantwortungsuniversalismus „erschöpfend" in eine Diskurstheorie der Moral aufheben könne. Auf die von Peukert konstatierte Aporetik der Theorie des kommunikativen Handelns gibt Habermas zur Antwort: „Sicher nicht ‚erschöpfend' im biblischen Sinne, weil dem nachmetaphysischen Denken das Vertrauen in die retroaktiv wiedergutmachende und wiederherstellende Macht eines Erlösergottes fehlt. Aus der bloßen Wünschbarkeit einer solchen Instanz kann man nicht auf deren Wirken schließen."[27]

Eine erwähnenswerte Replik von Habermas findet sich auf einen Beitrag des Kopfes der „Radical Orthodoxy", nämlich des britischen Theologen John Milbank.[28] Für diesen ist die entscheidende Alternative die zwischen Ratzingers Metaphysik und Richard Dawkins' Naturalismus. Der kantianische metaphysische Agnostizismus befördert ihm zufolge das extremistische Denken und ist für den Niedergang der Weimarer Republik mitverantwortlich. Habermas wiederhole diesen Irrtum. Dem gefühlsneutralen kantischen Begriff der Öffentlichkeit stellt Milbank als Alternative eine antifanatische, Glauben und Vernunft zusammenbringende Hume'sche Vermittlung entgegen. Habermas hält gegenüber der politischen Diagnose fest: „Hätte sich nur die Kantische Konzeption eines verfassungsfreundlichen Hans Kelsen gegen den substantialistischen Verfassungsbegriff des Klerikofaschisten Carl Schmitt durchgesetzt!"[29] Milbank wolle mit seiner „steilen philosophiegeschichtlichen These, dass David Humes Theorie der Gefühle mit der zentralen Rolle, die sie der Sympathie vorbehält, das Tor zur Wiederaneignung eines platonisierenden Christentums"[30] öffnen. Er erkennt im Vorgehen Milbanks, Humes Skeptizismus zugunsten einer meta-

---

[26] Ebd., 228.

[27] Ebd., 229.

[28] Vgl. Milbank, What Lacks; dazu: Habermas, Reply (dt.: Religion und nachmetaphysisches Denken). Die „Radical Orthodoxy" erwähnt Habermas en passant in: ders., Religion in der Öffentlichkeit, 153, als eine Denkrichtung, welche „die Absicht und den Grundgedanken eines Carl Schmitt mit Mitteln der Dekonstruktion" aufnehme und weiterführe, vgl. Milbank, Theology; dazu meine Rezension in: ThRv 87 (1991) 305–308. Vgl. die im Geist der Radical Orthodoxy verfasste Einführung von Adams, Habermas.

[29] Habermas, Religion in der Öffentlichkeit, 176. Zur Unterscheidung der „klerikofaschistischen" Politischen Theologie Schmitts und der eschatologischen Politischen Theologie von Metz, Peukert und anderen vgl. Habermas, „Das Politische".

[30] Habermas, Religion in der Öffentlichkeit, 177.

physischen Erneuerung des christlichen Glaubens auszubeuten, eine clevere Strategie, erinnert zugleich daran, dass Friedrich Schleiermacher das Gefühl in die Architektonik der kantischen Transzendentalphilosophie eingeführt habe, und zwar als „das systematische Verbindungsglied zwischen Glauben und Wissen“[31]. Zugleich widerspricht Habermas der Auffassung des radikal orthodoxen Theologen, dass bei einem säkular eingeführten Begriff kommunikativer Rationalität zwischen dieser und den Gefühlen keine interne Beziehung bestehe. Der Frankfurter Philosoph kontert: „Der reiche Wortschatz an evaluativen Ausdrücken, den wir in jeder natürlichen Sprache vorfinden, artikuliert das Gefühlsleben einer Sprachgemeinschaft.“[32]

2. Zwischen Aneignung und Ausgrenzung

Der Denker der kommunikativen Vernunft befasst sich unterdessen mit der gesellschaftlichen Bedeutung und Relevanz der Religion in der postsäkularen Gesellschaft. Er spricht den Religionsgemeinschaften semantische und performative Potenziale zu und er ist mit Vertretern theologischer Positionen, welche seine Theorien rezipiert und kritisiert haben, in ein facettenreiches Gespräch eingetreten. Dabei hat sich Habermas gegenüber der Theologie so positioniert, dass er deren Arbeit historisch wie systematisch einerseits würdigt und anerkennt, andererseits allerdings Vorbehalte gegen das artikuliert, was er mit Worten wie „Opakes“, „diskursive Exterritorialität“, „unantastbarer Kern“, „infallible Offenbarungswahrheiten“, „dogmatische Verkapselung“ oder „parasitärer“ Status bezeichnet.

In seinen seit der Friedenspreisrede veröffentlichten Arbeiten und Gesprächen qualifiziert Habermas Religion als eine nicht nur in „verhärteten Orthodoxien“[33] gegenwärtige Gestalt des Geistes, welche im Abendland in Verbindung mit der scholastischen Philosophie zur wissenschaftlichen Theologie ausgebildet worden sei. Bereits in einem Gespräch mit Eduardo Mendieta erkennt er in der wissenschaftlichen Theologie eine interne Rationalisierung, welche einen kognitiven Gestaltwandel erleichtert habe, der „in der Folge der reformatorischen Bewegung zum reflexiven Glaubensmodus geführt hat“[34]. Dass der moderne Glaube reflexiv wird, verdankt er sowohl der Notwendigkeit der theologischen Bearbeitung der konfessionell

[31] Ebd., vgl. Habermas, Grenze; zu Schleiermacher: ebd., 240–243.

[32] Habermas, Religion in der Öffentlichkeit, 177. Das gilt, so möchte ich hinzufügen, gleichfalls für Glaubensgemeinschaften.

[33] Habermas, Glauben, 11.

[34] Habermas, Gespräch, 176. Das Gespräch mit Mendieta wurde 1999 geführt. Vgl. auch: Butler/Habermas/Taylor/West, Power; dazu meine Rezension in: ThRv 107 (2011) 340–341.

konkurrierenden Glaubensmächte und Wahrheitsansprüche als auch der Kritik durch die neuzeitlichen Wissenschaften und die Philosophie. Die „Rekonstruktionsarbeit der Theologie“ spielt dabei laut Habermas „für die Selbstaufklärung des religiösen Glaubens in der Moderne“[35] eine ähnliche Rolle, wie sie die Philosophie für die Selbstaufklärung des säkularen Bewusstseins einnimmt. In der westlichen Welt hat die Theologie ihm zufolge „die Rolle eines Schrittmachers“ bei der „hermeneutischen Reflexion überlieferter Doktrinen übernommen“[36].

Erscheint in diesen und ähnlichen Ausführungen aus den letzten fünfzehn Jahren die christliche Theologie als eine Reflexionsform von Religion, welche durch interne Kritik entscheidende Impulse zu deren Reflexivierung, Rationalisierung und Modernisierung geliefert hat, so fehlt der Theologie dennoch etwas Entscheidendes, um sie für das nachmetaphysische Denken vollends akzeptabel zu machen. Sie ist aus der Perspektive des Frankfurter Philosophen wenigstens im Kern nicht frei, sondern abhängig, nicht transparent, sondern opak, nicht uneingeschränkt diskursiv, sondern exterritorial, nicht unbegrenzt vernünftig, sondern offenbarungshörig.

Als opak charakterisiert Habermas den „Kern der religiösen Erfahrung“[37], den die Philosophie nur umkreisen könne, wobei nicht klar wird, ob er religiöse Erfahrung auf das Individuum und dessen außeralltägliches Innewerden von Transzendenz oder auch auf kollektive Geschehnisse bezieht, welche bestimmte außergewöhnliche Widerfahrnisse als solche Erfahrungen deuten. Da Erfahrung im Unterschied zum Erleben in jedem Fall ein interpretatorisches Moment des Verstehens und Artikulierens „als“ einschließt, ist jene nie hermetisch undurchsichtig, sondern durchaus diskursiv zugänglich; die Quelle der Erfahrung(en) wird in diesen benannt. Wenn es an anderer Stelle heißt, die säkulare Vernunft sei „über das Opake ihres nur scheinbar geklärten Verhältnisses zur Religion beunruhigt“[38] und weiter, der Glaube behalte „für das Wissen etwas Opakes“[39], dann scheint „opak“ ein Füllwort zu sein für jene der Religion, dem Glauben bzw. der religiösen Erfahrung angesonnenen, intransparenten, unzugänglichen und unaufgeklärten Verhältnisse, welche sich der diskursiven Übersetzung verweigern bzw. entziehen.

Vom „Kern“ spricht Habermas nicht nur mit Blick auf die religiöse Erfahrung, sondern auch in Bezug auf Offenbarungswahrheiten. In diesem Zusammenhang ist vom „unantastbaren Kern von infalliblen Offenba-

[35] Habermas, Religion in der Öffentlichkeit, 150.
[36] Habermas, Einleitung, 10.
[37] Habermas, Religion in der Öffentlichkeit, 150.
[38] Habermas, Bewusstsein, 26.
[39] Ebd., 29.

rungswahrheiten“ die Rede, welche sich „der Art von vorbehaltloser diskursiver Erörterung“[40] entziehen. Das nachmetaphysische Denken wird an anderer Stelle als ein solches gekennzeichnet, das „naturalistischen Wissenschaftsmythen nicht weniger als offenbarten Wahrheiten“[41] misstraue. Theologie freilich traut weder „offenbarten Wahrheiten“ noch nimmt sie die unantastbare Infallibilität von Offenbarungswahrheiten an. Katholische Theologie versteht mit und nach dem Zweiten Vatikanischen Konzil das „Wort Gottes“ bzw. die Offenbarung vielmehr als ein Geschehen, das nicht aus vorbehaltlos anzunehmenden und zu glaubenden wahren Sätzen besteht, sondern in einem kommunikativen Prozess der Mitteilung und Selbstmitteilung Gottes geschieht. Ob auch bei einem kommunikativen und interaktiven Verständnis von Offenbarung von einer der Philosophie „orthodox entgegengehaltenen Quelle der Offenbarung“ gesprochen werden kann, welche für jene eine „kognitiv unannehmbare Zumutung“[42] darstellt, mag die Philosophie selbst entscheiden.

Das Autoritäre, Dogmatische, Orthodoxe ist dem der Aufklärung verbundenen Denker der kommunikativen Vernunft ein Dorn im Auge. Im Umgang mit religiösen Überlieferungen habe die Philosophie indes die Erfahrung innovativer Anstöße gemacht, wenn es ihr gelinge, kognitive Gehalte „aus ihrer ursprünglichen dogmatischen Verkapselung freizusetzen“[43]. Ob religiöse Überlieferungen auch in der modernen Theologie dogmatisch eingekapselt bleiben und erst oder vollends durch die nachmetaphysische Übersetzung ihre kognitiven Gehalte freisetzen, bleibt bei Habermas ungeklärt. Er stellt heraus, dass die Theologie ihre Identität einbüßen würde, „wenn sie versuchte, sich vom dogmatischen Kern der Religion und damit von jener religiösen Sprache abzukoppeln, in der sich die Gebets-, Bekenntnis- und Glaubenspraxis der Gemeinde vollzieht“[44]. So richtig und wichtig der Bezug der theologischen Reflexion auf die persönliche und kommunitäre Glaubenspraxis der Glaubensgemeinschaft ist, in der sich der religiöse Glaube in der Tat vollzieht und bezeugt, so fragwürdig ist die Behauptung, die Theologie könne jenen „nur auslegen“ und habe von daher „einen parasitären oder abgeleiteten Status“[45]. Moderne politisch-kritische Theologie versteht sich als dem gelebten Glauben gegenüber sekundär, aber eben nicht parasitär, insofern sie auf die ihr vorgängige Glaubenspraxis bezogen ist, sie voraussetzt, über sie *nach*-denkt, sie re-

[40] Habermas, Religion in der Öffentlichkeit, 135.
[41] Habermas, Einleitung, 12.
[42] Habermas, Grenze, 252.
[43] Habermas, Religion in der Öffentlichkeit, 149.
[44] Habermas, Gespräch, 191.
[45] Ebd.

flektiert, kritisiert und auf sie ausgerichtet ist. Dabei tritt die Theologie nicht nur als „Hüterin des Glaubens“[46], sondern auch als dessen Kritikerin von innen, aus der Beteiligtenperspektive, in Erscheinung. Das kritische Moment gesteht Habermas der Apologetik zwar zu, welche er eher mit der Religionsphilosophie als mit der Theologie in Verbindung bringt. „Aber die Theologie bleibt von der geglaubten Lehre in der Weise abhängig, dass sie im Gegensatz zur Philosophie nicht alle Geltungsansprüche vorbehaltlos der Kritik ausliefern kann.“[47]

In seinen neueren Schriften unterstreicht Habermas die Bindung sowohl der Religion als auch der Theologie an den Ritus bzw. die rituelle Praxis. In kultischen Handlungen der Gemeinde erkennt er geradezu ein „‚Alleinstellungsmerkmal‘“[48] der Religionen, welche in der Moderne allein noch Zugang zur Erfahrungswelt des Ritus als einer archaischen Quelle gesellschaftlicher Solidarität besäßen. Die Theologie bleibt ihm zufolge auch vom Ritus abhängig, insofern sie sich auf dem Boden und im Rahmen von Religionsgemeinschaften bewege, „die in ihrer liturgischen Praxis den Zusammenhang des überlieferten Worts mit dem Kultus wahren“[49]. Auch wenn liturgische Handlungen innerhalb der Theologie mit den Mitteln der hermeneutischen Wissenschaften interpretiert werden, so erschließe sich der Sinn jener Handlungen „nur aus der Teilnehmerperspektive im Mittvollzug der kultischen Praxis selbst. Der Zugang zu dieser archaischen Quelle der Solidarität hat sich uns ungläubigen Mitgliedern weitgehend säkularisierter Gesellschaften verschlossen“[50].

Mit diesen Ausführungen markiert Habermas ein Spezifikum von Religionen, das er als Ritus oder Kult bezeichnet, dessen praktischen, performativen, das soziale Band regenerierenden und den gesellschaftlichen Zusammenhalt stabilisierenden Charakter er zu Recht herausstellt und auf das er die hermeneutische Reflexion theologischer Lehren bezieht. Zugleich erkennt er in rituellen Praktiken bzw. in ritueller Kommunikation eine Quelle gemeinschaftlicher und gesellschaftlicher Solidarität, die von Religionsgemeinschaften bewahrt wird, aber „uns“ modernen säkularisierten Menschen verschlossen ist. Mit dieser Charakterisierung wird der Ritus einerseits ausgezeichnet und die übersetzende Aneignung von dessen normativem Potenzial zur philosophischen Aufgabe gemacht; zugleich erfolgt eine subtile Ausgrenzung der an diese archaischen Quellen gebundenen

[46] Habermas, Replik, 209.
[47] Ebd.
[48] Habermas, Interesse, 104.
[49] Habermas, Lebenswelt, 74.
[50] Ebd.

Religion sowie der von ihr abhängigen Theologie aus dem diskursiven Reich der Gründe.

3. Lernbereitschaft und Vorbehalte

Die Philosophie Habermas' ist nicht nur thematisch dem kommunikativen Handeln und dem Diskurs gewidmet, sondern auch im praktischen Vollzug vom diskursiven Umgang mit anderen Positionen und Wissensbereichen bestimmt. Immer wieder lässt sich der Gesellschaftstheoretiker auf neue soziale Handlungssphären und deren wissenschaftliche Reflexionsformen ein, um sie mit Blick auf ihre gesellschaftliche Bedeutung und Relevanz zu rekonstruieren und mit den Mitteln seiner sich immer weiter verzweigenden Theoriebildung zu reflektieren. Dabei geht es ihm insbesondere darum, durch deren kommunikations-, handlungs- und diskurstheoretische Reformulierung eine möglichst kohärente und adäquate Analyse gegenwärtiger Kommunikationsprozesse sowie Handlungsstrukturen zu erreichen und deren Beitrag für die Aufrechterhaltung bzw. Schaffung egalitärer, gerechter und solidarischer Interaktionsverhältnisse und Gesellschaftsordnungen zu eruieren.

In seinem inzwischen über sechzig Jahre reichenden, immensen Werk hat sich Habermas als ebenso produktiver wie integrativer Philosoph und Sozialwissenschaftler erwiesen, dem es immer wieder gelungen ist, philosophische sowie gesellschaftliche Themen wie Öffentlichkeit, Demokratie, Gerechtigkeit, Wissenschaft, Vernunft, Ethik, Recht und Religion etc. in verständigungsorientierter Absicht nachhaltig in den wissenschaftlichen und gesellschaftlichen Diskurs einzubringen. In zahlreichen Auseinandersetzungen um seine emanzipatorischen, aufklärerischen, auf die Veränderung verzerrter Kommunikationsverhältnisse, ungerechter Exklusion und unberechtigter Machtansprüche gerichteter Theorieentwicklungen und publizistisch-politischen Interventionen hat er sich als ebenso streitbarer wie lernbereiter Anwalt kommunikativer Vernunft und gesellschaftlicher Inklusion profiliert. Theoretisch wie praktisch hat er sich für die Erweiterung der Räume gesellschaftlicher und politischer Kommunikation und Partizipation, Willensbildung und Entscheidungsfindung stark gemacht.

Seine Lernbereitschaft gegenüber Kritikern und Rezipienten hat der Frankfurter Philosoph in den letzten Jahrzehnten gerade auch in Bezug auf seine Analysen und Reflexionen zum Phänomen der Religion sowie zur Gegenwart der Religionen unter Beweis gestellt. Deren semantische und motivationale Potenziale will er durch Übersetzung aus der partikularen Sprache einzelner Religionsgemeinschaften in die allgemein zugängliche

Sprache der Vernunft bewahren und freisetzen, verallgemeinern und auf diese Weise „retten". Über die Möglichkeiten, die Reichweite, den Preis und die Grenzen der Übersetzung gibt es Dissens zwischen dem Proponenten der kommunikativen Vernunft, Religionsphilosophinnen und -philosophen sowie Theologinnen und Theologen. Habermas selbst beteiligt sich mit Referaten und Repliken, Vorschlägen und Selbstkorrekturen an diesem Streit, innerhalb dessen er seine Auffassungen zunehmend differenziert und präzisiert.

Der Theoretiker der kommunikativen Vernunft misstraut offenbarten Wahrheiten. Er hat Vorbehalte gegenüber einem theologischen Denken, das er als im Kern dogmatisch verkapselt, diskursiv exterritorial, in opaken Erfahrungen wurzelnd und in parasitärer Abhängigkeit von rituellem Handeln diagnostiziert. Habermas kritisiert theologische Lehren und Denkformen, welche sich argumentativ kurzschlüssig von religiösen Erfahrungen herleiten, welche beanspruchen, diskursiv unzugängliche Wirklichkeit zu erschließen, welche sich auf Transzendenz „von außen" beziehen, die sie bezeugen wollen, deren Existenz sie jedoch nicht argumentativ überzeugend begründen können.

Wenn Verständigungsorientierung das entscheidende Merkmal kommunikativen Handelns darstellt, dann kann religiöse Praxis als kommunikativ begriffen werden, wenn und insofern sie eine Wirklichkeit anzielt, in der Menschen nicht strategisch und das heißt machtförmig miteinander umgehen, sondern sich gegenseitig anerkennen, sich als miteinander verbunden und solidarisch aufeinander bezogen erfahren und dem in ihrem Handeln entsprechen. Theologie denkt aus der Innenperspektive einer Glaubensgemeinschaft über kommunikative Glaubenspraxis und die darin angezielte und ihr zugrunde liegende Wirklichkeit nach. Die Wirklichkeit Gottes ist der theologischen Reflexion prädiskursiv vorgegeben, was diese von jener „schlechthin" abhängig und ihr gegenüber erst recht sekundär macht. In der Theologie wird über die Wirklichkeit Gottes, welche sich Menschen mitgeteilt und nach Überzeugung von Christinnen und Christen insbesondere in der Geschichte Israels und der Person und Praxis Jesu als schöpferische, befreiende und rettende Wirklichkeit erschlossen hat, *nach*-gedacht. Dabei wird zugleich bedacht, „wie von Gott geredet werden kann und warum überhaupt von ihm geredet werden muss"[51]. Zugleich lässt sich darlegen und entfalten wie sich diese Rede differenziert: in die religiöse Rede

[51] Peukert, Fundamentaltheologie, 16; vgl. ders., Wissenschaftstheorie; dazu: Arens, Theologie; John/Striet (Hg.), Menschliches.

von Gott, die religiöse Rede zu Gott, die theologische Rede über Gott sowie die religiös-theologische Rede vor Gott.[52]

In der christlichen Glaubensgemeinschaft und Theologie geschieht Rede von der Wirklichkeit Gottes sowie über, zu und vor Gott im Ausgang von den Zeugnissen jener Menschen und Gemeinschaften, die ihre Erfahrungen mit dieser Wirklichkeit gemacht, bezeugt und auf der Basis solcher Erfahrungen Gemeinschaften gebildet haben, in denen diese Erfahrungen weitergegeben worden sind. Theologie ist bestrebt, das, was sich diesen Gemeinschaften erschlossen hat, was in ihnen geschehen ist, was darin an rituellem, kommunikativem und kritischem Handeln sowie Nachdenken bis heute geschieht, möglichst einleuchtend auszulegen und kohärent zu entfalten.

Theologie tut gut daran, Habermas' Vorbehalte und Kritik ernst und zum Anlass zu nehmen für eingehendere Selbstreflexion auf ihre Voraussetzungen, Verfahren und Ziele. Die Theologie kann von seinen Theorien viel lernen etwa in Bezug auf die Differenzierung der Handlungsformen, die Unterscheidung der Geltungsansprüche[53], die Strukturen und Prozeduren verständigungsorientierten Handelns, die Strukturen der Lebenswelt, die Herausforderungen und Ansprüche der Öffentlichkeit[54], die Mechanismen der Macht und die Prozesse und Pathologien der modernen Gesellschaft.

Die Theologie tut auch gut daran, sich auf Habermas' Reflexionen auf Ethik und Moral, Gerechtigkeit und Solidarität einzulassen, deren Potenziale und Grenzen zu eruieren.[55] Wenn der Frankfurter Philosoph die Anerkennung der Anderen, deren Inklusion und die Reziprozität der Beziehung zu den Anderen herausstreicht, wenn er auf die Bedeutung der Übersetzung aufmerksam macht, dann ist es nicht nur legitim, dass Habermas semantische Gehalte aus der religiösen Sprache und gelegentlich auch aus der theologischen Reflexion in seine, dem öffentlichen Diskurs verpflichtete Sprache übersetzt. Schon aus Gründen der Reziprozität ist es dann gerechtfertigt, seine Terminologie und sein Denken theologisch zu rezipieren und fruchtbar zu machen. Wenn dies geschieht, dann ergibt sich die Möglichkeit, mit ihm in wechselseitiger Übersetzung, Anerkennung und im Diskurs um die Projekte einer zeitgenössischen, praxisbezogenen Kriti-

---

[52] Vgl. Arens, Gottesverständigung; ders., Religiöse Sprache; ders., Kommunikative Vernunft.

[53] Vgl. Gruber, Diskurs; Kreiner, Ende; Arens, Gottesverständigung. Nach Habermas darf allerdings „die für religiöse Aussagen beanspruchte Geltung nicht an propositionale Wahrheit assimiliert werden" (Nachmetaphysisches Denken II, 295), eine Behauptung, die theologisch zu bestreiten ist; vgl. Arens, Religiöse Sprache; ders., Kommunikative Vernunft.

[54] Vgl. Arens, Kritisch; Telser, Differenzierung.

[55] Zur theologischen Rezeption, Diskussion und Kritik vgl. Lob-Hüdepohl, Kommunikative Vernunft; Hoerschelmann, Theologische Ethik; Möhring-Hesse, Theozentrik; Junker-Kenny, Argumentationsethik; dies., Habermas; Bohmeyer, Diskursethik.

schen Theorie und Theologie zu ringen. Es handelt sich um ein Denken und Handeln, welches aus ist auf öffentliche Wirkung, auf prophetische Kritik und auf die Veränderung aller Verhältnisse bzw. die Rettung aus jenen Verhältnissen, in denen Menschen ausgegrenzt und ausgebeutet, unterdrückt, geknechtet und vernichtet werden.

Literaturverzeichnis

Adams, N., Habermas and Theology, Cambridge 2006.

Arens, E. (Hg.), Habermas und die Theologie. Beiträge zur theologischen Rezeption, Diskussion und Kritik der Theorie kommunikativen Handelns, Düsseldorf 1989.

Arens, E., Gottesverständigung. Eine kommunikative Religionstheologie, Freiburg–Basel–Wien 2007.

Arens, E., Kommunikative Vernunft und Gottrede, in: Schmidinger, H./Viertbauer, K. (Hg.), Glauben denken – Zur philosophischen Durchdringung der Gottrede im 21. Jahrhundert, Darmstadt 2016.

Arens, E., Kritisch, kirchlich, kommunikativ. Fundamentaltheologie als öffentliche Theologie, in: Böttigheimer, Ch./Bruckmann, F. (Hg.), Glaubensverantwortung im Horizont der „Zeichen der Zeit" (QD 248), Freiburg–Basel–Wien 2012, 432–453.

Arens, E., Religiöse Sprache und Rede von Gott. Sprechhandlungstheoretische und kommunikationstheologische Überlegungen, in: Gerber, U./Hoberg, R. (Hg.), Sprache und Religion, Darmstadt 2009, 41–59.

Arens, E., Theologie als Wissenschaft. Die Bedeutung des handlungstheoretischen Ansatzes von Helmut Peukert, in: Abeldt, S.u. a. (Hg.), „...was es bedeutet, verletzbarer Mensch zu sein". Erziehungswissenschaft im Gespräch mit Theologie, Philosophie und Gesellschaftstheorie (FS H. Peukert), Mainz 2000, 13–27.

Bohmeyer, A., Jenseits der Diskursethik. Christliche Sozialethik und Axel Honneths Theorie sozialer Anerkennung, Münster 2006.

Browning, D. S./Schüssler Fiorenza, F. (Hg.), Habermas, Modernity, and Public Theology, New York 1992.

Butler, J./Habermas, J./Taylor, Ch./West, C., The Power of Religion in the Public Sphere, hg. und eingel. von E. Mendieta/J. VanAntwerpen, New York 2011.

Glebe-Möller, J., A Political Dogmatic, Philadelphia 1987.

Glebe-Möller, J., Kommunikatives Handeln, Konsens, Heiliger Geist. Zur Übersetzung theologischer in kommunikationstheoretische Kategorien, in: Arens, E. (Hg.), Kommunikatives Handeln und christlicher Glaube. Ein theologischer Diskurs mit Jürgen Habermas, Padeborn u. a., 1997, 119–133.

Gruber, F., Diskurs und Konsens im Prozess theologischer Wahrheit, Innsbruck–Wien 1993.

Habermas, J., „Das Politische“ – Der vernünftige Sinn eines zweifelhaften Erbstücks der Politischen Theologie, in: ders., Nachmetaphysisches Denken II, Berlin 2012, 238–256.

Habermas, J., Die Grenze zwischen Glauben und Wissen. Zur Wirkungsgeschichte und aktuellen Bedeutung von Kants Religionsphilosophie, in: ders., Zwischen Naturalismus und Religion, Frankfurt a. M. 2005, 216–257.

Habermas, J., Die Lebenswelt als Raum symbolisch verkörperter Gründe, in: ders., Nachmetaphysisches Denken II, Berlin 2012, 54–76.

Habermas, J., Ein Bewusstsein von dem, was fehlt, in: Reder, M./Schmidt, S. (Hg.), Ein Bewusstsein von dem, was fehlt. Eine Diskussion mit Jürgen Habermas, Frankfurt a. M. 2008, 26–36.

Habermas, J., Ein Gespräch über Gott und die Welt, in: ders., Zeit der Übergänge, Frankfurt a. M. 2001, 173–196.

Habermas, J., Ein neues Interesse der Philosophie an der Religion. Ein Interview von Eduardo Mendieta, in: ders., Nachmetaphysisches Denken II, Berlin 2012, 96–119.

Habermas, J., Einleitung, in: ders., Zwischen Naturalismus und Religion, Frankfurt a. M. 2005, 7–14.

Habermas, J., Einleitung. Wozu noch Philosophie?, in: ders., Philosophisch-politische Profile, Frankfurt a. M. 1971, 11–36.

Habermas, J., Exkurs: Transzendenz von innen, Transzendenz ins Diesseits, in: ders., Texte und Kontexte, Frankfurt a. M. 1991, 127–156.

Habermas, J., Glauben und Wissen. Friedenspreis des Deutschen Buchhandels 2001, Frankfurt a. M. 2001.

Habermas, J., Nachmetaphysisches Denken II, Berlin 2012.

Habermas, J., Religion in der Öffentlichkeit. Kognitive Voraussetzungen für den „öffentlichen Vernunftgebrauch“ religiöser und säkularer Bürger, in: ders., Zwischen Naturalismus und Religion, Frankfurt a. M. 2005, 119–152.

Habermas, J., Religion und nachmetaphysisches Denken, in: ders., Nachmetaphysisches Denken II, Berlin 2012, 120–182.

Habermas, J., Replik auf Einwände, Reaktion auf Anregungen, in: Langthaler, R./ Nagl-Docekal, H. (Hg.), Glauben und Wissen. Ein Symposium mit Jürgen Habermas, Wien 2007, 366–414.

Habermas, J., Reply to My Critics, in: Calhoun, C./Mendieta, E./VanAntwerpen, J., (Hg.), Habermas and Religion, Cambridge–Malden 2013, 347–390; 458–463.

Hoerschelmann, Th., Theologische Ethik. Zur Begründungsproblematik christlicher Ethik im Kontext der diskursiven Moraltheorie, Stuttgart–Berlin–Köln 1996.

John, O./Striet, M. (Hg.), „...und nichts Menschliches ist mir fremd.“ Theologische Grenzgänge (FS H. Peukert), Regensburg 2010.

Junker-Kenny, M., Argumentationsethik und christliches Handeln. Eine praktisch-theologische Auseinandersetzung mit Jürgen Habermas, Stuttgart–Berlin–Köln 1998.

Junker-Kenny, M., Habermas and Theology, London 2011.

Kreiner, A., Ende der Wahrheit? Zum Wahrheitsverständnis in Philosophie und Theologie, Freiburg–Basel–Wien 1992.

Langthaler, R./Nagl-Docekal, H. (Hg.), Glauben und Wissen. Ein Symposium mit Jürgen Habermas, Wien 2007.

Lob-Hüdepohl, A., Kommunikative Vernunft und theologische Ethik, Fribourg–Freiburg 1993.

Metz, J. B., Glaube in Geschichte und Gesellschaft. Studien zu einer praktischen Fundamentaltheologie, Mainz 1977.

Metz, J. B., Memoria passionis. Ein provozierendes Gedächtnis in pluralistischer Gesellschaft, Freiburg–Basel–Wien 2006.

Milbank, J., Theology and Social Theory: Beyond Secular Reason, Oxford 1990.

Milbank, J., What Lacks is Feeling. Hume versus Kant and Habermas, in: Calhoun, C./Mendieta, E./VanAntwerpen, J. (Hg.), Habermas and Religion, Cambridge–Malden 2013, 322–346; 447–458.

Möhring-Hesse, M., Theozentrik, Sittlichkeit und Moralität christlicher Glaubenspraxis. Theologische Rekonstruktionen, Fribourg–Freiburg 1997.

Müller-Doohm, S., Jürgen Habermas. Eine Biographie, Berlin 2014.

Peukert, H., Art. Fundamentaltheologie, in: NHThG II (1984) 16–25.

Peukert, H., Kommunikatives Handeln, Systeme der Machtsteigerung und die unvollendeten Projekte Aufklärung und Theologie, in: Arens, E. (Hg.), Habermas und die Theologie. Beiträge zur theologischen Rezeption, Diskussion und Kritik der Theorie kommunikativen Handelns, Düsseldorf 1989, 39–64.

Peukert, H., Wissenschaftstheorie – Handlungstheorie – Fundamentale Theologie. Analysen zu Ansatz und Status theologischer Theoriebildung, Frankfurt a. M. 1978; Neuauflage mit neuem Nachwort, Frankfurt a. M. [3]2009.

Raberger, W., „der Religion gleichzeitig als Erbe wie als Opponent gegenüberzutreten" (J. Habermas), in: Kreutzer, A./Gruber, F. (Hg.), Im Dialog. Systematische Theologie und Religionssoziologie (QD 258), Freiburg–Basel–Wien 2013, 236–254.

Raberger, W., „Übersetzung" – „Rettung" des Humanen?, in: Langthaler, R./Nagl-Docekal, H. (Hg.), Glauben und Wissen. Ein Symposium mit Jürgen Habermas, Wien 2007, 238–258.

Reikerstorfer, J., Eine „Übersetzung", in der „Übersetztes" nicht überflüssig wird. Jüdisch-christliches Erbe in vernunfttheoretischer Bedeutung bei J. Habermas und J. B. Metz, in: Langthaler, R./Nagl-Docekal, H. (Hg.), Glauben und Wissen. Ein Symposium mit Jürgen Habermas, Wien 2007, 283–298.

Striet, M., Grenzen der Übersetzbarkeit. Theologische Annäherungen an Jürgen Habermas, in: Langthaler, R./Nagl-Docekal, H. (Hg.), Glauben und Wissen. Ein Symposium mit Jürgen Habermas, Wien 2007, 259–282.

Telser, A., Differenzierung und Interpenetration von Religion und Politik – theologisch, in: Kreutzer, A./Gruber, F. (Hg.), Im Dialog. Systematische Theologie und Religionssoziologie (QD 258), Freiburg–Basel–Wien 2013, 356–380.

Tracy, D., Religion im öffentlichen Bereich. Öffentliche Theologie, in: Kreutzer, A./Gruber, F. (Hg.), Im Dialog. Systematische Theologie und Religionssoziologie (QD 258), Freiburg–Basel–Wien 2013, 189–207.

Tracy, D., The Analogical Imagination. Christian Theology and the Culture of Pluralism, New York 1981.

Tracy, D., Theology, Critical Social Theory, and the Public Realm, in: Browning, D. S./Schüssler Fiorenza, F. (Hg.), Habermas, Modernity, and Public Theology, New York 1992, 19–42.

Einbeziehung des Anderen oder Anerkennung des Fremden?

Theologie im Spannungsfeld kommunikativer und responsiver Vernunft

Franz Gmainer-Pranzl

Der 75. Geburtstag der beiden Theologen David Tracy und Walter Raberger ist ein inspirierender Anlass, um Fragen theologischer Erkenntnislehre und Methodik aufzugreifen, die für beide Jubilare zeitlebens von großer Bedeutung waren. Diese fundamentaltheologische Auseinandersetzung möchte ich aber nicht losgelöst von den biographischen Erfahrungen führen, die mich mit den beiden Theologen verbinden, wenn auch auf unterschiedliche Weise. David Tracy bin ich persönlich leider nie begegnet, aber ich habe sein Buch *Theologie als Gespräch* während meiner Innsbrucker Doktorandenzeit mit großem Interesse gelesen. Mein mit vielen Notizen und Unterstreichungen versehenes Exemplar von Tracys Buch trägt als Vermerk das Kaufdatum „März 1993". Aus zwei Gründen fesselte mich Tracys *Theologie als Gespräch* in der Schlussphase meines Doktoratsstudiums auf besondere Weise: Zum einen fand ich es aufschlussreich, wie Tracy eine „postmoderne Hermeneutik" (so der Untertitel der deutschen Ausgabe seines Buches) entwickelte – in Fortführung jenes klassischen Projekts theologischer Hermeneutik, mit dem ich mich im Werk Gerhard Ebelings jahrelang selbst auseinandergesetzt hatte.[1] Zum anderen nahm ich in einer Zeit, in der mir interkulturelle Bezüge der Theologie immer wichtiger wurden, das globale Problembewusstsein Tracys mit großer Aufmerksamkeit wahr. Seine Überlegungen könnten als Vorläufer postkolonialer Theologie gelten, wenn es etwa heißt: „Vor allem aber sollten wir lernen, den Erzählungen anderer zuzuhören, insbesondere jener ‚anderen', die unter unserer Andersheit, die ihren Interpretationen ihrer Geschichte und Klassiker aufgezwungen wurde, zu leiden hatten."[2] Zweifellos gehört Tracy zu den Vordenkern einer „alteritätssensiblen" Theologie, die dazu auffordert, den „anderen Stimmen zuzuhören" und von daher zu „beginnen, die Andersheit in unserem eigenen Diskurs und in uns selbst zu vernehmen"[3]. Das „Zuhören lernen"[4], das Tracy als Devise seiner theologischen Hermeneutik formulierte, hat nichts von seiner Aktualität verloren – ganz im Gegenteil:

---

[1] Vgl. Gmainer-Pranzl, Glaube, 184–336.
[2] Tracy, Theologie, 107.
[3] Ebd., 118.
[4] Ebd., 152.

Heutige interkulturelle Theologie versteht sich als Einübung in ein neues Hören, wie dies Tracy schon vor Jahrzehnten einforderte: „Aufrichtig auf die Stimmen der Theologen der Dritten Welt [...] zu hören, bedeutet, Forderungen nach weit mehr grundlegender Veränderung zu hören, als sich dies die meisten von uns in der sogenannten Ersten Welt bislang vorgestellt haben."[5]

Ich nahm dieses hermeneutische Plädoyer als große Ermutigung auf und freute mich umso mehr, als mir mein Kollege Franz Gruber von einem Forschungsaufenthalt in Chicago die englische Originalausgabe dieses Buches mitbrachte[6] – noch dazu mit einer persönlichen Widmung: „*To Franz Gmainer-Pranzl with respect and best wishes, David Tracy, June 1997*". Mir war zu diesem Zeitpunkt noch nicht bewusst, wie sehr mich die Themen und Fragen der theologischen Hermeneutik Tracys noch beschäftigen würden.

Während ich also David Tracy nur „aus der Ferne" wahrnehmen konnte, lernte ich Walter Raberger als theologischen Lehrer (1987–1989), als Betreuer meiner Diplomarbeit im Fach Dogmatik (1989) und schließlich am Institut für Fundamentaltheologie und Dogmatik an der Katholisch-Theologischen Hochschule/Privatuniversität Linz, wo ich als Assistent mitarbeitete (1995–2002), gewissermaßen „aus der Nähe" kennen. Sein engagiertes und intellektuell anspruchsvolles Projekt, systematische Theologie mit dem Theorieanspruch und Problembewusstsein der Diskurs- und Kommunikationstheorie von Jürgen Habermas zu verbinden, stellte für mich und viele Kolleginnen und Kollegen ein faszinierendes Unternehmen dar, das Themen der christlich-theologischen Tradition im Kontext aktueller gesellschaftlicher Herausforderungen aufgriff und kreativ-scharfsinnig reformulierte.[7] Rabergers eigener theologischer Werdegang war, wie er stets betonte, untrennbar mit dem Wirken Franz Schupps an der Universität Innsbruck verbunden, dessen Rekonstruktion theologischer Theorie in den Kategorien moderner Philosophie und Wissenschaftstheorie bis heute zu den beeindruckendsten intellektuellen Beiträgen gehört, die jemals an einer Theologischen Fakultät in Österreich (und darüber hinaus) geleistet wurden. Doch gerade in ihrer systematischen Genialität wurde Schupps Theologie nicht zu einem Systemdenken, sondern verstand sich „als diskursiv

[5] Ebd., 153.

[6] Tracy, Plurality.

[7] Die Bedeutung Habermas' hob Walter Raberger bei einem Symposium zum zwanzigjährigen Bestehen der Katholisch-Theologischen Hochschule (heute: Privatuniversität) Linz eindrücklich hervor: „Im Ensemble derer, welche die Phänomene neuzeitlicher Rationalität und Kultur sowie die Bedeutung der Sinnressourcen jüdisch-christlicher Religion für den Verlauf moderner Vergesellschaftungsprozesse analysiert und reflektiert haben, ist ohne Zweifel J. Habermas mit seiner *Theorie des kommunikativen Handelns* als einer der profiliertesten Autoren hervorzuheben" (Raberger, Theologie. Denken, 128).

vorgetragener Einspruch gegen alle Versuchungen eines Versöhnungsdenkens [...], welches das geschichtlich Widerständige und das Unabgegoltene wahren Lebens unter der Perspektive einer schon vermittelten Ganzheit und Identität ignoriert“[8], wie dies Walter Raberger und Hanjo Sauer auf den Punkt brachten. Dieser Anspruch christlicher Theologie, den Raberger jahrzehntelang in Vorlesungen und Seminaren, bei Tagungen und Vorträgen, bei Predigten und Diskussionen vertrat, wurde für viele Studierende ab den frühen 1980er-Jahren zu einem Impuls der Hoffnung und einem Signal des intellektuellen Aufbruchs. Bis heute denke ich an die intensive Auseinandersetzung etwa in Rabergers DiplomandInnenseminar zurück; ich habe die offene, unerschrockene Diskussionskultur sowie die humorvolle Atmosphäre dieser Jahre als wertvolle Erinnerung im Gedächtnis – und als Ressource theologischen Denkens, von der ich bis heute zehre.

Die Problemstellungen, die mit Blick auf Tracys Rezeption postmoderner Hermeneutik sowie auf Rabergers Rezeption der Theorie des kommunikativen Handelns angedeutet wurden, hängen auch mit den beiden Diskursen zusammen, die in diesem Beitrag zur Sprache kommen: mit dem Anspruch des Fremden, wie er in Bernhard Waldenfels‘ Theorie der Responsivität zur Geltung kommt, und dem Konzept reziproker Kommunikation, das die Diskurs- und Gesellschaftstheorie von Jürgen Habermas prägt. Genauer gesagt: es geht um die Frage, inwiefern in der Kritik der Phänomenologie des Fremden, dass Kommunikationstheorien zu einer Aufhebung des Anspruchs des Fremden tendieren, nicht eine berechtigte Anfrage an ein Verständnis von Vernunft artikuliert wird, das sich von „Befremdendem“ nicht wirklich herausfordern lässt, sondern es entweder an die eigene Identität angleicht oder als irrelevant exkludiert. Diese Frage ist für die Theologie keineswegs nebensächlich, sondern tatsächlich entscheidend. Wenn Theologie Verantwortung des Glaubens ist, Glaube aber vom Hören kommt (Röm 10,17) – also nicht Expression eigener Identität, sondern Antwort auf einen Anspruch ist –, muss nach dem Stellenwert dessen gefragt werden, was den Menschen *beansprucht*, und zwar sowohl für die Praxis des Glaubens als auch für die Theorie der Theologie. Wie verhalten sich also der Anspruchscharakter und die Kommunikationsfähigkeit des Christlichen zueinander – diese Frage bildet den roten Faden der kommenden Überlegungen, in denen nicht einfach undifferenzierte Kritik an Habermas‘ Kommunikationstheorie geübt werden soll, sondern eine Herausforderung aufgegriffen wird, die letztlich dazu beiträgt, Ansatz und Perspektiven „kommunikativer Theologie“ weiterzuentwickeln. Um diese Fragestellung zu explizieren, möchte ich (1) auf das Projekt einer „kom-

[8] Raberger/Sauer, Einführung, 16.

munikativen Theologie", das an Habermas anschließt, eingehen, (2) von daher die Herausforderung des Fremden zur Sprache bringen, dessen Anspruchscharakter die menschlichen Vermittlungs- und Verstehensmöglichkeiten übersteigt – was in der Gegenüberstellung der Prinzipien „Responsivität" und „Reziprozität" zum Ausdruck kommt –, und (3) diese Erfahrung der Beanspruchung durch das Fremde als kreativen Anstoß zur Weiterentwicklung des Konzepts „kommunikativer Theologie" begreifen. Das Spannungsfeld „kommunikativer" und „responsiver" Vernunft steht somit nicht für Alternativen zwischen zwei unversöhnlichen Prinzipien, sondern für einen qualifizierten Lern- und Glaubensprozess, in dem deutlich wird, dass Kommunikationsfähigkeit immer auch die Fähigkeit ausbilden muss, sich dem Nichtkommunizierbaren zu stellen.

1. Theologie in kommunikations- und diskurstheoretischer Perspektive: ein offenes Projekt

„Kommunikative Theologie", wie sie seit geraumer Zeit als Rezeption der Diskurs-, Kommunikations- und Gesellschaftstheorie Habermas' betrieben wird,[9] bemüht sich darum – auch mit durchaus selbstkritischem Blick auf manche Versäumnisse und Verengungen der christlich-theologischen Tradition –, Anschluss an das von Habermas entwickelte Problembewusstsein und Analysepotential zu finden.[10] Es sind vor allem drei Motive im Werk von Habermas – das immerhin „zu den meist rezipierten theoretischen Texten der zweiten Hälfte des 20. Jahrhunderts, sowohl innerhalb der Philosophie und Humanwissenschaft wie auch in einer breiter gefassten intellektuellen und politischen Öffentlichkeit"[11] gehört –, die in diesem Zusammenhang hervorzuheben sind:

Kommunikation als wissenschaftliche und gesellschaftliche Orientierung an Verständigung: Es kann und braucht hier nicht der gesamte Komplex der *Theorie des kommunikativen Handelns* dargestellt zu werden;[12]

[9] Diese Form der Rezeption des Denkens der Frankfurter Schule in der systematischen Theologie ist nicht zu verwechseln mit dem – ebenfalls als „kommunikative Theologie" bezeichneten – Ansatz von Bernd Jochen Hilberath, Matthias Scharer u. a., in dem es um eine Integration der „Themenzentrierten Interaktion nach Ruth C. Cohn" (TZI) in die (praktisch-) theologische Reflexion geht; vgl. Forschungskreis Kommunikative Theologie, Kommunikative Theologie.

[10] Vgl. Arens (Hg.), Habermas; Arens/John/Rottländer, Erinnerung; Arens (Hg.), Kommunikatives Handeln.

[11] Brunkhorst/Kreide/Lafont, Vorwort, VII.

[12] Dazu vgl. die vorzügliche Darstellung bei Greve, Habermas, 99–132; Horster, Habermas, 43–54.

entscheidend sind die Differenz zwischen erfolgs- und verständigungsorientiertem Handeln, die Habermas deutlich zieht,[13] sowie der innere Zusammenhang von gesellschaftlichen Anerkennungsverhältnissen und kommunikativen Verständigungsmöglichkeiten. „Kommunikation" wird als Möglichkeitsbedingung sozialer Interaktion rekonstruiert:[14] „Unversehrte Intersubjektivität ist der Vorschein von symmetrischen Verhältnissen freier reziproker Anerkennung"[15], so Habermas. Kommunikationstheorie ist somit nicht ein „Konzept für bessere Verständigung", sondern Bestandteil einer Gesellschaftstheorie – ein Zusammenhang, der das gesamte Werk Habermas' prägt[16] und von Seiten der Theologie vor allem ekklesiologisch rezipiert wurde.[17]

Aufklärung als Fortführung des Projekts „Moderne": Die „Rettung von Motiven der Aufklärung"[18] kann zweifellos als „intellektuelle Kennmelodie" des Werks von Habermas angesehen werden. Der rationale und soziale Anspruch, der mit der Aufklärung und ihrem „Projekt der Moderne" verbunden ist,[19] steht zunehmend in Frage, wie Habermas seit den frühen 1980er-Jahren betont. Die Gefahren einseitiger Modernisierungsprozesse sowie die „Dialektik der Aufklärung" hat Habermas klar vor Augen, wie seine Kritik an einer unkontrollierten Technokratie, an einer „Kolonialisierung der Lebenswelt" und an einer „entgleisenden Moderne" zeigt. Zu überwinden sind allerdings die Pathologien der Moderne, nicht die Moderne selbst: „Ich meine", hält Habermas fest, „dass wir eher aus den Verirrungen, die das Projekt der Moderne begleitet haben, aus den Fehlern der verstiegenen Aufhebungsprogramme lernen, statt die Moderne und ihr Projekt selbst verloren geben sollten."[20] Der „*neukonservative* Abschied von

[13] Vgl. Habermas, Erläuterungen, 575.

[14] „Habermas hat gegenüber der Phalanx seiner Kritiker immer wieder darauf verwiesen, dass seine Methode die der rationalen Rekonstruktion sei. Diese ziele darauf ab, das freizulegen, was als implizites Wissen in der Struktur der Intersubjektivität, in den Praktiken umgangssprachlicher Kommunikation angelegt sei" (Müller-Doohm, Habermas, 558).

[15] Habermas, Einheit, 185–186.

[16] „Der *archimedische Punkt* seiner Sozialtheorie besteht in der Idee, dass ihr kritischer Maßstab im Vernunftpotential verständigungsorientierter Rede freigelegt werden kann" (Müller-Doohm, Habermas, 563).

[17] Vgl. Zirker, Kirche.

[18] Habermas, „Wie konnte es dazu kommen?", 175.

[19] „Das Projekt der Moderne, das im 18. Jahrhundert von den Philosophen der Aufklärung formuliert worden ist, besteht nun darin, die objektivierenden Wissenschaften, die universalistischen Grundlagen von Moral und Recht und die autonome Kunst unbeirrt in ihrem jeweiligen Eigensinn zu entwickeln, aber gleichzeitig auch die kognitiven Potentiale, die sich so ansammeln, aus ihren esoterischen Hochformen zu entbinden und für die Praxis, d. h. für eine vernünftige Gestaltung der Lebensverhältnisse zu nützen" (Habermas, Moderne, 453).

[20] Ebd., 460.

der Moderne“[21] und der von Habermas in verschiedenen Zusammenhängen diagnostizierte „Vernunftdefätismus“ können nicht die Lösung für gesellschaftliche Problemstellungen sein;[22] vielmehr sind die freiheits- und autonomiefördernden Impulse der Aufklärung (selbst-)kritisch wahrzunehmen und unter geänderten Lebensbedingungen weiterzuentwickeln.

Postsäkularität als gesellschaftspolitisches Prinzip: Habermas ließ aufhorchen, als er bei seiner Rede zum Friedenspreis des Deutschen Buchhandels am 14. 10. 2001 von Religionen nicht im Sinn von kulturellen Relikten, sondern von „wichtigen Ressourcen der Sinnstiftung“[23] für die Gesellschaft sprach und diese Charakterisierung vom Konzept einer „postsäkularen Gesellschaft“ her konkretisierte. „Postsäkularität“ kennzeichnet die paradoxe Entwicklung einer „Gesellschaft, die sich auf das Fortbestehen religiöser Gemeinschaften in einer sich fortwährend säkularisierenden Umgebung einstellt“[24]. Mit dieser Positionsbestimmung weist Habermas zum einen säkularistische Gesellschaftskonzepte zurück, die Religionen als irrationale Überbleibsel einer vormodernen Zeit dulden, aber nicht wirklich ernst nehmen, zum anderen traditionalistische oder fundamentalistische Religionskonzepte, die sich einer „Lern- und Anpassungsleistung“[25] angesichts veränderter gesellschaftlicher Kontexte sowie der „Arbeit der hermeneutischen Selbstreflexion“[26] enthoben glauben. Demgegenüber zeichnet sich eine „postsäkulare“ Einstellung dadurch aus, dass „die religiösen und die säkularen Bürger *komplementäre* Lernprozesse durchlaufen“[27], was für die Religiösen bedeutet, neue epistemische Einstellungen zu erlernen, und für die Säkularen, Religionen nicht nur zu respektieren, sondern auch von ihnen zu lernen – ohne deshalb religiös werden zu müssen.[28] „Postsäkularität“ bedeutet also nicht, das Selbstverständnis einer säkularen Öffentlichkeit zu dementieren und vormodernen religionspolitischen Gesellschaftskonzepten wieder Einlass zu gewähren, sondern den exklusiven Erklärungsanspruch der Säkularisierungstheorie durch Verweis auf die Komplexität gesellschaftlicher Entwicklungen zurückzuweisen. Lernbereitschaft, Offenheit, Übersetzungs- und Kommunikationsfähigkeit sind

[21] Habermas, Zeitbewusstsein, 12.

[22] Sehr pointiert hebt Habermas hervor: „Der zynische Defätismus des sogenannten Realisten, der nicht begreift, dass uns die schwärzeste Diagnose nicht davon entlastet, das Bessere zu versuchen, ist für mich so etwas wie ein struktureller Gegner“ (Der nächste Schritt, 116).

[23] Habermas, Glauben, 22.

[24] Ebd., 13.

[25] Habermas, Religion in der Öffentlichkeit, 142.

[26] Ebd., 143.

[27] Ebd., 146.

[28] „[…] Respekt ist nicht alles, die Philosophie hat Gründe, sich gegenüber religiösen Überlieferungen *lernbereit* zu verhalten“ (Habermas, Grundlagen, 115).

Kennzeichen einer postsäkularen Gesellschaft, ohne allerdings die Grenzen zwischen religiösen Bekenntnissen und säkularen Überzeugungen zu verwischen.[29]

Diese drei Aspekte des Habermas'schen Werks beeinflussten die theologische Theoriebildung der vergangenen Jahrzehnte insofern, als sich die christliche Glaubensverantwortung ihres eigenen Kommunikationspotentials bewusst wurde,[30] die Herausforderung der Moderne nicht nur als Problem, sondern auch als produktive Krise und Chance für Kirche und Theologie begriff und die Lebensbedingungen der pluralen, „postsäkularen" Gesellschaft als Anstoß für neue Lernerfahrungen und Dialogmöglichkeiten wahrnahm. Für das Projekt einer Theologie in kommunikations- und diskurstheoretischer Perspektive ergeben sich daraus vor allem drei Herausforderungen:

Theorie der Vernunft: Wenn christliche Theologie davon ausgeht, „dass der Wahrheitsanspruch des Christentums aus sich selbst heraus begründbar und in diesem Sinne vernunfthaft verantwortbar ist,"[31] und dass weiters „der Wahrheitsanspruch und die Wahrheitsbewandtnis des Christentums in der Begegnung mit anderen Kulturen und Traditionen argumentativ und vernunfteinsichtig einlösbar sind"[32], muss sie eine Theorie der Vernunft entwickeln, die diese Argumentations- und Kommunikationsfähigkeit des christlichen „Logos" zur Geltung bringt. Theologische Erkenntnislehre hat sich den Rationalitätskriterien und Vernunfttheorien zu stellen, wie sie etwa Habermas in seinem einschlägigen Beitrag über *Wahrheitstheorien* entwickelte. Eine theologische Theorie der Vernunft meint in diesem Zusammenhang keine rationalistische „Begründung" des Glaubens, sondern eine kritische Auseinandersetzung mit dem Anspruch der Theologie, „wahre" Aussagen zu tätigen.[33] Wenn etwa Habermas zwischen subjektiven Ge-

[29] „Den Ausdruck ‚postsäkular' verwende ich für die soziologische Beschreibung eines tendenziellen Bewusstseinswandels in weitgehend säkularisierten oder ‚entkirchlichten' Gesellschaften, die sich inzwischen auf das Fortbestehen religiöser Gemeinschaften eingestellt haben und mit dem Einfluss religiöser Stimmen sowohl in der nationalen Öffentlichkeit wie auf der weltpolitischen Bühne rechnen" (Habermas, Religion und nachmetaphysisches Denken, 121).

[30] Diese Einsicht arbeitet Franz Gruber in seiner Studie zur theologischen Rezeption der Diskurstheorie Habermas' heraus, wenn er resümiert, „dass eine theologische Wahrheitsidee mit einer Konsenstheorie der Wahrheit nicht nur zusammengeht, sondern von dort her Einsichten in die Wahrheitsstruktur von Aussagen und Diskursen gewinnen kann, die dem genuinen Anliegen einer Glaubensrede zutiefst entsprechen" (Gruber, Diskurs, 325).

[31] Seckler, Fundamentaltheologie, 335.

[32] Ebd., 341.

[33] „Als kognitive Anstrengung zielt nämlich Theologie auf die argumentative Enthüllung jener Bedingungen, unter denen die Geltungsansprüche der Glaubenswahrheiten eingelöst oder verstehbar gemacht werden können; damit setzt sich Theologie den Möglichkeiten und auch

wissheitserlebnissen und intersubjektiv überprüfbaren Geltungsansprüchen unterscheidet,[34] Kommunikation, die auf Verständigung angelegt ist, als Geschehen begreift, in dem ein vierfacher Anspruch vorausgesetzt wird (*Verständlichkeit* als Bedingung, *Wahrhaftigkeit* als nichtdiskursiven Geltungsanspruch sowie *Wahrheit* und *Richtigkeit* als diskursive Geltungsansprüche)[35], und Rationalität insgesamt „als eine Disposition sprach- und handlungsfähiger Subjekte"[36] versteht, ist die theologische Erkenntnislehre herausgefordert, ihr Rationalitäts- und Methodenverständnis im Licht dieser diskurstheoretischen Voraussetzungen zu überprüfen. Eine „kommunikative Theologie" in diesem Sinn versteht sich also nicht als Strategie der Kommunikationsoptimierung von Glaubensüberzeugungen, sondern als kritische Untersuchung der Bedingungen für jene Wahrheitsansprüche, die in Glaubensaussagen erhoben werden. Mit Blick auf gegenwärtige globale Verhältnisse, die theologische Argumentation und Kommunikation nochmals auf neue Weise herausfordern, ist eine solche „Theorie der Vernunft" dringlicher denn je; sie wird die Überlegungen Habermas' zu einer zwanglosen Kommunikationsstruktur, in der „für alle Diskursteilnehmer eine symmetrische Verteilung der Chancen, Sprechakte zu wählen und auszuführen, gegeben ist"[37], in einer interkulturell qualifizierten Weise reformulieren und „Interkulturelle Theologie" als kommunikative Theologie auf globaler Ebene wahrnehmen.

„Nachmetaphysische Theologie": Theologische Verantwortung, die sich bewusst im Kontext der Moderne positioniert, wird sich als „nachmetaphysische Theologie" verstehen – nicht in dem Sinn, dass damit das kritische Moment der Theologie oder der Bezug des Glaubens auf Transzendenz aufgegeben würde, sondern als Abschied von Prinzipien und Denkvoraussetzungen, die in der Vormoderne unhinterfragte Geltung besaßen. Habermas führt hier die Motive eines starken Theoriebegriffs, das Paradigma der Bewusstseinsphilosophie, ein idealistisches Vernunftverständnis sowie eines ausgeprägten Logozentrismus an, die entsprechend abgelöst wurden durch das Konzept einer Verfahrensrationalität, den *„linguistic turn"*, die Kontextualisierung der Vernunft sowie den Rekurs auf Praxis und lebensweltliche Voraussetzungen der Wissenschaft.[38] Theologische Ansätze, die

---

den Grenzen aller diskursiven Erkenntnis aus" (Raberger, Theologie: kritische und selbstkritische Reflexionsgestalt, 29–30).

[34] Vgl. Habermas, Wahrheitstheorien, 140.

[35] Vgl. ebd., 137–139.

[36] Habermas, Theorie des kommunikativen Handelns (Bd. 1), 44.

[37] Habermas, Wahrheitstheorien, 177.

[38] Vgl. Habermas, Horizont, 14–16. Zur kritischen Auseinandersetzung mit Habermas' Position vgl. die Studie von Langthaler, Nachmetaphysisches Denken, in der er die These vertritt:

die Herausforderung „nachmetaphysischen Denkens" ernst nehmen und davon ausgehen, dass der Anspruch des christlichen Glaubens nicht mit bestimmten metaphysischen Paradigmen identifiziert werden kann (und darf) – auch wenn sich historisch nachträglich nicht eine „reine Theologie" aus konkreten historischen Diskurskontexten (wie eben metaphysischen Denktraditionen) herauslösen lässt –, wurden nicht selten als säkularisierende – also letztlich sich selbst aufhebende – Konzepte missverstanden. „Nachmetaphysische Theologie", so wurde unterstellt, würde sich von den Voraussetzungen christlichen Glaubens loslösen und eine Form des „Relativismus" oder „Kontextualismus" betreiben. Diese Kritik trifft allerdings weder das Anliegen von Habermas, der eine dezidiert *antirelativistische* Position vertritt,[39] noch das Bemühen um eine *zeitgemäße* (was nicht heißt: zeitgeistige) Verantwortung des christlichen Glaubens, von der etwa schon Dietrich Bonhoeffer vor siebzig Jahren gefordert hatte, dass sie „ohne die zeitbedingten Voraussetzungen der Metaphysik"[40] zu betreiben sei. Einen bedenkenswerten Zugang zur Thematik einer „nachmetaphysischen Theologie" hat in diesem Zusammenhang Franz Schupp vorgelegt, der eine „Theorie des neuzeitlichen Christentums"[41] einfordert, in der die „‚Situation' des Christentums in der Gegenwart"[42] als *systematisch-theologische* – nicht nur als didaktische oder strategische – Herausforderung begriffen wird. „Kommunikative Theologie" versucht also nicht, vorkritische Denkparadigmen als „glaubenskonstitutiv" zu bewahren, sondern die „Wahrheit des Glaubens" als gegenwärtigen Anspruch wahrzunehmen. Dies bedeutet allerdings auch, dass das „Schiff der Theologie" auf offener See – und nicht im sicheren Hafen – umgebaut werden muss, wie Raberger mit Bezug auf ein bekanntes Diktum Otto Neuraths verdeutlicht.[43]

Verarbeitung kognitiver Dissonanzen: In einer „postsäkularen" Gesellschaft sind, wie bereits erwähnt, religiösen *und* säkularen Bürgern Lernprozesse aufgetragen. Menschen mit einer religiösen Überzeugung müssen,

„Nach wie vor scheint vieles dafür zu sprechen, dass [..] daran festzuhalten bleibt, dass die Würdigung des seit dem Aufbruch der modernen Erfahrungswissenschaften im 17. Jahrhundert entfalteten methodischen Ideals und der damit verbundenen Umgestaltung des Begriffs des Wissens nicht mit der Verabschiedung der metaphysischen Denkform als solcher verbunden sein muss und so auch für die philosophische Gegenwart keineswegs etwa nur von geistesgeschichtlichem Interesse ist" (ebd., 66–67).

[39] Vgl. die grundlegende Kritik am Kontextualismus Rortys: Habermas, Wahrheit.

[40] Bonhoeffer, Widerstand, 405 (Brief vom 30.04.1944).

[41] Schupp, Bemerkungen, 137.

[42] Ebd.

[43] Vgl. Raberger, „Wahrer Zuschauer könnte nur ein Gott sein", 113. „Wie Schiffer sind wir, die ihr Schiff auf offener See umbauen müssen ..." (ebd. 112).

so Habermas, „kognitive Dissonanzen verarbeiten“[44], das heißt zu Herausforderungen, die mit dem Verständnis des eigenen Glaubens nicht zu vereinbaren sind, eine „epistemische Einstellung“ finden, die als Rekonstruktion – und nicht als Suspendierung – der jeweiligen religiösen Tradition zu verstehen ist.[45] Damit erteilt Habermas der Theologie einen anspruchsvollen Arbeitsauftrag. Weder entlässt er die theologische Reflexion aus der Verpflichtung, eine entsprechende Lern- und Anpassungsleistung zu erbringen, noch hält er dieses Bemühen für umsonst oder illusionär; vielmehr traut er den religiösen Gemeinschaften und ihren Theologien zu, „eine dogmatische Verarbeitung der kognitiven Herausforderungen der Moderne“[46] zu leisten. Als zentrale Problemfelder solcher „kognitiver Dissonanzen“[47] führt Habermas fremde Religionen, das Monopol der Wissenschaften sowie den Vorrang des Vernunftrechts und säkularer Ethik in der staatlichen Öffentlichkeit an – Themen, die für die theologische Arbeit tatsächlich von enormer Bedeutung sind, denkt man an den interreligiösen Dialog, die interdisziplinäre Auseinandersetzung mit Sozial-, Kultur- und Naturwissenschaften sowie kontroverse Themen wie Abtreibung, assistierter Suizid, Migration und Asylfragen sowie die Anerkennung gleichgeschlechtlicher Partnerschaften/Ehen. „Kommunikative Theologie“ versteht sich angesichts dieser komplexen gesellschaftlichen Fragen nicht als Strategie der Anpassung, sondern als Teil eines anspruchsvollen Lern- und Argumentationsgeschehens, das alle Beteiligten in die Pflicht nimmt.[48] Genau diese kommunikative und argumentative „Bewährung“ von Religionsgemeinschaften beschützt sie vor jenem Fundamentalismus, der gegenwärtig –

[44] Habermas, Religion in der Öffentlichkeit, 143.

[45] „Die neuen epistemischen Einstellungen werden ‚erlernt‘, wenn sie – im Lichte alternativlos gewordener moderner Lebensbedingungen – aus einer für die Beteiligten selbst einsichtigen Rekonstruktion überlieferter Glaubenswahrheiten hervorgehen“ (ebd. 144).

[46] Ebd.

[47] Dieser Begriff taucht bereits bei Hermann Lübbe auf und ist mit Verunsicherung konnotiert: „Subjekte sind, um sich in der Realität halten zu können, auf eine konsolidierte, als verlässlich erfahrene Orientierung über sie angewiesen, und entsprechend wehren sie ab, was sich zu dieser Orientierung in kognitiver Dissonanz verhält“ (Lübbe, Religion, 39).

[48] „Statt der widerwilligen Anpassung an extern auferlegte Zwänge muss sich die Religion inhaltlich auf die normativ begründete Erwartung einlassen, die weltanschauliche Neutralität des Staates, gleiche Freiheiten für alle Religionsgemeinschaften und die Unabhängigkeit der institutionalisierten Wissenschaften aus eigenen Gründen anzuerkennen. Das ist ein folgenreicher Schritt. Denn dabei geht es nicht nur um den Verzicht auf politische Gewalt und Gewissenszwang zur Durchsetzung religiöser Wahrheiten, sondern auch um ein Reflexivwerden des religiösen Bewusstseins angesichts der Notwendigkeit, die eigenen Glaubenswahrheiten sowohl zu konkurrierenden Glaubensmächten wie zum Monopol der Wissenschaften auf die Produktion von Weltwissen in Beziehung zu setzen“ (Habermas, Bewusstsein, 33).

religionspolitisch aufgeladen – in manchen Teilen dieser Welt viel Unglück anrichtet.

Theologie in einer kommunikations- und diskurstheoretischen Perspektive lässt sich auf grundlegende Lernprozesse ein; Verständigung, Aufklärung und Verarbeitung „kognitiver Dissonanzen“ sind ihre diskursiven Kennzeichen. Angesichts mancher Phasen der Theologie- und Kirchengeschichte, in denen Gläubige nicht bereit oder auch nicht in der Lage waren, sich reziproken Lernprozessen zu stellen sowie argumentations- und kommunikationsfähig zu agieren, ist das Bemühen „kommunikativer Theologie“ um eine Aufarbeitung und Bewältigung befremdender Traditionen, unverständlicher Positionen und irritierender Phänomene nachvollziehbar – doch werden dadurch nicht das „Andere der Vernunft“, das Nichtintegrierbare und Nichtverstehbare sowie die Erfahrung des Fremden als irrelevant angesehen? Heißt nicht „alles kommunizieren“: alles bewältigen oder gar überwältigen? Ist der Versuch, alles zu „verstehen“, nicht gleichbedeutend mit der Assimilation oder Exklusion jenes „Stachels des Fremden“, der nicht „verstanden“, sondern als Anspruch wahrgenommen werden soll?

2. Theologie angesichts des Nicht-Identischen: Reziprozität versus Responsivität?

Der Philosoph Bernhard Waldenfels übte im Rahmen seiner „Phänomenologie des Fremden“ immer wieder Kritik an einer „kommunikativen Bewältigung des Fremden“ und hat dabei Habermas, aber auch Kommunikationstheorien insgesamt im Auge. Die Eigenart „einer kommunikativen Vernunft, die das Fremde immer schon in ein Gemeinsames einbezieht“[49], ist Ausdruck der Unfähigkeit westlichen Denkens, sich der Erfahrung des Fremden zu stellen, wie Waldenfels diagnostiziert: Der Westen tendiert nach Waldenfels zur „Annahme eines Kosmos, der mich selbst und die Anderen sowie alles Eigene und Fremde umfasst. Fremdes wird auf diese Weise *integriert.* In der Moderne tritt das Ego ins Zentrum einer Eigenheitssphäre, an der gemessen alles Fremde, auch das Alter Ego, als sekundäre Spiegelung oder Modifikation erscheint. Das Fremde wird dem jeweils Eigenen *subordiniert.* Der drohenden Zersplitterung der Welt in Einzelperspektiven und Einzelinteressen begegnet die Moderne mit dem Rekurs auf eine Grund- und Gesetzesordnung, der ich selbst ebenso unterworfen bin wie alle an-

[49] Waldenfels, Grundmotive, 32.

deren. Die Fremdheit wird auf diese Weise *neutralisiert*"[50]. Hinter dieser Kritik an einem Grundzug westlichen Denkens, dessen Identitäts- und Exklusionslogik politisch keineswegs folgenlos war, steht bei Waldenfels nicht eine Ablehnung kommunikationstheoretischer Ansätze als solcher, sondern die Überzeugung, dass sich Menschsein wesentlich dadurch auszeichnet, dem Fremden gegenüber begegnungs- und antwortfähig zu sein, also nicht nur Andere(s) zu „verstehen", sondern sich dem *Anspruch* des Nichtverstehbaren zu stellen. Diese Grundfähigkeit des Menschen, auf Ansprüche zu antworten – was nicht heißt: Ansprüche durch Antworten zu „bewältigen" –, bezeichnet Waldenfels als „Responsivität". Während eine *responsive* Vernunft den Anspruch des Fremden als Ressource des Humanen begreift,[51] stellt der „Stachel des Fremden" für eine *kommunikative* Vernunft den Anlass zur Überwindung dieser Irritation dar. Kurz gesagt: die Kritik Waldenfels' an einer Hermeneutik der Assimilation, die eine „kommunikative Vereinnahmung des Fremden"[52] zur Folge hat, speist sich aus der Annahme, dass das Prinzip der *Responsivität* (der „Antwortlichkeit" des Menschen) einer grundsätzlich anderen Hermeneutik und Anthropologie folgt als das Prinzip der *Reziprozität* (einer auf Wechselseitigkeit beruhende Diskurs- und Kommunikationskompetenz). Mit diesen beiden Begriffen sind gewissermaßen zwei erkenntnistheoretische und anthropologische Paradigmen benannt, deren unterschiedliche Logik im Folgenden kurz umschrieben werden soll:

Responsivität: Diese Haltung der „Antwortlichkeit" des Menschen gründet in der Erfahrung des „Pathos", welches nicht psychologisch – als „Erleben eines Betroffenseins" –, sondern phänomenologisch als „Woher eines Anspruchs" zu verstehen ist, als „Erfahrung, die einem Widerfahrnis entstammt"[53]. Das „Pathische" des Menschseins besteht im konstitutiven Angewiesensein auf das, was uns „zugemutet" und „aufgegeben" wird; im Beanspruchtwerden durch etwas, das uns stets „zuvorkommt" und uns bleibend entzogen ist, finden wir zu uns selbst und zu neuen, kreativen Antworten: „Das Wovon des Getroffenseins lässt sich nur nachträglich und indirekt erfassen in Form von Wirkungen, die wir erleiden, und in Form von Antworten, die wir geben."[54] Eine „responsive Vernunft" nimmt den Anspruchscharakter der Herausforderungen, die uns in Frage stellen, wahr und „normalisiert" diese nicht; sie ist vielmehr „geeignet, den Sinn zu wecken für Fremdes und Außer-ordentliches, das noch nicht dem Gleichmaß des

[50] Waldenfels, Hyperphänomene, 297.
[51] Vgl. Gmainer-Pranzl/Schmidhuber, Anspruch.
[52] Waldenfels, Topographie, 118.
[53] Waldenfels, Sinne, 325.
[54] Waldenfels, Hyperphänomene, 182.

Normalen unterliegt“[55]. Die Asymmetrie, die im Verhältnis von Pathos und Response, von Anspruch und Antwort liegt, ist kein Defizit, das ausgeglichen werden müsste, sondern entscheidende Voraussetzung menschlichen Handelns und Denkens.

Reziprozität: Die „ideale Sprechsituation“, die Habermas als kontrafaktische Antizipation von Argumentations- und Kommunikationsprozessen – und nicht als „empirisches Phänomen“[56] – begreift, ist wesentlich durch eine „symmetrische Verteilung der Chance, Sprechakte zu wählen und auszuführen“[57], sowie durch „die vollständige Reziprozität der Verhaltenserwartungen, die Privilegierungen im Sinne einseitig verpflichtender Handlungs- und Bewertungsnormen ausschließen“[58], gekennzeichnet. Die Verständigungs- und Konsensorientierung der Diskurstheorie von Habermas setzt „Reziprozität“ als Prinzip des sozialen Umgangs miteinander sowie der intellektuellen Auseinandersetzung mit anderen Positionen voraus: „Verständigungsprozesse zielen auf einen Konsens, der auf der intersubjektiven Anerkennung von Geltungsansprüchen beruht. Diese wiederum können von den Kommunikationsteilnehmern reziprok erhoben und grundsätzlich kritisiert werden.“[59] Reziprok gewährte Anerkennung stellt die Gegenlogik zu Asymmetrien in der Praxis der Kommunikation und Argumentation, in sozialen und politischen Verhältnissen dar;[60] sie bildet die Signatur kommunikativer Vernunft. Habermas sieht Rationalität und Demokratie durch die gleichen Prinzipien verbunden: Inklusion, Chancengleichheit und Reziprozität.[61]

Der entscheidende Punkt, auf den die Kritik von Waldenfels an der Grundfigur der Reziprozität hinausläuft, besteht in der Frage, ob eine „kommunikative Vernunft“ dazu fähig ist, sich dem Anspruch des Irritierenden, Abweichenden, Überschießenden oder Außerordentlichen auf

[55] Waldenfels, Grenzen, 147.

[56] Habermas, Wahrheitstheorien, 180.

[57] Ebd., 177.

[58] Ebd., 178.

[59] Habermas, Theorie des kommunikativen Handelns (Bd. 1), 196.

[60] „Es gehört zum sozialen Charakter natürlicher Personen, dass sie in intersubjektiv geteilten Lebensformen zu Individuen heranwachsen und ihre Identität in Verhältnissen reziproker Anerkennung stabilisieren“ (Habermas, Inklusion, 166).

[61] „Rationale Diskurse erfordern den spontanen Austausch von Gründen für informierte Stellungnahmen zu relevanten Themen und Beiträgen. Das Modell deliberativer Politik lässt sich von der Vorstellung leiten, dass die politische Willensbildung durch den Filter einer diskursiven Meinungsbildung hindurchgeleitet wird. Demnach schreiben wir dem demokratischen Prozess in dem Maße eine kognitive Funktion zu, wie dieser, *im Großen und Ganzen betrachtet*, den Bedingungen genügt, die Inklusion aller Betroffenen, die Transparenz der Beratung und gleiche Teilnahmechancen zu gewährleisten sowie zweitens die Vermutung rationaler Ergebnisse zu begründen“ (Habermas, Demokratie, 148).

produktive Weise zu stellen, oder ob alles, das sich im Anerkennungsfeld reziproker Kommunikation nicht bewährt, als irrelevant, irrational oder auch inhuman ausgeschieden wird (wie etwa Lebenskrisen, ungewohnte kulturelle Traditionen, Erfahrungen der Entfremdung oder anthropologische Anomalien). Tendiert nicht „kommunikative Vernunft" dazu, alles „verstehen" zu müssen, Dissens zu „normalisieren" und Fremdheit zu „bewältigen"? Läuft nicht die „Einbeziehung des Anderen" auf eine Aufhebung des Fremden hinaus, während die „Antwortfähigkeit" responsiver Vernunft zu einer Anerkennung des Fremden fähig ist? Sind nicht Formulierungen von Habermas, die nur einem „reziproken Einverständnis", nicht aber einer „externen Einflussnahme" den Charakter überzeugender Begründung zubilligen, ein Indiz dafür, dass sich eine „kommunikative Vernunft" jeglichem Anspruch des Fremden („Externen") verschließt?[62]

Man wird dem kommunikationstheoretischen Ansatz von Habermas sicher nicht durch Kritik an einzelnen Zitaten und Formulierungen gerecht, sondern vielmehr durch einen Blick auf die gesamte Entwicklung dieses Ansatzes, und hier zeigt sich etwas Interessantes: Während der Erfahrung des Fremden in der Ausarbeitung der „Theorie des kommunikativen Handelns" bis in die 1980er-Jahre keine systematische Relevanz zukommt, gewinnt sie in seinen späteren politikwissenschaftlichen Überlegungen (Stichwort „Einbeziehung des Anderen") sowie vor allem in seinen religionsphilosophischen Beiträgen (Stichwort „Postsäkularität") an Bedeutung. Wenn Habermas etwa religiösen Überlieferungen „eine inspirierende Kraft für die *ganze* Gesellschaft"[63] zubilligt, spricht er von einer kulturell und gesellschaftlich wahrnehmbaren Größe, die „dem diskursiven Denken so abgründig fremd [bleibt] wie der von der philosophischen Reflexion auch nur eingekreiste, aber undurchdringliche Kern der ästhetischen Anschauung"[64]. Religiöse Erfahrung, die sich nicht in die Reziprozität von Erwartungen und Positionen integrieren lässt, sondern im Modus des Anspruchs, der eine Antwort fordert, zur Geltung kommt, kann gerade als *fremd* blei-

[62] Vgl. Habermas, Erläuterungen, 573–575. Diesen Textabschnitt zog ich bei meinem Vortrag als Beispiel für die tendenziell „normalisierende" Logik kommunikativer Vernunft heran, so etwa die These von Habermas: „Reziproke Verbindlichkeiten entstehen nur aus intersubjektiv geteilten Überzeugungen. Hingegen behält die (im Sinne kausaler Einwirkung) externe Einflussnahme auf die Überzeugungen eines anderen Interaktionsteilnehmers einen einseitigen Charakter" (ebd., 574). Auch wenn Habermas in diesem Text nicht die Erfahrung des Fremden, sondern die Macht von Strategien im Auge hat – was in der Diskussion bei der Tagung mit Blick auf meine Anfrage kritisch angemerkt wurde –, bleibt m. E. dennoch zu bedenken, dass auch einer „externen Einflussnahme" (ebd., 575) eine Bedeutung zukommen kann, die nicht im Vorhinein in Abrede gestellt werden soll.

[63] Habermas, Religion in der Öffentlichkeit, 149.

[64] Ebd., 150.

bendes „Widerfahrnis“[65] zum Anstoß neuer Erkenntnis werden und „ein Bewusstsein von dem, was fehlt“[66], vermitteln. Die Erfahrung, dass etwas, das nicht der eigenen Identität angeglichen oder kommunikativ „begriffen“ werden kann,[67] gerade auf diese Weise Lernprozesse auslösen kann, ist eine Schlüsseleinsicht, die für eine bemerkenswerte Erweiterung des Konzepts kommunikativer Vernunft steht. So wie säkulares Denken „von der Religion Abstand halten [kann], ohne sich deren Perspektive zu verschließen“[68], kann sich kommunikative Vernunft dem Fremden öffnen, ohne dieses zu vereinnahmen oder auszuschließen. Religiöse Erfahrung könnte in diesem Sinn zum Schrittmacher einer „responsiven Besinnung“ werden, die nicht eine Aufhebung des Kommunikativen intendiert, sondern deren Öffnung für das, was im Rahmen der Möglichkeiten „reziproker“ Anerkennung nicht mehr eingeholt werden kann. Die Konsequenz, die aus der Kritik Waldenfels‘ an „normalisierenden“ Tendenzen der Kommunikation(stheorie) zu ziehen ist, besteht nicht im Ersatz kommunikativer durch responsive Vernunft, sondern in der *Wahrnehmung des Pathischen im Kommunikativen.* Kommunikation ist nicht nur an „Einverständnis“ orientiert, sondern kann auch durch irritierende, „unpassende“ und befremdende Erfahrung angeregt und gefördert werden.

Für die theologische Reflexion ist die Auseinandersetzung mit den Denkformen kommunikativer und responsiver Vernunft insofern relevant, als die Prinzipien „Reziprozität“ und „Responsivität“ theologische Optionen maßgeblich prägen. Drei Hinweise auf theologische Problemstellungen seien hier angeführt, ohne eine detaillierte Reflexion dieser Fragen angesichts der Spannung zwischen einem „responsiven“ und einem „kommunikativen“ Zugang leisten zu können:

Offenbarung: Die Kritik an einem doktrinären, „supranaturalistischen“ Konzept einer göttlichen Offenbarung ist vom Anliegen getragen, das, was der christliche Glaube zu sagen hat, nicht als autoritäre, unvermittelte „Eingabe von oben“ entgegenzunehmen, sondern menschlichem Verstehen zugänglich zu machen. Diesem Motiv folgt die dogmatische Konstitution des Zweiten Vatikanischen Konzils über die Offenbarung *Dei verbum* auch tatsächlich, insofern die „Offenbarung“ Gottes als personales und kom-

[65] Nicht im psychologischen Sinn als „Brüskierung“ oder „unverständliches Erleben“, sondern phänomenologisch als *Anspruch*, der jeder Antwort konstitutiv vorausgeht.

[66] Habermas, Bewusstsein, 31.

[67] „Der Glaube behält für das Wissen etwas Opakes, das weder verleugnet noch bloß hingenommen werden darf. Darin spiegelt sich das Unabgeschlossene der Auseinandersetzung einer selbstkritischen und lernbereiten Vernunft mit der Gegenwart religiöser Überzeugungen“ (ebd., 29).

[68] Habermas, Glauben, 29.

munikatives Geschehen reformuliert wird.[69] Diese als „Kommunikation“ verstandene Offenbarung Gottes gründet allerdings im Anspruch einer „Selbstmitteilung“: Gott will sich selbst mitteilen und fordert durch diese „Selbstoffenbarung“ die Menschen dazu heraus, sich diesem Anspruch zu stellen und auf dieses Wort eine Antwort zu geben. „Offenbarung“ erscheint hier als Zuwendung, die Kommunikation eröffnet und ein vielfältiges Kommunikationsgeschehen auslöst, aber in ihrem Anspruchscharakter nicht durch Kommunikation begründet wird. Die Vermittlung von „Offenbarung“ lässt sich demnach als „Wahrnehmung des Pathischen im Kommunikativen“ begreifen: als Kommunikation einer Selbstmitteilung, die bleibend unverfügbar und zugleich „reziprok“ mitteilbar und übersetzbar ist.

Religionstheologie: Die Fragestellungen des interreligiösen Dialogs und der Religionstheologie hängen unmittelbar von offenbarungstheologischen Voraussetzungen ab. Auch hier hat eine apologetische, mit dem Habitus von Überlegenheit und „Absolutheit“ versehene Mentalität die Ausarbeitung alternativer religionstheologischer Ansätze provoziert, die zum Verständnis zwischen Angehörigen unterschiedlicher Religionen beitragen wollten und nicht zu wechselseitigen „Beweisen“ für die je eigenen Wahrheitsansprüche. In kritischer Auseinandersetzung mit der Orientierung an solchen Heils- und Wahrheitsansprüchen setzt sich vor allem die „Pluralistische Theologie der Religionen“ dafür ein, die kulturellen, historischen und kognitiven Bedingungen und Grenzen der Geltung von Religionen wahrzunehmen. Das, was als besonderer „Anspruch“ einer Religion erscheint, müsse demnach als kultur-, zeit- oder gesellschaftsbedingte Ausprägung religiöser Überzeugungen verstanden werden, deren letzter Grund für alle religiösen Traditionen identisch sei. Wollte man die bisherige Sprachregelung auf diese religionstheologische Auseinandersetzung übertragen, hieße das: das Prinzip der „Reziprozität“ religiöser Heils- und Wahrheitsansprüche integriere das Prinzip der „Responsivität“. Es zeigt sich allerdings, dass eine solche Konzeption nicht der gelebten Praxis in konkreten Religionen entspricht. Zum einen nehmen glaubende Menschen tatsächlich eine gewisse Reziprozität religiöser Denk- und Lebensformen wahr (im interreligiösen Vergleich, in komparativer Theologie, in Fragen der Ethik und der Rituale usw.); zum anderen aber verstehen religiöse Menschen ihre Glaubenstraditionen nicht bloß als kulturell-historisch zufällige Konkretisierung einer – allen Religionen zugrundeliegenden – Identität, sondern als gelebte, geprägte und entfaltete Antwort auf einen spezifischen Anspruch, dem durchaus eine gewisse „Unvergleichbarkeit“ zugestanden wird. Dieser „responsive“ Cha-

[69] Vgl. DV 2.

rakter religiösen Lebens ist kein Hindernis, sondern ein zentrales Moment einer religionstheologischen Theorie, die den Anspruchscharakter des eigenen und fremden Glaubens nicht zu eliminieren braucht.[70] Die Perspektive einer „responsiven Religionstheologie" lautet nicht: „Was haben wir gemeinsam, damit wir uns besser verstehen können?", sondern: Welchem Anspruch stellen wir uns? Worauf geben wir auf welche Weise Antwort?

Kirche: In Reaktion auf ein Kirchenbild, das autoritäre und doktrinäre Konturen aufwies, entwickelte die postkonziliare Theologie eine „kommunikative" Ekklesiologie, in der die Kirche als Kommunikationsgemeinschaft erschien und die Instanzen der Tradition, des Lehramts und der Theologie als Momente einer vom „Communio"-Prinzip geprägten Kommunikationsgemeinschaft verortet wurden. Dieser Ansatz rückte eine Auffassung von Kirche zurecht, in der „Gehorsam" oft nur für die sogenannte „hörende Kirche" vorgesehen war, aber nicht für alle Mitglieder dieser Gemeinschaft. So sehr nun eine an Konsens, Communio und Kommunikation orientierte Ekklesiologie ein wichtiges Korrektiv zu einseitigen Kirchenbildern darstellte, so sehr geriet dieses Konzept in Gefahr, zum einen Konflikte und Differenzen auszublenden oder abzuwerten, zum anderen in der eigenen Identität befangen zu bleiben. Die Kirche darf allerdings nicht vergessen, dass sie als Ganze ein „Sakrament"[71] ist, das heißt ein „Zeichen und Werkzeug" für den, der „alle Menschen durch seine Herrlichkeit, die auf dem Antlitz der Kirche widerscheint", erleuchtet. Anders gesagt: die Kirche – als Institution, als Tradition und als Kommunikationsgemeinschaft – ist eine Antwort auf einen Anspruch, den sie nie einholt, aber stets neu zu „beantworten" versucht. Auch die Praxis der kirchlichen Kommunikation ist ein solches Zeichen und Antwortgeschehen, das zutiefst responsiv konstituiert ist. Die Vernachlässigung dieses Anspruchscharakters kirchlicher Identität (der die Kirche von diesem Anspruch her versteht, sie aber nicht mit ihm identifiziert!) kann dazu führen, dass die Kirche als Kommunikationsgemeinschaft eine neue Form einer *societas perfecta* verkörpert, die zu überwinden eigentlich ein wichtiges Anliegen des Konzils war.

[70] Dies wird auch in der zentralen religionstheologischen Passage der Erklärung des Zweiten Vatikanischen Konzils über die Haltung der Kirche zu den nichtchristlichen Religionen, *Nostra aetate* 2, deutlich, wo vom „Strahl jener Wahrheit" die Rede ist, „die alle Menschen erleuchtet".

[71] So die *Dogmatische Konstitution des Zweiten Vatikanischen Konzils über die Kirche, Lumen gentium* 1.

3. „Kommunikative Theologie" vor einem ‚responsive turn'?

Die Kritik der „Phänomenologie des Fremden" an einer Diskurs- und Kommunikationstheorie, die sich dem Anspruch des Fremden nicht oder nur bedingt stellt, hat dazu beigetragen, das Verständnis von „Kommunikation" zu erweitern; sie hat nicht nur mit „Vereinbarkeit", sondern auch mit „Verunsicherung" zu tun. Nicht nur Konsens, sondern auch die Erfahrung von Krisen führt zu Lern- und Wachstumsprozessen. In gewisser Weise könnte man – im Anschluss an einen viel zitierten Begriff – sagen, dass „Kommunikative Theologie" vor einem *responsive turn* steht – und zwar, wie gesagt, nicht im Sinn einer Rücknahme ihrer Diskurskompetenz, sondern als Öffnung kommunikativer Prozesse für die Ansprüche dessen, was als „fremd" erscheint. Von daher sind abschließend drei Punkte zu benennen, die exemplarisch für eine solche „responsive Weiterführung" stehen:

„*Übersetzung*" (religiöser in säkulare Gehalte): Jürgen Habermas hat bekanntlich für eine „Übersetzungsarbeit"[72] plädiert, in der die Gehalte religiöser Traditionen in säkulare Sprache überführt werden. Habermas ist sich dessen bewusst, dass eine solche Übersetzung nicht restlos gelingen kann; es geht darum, dass das, was religiöse Ressourcen zu bieten haben, in einer allgemein zugänglichen Sprache der gesamten Gesellschaft zugutekommen kann. Dieser Auftrag kann zum einen positiv verstanden werden, insofern Religionen ein Kapital an Humanität und Rationalität zuerkannt wird, das auch Nichtreligiösen etwas zu „sagen" hat; zugleich wird die Theologie dazu herausgefordert, sprach- und übersetzungsfähig zu werden – eine durchaus nicht unbiblische Aufgabe. Zum anderen besteht aber die durchaus berechtigte Skepsis, ob von religiösen Ansprüchen in einer solchen „übersetzten Version" noch das bestehen bleibt, was ihre ursprüngliche Inspiration ausmacht. Genau diesen neuralgischen Punkt hat Raberger in einer kritischen Replik berührt, wenn er schreibt: „Der Wahrheitsanspruch der jüdisch-christlichen Überlieferung wird gewiss der *Probe sich stellen müssen*, ob er als *Glaube* der Rettung des Humanen dient; die profane Einwanderungsbehörde für religiöse Intuitionen wird dieser Probe sich ebenso wenig entziehen dürfen, es wäre doch denkbar, dass mit der vom *Weltwissen* ignorierten Unabgegoltenheit dieser Intuitionen der Mensch sich selbst verliert."[73] So wichtig also das Anliegen der „Übersetzung" religiöser in säkulare Sprache ist – es bleibt die Frage, ob hier „Normalisierung" stattfindet, die sich jeglichen (religiösen) Ansprüchen entzieht.

[72] Habermas, Religion in der Öffentlichkeit, 137.

[73] Raberger, „Übersetzung", 258. Vgl. auch Raberger, „Religion kann man nicht säkularisieren".

„*Autonomie*": Es gehört zu den zentralen Forderungen der Aufklärung, sich aus „Unmündigkeit", Abhängigkeit und Fremdbestimmung zu befreien und von daher selbständig zu denken und „autonom" zu handeln. Diese Option hat unter anderem dazu geführt, eine unkritische Orientierung an Überlieferungen sowie eine unreflektierte Unterwerfung unter (institutionelle oder personale) Autoritäten zu hinterfragen. Als Stärkung der eigenen Reflexions-, Entscheidungs- und Entwicklungsfähigkeit ist eine solche Option für Autonomie durchwegs zu begrüßen. Zugleich hat eine durchgehende Diskreditierung des Heteronomen (als einer „*Fremd*-Bestimmung") auch zu einem Ablehnung all dessen geführt, was die eigene Identität in Frage stellt; aus der berechtigten Kritik an Abhängigkeit und Unterdrückung wurde allmählich eine Absolutsetzung von Autonomie, die „sich nichts mehr sagen lässt". Hier gilt es zu unterscheiden, und zwar gerade deshalb, um dem Anliegen der Aufklärung gerecht zu werden: Autonomie meint nicht „*Irresponsivität*"[74] (als jener Form der Antwort-Unfähigkeit, die Waldenfels als Krankheit beschreibt), sondern Authentizität, Kreativität und (Selbst-)Kritik. Wenn die Forderung nach „Autonomie" dazu führt, dass keine Lern- und Veränderungsprozesse mehr möglich sind, ist eine echte Ausbildung eigener Identität nicht (mehr) möglich, denn Ansprüche, die sich uns stellen, und Fremdes, das uns herausfordert, sind nicht das Ende der Freiheit, sondern deren Bedingung.

Gesellschaftskritik: Die Anerkennung des Anspruchs des Fremden hat eine Stärkung des gesellschaftskritischen Potentials (kommunikativer Vernunft) zur Folge. Nachdem Menschen und Gesellschaften immer wieder dazu tendieren, ihre Plausibilitäten, Identitäten und „Normalitäten" zu stabilisieren, bedeutet die Orientierung responsiver Vernunft an Anomalien, Irritationen und Hyperbolischem eine kritische Infragestellung dessen, was als „selbstverständlich" gilt. Habermas' Stellungnahme im sogenannten „Historikerstreit" der Jahre 1985/86 kann als Musterbeispiel dafür gelten, wie die Wahrnehmung des Befremdenden – in diesem Fall der Verbrechen des Nationalsozialismus – eine Praxis der „Normalisieruung" und einen Habitus der „Kontinuität" kritisiert.[75] Während der Versuch, vergangene Gräueltaten zu „erklären", unmerklich dazu übergeht, diese zu entschuldigen, macht Habermas auf das Unvergleichliche und zutiefst Verstörende der NS-Geschichte aufmerksam; noch Jahrzehnte später wandte er sich gegen die „Versuche, die Gegenwart zu ‚normalisieren'"[76], und forderte eine Aufarbeitung der Motive der Gewaltausübung, die „so dargestellt werden, dass

[74] Waldenfels, Grenzen, 140.

[75] Vgl. die Darstellung bei Müller-Doohm, Habermas, 353–360.

[76] Habermas, „Wie konnte es dazu kommen", 177.

die Irritation des Lesers nicht verschwindet“[77]. Habermas‘ Auseinandersetzung zeigt deutlich, dass es nicht um die Inszenierung eines Fremden geht, dessen „Unverständlichkeit“ gesellschaftskritische Impulse hervorbringen soll, sondern um die entscheidende Lernerfahrung, dass gerade das „Schräge“, Störrische und Unangenehme des Fremden die Vernunft „zur Besinnung“ bringen kann, während „Normalität“ beruhigt und betäubt.

Die Kritik von Waldenfels, Kommunikationstheorien könnten dem Anspruch des Fremden nicht gerecht werden, hat nicht zu einer Etablierung responsiver Vernunft *anstelle* kommunikativer Vernunft geführt, sondern zu einer neuen Aufmerksamkeit für jene responsiven Ansätze und Anschlussmöglichkeiten, die in Habermas‘ Theorie angelegt, aber nicht immer expliziert sind. Die Theologie kann von dieser Auseinandersetzung Entscheidendes lernen, insofern sie den Bedingungen und Kriterien ihrer Glaubenskommunikation immer wieder neu nachgeht und ihren Diskurs insgesamt als Antwort auf einen Anspruch begreift, der uns im Eigenen und im Fremden begegnet. Vielleicht hat Walter Raberger genau diese Einsicht am treffendsten formuliert, wenn er festhielt: „Dem Selbstverständnis des Menschen schließt sich kein Kreis. Der Offenbarungsbegriff formuliert den Protest gegen jeden Versuch, ‚Religion‘ als beliebige und deshalb verzichtbare Teil-Funktion einer Welterklärung zu deklarieren.“[78]

Literaturverzeichnis

Arens, E. (Hg.), Habermas und die Theologie. Beiträge zur theologischen Rezeption, Diskussion und Kritik der Theorie kommunikativen Handelns, Düsseldorf 1989.

Arens, E. (Hg.), Kommunikatives Handeln und christlicher Glaube. Ein theologischer Diskurs mit Jürgen Habermas, Paderborn 1997.

Arens, E./John, O./Rottländer, P., Erinnerung, Befreiung, Solidarität. Benjamin, Marcuse, Habermas und die politische Theologie, Düsseldorf 1991.

Bonhoeffer, D., Widerstand und Ergebung. Briefe und Aufzeichnungen aus der Haft (DBW 8), Gütersloh 1998.

Brunkhorst, H./Kreide, R./Lafont, C., Vorwort, in: dies. (Hg.), Habermas-Handbuch, Stuttgart 2009, vii-viii.

Forschungskreis Kommunikative Theologie, Kommunikative Theologie. Selbstvergewisserung unserer Kultur des Theologietreibens (Kommunikative Theologie – interdisziplinär 1/1), Wien–Berlin 2006.

Gmainer-Pranzl, F./Schmidhuber, M., Der Anspruch des Fremden als Ressource des Humanen (Salzburger interdisziplinäre Diskurse 1), Frankfurt/M. 2011.

[77] Ebd., 178.

[78] Raberger, Geltungsproblematik, 38.

Gmainer-Pranzl, F., Glaube und Geschichte bei Karl Rahner und Gerhard Ebeling. Ein Vergleich transzendentaler und hermeneutischer Theologie (IThS 45), Innsbruck–Wien 1996.

Greve, J., Jürgen Habermas. Eine Einführung (UTB 3227), Konstanz 2009.

Gruber, F., Diskurs und Konsens im Prozess theologischer Wahrheit (IThS 40), Innsbruck–Wien 1993.

Habermas, J., „Wie konnte es dazu kommen?" Eine Antwort von Jan Philipp Reemtsma, in: ders., Im Sog der Technokratie. Kleine Politische Schriften XII [es 2671), Berlin 2013, 174–179.

Habermas, J., Das Zeitbewusstsein der Moderne und ihr Bedürfnis nach Selbstvergewisserung, in: ders., Der philosophische Diskurs der Moderne. Zwölf Vorlesungen, Frankfurt/M. 1985, 9–33.

Habermas, J., Der Horizont der Moderne verschiebt sich, in: ders., Nachmetaphysisches Denken. Philosophische Aufsätze, Frankfurt/M. 1988, 11–17.

Habermas, J., Der nächste Schritt. Ein Interview, in: ders., Im Sog der Technokratie. Kleine Politische Schriften XII (es 2671), Berlin 2013, 115–124.

Habermas, J., Die Einheit der Vernunft in der Vielfalt ihrer Stimmen, in: ders., Nachmetaphysisches Denken. Philosophische Aufsätze, Frankfurt/M. 1988, 153–186.

Habermas, J., Die Moderne – ein unvollendetes Projekt, in: ders., Kleine Politische Schriften I-IV, Frankfurt/M. 1981, 444–464.

Habermas, J., Ein Bewusstsein von dem, was fehlt, in: Reder, M./Schmidt, J. (Hg.), Ein Bewusstsein von dem, was fehlt. Eine Diskussion mit Jürgen Habermas (es 2537), Frankfurt/M. 2008, 26–36.

Habermas, J., Erläuterungen zum Begriff des kommunikativen Handelns, in: ders., Vorstudien und Ergänzungen zur Theorie des kommunikativen Handelns, Frankfurt/M. 1984, 571–606.

Habermas, J., Glauben und Wissen, in: ders., Glauben und Wissen. Friedenspreis des Deutschen Buchhandels 2001, Frankfurt/M. 2001, 9–31.

Habermas, J., Hat die Demokratie noch eine epistemische Dimension? Empirische Forschung und normative Theorie, in: ders., Ach, Europa. Kleine Politische Schriften XI (es 2551), Frankfurt/M. 2008, 138–191.

Habermas, J., Inklusion – Einbeziehen oder Einschließen? Zum Verhältnis von Nation, Rechtsstaat und Demokratie, in: ders., Die Einbeziehung des Anderen. Studien zur politischen Theorie, Frankfurt/M. 1996, 154–184.

Habermas, J., Religion in der Öffentlichkeit. Kognitive Voraussetzungen für den „öffentlichen Vernunftgebrauch" religiöser und säkularer Bürger, in: ders., Zwischen Naturalismus und Religion. Philosophische Aufsätze, Frankfurt/M. 2005, 119–154.

Habermas, J., Religion und nachmetaphysisches Denken. Eine Replik, in: ders., Nachmetaphysisches Denken II. Aufsätze und Repliken, Berlin 2012, 120–182.

Habermas, J., Theorie des kommunikativen Handelns (Bd. 1), Handlungsrationalität und gesellschaftliche Rationalisierung, Frankfurt/M. 1981.

Habermas, J., Vorpolitische Grundlagen des demokratischen Rechtsstaates? In: ders., Zwischen Naturalismus und Religion. Philosophische Aufsätze, Frankfurt/M. 2005, 106–118.

Habermas, J., Wahrheit und Rechtfertigung. Zu Richard Rortys pragmatischer Wende, in: ders., Wahrheit und Rechtfertigung. Philosophische Aufsätze, Frankfurt/M. 1999, 230–270.

Habermas, J., Wahrheitstheorien, in: ders., Vorstudien und Ergänzungen zur Theorie des kommunikativen Handelns, Frankfurt/M. 1984, 127–183.

Horster, D., Jürgen Habermas. Eine Einführung, Darmstadt 2010.

Langthaler, R., Nachmetaphysisches Denken? Kritische Anfragen an Jürgen Habermas (PHS 24), Berlin 1997.

Lübbe, H., Religion nach der Aufklärung, Graz [2]1990.

Müller-Doohm, S., Jürgen Habermas. Eine Biographie, Berlin 2014.

Raberger, W./Sauer, H., Einführung der Herausgeber, in: dies. (Hg.), Vermittlung im Fragment. Franz Schupp als Lehrer der Theologie, Regensburg 2003, 7–21.

Raberger, W., „Religion kann man nicht säkularisieren, wenn man sie nicht aufgeben will", in: ThG 43 (2000) 162–172.

Raberger, W., „Übersetzung" – „Rettung" des Humanen? In: Langthaler, R./Nagl-Docekal, H. (Hg.), Glauben und Wissen. Ein Symposium mit Jürgen Habermas (Wiener Reihe. Themen der Philosophie 13), Wien 2007, 238–258.

Raberger, W., „Wahrer Zuschauer könnte nur ein Gott sein, und der will nicht einmal dies." Autonomiegewinn und Kommunikationsverlust, in: Sauer, H./Gmainer-Pranzl, F. (Hg.), Leben – Erleben – Begreifen. Zur Verbindung von Person und Theologie. Für Johannes Singer (Linzer Philosophisch-Theologische Beiträge 5), Frankfurt/M. 2001, 107–121.

Raberger, W., Die Geltungsproblematik der „Glaubenswahrheit" im Kontext der Geschichtlichkeit von „Offenbarung", in: Horst, U. (Hg.), Wahrheit und Geschichtlichkeit. Ringen um einen lebendigen Glauben (Schriften der Katholischen Akademie in Bayern 131), Düsseldorf 1989, 11–38.

Raberger, W., Theologie: Denken und Glauben im Kontext aktueller Lebenswelten. Anmerkungen zu einer möglichen Kritik sowohl einer funktionalistischen wie auch einer fragmentierten Vernunft, in: Langthaler, R. (Hg.), Theologie als Wissenschaft. Ein Linzer Symposium (Linzer Philosophisch-Theologische Beiträge 1), Frankfurt/M. 2000, 123–138.

Raberger, W., Theologie: kritische und selbstkritische Reflexionsgestalt einer Erinnerungsgemeinschaft, in: SaThZ 2 (1998) 21–44.

Schupp, F., Bemerkungen zum Theoriebegriff in der Theologie, in: ders., Auf dem Weg zu einer kritischen Theologie (QD 64), Freiburg i. Br. 1974, 124–158.

Seckler, M., Fundamentaltheologie: Aufgaben und Aufbau, Begriff und Namen, in: Kern, W./Pottmeyer, H. J./Seckler, M., Handbuch der Fundamentaltheologie (Band 4), Traktat Theologische Erkenntnislehre mit Schlussteil Reflexion auf Fundamentaltheologie (UTB 8173), Tübingen-Basel [2]2000, 331–402.

Tracy, D., Theologie als Gespräch. Eine postmoderne Hermeneutik, Mainz 1993 (Orig: Tracy, D., Plurality and Ambiguity. Hermeneutics, Religion, Hope, Chicago 1987).

Waldenfels, B., Grenzen der Normalisierung (Studien zur Phänomenologie des Fremden 2 [stw 1351]), Frankfurt/M. 1998.

Waldenfels, B., Grundmotive einer Phänomenologie des Fremden, Frankfurt/M. 2006.

Waldenfels, B., Hyperphänomene. Modi hyperbolischer Erfahrung (stw 2047), Berlin 2012.

Waldenfels, B., Sinne und Künste im Wechselspiel. Modi ästhetischer Erfahrung (stw 1973), Berlin 2010.

Waldenfels, B., Topographie des Fremden (Studien zur Phänomenologie des Fremden 1 [stw 1320]), Frankfurt/M. 1997.

Zirker, H., Die Kirche als Kommunikationsgemeinschaft, in: Arens, E., (Hg.), Gottesrede - Glaubenspraxis. Perspektiven theologischer Handlungstheorie, Darmstadt 1994, 69–88.

Option für die Missachteten

Zur anerkennungstheoretischen Ortsbestimmung einer *Kritischen Theologie*

Axel Bohmeyer

1. Aufgaben einer Ortsbestimmung

Eine Ortsbestimmung einer *Kritischen Theologie* setzt ein Verständnis über eine solche voraus. Es ist zuerst einmal festzuhalten: Der Entwurf bzw. der Denkansatz einer *Kritischen Theologie* geht weit über die Forderung kritisch aufgeklärten Denkens in der Theologie hinaus.[1] Im Rahmen der folgenden Überlegungen zu einer anerkennungstheoretisch fundierten theologischen Option für die Missachteten werden solche theologischen Reflexionen einer *Kritischen Theologie* zugeordnet, die dem Pluralismus der modernen Gesellschaft nicht ausschließlich apologetisch gegenüberstehen, sondern die den Formalismus bzw. den abstrakten, ahistorischen Charakter der Neuscholastik überwinden wollen.[2] Eine *Kritische Theologie* hat ihren Bezugspunkt in den geschichtlichen Erfahrungen der Menschen und steht deshalb zugleich auch unter dem Primat der Praxis. Denn: „Der christliche Glaube ist selbst die Konsequenz einer Praxis, in der sein Grund im Widerstreit von Freiheit und Unterdrückung erfahrbar geworden ist. Gerade weil das Grundereignis des Glaubens – die Offenbarung der unbedingten Zuwendung Gottes zum geschundenen, gequälten und missachteten Menschen – nicht jenseits des Politischen und Ökonomischen stattgefunden hat, ist seine Praxis folgenreich für jene Bereiche, die scheinbar diesseits des Religiösen leben. Das Christentum ist politisch dadurch, dass es nicht christlich wäre, wenn es unberührt bliebe von der aus politischer Gewalt und ökonomischer Macht resultierenden Unfreiheit und Ohnmacht des Menschen; es wäre nicht christlich, wenn es sich unbeeindruckt zeigte von gesellschaftlichen Schieflagen und Pathologien, die aus technisch-wissenschaftlichen und ökonomischen Modernisierungsprozessen resultieren."[3] Eine solche Ein-

[1] Vgl. zu dieser Unterscheidung die Ausführungen: Schupp, Kritische Theologie, 9–26.

[2] Eine solche Unterscheidung ist sicherlich holzschnittartig, denn damit wird die Pluralität der neuscholastischen Positionen nicht kritisch gewürdigt, vielmehr ausschließlich eine Abwertung dieser Denktradition vorgenommen. Vgl. dagegen: Ruster, Apologie. Vielleicht ließe sich auch (ebenso holzschnittartig formuliert) behaupten, dass die *Kritische Theologie* als nachmetaphysische Theologie auftreten will. Vgl. zum Diskurs um Metaphysik und Theologie: Knapp, Verantwortetes Christsein; Lutz-Bachmann, Metaphysikkritik.

[3] Höhn, Zeit-Diagnose, 11.

sicht ist für die Theologie folgenreich, weil eine Theologie, die sich auf die geschichtlichen Erfahrungen der Menschen bezieht und eine kritische Reflexion der bestehenden Umstände im Licht des Glaubens vornimmt, zu einer praktischen und politischen Theologie wird. Eine solche Theologie hat sich als Impulsgeber für eine umfassende Gesellschaftskritik zu verstehen,[4] als eine „Reflexionsgestalt des kritischen Einspruchs gegen eine Sieg- und Erfolgsstrategie, welche die anerkennende Wahrnehmung des ungerecht Leidenden und ideologisch Geopferten ausblenden würde"[5].

Unter einer *Kritischen Theologie* werden also ganz allgemein solche theologischen Ansätze oder Reflexionen subsumiert, die von der sozialen Wirklichkeit der Menschen ausgehend das Thema der Gerechtigkeit bzw. des guten Lebens in den Mittelpunkt stellen. Sie lassen sich auch unter dem Stichwort der *Politischen Theologie* subsumieren,[6] ohne dass damit die These eines einheitlichen Theorieprojekts oder einer theologischen Schule behauptet werden soll. Es fällt auf, dass diese theologischen Reflexionen eine Affinität zur *Kritischen Theorie* der Frankfurter Schule haben.[7] Wer nun eine Ortsbestimmung einer *Kritischen Theologie* vorzunehmen gedenkt, der vertritt zumindest implizit einen ambitionierten Anspruch: Denn im Rahmen einer solchen Ortsbestimmung gilt es eigentlich, erstens eine Genealogie Kritischer *Theologie* und zweitens zugleich auch eine Genealogie Kritischer *Theorie* vorzulegen, schließlich stellt die *Kritische Theorie* einen Referenzpunkt einer *Kritischen Theologie* dar.

Sich einer *Kritischen Theologie* und der *Kritischen Theorie* kritisch zu nähern, bedeutet zugleich auch, die Leistungsfähigkeit dieser Theorieprojekte zu beleuchten,[8] das Verhältnis zwischen Theologie und Philosophie zu bestimmen und die Herausforderungen einer Aktualisierung zu benennen –

---

[4] Die Kirche ist als Teil der Gesellschaft und damit als Teil der Gesellschaftskritik immer mitzudenken.

[5] Raberger, Religion, 245. Vgl. auch Raberger, Theologie; Hinkelammert, Subjekt.

[6] Im Kontext eines solchen Verständnisses *Kritischer Theologie* sind im deutschsprachigen Raum beispielsweise namentlich die theologischen Reflexionen von Johann Baptist Metz und Helmut Peukert zu nennen. Vgl. zum Begriff der Politischen Theologie: Metz/Moltmann/Schüssler Fiorenza (Hg.), Politische Theologie; Metz, Glaube. Vgl. auch Wacker/Manemann, „Politische Theologie".

[7] Ähnliches gilt im Übrigen für theologische Ansätze aus Lateinamerika, die unter dem Begriff der *Befreiungstheologie* oder der *Theologie der Befreiung* firmieren und die, wie auch die *Politische Theologie*, als gesellschaftskritische Theologien zu charakterisieren sind. Vgl. Boff/Pixley, Option; Boff, Unser Haus. Es bleibt aber als Differenz festzuhalten, dass die Affinität der befreiungstheologischen Reflexionen zur *Kritischen Theorie* der Frankfurter Schule wesentlich zurückhaltender ist, als die Affinität der *Politischen Theologie* im deutschsprachigen Raum.

[8] Zum ursprünglichen Theorieprogramm der Frankfurter Schule vgl. insbesondere Horkheimer, Theorie; dazu den Beitrag von Ansgar Kreutzer in diesem Band.

wenn eine solche Aktualisierung denn überhaupt als möglich erachtet wird. Es könnte nämlich zumindest der Verdacht aufkommen, dass das Unternehmen einer Ortsbestimmung einer *Kritischen Theologie* die aktuelle Situation philosophischen Denkens verkennt:[9] Erstens stellt sich die drängende Frage, wie sich das Geschäft einer *Kritischen Theologie* angesichts der gesellschaftlichen Ausgangsposition der Moderne überhaupt betreiben lässt. Zweitens ist es nicht möglich, an den Diskurs der Frankfurter Theorietradition bzw. an das ursprüngliche Programm der Frankfurter Schule umstandslos anzuknüpfen.

Dieser soeben skizzierte ambitionierte Anspruch an eine Ortbestimmung einer *Kritischen Theologie* kann im Folgenden nicht vollständig eingelöst werden. Es gilt aber zu plausibilisieren, wie eine *Kritische Theologie* im Anschluss an neuere Ansätze der *Kritischen Theorie* anerkennungstheoretisch ausgerichtet werden könnte. Aus diesem Grund wird eine knappe Situationsanalyse einer an der *Kritischen Theorie* orientierten *Kritischen Theologie* gegeben. An diese Situationsanalyse anschließend wird eine anerkennungstheoretische „Wende" beschrieben, die unter dem normativen Leitbild einer *Option für die Missachteten* firmiert. Es sollte deutlich werden, dass die anerkennungstheoretischen Reflexionen an das normativ-theologische Leitbild einer *Option für die Armen* anschlussfähig sind.

2. Zur postsäkularen Situation einer Kritischen Theologie

Unter *Kritischer Theologie* ist also ein heterogenes Theorieprojekt zu verstehen, das die geschichtlichen Erfahrungen und die Praxis der Menschen zum Ausgangspunkt der theologischen Theorieproduktion macht. Damit ist eine *Kritische Theologie* nicht ausschließlich in der Disziplin der theologischen Ethik anzusiedeln, sondern sie ist als eine *fundamentale* und zugleich *praktische* Theologie zu charakterisieren. Als eine fundamentale Theologie hat sie sich den Aufgaben einer Zeitdiagnose bzw. Gegenwartsanalyse zu

[9] Das Geschäft der Theologie der Befreiung war und ist mit Blick auf das römische Lehramt offensichtlich immer ein prekäres. Vgl. die Instruktion der Kongregation für die Glaubenslehre über einige Aspekte der „Theologie der Befreiung' vom 6. August 1984, in der die Kongregation unter Präfekt Joseph Kardinal Ratzinger vor theologischen Ansätzen warnt, „die in ungenügend kritischer Weise ihre Zuflucht zu Konzepten nehmen, die von verschiedenen Strömungen des marxistischen Denkens gespeist sind"; und zuletzt die „öffentliche Notifikation" der Kongregation für die Glaubenslehre zu den Werken von P. Jon Sobrino S.J. vom 26. November 2006, in der die Kongregation unter Präfekt William Kardinal Levada erklärt, dass diese „an einigen Stellen erheblich vom Glauben der Kirche abweichen". Vgl. Sobrino, Christologie; Sobrino, Glaube. Vgl. zudem die theologische Auseinandersetzung um die Notfikation in: Wenzel, Freiheit.

stellen. Nur wenn Theologie unter dem Primat der Praxis steht, kann sie einen Öffentlichkeitsanspruch erheben; nur dann wird ihr auch eine gesellschaftliche Relevanz zugesprochen; und nur dann wird – religionssoziologisch *und* theologisch gesprochen – Religion in der Gestalt des Christentums eine Zukunft haben.

Der Religion wird eine solche soziale Relevanz durchaus noch zugesprochen. Im Rahmen der von Habermas vorgenommenen Reflexionen zur *postsäkularen Gesellschaft*[10] lässt sich konstatieren, dass nicht nur mit dem Fortbestehen von Religion und religiösen Gemeinschaften in der modernen Gesellschaft – trotz fortschreitender Säkularisierung – gerechnet wird.[11] Vielmehr werden die Religion bzw. die Religionsgemeinschaften als Reservoire von normativen Ressourcen verstanden, auf die der liberale, demokratische Rechtsstaat angewiesen ist und die die Philosophie vor eine intellektuelle Herausforderung stellen. Mit dem Gottesglauben gehen „hinreichend differenzierte Ausdrucksmöglichkeiten und Sensibilitäten für verfehltes Leben, für gesellschaftliche Pathologien, für das Misslingen individueller Lebensentwürfe und die Deformation entstellter Lebenszusammenhänge"[12] einher.

Doch auch wenn die Ausgangsposition der Religion in der postsäkularen Gesellschaft als vielversprechend erachtet wird, so steht eine *Kritische Theologie* dennoch vor einer großen Herausforderung: Sie muss die normativen Potenziale religiöser Sprache verständlich zum Ausdruck bringen, wenn denn die Diskurse der postsäkularen Gesellschaft tatsächlich nachhaltig angeregt (oder irritiert) werden sollen.[13] Angesichts des weltanschaulichen Pluralismus ist die Rechtfertigung von moralischen Normen von einem transzendenten Gottesstandpunkt moraltheoretisch unangemessen. Deshalb waren die Transformationsprozesse der theologischen

---

[10] Vgl. Habermas, Glauben sowie Habermas, Vorpolitische Grundlagen. Der Begriff der *postsäkularen Gesellschaft* hat eine enorme Wirkmächtigkeit im wissenschaftlichen wie öffentlichen Diskurs entfaltet. Gerade weil im Folgenden auf diesen Begriff affirmativ Bezug genommen wird, bleibt festzuhalten, dass die philosophischen Debatten über das „Phänomen" der Religion des letzten Jahrzehnts kein einheitliches Bild zeichnen und sich im philosophischen Diskurs kein allgemein akzeptiertes Resultat abbilden lässt. Es bleiben einige Fragen offen, beispielsweise, ob es sich bei der postsäkularen Gesellschaft um eine solche handelt, die (auch mit Blick auf die Philosophie) dem nach-nachmetaphysischen Denken offen gegenüber steht.

[11] Offensichtlich hat die Theologie in Habermas einen kritischen Gesprächspartner gefunden. Vgl. dazu beispielsweise Raberger, „Übersetzung". Allerdings lässt sich Habermas' Rede von der nicht abgegoltenen Übersetzbarkeit der semantischen Potenziale der Religion aus theologischer Perspektive auch kritisieren. Vgl. dazu Striet, Grenzen. Zur Auseinandersetzung mit Habermas vgl. Wenzel/Schmidt, Moderne Religion.

[12] Habermas, Vorpolitische Grundlagen, 31.

[13] Vgl. zum Status der religiösen Argumente im öffentlichen Diskurs Lob-Hüdepohl, Prophetie.

Ethik – die unter dem Stichwort der „autonomen Moral" zu subsumieren sind – bzw. der Abschied von der neuscholastisch-naturrechtlichen verankerten moralischen Argumentation notwendig, um im wissenschaftlichen und gesellschaftlichen Diskurs anschlussfähig zu bleiben.[14]

Die (theologisch-philosophische) Kritik am moraltheoretischen Zustand der Theologie im Allgemeinen und der theologischen Ethik im Besonderen bedeutet aber nicht, dass die religiösen Intuitionen bzw. das religiöse Ethos prinzipiell aus dem öffentlichen Diskurs ausgeschieden werden müssen. In einer postsäkularen Gesellschaft kann auch von den säkularisierten Diskursteilnehmern erwartet werden, „dass sie sich an Anstrengungen beteiligen, relevante Beiträge aus der religiösen in eine öffentlich zugängliche Sprache zu übersetzen"[15].

3. Die anerkennungstheoretische „Wende" der Kritischen Theorie

Der folgende Versuch einer anerkennungstheoretischen Ortsbestimmung einer *Kritischen Theologie* setzt voraus, dass eine kritische Gesellschaftstheorie im Kontext der *Kritischen Theorie* der Frankfurter Schule ebenfalls anerkennungstheoretisch zu reformulieren ist (im Sinne, dass dieses notwendig und möglich ist).

Mit Blick auf die theoretische Ausgangsposition der *Kritischen Theorie* lässt sich festhalten, dass sich ein Rekurs auf das ursprüngliche Theorieprogramm der Frankfurter Schule als überaus schwierig erweist, weil die Protagonisten der Frankfurter Schule – zumindest gilt das für Theodor W. Adorno und Max Horkheimer – die Möglichkeit einer emanzipatorischen Praxis auch aufgrund der geschichtlichen Erfahrung des Faschismus und Stalinismus nicht mehr denken konnten.[16] Der in der „Dialektik der Aufklärung" unterstellte „gesellschaftliche Verblendungszusammenhang"[17] er-

[14] Vgl. hierzu ausführlich Bohmeyer, Jenseits, 46–56. Vgl. zu den notwendigen Differenzierungen im Kontext des Naturrechtsdenkens Anzenbacher, Sozialethik.

[15] Habermas, Vorpolitische Grundlagen, 36. Ein Problem bleibt allerdings bestehen: Wer hat das Definitionsmonopol auf die Auszeichnung „relevanter Beiträge" bzw. wer definiert, dass religiöse Überzeugungen nicht schlechthin irrational sind?

[16] Vgl. dazu Honneth, Dynamik, insbesondere 89–92. Vgl. zur Geschichte der Frankfurter Schule und ihrem Theorieprogramm Dubiel, Kritische Theorie.

[17] Vgl. Horkheimer/Adorno, Dialektik, 59. Albrecht Wellmer notiert zur These vom gesellschaftlichen Verblendungszusammenhang, dass diese „zwar in vieler Hinsicht aus den konkreten geschichtlichen Phänomen herausgelesen [ist], sie ist aber – und darin liegt ihre philosophische Schwäche – bei Adorno zugleich in einer Theorie des Begriffs begründet, durch deren Optik sie als a priori wahr erscheint. A priori deshalb, weil aus der Sicht Adornos das Andere dieses Verblendungszusammenhangs das Andere der diskursiven Rationalität sein müsste, und daher das Andere der Geschichte: Nur von einem messianischen Flucht-

schien so total bzw. universell, dass das philosophische Unternehmen der kritischen Gesellschaftstheorie keinen innerweltlichen Ort (mehr) ausweisen konnte, von dem sich Veränderung bzw. „umwälzende wahre Praxis“[18] her denken ließe. Das gesamte Theorieprojekt der *Kritischen Theorie* bekam somit eine negativistische Grundorientierung.

Aus dieser geschichtsphilosophischen Sackgasse hat Habermas die *Kritische Theorie* mit seinem kommunikationstheoretischen Ansatz befreit. Eine Voraussetzung der weiteren Gedankengänge ist, dass sich auch der Theorieansatz von Habermas als problematisch erweist und eine Abgrenzung geboten ist.[19] Die auf dem kommunikationstheoretischen Ansatz von Habermas basierende Diskursethik (besser wohl: Diskurstheorie der Moral) lässt sich insbesondere dadurch charakterisieren, dass es primär nicht um die Beantwortung virulenter Gerechtigkeitsfragen geht, sondern um die kognitivistisch motivierte Rekonstruktion eines deontologisch verfassten moralischen Gesichtspunkts. Mit dem Rekurs auf die Rationalität der menschlichen Argumentationspraxis wird eine Ethik des Verfahrens entworfen; und im Rahmen dieser Verfahrensethik werden dann Gerechtigkeitsfragen thematisiert und können einer Lösung zugeführt werden. Bereits in einem sehr frühen Stadium der Diskussion der Diskursethik kommt Kritik an einem solchen rein prozeduralen Verfahren auf. Das Motiv für diese Kritik – so jedenfalls unterstellte Habermas seinem philosophischen Widerpart Charles Taylor – gründet in einer – „katholische[n] Skepsis gegenüber der Selbstgenügsamkeit einer prozeduralistischen und vollständig profan gewordenen Ethik [..., die den Skeptiker] am klassischen Anspruch der Philosophie festhalten“[20] lässt.

Mit Blick auf den derzeitigen philosophischen Diskurs wird aber deutlich, dass es keine spezifisch katholische Skepsis ist, die die Kritik an der Diskursethik befeuert. Gerade Philosophinnen und Philosophen, die in der Tradition der Frankfurter Schule stehen bzw. sich in diese Tradition stellen, wollen sich gegenüber den unterschiedlichen Lebensformen nicht (länger) neutral bzw. ethisch enthaltsam verhalten. Vielmehr wollen sie (wieder) philosophische Kritik an den Pathologien der Moderne üben.[21] Und nicht

---

punkt her lässt sich die Analyse der *wirklichen* Vernunft noch als Kritik der *falschen* verstehen.“ (Wellmer, Bedeutung, 228).

[18] Horkheimer/Adorno, Dialektik, 59.

[19] Vgl. dazu Bohmeyer, Jenseits, 75–113.

[20] Habermas, Diskursethik, 180. Allerdings geht Habermas trotz seines Plädoyers für eine Konzentration der Diskursethik auf Fragen der Gerechtigkeit nicht so weit, „die von der klassischen Ethik ausgezeichneten Fragen des guten Lebens aus dem Bereich diskursiver Erörterung“ (Habermas, Gebrauch, 101) auszuschließen.

[21] Vgl. beispielsweise Jaeggi, Entfremdung; Jaeggi, Kritik. Und auch Habermas pflegt diese philosophische Enthaltsamkeit mit Blick auf den bioethischen Diskurs nicht länger und rückt

nur an einer enthaltsam gewordenen Philosophie, die sich ausschließlich auf die moraltheoretische Begründung des moralischen Gesichtspunkts bezieht, entzündet sich die philosophische Kritik an der Diskursethik. Problematisch ist auch, dass diese auf eine normativ gehaltvolle Infrastruktur zurückgreift, auf deren Grundlage das diskursethische Verfahren erst gelingen kann. Anders formuliert: Die Diskursethik lebt von normativen Voraussetzungen, die Bedingungen für Reproduktion derselben werden aber nicht ausgewiesen bzw. diskutiert.

Axel Honneth – mittlerweile als Vertreter der dritten Generation der Frankfurter Schule klassifiziert – hat sich in einem Anfangsstadium seines eigenen Theorieprojekts eben diesen normativ gehaltvollen Voraussetzungen zugewendet und behauptet, dass die von ihm im Anschluss an Georg Wilhelm Friedrich Hegel rekonstruierten Formen wechselseitiger menschlicher Anerkennung gegenüber der diskursiven Begründung moralischer Normen nicht nur einen *zeitlichen*, sondern auch einen *logischen* Vorrang haben: „Bevor Prozesse der kommunikativen Verständigung überhaupt begonnen werden können, müssen sich die beteiligten Subjekte bereits in einer bestimmten Weise anerkannt haben, da sie ohne Eingeständnis ihrer Abhängigkeit vom Anderen an dessen Urteil gar nicht interessiert sein könnten. Das Verständigungsmodell begründet nicht etwa Formen der reziproken Anerkennung, sondern setzt diese umgekehrt immer schon voraus; denn in der Bereitschaft, das eigene Handeln einer intersubjektiven Begründung zu unterwerfen, kommt nur die Tatsache zum Ausdruck, dass dem Interaktionspartner vorweg bereits ein bestimmter Wert beigemessen worden ist, an dem sich der Egozentrismus der individuellen Perspektive bricht.“[22]

Die Konzentration auf die Explikation dieser grundlegenden moralischen Einstellung bzw. dieser fundamentale Anerkennungsakt wird von Honneth allerdings im Verlauf seiner theoretischen Überlegungen vernachlässigt. Stattdessen fokussiert er auf drei Sphären der Anerkennung, die er auf der Grundlage der Rekonstruktion der modernen Gesellschaft gewinnt. Honneth identifiziert in Anschluss an seinen philosophischen Gewährsmann Hegel unterschiedliche Anerkennungsformen, die für eine insgesamt gelungene gesellschaftliche Integration notwendig und die (so-

---

von seinem diskursethischen Theorieprogramm ab, weil für ihn „das ethische Selbstverständnis sprach- und handlungsfähiger Subjekte *im Ganzen* auf dem Spiel steht“ (Habermas, Enthaltsamkeit, 27).

[22] Honneth, Antworten, 104–105. Augenfällig sind die Parallelen zu der Kritik, die der lateinamerikanische Philosoph, Historiker und Theologe Enrique Dussel an der Diskursethik geäußert hat und die bei diesem zur Betonung der Bedeutung des Anerkennungsbegriffs geführt haben. Vgl. dazu Bohmeyer, Anerkennung.

mit) notwendigen Voraussetzungen der Entwicklung einer gelingenden Persönlichkeit sind. Die Individuierung eines jeden Menschen ist als eine gestufte Einbindung in wechselseitige Formen sozialer Anerkennung zu verstehen. Der normative Ausgangspunkt der anerkennungstheoretischen Lesart der menschlichen Existenz liegt darin, dass Subjekte in den unterschiedlichen Anerkennungssphären an den historisch gewachsenen Anerkennungsformen teilhaben müssen, um so die unterschiedlichen Formen der praktischen Selbstbeziehung durchlaufen zu können. Geschieht das nicht, wird die Teilhabe an den gesellschaftlich relevanten Anerkennungsformen vorenthalten, dann kann die persönliche Integrität der Subjekte – die notwendig und unhintergehbar auf Formen der sozialen Anerkennung verwiesen ist – beschädigt werden.

Honneth entwirft im Anschluss an Hegel einen ausdifferenzierten dreidimensionalen Anerkennungsbegriff. Diese Ausdifferenzierung hängt mit der Idee zusammen, dass die praktische Selbstbeziehung des Menschen in drei Formen unterschieden werden kann: Der Mensch lernt in einem komplexen Prozess der Identitätsbildung sich selbst zu vertrauen, sich selbst zu achten und sich selbst schätzen. Die Möglichkeit der Ausbildung der zuvor genannten praktischen Selbstbezüge hängt an der Erfahrung von drei Anerkennungsweisen und Anerkennungsformen: Menschen bedürfen als Menschen der emotionalen Zuwendung (Liebe), der kognitiven Achtung (Recht) und der sozialen Wertschätzung (Solidarität), die sie in Primärbeziehungen, Rechtsverhältnissen und Wertgemeinschaften erfahren können. Ohne ein Minimum der Erfahrung von Anerkennung könnten sich menschliche Subjekte auf die Frage nach der Bedeutung ihrer eigenen Existenz („Wer bin ich?") keine Antwort geben.

Gesellschaften sind prinzipiell durch Anerkennungsverhältnisse konstituiert, und moderne Gesellschaften sind dadurch geprägt, dass sich drei Anerkennungssphären bzw. Formen der Anerkennung unterscheiden lassen.

Die erste Anerkennungssphäre ist durch Einstellungen der *Liebe* und *Fürsorge* gekennzeichnet, affektive Formen der Anerkennung, durch die den Subjekten die grundlegende Möglichkeit gegeben wird, eine autonome Persönlichkeit zu entfalten. Die auf dieser Sphäre anzusiedelnden Anerkennungspraktiken ermöglichen es den Subjekten, sich als Individuen zu begreifen, ein individuelles Selbstverhältnis zu entwickeln. Ein solches Anerkennungsverhältnis der Liebe geht dem Recht und der sozialen Wertschätzung „sowohl logisch als auch genetisch voraus: jene Grundschicht einer emotionalen Sicherheit nicht nur in der Erfahrung, sondern auch in der Äußerung von eigenen Bedürfnissen und Empfindungen, zu der die intersubjektive Erfahrung von Liebe verhilft, bildet die psychische Voraussetzung für die Entwicklung aller weiteren Einstellungen der Selbstachtung"[23]. Die Interaktionsformen dieser Anerkennungssphäre werden durch das Prinzip reziproker Zuneigung bzw. Fürsorge gekennzeichnet, das heißt, es geht in diesen Sozialbeziehungen um die Befriedigung der individuellen Bedürfnisnatur des Anderen.

Die zweite Sphäre der gesellschaftlichen Anerkennungsordnung hat die Rechtsbeziehungen im Blick, die Subjekte wechselseitig miteinander einnehmen bzw. die Rechte, die sie einander wechselseitig einräumen. Durch solche Rechtsverhältnisse lernen die Subjekte, sich als Personen zu verstehen.

Im Kontext der dritten Anerkennungssphäre geht es um die soziale Wertschätzung individueller Leistungen. Das mit einem normativen Geltungsüberhang versehene Leistungsprinzip dieser dritten Sphäre der Anerkennungsordnung hat sich laut Honneth im Zuge der Auflösung der ständischen Statushierarchien als das normative Prinzip ausgebildet, mit dem die Subjekte ihre Leistungen bewertet wissen wollen. Dieses Leistungsprinzip weist mit Blick auf seine Legitimation allerdings eine Ambivalenz auf. Ein ideologiekritischer Blick auf das Leistungsprinzip offenbart, dass „Leistung" in kein wertfreies ökonomisches System eingebunden, sondern mit einem normativ gehaltvollen, sozialmoralisch strukturierten Raum verwoben ist.

Es zeigt sich, dass der Ausgangspunkt der Anerkennungstheorie nicht der Rekurs auf positive Gerechtigkeitsprinzipien ist, sondern es sich um ein negatives Explikationsverfahren handelt, eine gesellschaftliche Diagnose, die die verfehlten Lebensformen bzw. beschädigten sozialen Anerkennungsverhältnisse in den Blick nimmt.[24] Die anerkennungstheoretische Gesellschaftsdiagnose ist in dieser Hinsicht eine Pathologiediagnose, die sich auf die geschichtlichen Erfahrungen der Menschen bzw. ihre soziale Realität bezieht. Die Anerkennungstheorie Honneths konzentriert sich zuallererst auf Formen des sozialen Leidens, sozialer Entbehrungen, moralischen Unbehagens oder gar Unrechts. Es geht um die Orientierung an Missachtungserfahrungen, weil es „nicht die Orientierung an positiv formulierten Moralprinzipien, sondern die Erfahrung der Verletzung von intuitiv gegebenen Gerechtigkeitsvorstellungen ist, was dem sozialen Protestverhalten von Unterschichten motivational zugrunde liegt; und den normativen Kern solcher Gerechtigkeitsvorstellungen machen immer wie-

[23] Honneth, Kampf, 172.

[24] In diesem Sinne konzipiert Honneth die Gerechtigkeitstheorie als Gesellschaftsanalyse. Vgl. dazu die Einleitung in Honneth, Recht, 14–31.

der Erwartungen aus, die mit der Respektierung der eigenen Würde, Ehre oder Integrität zusammenhängen“[25].

Die Missachtungserfahrungen münden in einen Kampf um Anerkennung – wobei die Anerkennungskämpfe angesichts der Missachtungserfahrungen unterschiedlich stark ausfallen können. Es gilt aber: Ein solcher Anerkennungskampf hat seinen Ursprung in der Vorenthaltung, Verletzung oder Verneinung von positiven Anerkennungsformen und je nach Art der Verletzung können die Form des Anerkennungskampfes und auch die Bezugnahme auf die moralischen Prinzipien unterschiedlich ausfallen.

Selbst angesichts dieser sehr rudimentären Skizze der Grundlinien der Anerkennungstheorie dürfte deutlich werden, dass diese philosophischen Überlegungen nicht innerhalb des philosophischen Programms der kommunikationstheoretisch fundierten Diskursethik zu integrieren sind.

4. Von der Option für die Armen zur Option für die Missachteten

Seit der Wahl des Jesuiten Jorge Mario Bergoglio am 13. März 2013 zum Papst der römisch-katholischen Kirche äußert dieser öffentlich Kritik an den gesellschaftlichen Zuständen. Offensichtlich ist, dass sich die Kritik des Papstes weniger an individualethischen Fragestellungen der Lebensführung entzündet, sondern dass es ihm vielmehr um eine Kritik an der bürgerlich-kapitalistischen Gesellschaft als Ganze geht. Ihm liegt an prophetisch-kritischen Einlassungen zu gesellschaftlichen Schieflagen und Pathologien. Gerade mit Blick auf das Apostolische Schreiben *Evangelii Gaudium* – und insbesondere wenn im vierten Kapitel *die soziale Dimension der Evangelisierung* hervorgehoben betont wird – wird deutlich, dass Papst Franziskus die *Option für die Armen* als eine genuin theologische Option versteht und in diesem Zusammenhang die ekklesiologischen Konsequenzen betont: „Aus diesem Grund wünsche ich mir eine arme Kirche für die Armen.“[26] Es zeigt sich in diesem Zusammenhang dann auch, dass die Option weitreichende Auswirkungen auf das gesellschaftliche Handeln der Kirche und der Christinnen und Christen haben muss: „Niemand [darf sich] von der Sorge um die Armen und um die soziale Gerechtigkeit freigestellt fühlen.“[27] Und mit Blick auf die Ausgestaltung der Wirtschaft heißt das für Papst Franziskus: „Solange die Probleme der Armen nicht von der Wurzel her gelöst

[25] Honneth, Dynamik, 99.

[26] EG 198. Die klassische katholische Soziallehre kennt das Prinzip der Solidarität, formuliert aber keinen expliziten Vorrang der Armen. Vgl. zum Status der Option: Hinkelammert, Ort.

[27] EG 201.

werden, indem man auf die absolute Autonomie der Märkte und der Finanzspekulation verzichtet und die strukturellen Ursachen der Ungleichverteilung der Einkünfte in Angriff nimmt, werden sich die Probleme der Welt nicht lösen und kann letztlich überhaupt kein Problem gelöst werden. Die Ungleichverteilung der Einkünfte ist die Wurzel der sozialen Übel."[28] In noch drastischeren Worten: „Diese Wirtschaft tötet."[29]

Dem Papst geht es um eine Pathologiediagnose, die angesichts der weltweiten sozialen Ungleichheit bei den Problemen der Armen ansetzt. Die normative *Option für die Armen* – vielleicht präziser *Option der Armen wegen* – ist aus der Beobachtung des menschlichen Elends erwachsen, das insbesondere in Lateinamerika zu beobachten war – und zu beobachten ist – und das nicht einmal den anti-normativen Soziologen Niklas Luhmann unberührt gelassen hat.[30]

Wenn aber moderne Gesellschaften im Sinne der anerkennungstheoretischen Lesart prinzipiell durch Anerkennungsverhältnisse konstituiert sind, dann scheint eine Konzentration auf das Phänomen der Armut als nicht zielführend. Und so spricht auch der deutsch-brasilianische Theologe Paulo Suess von einer notwendigen „Option für die Anderen", die als eine Erweiterung des Blicks auf die unterschiedlichen Unrechtserfahrungen verstanden werden kann.[31] Die Kirche müsste in diesem Sinnen zum Sprachrohr derer werden, die als überflüssig tituliert werden oder sich solchermaßen empfinden. Sie müssen mit ihren Missachtungs- bzw. Exklusionserfahrungen zu Wort kommen. Denn eine tatsächlich anerkennungstheoretisch fundierte Gesellschaftskritik hat eine dienende Funktion: Sie

---

[28] EG 202.

[29] EG 53. Vgl. dazu auch die Ansprache von Papst Franziskus an die Teilnehmer des internationalen Treffens der Volksbewegungen am 28. Oktober 2014.

[30] So heißt es bei Luhmann: „Zur Überraschung der Wohlgesinnten muss man feststellen, dass es doch Exklusionen gibt, und zwar massenhaft und in einer Art von Elend, die sich jeder Beschreibung entzieht. Jeder, der einen Besuch in den Favelas südamerikanischer Großstädte wagt und lebend wieder herauskommt, kann davon berichten. Aber schon ein Besuch in den Siedlungen, die die Stilllegung des Kohlebergbaus in Wales hinterlassen hat, kann davon überzeugen. Es bedarf dazu keiner empirischen Untersuchungen. Wer seinen Augen traut, kann es sehen, und zwar in einer Eindrücklichkeit, an der die verfügbaren Erklärungen scheitern. Wir wissen: Es ist von Ausbeutung die Rede oder von sozialer Unterdrückung oder von 'marginalidad', von einer Verschärfung des Gegensatzes von Zentrum und Peripherie. Das alles sind jedoch Theorien, die noch vom Desiderat der Allinklusion beherrscht sind und folglich Adressaten für Vorwürfe suchen: der Kapitalismus, die herrschende Allianz von Finanz- und Industriekapital mit dem Militär oder mit den mächtigen Familien des Landes. Wenn man jedoch genau hinsieht, findet man nichts, was auszubeuten oder zu unterdrücken wäre. Man findet eine in der Fremd- und Selbstwahrnehmung aufs Körperliche reduzierte Existenz, die den nächsten Tag zu erreichen sucht." (Luhmann, Barbarei, 147).

[31] Vgl. Suess, Herausforderung. Papst Franziskus fordert die Orientierung der Kirche an der „Option für die Letzten, für die, welche die Gesellschaft aussondert und wegwirft" (EG 195).

muss nicht nur bei den Missachtungserfahrungen ansetzen, sondern sie muss die missachteten Subjekte bei der Selbstermächtigung unterstützen, sie muss praktisch werden. Angesichts der Thematisierung von Unrechtserfahrungen darf sie nicht in einem advokatorisch-expertokratischen Modus verharren, der die Missachteten letztlich gar nicht zu Wort kommen lässt.[32] In diesem Sinne müsste die hier nur rudimentär skizzierte „Option für die Missachteten“ zu einer „Option der Missachteten“ werden.

5. Schluss

Jegliche kritische Gesellschaftstheorie sollte den Anspruch erheben, die gesellschaftlichen Verhältnisse einer eingehenden Analyse und Kritik zu unterziehen. Für eine *Kritische Theologie* ist es deshalb unerlässlich, eine fundierte Zeitdiagnose vorzunehmen und in diesem Sinne die prophetisch-kritischen Einlassungen von Papst Franziskus sozialwissenschaftlich und ökonomisch zu untermauern. Dann aber werden zwangsläufig nicht nur die Armen, sondern umfassender die Missachteten in den Fokus einer *Kritischen Theologie* geraten müssen. Dabei wird die Parteilichkeit eines solchen theologisch-philosophischen Ansatzes sicherlich einige Kritik erfahren. Denn einer anerkennungstheoretisch fundierten Gesellschaftskritik wohnt stets das Element der Parteilichkeit inne (die Optionen sind nicht unendlich).[33]

Literaturverzeichnis

Anzenbacher, A., Sozialethik als Naturrechtsethik, in: JCSW 43 (2002) 14–32.

Boff, C./Pixley, J., Die Option für die Armen. Gotteserfahrung und Gerechtigkeit, Düsseldorf 1987.

Boff, L., Unser Haus, die Erde. Den Schrei der Unterdrückten hören, Düsseldorf 1996.

Bohmeyer, A., Anerkennung des Anderen. Zur moraltheoretischen Vertiefung einer Philosophie der Befreiung, in: Stümke, V./Gillner, M. (Hg.), Friedensethik im 20. Jahrhundert, Stuttgart 2011, 119–133.

[32] Die Kritik an der „vorrangigen Option für die Armen“ wird von Jürgen Moltmann treffend zusammengefasst: „Meine Probleme mit der Formel „preferential Option for the Poor“ sind einmal, dass diese Option nicht die Option „of the Poor“ ist, zum anderen, dass die Armen nicht nur auf das angesprochen werden wollen, was ihnen in Beziehung zu den Reichen fehlt, sondern zuerst auf das, was sie sind, auf ihre Kräfte, ihre Kultur, ihre Rasse, ihr Geschlecht, ihre Religion und ihr Ethos.“ (Moltmann, Politische Theologie, 5)

[33] Für kritische Rückmeldungen und instruktive Hinweise zu meiner rudimentären Ortsbestimmung habe ich Stefan Reinders und Christian Spieß zu danken.

Bohmeyer, A., Jenseits der Diskursethik. Christliche Sozialethik und Axel Honneths Theorie sozialer Anerkennung, Münster 2006.

Dubiel, H., Kritische Theorie der Gesellschaft. Eine einführende Rekonstruktion von den Anfängen im Horkheimer-Kreis bis Habermas, Weinheim–München [3]2001.

Franziskus, Ansprache an die Teilnehmer des internationalen Treffens der Volksbewegungen am 28. Oktober 2014 (http://w2.vatican.va/content/francescomobile/de/speeches/2014/october/documents/papa-francesco_20141028_incontro-mondiale-movimenti-popolari.html, [Stand: 10.04.2015]).

Franziskus, Apostolisches Schreiben Evangelii Gaudium an die Bischöfe, an die Priester und Diakone, an die Personen geweihten Lebens und an die christgläubigen Laien über die Verkündigung des Evangeliums in der Welt von heute (Verlautbarungen des Apostolischen Stuhls 194), hg. vom Sekretariat der Deutschen Bischofskonferenz, Bonn 2013.

Habermas, J., Begründete Enthaltsamkeit. Gibt es postmetaphysische Antworten auf die Frage nach dem „richtigen Leben"? In: ders., Die Zukunft der menschlichen Natur. Auf dem Weg zu einer liberalen Eugenik?, Frankfurt/Main 2001, 11–33.

Habermas, J., Erläuterungen zur Diskursethik, in: ders., Erläuterungen zur Diskursethik, Frankfurt/Main 1991, 119–226.

Habermas, J., Glauben und Wissen. Friedenspreis des Deutschen Buchhandels 2001, Frankfurt/Main 2009.

Habermas, J., Vom pragmatischen, ethischen und moralischen Gebrauch der praktischen Vernunft, in: ders., Erläuterungen zur Diskursethik, Frankfurt/Main 1991, 100–118.

Habermas, J., Vorpolitische Grundlagen des demokratischen Rechtstaates? In: ders./ Ratzinger, J., Dialektik der Säkularisierung. Über Vernunft und Religion, Freiburg–Basel–Wien 2005, 15–37.

Hinkelammert, F. J., Das Subjekt und das Gesetz. Die Rückkehr des verdrängten Subjekts (Edition ITP-Kompass 7), Münster 2007.

Hinkelammert, F. J., Der epistemologische Ort des Clodovis Boff, in: Weckel, L. (Hg.), Die Armen und ihr Ort in der Theologie, Münster [3]2011, 152–164.

Höhn, H.-J., Zeit-Diagnose. Theologische Orientierung im Zeitalter der Beschleunigung, Darmstadt 2006.

Honneth, A., Antworten auf die Beiträge der Kolloquiumsteilnehmer, in: Halbig, C./ Quante, M. (Hg.), Axel Honneth. Sozialphilosophie zwischen Kritik und Anerkennung, Münster 2004, 99–121.

Honneth, A., Das Recht der Freiheit. Grundriß einer demokratischen Sittlichkeit, Berlin 2013.

Honneth, A., Die soziale Dynamik von Mißachtung. Zur Ortsbestimmung einer kritischen Gesellschaftstheorie, in: ders., Das Andere der Gerechtigkeit. Aufsätze zur praktischen Philosophie, Frankfurt/M. 2000, 88–109.

Honneth, A., Kampf um Anerkennung. Zur moralischen Grammatik sozialer Konflikte. Mit einem neuen Nachwort, Frankfurt/M. 2003.

Horkheimer, M./Adorno, T. W., Dialektik der Aufklärung. Philosophische Fragmente, Frankfurt/M. [21]2013.

Horkheimer, M., Traditionelle und kritische Theorie [1937], in: ders., Gesammelte Schriften (Bd. 4), Frankfurt/M. 1988, 162–216.

Jaeggi, R., Entfremdung. Zur Aktualität eines sozialphilosophischen Problems, Frankfurt/M.–New York 2005.

Jaeggi, R., Kritik von Lebensformen, Berlin 2014.

Knapp, M., Verantwortetes Christsein heute. Theologie zwischen Metaphysik und Postmoderne, Freiburg–Basel–Wien 2006.

Kongregation für die Glaubenslehre, Instruktion über einige Aspekte der „Theologie der Befreiung" vom 6. August 1984. (http://www.vatican.va/roman_curia/congregations/cfaith/documents/rc_con_cfaith_doc_19840806_theology-liberation_ge.html [Stand: 28.02.2015]).

Kongregation für die Glaubenslehre, Notifikation zu den Werken von P. Jon Sobrino S.J. vom 26. November 2006 (http://www.vatican.va/roman_curia/congregations/cfaith/documents/rc_con_cfaith_doc_20061126_notification-sobrino_ge.html [Stand: 28.2.2015]).

Lob-Hüdepohl, A., Zwischen Prophetie und Schweigen. Zum Geltungsanspruch „religiöser" Argumente im Raum politischer Öffentlichkeit, in: StZ 233 (2015) 173–184.

Luhmann, N., Jenseits von Barbarei, in: ders., Gesellschaftsstruktur und Semantik. Studien zur Wissenssoziologie der modernen Gesellschaft (Bd. 4), Frankfurt/M. 1995, 138–150.

Lutz-Bachmann, M. (Hg.), Metaphysikkritik, Ethik, Religion, Würzburg 1995.

Metz, J. B., Glaube in Geschichte und Gesellschaft. Studien zu einer praktischen Fundamentaltheologie, Mainz [5]1992.

Metz, J. B./Moltmann, J./Schüssler Fiorenza, E. (Hg.), Politische Theologie. Neuere Geschichte und Potenziale, Neukirchen-Vluyn 2011.

Moltmann, J., Politische Theologie in ökumenischen Kontexten, in: Metz, J. B./Moltmann, J./Schüssler Fiorenza, E. (Hg.), Politische Theologie. Neuere Geschichte und Potenziale, Neukirchen-Vluyn 2011, 1–12.

Raberger, W., „der Religion gleichzeitig als Erbe wie als Opponent gegenüberzutreten" (J. Habermas), in: Kreutzer, A./Gruber, F. (Hg.), Im Dialog. Systematische Theologie und Religionssoziologie (QD 258), Freiburg–Basel–Wien 2013, 236–254.

Raberger, W., „Übersetzung" – „Rettung" des Humanen? In: Langthaler, R./Nagl-Docekal, H. (Hg.), Glauben und Wissen. Ein Symposium mit Jürgen Habermas, Wien 2007, 238–258.

Raberger, W., Theologie: kritische und selbstkritische Reflexionsgestalt einer Erinnerungsgemeinschaft, in: SaThZ 2 (1998) 21–44.

Ruster, T., Eine kleine (systemtheoretische) Apologie der Neuscholastik, in: SaThZ 7 (2003) 41–50.

Schupp, F., Auf dem Weg zu einer kritischen Theologie (QD 64), Freiburg–Basel–Wien 1974.

Sobrino, J., Christologie der Befreiung, Ostfildern 2008.

Sobrino, J., Der Glaube an Jesus Christus. Eine Christologie aus der Perspektive der Opfer, Ostfildern 2008.

Striet, M., Grenzen der Übersetzbarkeit. Theologische Annäherungen an Jürgen Habermas, in: Langthaler, R./Nagl-Docekal, H. (Hg.), Glauben und Wissen. Ein Symposium mit Jürgen Habermas, Wien 2007, 259–282.

Suess, P., Die Herausforderung durch die Anderen. 500 Jahre Christentum in Lateinamerika. Conquista – Sklaverei – Befreiung, in: ComSoc 25 (1992) 232–247.

Wacker, B./Manemann, J., „Politische Theologie". Eine Skizze zur Geschichte und aktuellen Diskussion des Begriffs, in: Manemann, J./Wacker, B. (Hg.), Politische Theologie – gegengelesen (Jahrbuch Politische Theologie 5), Berlin 2008, 28–65.

Wellmer, A., Die Bedeutung der Frankfurter Schule heute. Fünf Thesen, in: ders., Zur Dialektik von Moderne und Postmoderne. Vernunftkritik nach Adorno, Frankfurt/M. 1993, 224–235.

Wenzel, K. (Hg.), Die Freiheit der Theologie. Die Debatte um die Notifikation gegen Jon Sobrino, Ostfildern 2008.

Wenzel, K./Schmidt T. M. (Hg.), Moderne Religion? Theologische und religionsphilosophische Reaktionen auf Jürgen Habermas, Freiburg 2009.

Kritische Theorie und dogmatische Theologie

Franz Gruber

1. Hinführung

1.1 Zur Aporie des Titels

Das Junktim des Titels „Kritische Theorie *und* dogmatische Theologie" könnte auf den ersten Blick als ein Widerspruch verstanden werden. Denn das Adjektiv „kritisch" bedeutet im wissenschaftlich-philosophischen Gebrauch die reflektierende Tätigkeit, eine Erkenntnis nur dann als Erkenntnis gelten zu lassen, wenn sie auf methodologischem Wege gewonnen worden ist und einen Wahrheitsanspruch im Sinne einer widerspruchsfreien, unabhängigen und vollständigen Erklärung oder Begründung stellt.[1] Dem scheint das zweite Adjektiv „dogmatisch" offenkundig zu widersprechen. „Dogmatisch" wird heute weithin als ein Erkenntnisanspruch bezeichnet, der sich gegenüber der diskursiven Begründbarkeit immunisiert und keine Kritik zulässt. „Dogmatische Erkenntnis" scheint einen Geltungsanspruch zu stellen, der auf wissenschaftsfremden Gründen beruht.

Eine Klärung dieses Problems leistet die Philosophie Immanuel Kants. Kant nannte seine Philosophie „Kritik", insofern er in seinen transzendentalphilosophischen Untersuchungen die Erkenntnisgrenzen menschlicher Vernunft auslotete und sie explizit von einem *dogmatistischen* Philosophieansatz abgrenzte.[2] Seine transzendentale Wendung der Philosophie betraf unmittelbar auch die Theologie. Nach Kant kann die Theologie als dogmatisch-spekulative Wissenschaft nur dann noch einen Vernunftanspruch erheben, wenn sie sich selbst über den Status ihrer Grundbegriffe radikal aufklärt und sich somit als „kritische Theologie", d.h. als „transzendentale Theologie" versteht.[3] Als solche ist sie „dogmatisch", etwa in

---

[1] Zum Begriff „Kritik" vgl.: Stederoth, Kritik, 1346–1357.

[2] „Die Kritik ist nicht dem *dogmatischen Verfahren* der Vernunft in ihrer reinen Erkenntnis als Wissenschaft entgegengesetzt, (denn diese muss jederzeit dogmatisch, d. i. aus sicheren Prinzipien a priori strenge beweisend sein) sondern dem *Dogmatismus,* d. i. der Anmaßung, mit einer reinen Erkenntnis aus Begriffen (der philosophischen), nach Prinzipien, so wie sie die Vernunft längst im Gebrauche hat, ohne Erkundigung der Art und des Rechts, womit sie dazu gelangt ist, allein fortzukommen. Dogmatismus ist also das dogmatische Verfahren der reinen Vernunft, *ohne vorangehende Kritik ihres eigenen Vermögens.*" (Kant, Kritik der reinen Vernunft, Vorrede zur zweiten Auflage, 31)

[3] Vgl. Höffe, Kant.

dem Sinne, dass sie aus Vernunftgründen das Dasein Gottes, die Unsterblichkeit der Seele und die Freiheit des Willens postuliert.

Nun scheint jedoch die Titelaporie in noch gesteigerter Weise aufzutreten, wenn das Konzept der „Kritischen Theorie" in den Blick genommen wird.[4] Max Horkheimer unterschied bekanntlich die Kritische Theorie als Korrektur von der „Traditionellen Theorie", die sich seinem Verständnis zufolge keine Rechenschaft darüber gab, dass jede Erkenntnis immer auch vom subjektiven Vollzug des Erkennenden mitbestimmt ist, und somit eine absolute Trennung zwischen Subjekt und Objekt im Erkenntnisvorgang nicht möglich ist.[5] „Kritische Theorie" dagegen ist das reflektierte Bewusstsein jeder Erkenntnis über seine subjektiven und *gesellschaftlichen* (!) Erkenntnisbedingungen und den daraus folgenden methodischen Konsequenzen in der sozialphilosophischen Analyse.[6] Die Kritische Theorie beschreibt darum nicht nur gesellschaftliche Phänomene, sondern versucht ihre ideologischen Aspekte (im Besonderen in der Kulturindustrie und im Kontext individueller Bedürfnisstrukturen) freizulegen und verfolgt das Interesse der „Aufhebung des gesellschaftlichen Unrechts"[7].

Die Interessengebundenheit jeder Erkenntnis hat Jürgen Habermas[8] in seinen frühen Studien auf erhellende Weise sichtbar gemacht und das Projekt der Kritischen Theorie sowohl aufgenommen als auch aufgehoben: Im Unterschied zur ersten Generation der Frankfurter Schule erschloss er in seiner „Theorie des kommunikativen Handelns" einen neuen Zugang zum normativen Fundament einer kritischer Theorie, das er aus den impliziten Ansprüchen von universalen Typen von Sprachhandlungen freilegte, mit denen wir in jedem Sprechakt immer zugleich einen mit Geltungsansprüchen imprägnierten Bezug zur Welt, zur Handlungs- und Kommunikationsgemeinschaft und zum sprechenden Subjekt selbst herstellen.[9]

Sowohl die ältere als auch die jüngere Frankfurter Schule bewahrt dennoch einen Bezug zur philosophischen Theologie, allerdings nun in einem paradoxalen Sinne: Einerseits kann in diesem Theoriemodell Theologie nicht mehr als philosophisch begründbare Form von Rationalität anerkannt

---

[4] Vgl. Horkheimer, Theorie.

[5] In diesem Sinne befindet sich die Kritische Theorie bereits durchaus in der Nähe der kantischen kritischen Philosophie, ist doch die transzendentale Möglichkeitsbedingung jeder Erkenntnis überhaupt subjektive Bedingung des erkennenden Subjekts.

[6] Siehe dazu Horkheimer, Theorie, 198–200. „Die kritische Theorie der Gesellschaft hat … die Menschen als die Produzenten ihrer gesamten historischen Lebensformen zum Gegenstand" (Nachtrag, in: ebd. 217–225, 217).

[7] Horkheimer, Theorie, 216.

[8] Das einschlägige Programm dazu stellte Habermas in seiner Studie „Erkenntnis und Interesse" vor.

[9] Vgl. Habermas, Theorie.

werden, weil rational über die Existenz Gottes als Grundvoraussetzung jeder philosophischen Theologie kein Erkenntnis- und Gewissheitsanspruch mehr behauptbar ist;[10] andererseits scheint sie aus ethischen Gründen aber doch nötig zu sein: „Gott“ sei nämlich die einzig mögliche Wirklichkeit der Rettung der Opfer angesichts ungerechtfertigter und ungesühnter Gewalt im Geschichtsprozess. Auf eine solche rettende Transzendenz könne aber nur noch „gehofft“ werden, ohne „Gott“ im kantischen Sinne noch postulieren zu können.[11]

Wie stellt sich diese Aporie aus der Sicht der Theologie dar? Von theologischer Seite gilt es zuallererst klarzustellen, dass der Begriff einer „dogmatischen Theologie“ kein sich selbst erkenntniskritisch immunisierendes Unternehmen ist, sondern ein diskursives Geschehen, das die Grundüberzeugungen des Glaubens argumentativ ausweist und die Möglichkeit ihrer Begründung kritisch beleuchtet und sichtbar macht. „Dogmatische Theologie“ ist in diesem Sinne eine Fachbezeichnung eines bestimmten Gegenstandsbereichs theologischer Reflexion im Unterschied zu anderen Bereichen, insofern hier die auf Glaubensüberzeugungen basierenden Inhalte hermeneutisch erschlossen und kritisch-diskursiver Begründung unterzogen werden. Weder die Geltungskonstitution ihres Materialobjekts (die „Dogmen“ im weitesten Sinne) noch der theologische Reflexionsvollzug als solcher dürfen „dogmatisch“ im Sinne eines kritikimmunisierenden Vorgangs sein, sondern sie müssen kritisch die Möglichkeitsbedingungen einer Rede von Gott und einer im Glauben und in Freiheit anerkannten Selbstmitteilung Gottes offenlegen, wenn gilt, dass Theologie „fides quaerens intellectum“[12] ist. Mehr noch: Wenn Theologie die transzendentalphilosophische und sprachphilosophische Wende aufnimmt, dann zeigt sich in einem besonderen Maße der „performative“ Status ihres Gegenstandes, indem die Wirklichkeit Gottes als eine verstanden wird, die nur aufgrund des *existenziellen* Engagements des Subjektes erkenntniskonstitutiv wird.

1.2 Wissenschaftstheoretische Reflexionen der Gegenwartstheologie

Die systematische Theologie des 20. Jahrhunderts hat dieses geforderte Selbstverständnis methodologisch durchaus entwickelt.[13] In herausragender

[10] Vgl. Habermas, Exkurs.

[11] Vgl. Habermas, Die Grenze.

[12] So Anselm von Canterburys programmatische Formel aus dem Proömium seines „Proslogion“.

[13] Selbstverständlich gab es im Zuge der Rezeption der Transzendentalphilosophie und des Deutschen Idealismus auch schon vorher Konzepte einer „kritischen Theologie“ wie etwa die

Weise hat *Karl Rahner* mit seinem *transzendentaltheologischen Ansatz* die transzendentale Fragestellung nach der Möglichkeitsbedingung von Erkenntnis in die katholische systematische Theologie eingeführt und gezeigt, dass theologische Aussagen im strengen Sinn des Wortes nur möglich sind aufgrund der anthropologischen Bedingung der vorgreifenden apriorischen Geöffnetheit des menschlichen Geistes auf einen letzten Horizont, der sich jeder Objektivierung entzieht, aber gerade so die Möglichkeit kategorialer aposteriorischer Erkenntnis bereit stellt. Kritisch ist dieses Verfahren in dem Sinne, dass der Geltungsanspruch dogmatischer Aussagen begründet wird durch ein transzendentalreduktives Verfahren der Möglichkeit dieser Aussagen aufgrund der spezifischen Subjektivität und Geistigkeit des verstehenden und glaubenden Menschen.[14]

Auch die Ansätze der *Hermeneutischen Theologie* sind Beispiele kritischer Begründungsverfahren, wenngleich sie nicht die transzendentallogischen Bedingungen von Erkenntnis zum Ausgangspunkt nehmen, sondern die in der Linie von Schleiermacher – Dilthey – Heidegger – Gadamer reflektierten Bedingungen des Verstehens von Daseinsentwürfen menschlicher Sinnorientierung. Die Sinnfrage als zentrale Eigentümlichkeit menschlichen Selbstverständnisses kondensiert in bestimmten kulturellen Verobjektivierungen wie etwa im Mythos, in der Kunst, der Philosophie und Religion, die allesamt aber Äußerungen eines historischen Orientierungsprozesses sind, die je neu erschlossen werden müssen. Dogmatische Aussagen werden dementsprechend als sinnkonstitutive Äußerungen verstanden, die auf die Frage nach dem „Sinn des Ganzen" eine Antwort zu geben versuchen. Ein herausragendes Modell eines solchen Verfahrens ist der universalgeschichtliche Ansatz der Theologie *Wolfhart Pannenbergs*, der den Wahrheitsgehalt dogmatischer Rede in der proleptischen Vorwegnahme umfassenden Sinnes im eschatologischen Ereignis der Auferstehung Jesu begründet. Sie ist die Antwort auf die Frage nach dem Sinn aller Zeit und Geschichte als dem unhintergehbaren Verstehenshorizont jeder menschlichen Erkenntnis.[15]

Das Problem einer *wissenschaftstheoretisch reflektierten Theologie* in Auseinandersetzung mit der Kritischen Theorie und dem Kritischen Rationalismus hat auf explizite Weise erst *Franz Schupp* aufgegriffen, worauf

Versuche der katholischen „Tübinger Schule" oder der evangelischen Theologie eines F. Schleiermacher u. a. Diese Ansätze hatten jedoch gegenüber der gewöhnlichen „Schultheologie" in der katholischen Theologie keine maßgebliche Rezeption erfahren.

[14] Zu Rahners Ansatz siehe den zentralen Aufsatz „Theologie und Anthropologie" sowie „Überlegungen zur Methode der Theologie".

[15] Zur hermeneutischen Theorie der Theologie siehe Ebeling, Wort; Jeanrond, Theological Hermeneutics.

ich hier näher eingehen möchte. Die methodologisch selbstreflexive Situation der Theologie seiner Zeit bezeichnet Schupp ungeschminkt als prekär: „Kritische Selbstaufklärung über den theoretischen Status der Theologie gilt als überflüssig angesichts des angeblich geringen Wertes solcher Bemühungen in pastoraler Hinsicht."[16]

Die Forderung des kritischen Denkens erhebt Schupp thetisch mit folgenden Behauptungen:
„1. Die methodologische Konsequenz des Glaubens besteht in einem selbstreflexiven kritischen Denken.
2. Der daraus resultierende Theologiebegriff lässt sich an und von der biblischen Denkform her legitimieren."[17]

Diesen formalen Zugang reflektiert Schupp in der Folge einerseits in der Klärung der Möglichkeit einer Theorie von Theologie und andererseits in der Bestimmung ihres „Gegenstandes". Ausgangspunkt für das „Modell kritischer Theologie"[18] ist das Phänomen der Religion als einer axiologischen Synthese der gesamten Erfahrungen des Menschen. Christliche Theologie hat aufgrund ihrer Bezogenheit auf die biblische Denkform aber die Sinnfrage der *Geschichte* als ihr spezifisches Prinzip. Schupp knüpft also an die hermeneutisch-universalgeschichtliche Bestimmung von Theologie an, ohne sie weiter material-dogmatisch zu systematisieren. Vielmehr fragt Schupp nach der wissenschaftstheoretischen Möglichkeit von Theologie, d. h. in welchem Sinn von Theologie als Wissenschaft gesprochen werden kann und in welchem Sinne theologische Sätze Wahrheit beanspruchen können.[19] Entscheidend ist nun, dass Schupp mit der Unterscheidung von Objekt- und Metasprache zeigt, in welchem Sinne die Theologie durch metasprachliche Klärungen den Sinn ihrer objektsprachlichen Aussagen kritisch bestimmen kann: Theologie ist „Theorie des christlichen Glaubens", „welche den christlichen Glauben als *praktisches Sinnpostulat* zu begreifen versucht. Die theoretische Explikation dieses praktischen Sinnpostulats müsste dann die Konstruktion der wichtigsten semantischen Repräsentationen der christlichen Sprache und deren pragmatischer Funktion ermöglichen."[20] Schupp expliziert diesen Theologiebegriff in einer an die

[16] Schupp, Auf dem Weg, 6.
Diese in den 1970er-Jahren geäußerte Sichtweise hat leider auch gegenwärtig wieder Relevanz, nachdem die kurze Phase einer sich wissenschaftstheoretisch ausweisenden Theologie von dekonstruktivistischen und postmodernen Ansätzen abgelöst worden und hinter das erreichte Problemniveau wieder zurückgefallen ist. Vgl. auch die berechtigte Kritik der „Schulen" um Th. Pröpper und H. Verweyen an der Gegenwartstheologie.
[17] Ebd. 14.
[18] Ebd. 17.
[19] Vgl. ebd. 125.
[20] Ebd. 132.

kantische Konstruktion der Kritik der reinen Vernunft angelehnten Differenzierung von „Analytik" und „Hermeneutik/Dialektik".

Die *Analytik* leistet die Interpretation des Wortes „Gott", das Schupp sprachpragmatisch als Sinnartikulation von „Freiheit" und „Zukunft"[21] bestimmt. Denn das Wort „Gott" ist kein „Autosemantikon", sondern nur als „*Synsemantikon*" bestimmbar – und zwar über den bestimmenden Bedeutungsgehalt von Freiheit und Zukunft. Schupp plädiert also für eine performative Sinnbestimmung des Wortes „Gott", weil jede deskriptive Bestimmung des Wortes „Gott" scheitert. Dementsprechend ist Theologie nur als kritische Theorie begründbar: Sie ist Reflexionsgestalt axiologischer Aussagen über den Sinn des Ganzen menschlicher Erfahrung im praktischen Kontext von Freiheit und Zukunft.

Daran schließt *die hermeneutisch-dialektische Bestimmung* der Theorie von Theologie an: Es geht in diesem zweiten Verfahrensschritt um das Verstehen und die Kritik des gesellschaftlich-kommunikativen Raums der Rede von Freiheit und Zukunft. Beides, Verstehen und Kritik, ist notwendig, weil im gesellschaftlich geprägten Sprachraum immer Wahrheit und Unwahrheit, Konsens und Dissens, Gewalt und Ideologie aufscheinen. Dialektisch hat diese Kritik aber in dem Sinne zu sein, als die Gefahr der totalen Selbstvermitteltheit in der Ideologie aufgedeckt werden muss. Die Theologie muss das Andere, das Fremde, das Scheitern, das Kreuz gegenüber allen Versuchungen der Vermittlung und Aufhebung markieren: „Erst wo das Fremde, selbst das radikal Fremde des verfügten Todes nicht in identifizierender Dialektik total vereinnahmt und vermittelt ist, ist Anerkennung desselben möglich."[22] Theologische Rationalität ist dort, „wo sie, selbst Reflexionsmoment an der Geschichte, diese theoretisch als möglichen Vermittlungsprozess von Freiheit so begreift, dass durch die Kritik von Totalität als verfügbarer Freiheit wie Zukunft möglich werden"[23].

Leider sind diese grundlegenden Ideen zu einer kritischen Theologie weder von der Kritischen Theorie selbst noch innerhalb der Theologie entsprechend gewürdigt und rezipiert worden. Immerhin hat eine der profundesten Wissenschaftstheorien der Theologie dieses Theoriegelände in maßgeblicher Gestalt aufgeschlossen, obwohl sie wissenschaftstheoretisch nicht den Status einer ausgearbeiteten Theorie von Theologie beanspruchen kann: *Helmut Peukert*s Studie „Wissenschaftstheorie – Handlungstheorie – Fundamentale Theologie"[24]. Peukert kommt das Verdienst

[21] Ebd. 141.
[22] Ebd. 157.
[23] Ebd. 158.
[24] Erstmals erschienen Darmstadt 1976, dann als stw 231 (Frankfurt/M. 1978) und mit einem Vorwort und Nachwort 2009 nochmals in dritter Auflage veröffentlicht.

zu, die wissenschaftstheoretische Diskussion der Bestreitung der Möglichkeit von Theologie überhaupt (Logischer Positivismus) bis hin zu ihrer postulatorischen Notwendigkeit in einer rekonstruktiven Zusammenschau dargestellt und die jeweiligen Aporien der Wissenschaftstheorie, der Handlungstheorie und der Kommunikationstheorie freigelegt zu haben.

Peukert versucht aufzuweisen, dass die Möglichkeit von Subjektivität, Gesellschaft und Solidarität als die Möglichkeitsbedingungen rationalen Erkennens und egalitären Handelns, die grundsätzlich in verständigungsorientierten Sprachhandlungen vollzogen werden, auf eine Problematik stößt, die paradoxerweise nur unter Ausgriff auf den Gottesbegriff als rettender Zusage der Opfer gewaltsamen Handelns zu lösen ist:

„Als das äußerste Denkbare, als die Grenzidee, die im kommunikativen Handeln selbst impliziert ist, erwies sich die unbegrenzte, universale Kommunikationsgemeinschaft, die im geschichtlichen Handeln solidarisch Freiheit realisiert. Die genauere Analyse dieser normativen Implikationen führte jedoch auf eine Erfahrung, an der die Frage entsteht, ob kommunikatives Handeln nicht in einem verzweifelten Selbstwiderspruch und in Absurdität endet, und ob eine Theorie des Handelns nicht in sich widersprüchlich wird. Es ist die faktische Erfahrung, dass Menschen, die solidarisch zu handeln versucht haben, denen man also eigene Lebensmöglichkeiten verdankt, vernichtet werden."[25]

Diese Vernichtung der für Egalität und Reziprozität kämpfenden Menschen erschüttert den Sinn kommunikativer Ethik fundamental: Wie kann den Opfern Gerechtigkeit widerfahren, wenn der Sinn kommunikativen Handelns gerade in der Orientierung an herrschaftsfreier Kommunikation liegt? Werden sie vergessen, wäre eine jemals frei gewordene Gesellschaft nur um den Preis des Vergessens der Opfer erreicht worden. Werden sie erinnert, stellt sich die Frage nach ihrer Rettung – die menschlichem Handeln jedoch absolut unmöglich ist. Ist dann nicht die Feststellung, dass die Erschlagenen erschlagen bleiben, selbst schon Ausdruck eines Zynismus, der im Widerspruch steht zur Normativität egalitärer Kommunikation?

Für Peukert setzt Theologie nun genau an dieser Aporie (kritischer) kommunikativer Vernunft an: „Ich möchte *erstens* behaupten, dass es in der jüdisch-christlichen Tradition um die Wirklichkeit geht, die in den Grund- und Grenzerfahrungen kommunikativen Handelns erfahren wird, und um die Weise kommunikativen Handelns, die angesichts dieser Erfahrungen noch möglich ist. Ich möchte *zweitens* behaupten, dass eine *fundamentale Theologie* als *Theorie* dieses kommunikativen, anamnetisch-solidarisch auf den Tod zugehenden *Handelns* und der in ihm erfahrenen und erschlosse-

[25] Ebd. 311.

nen *Wirklichkeit* entwickelt werden kann und muss."[26] Diese Wirklichkeit benennt Peukert als den Gott, der sich als Rettung des Opfers erkennbar macht, eschatologisch unwiderruflich in der Auferweckung des gekreuzigten Jesus. Der Glaube an diesen Gott ist darum seinerseits Solidarität mit den anderen: „Er ist als anamnetische Solidarität universale Solidarität im Horizont der einen Menschheit und der einen Geschichte; er konstituiert die eine Menschheit in der unbedingten Solidarität kommunikativen Handelns, das auf die Vollendung des Heils für alle vorgreift."[27]

„Theologie ist dann die Theorie dieses Handelns und der in ihm erschlossenen und erfahrenen Wirklichkeit. ... Sie ist Explikation eines Existenzvollzugs, der als Vollzug über sich hinausreicht und eine Wirklichkeit behauptet, die als frei wirkende so behauptet wird, dass sie schlechthin von der eigenen Existenz unterschieden ist; sie wird behauptet als die Wirklichkeit, die den anderen im Tod rettet. Diese Wirklichkeit wird aber nur erschlossen in der Weise, dass intersubjektives Handeln auf sie zugeht. Sie kann also auch nur als die in dieser Praxis erfahrene Wirklichkeit zur Sprache gebracht werden. Theologie ist dann gerade als Theorie dieses Handelns Theologie; und eine Theorie dieses Handelns wird, wenn sie sich auf diese Erfahrung einlässt, zur Theologie."[28]

Dieser kurze Überblick über wissenschaftstheoretisch sich reflektierende Theorieansätze der Theologie zeigt, dass dogmatische Theologie *kritische* Theologie sein muss, wenn sie die dialektische Verbundenheit von Glaube und Vernunft ernst nimmt und am philosophischen Bestimmungs- und Normierungsvorgang des Vernunftbegriffs aktiv teilnimmt. Diese fundamentaltheologische Aufgabe der ständigen Prüfung und Begründung kritischer Reflexivität ist zumindest teilweise in das Selbstverständnis theologischer Theorien aufgenommen worden. Die dogmatische Theologie ist nun aber nicht nur formale Reflexion des Glaubens, sondern auch materiale Systematisierung des Glaubensgehaltes. Dogmatische Theologie hat darum noch einmal in einer spezifischen Weise die Aufgabe, ihre Rede von Gott, der sich *im Glauben* als schöpferische Wirklichkeit der Welt selbstoffenbarend, rettend und heilend zeigt, in dem Sinne auszuweisen, dass diese Gehalte nicht ideologisierte Verhältnisse von Mensch, Gesellschaft und Geschichte verdeckt, sondern im Gegenteil aufdeckt.

Eine solche Aufgabe kann selbstverständlich hier nicht geleistet werden, dennoch soll an zwei ausgewählten Beispielen das kritische Potential theologischer Rede von Gott und Erlösung ermittelt werden.

---

[26] Ebd. 316.
[27] Ebd. 332.
[28] Ebd. 346.

2. Das Wort „Gott": Chiffre für die unabschließbare Geöffnetheit auf Transzendenz

Max Horkheimer, Theodor W. Adorno und Walter Benjamin kommen in ihrem Verständnis von Kritischer Theorie darin überein, dass eine metaphysische Begründung einer letzten Wirklichkeit scheitert. Rationale Vergewisserung der Existenz Gottes im postmetaphysischen Denk-Paradigma, so Jürgen Habermas seinen Vorgängern zustimmend, ist nicht mehr durchführbar.[29] Über die Existenz einer solchen Wirklichkeit lässt sich keine gewisse Erkenntnis ermitteln – unbeschadet der Folgen, die diese epochale, mit den Religionskritikern eingeleitete Situation mit sich bringt. Die Denker der Kritischen Theorie stehen auf dem Standpunkt einer atheistischen bzw. agnostizistischen Haltung gegenüber der (philosophischen) Theologie.

Deshalb ist es umso erstaunlicher, dass das Gott-Denken für sie nicht obsolet geworden ist. Denn auch ihnen war bewusst, was schon Ludwig Feuerbach auf den Punkt brachte: „… nur wo du Gott denkst, denkst du, rigoros gesprochen."[30] Sie sprechen deshalb von Gott im Modus der Hoffnung auf Gerechtigkeit als jener Wirklichkeit, die den Mörder nicht über das Opfer triumphieren lässt (Horkheimer), die das Abgeschlossene (die Geschichte) nochmals öffnen kann, und das Unabgeschlossene (das Glück) messianisch-eschatologisch einholen könnte (Benjamin), die im Sturz der Metaphysik ein Licht der Erlösung auf die Wirklichkeit wirft, in der doch die Hoffnung das letzte Wort über den Positivismus der Natur und der siegenden Gewalt sein möge (Adorno). Für die Kritische Theorie ist das Wort „Gott" zwar nicht begründbar, aber dennoch ein letzter Fluchtpunkt, dem sich der Denkende nicht verschließen darf, will er nicht hinter die Transzendenzbewegung des Denkens selbst zurückfallen.

Jürgen Habermas hat gegenüber diesen philosophischen „Rettungsversuchen" einer religiösen Rede zugunsten der Rettung der Opfer der Geschichte große Vorbehalte geäußert und diese Versuche als illegitime semantische Okkupationen zurückgewiesen.[31] Postmetaphysische Philoso-

[29] Vgl. Habermas, Zu Max Horkheimers Satz.

[30] Feuerbach, Das Wesen, 85.

[31] „Die Philosophie kann sich das, wovon im religiösen Diskurs die Rede ist, nicht *als* religiöse Erfahrung zu eigen machen; diese können erst in den Erfahrungsschatz der Philosophie eingehen, als deren eigene Erfahrungsbasis anerkannt werden, wenn die Philosophie sie unter einer Beschreibung identifiziert, die nicht mehr der Sprache einer bestimmten religiösen Tradition entlehnt ist, sondern dem Universum der vom Offenbarungsgeschehen entkoppelten, begründenden Rede angehört. An jenen Bruchstellen, wo eine neutralisierende Übersetzung dieser Art nicht mehr gelingen will, muss sich der philosophische Diskurs sein Versagen eingestehen; der metaphorische Gebrauch von Vokabeln wie Erlösung, messianisches Licht, Restitution der Natur usw. macht die religiöse Erfahrung zum bloßen Zitat. In

phie könne sich den opaken Kern des Gottesglaubens nicht aneignen, weil sie ihre Argumente immer auf diskursive Weise ausweisen können muss. Solche Hoffnung aber ist nicht mehr philosophisch begründbar. Eine kommunikative Vernunft müsse darum „trostlos“ bleiben und dürfe sich nicht um die Radikalität der Verlorenheit der Opfer drücken. Sie könne aber „ein Bewusstsein von dem, was fehlt“[32], entwickeln und auf diese Weise die Leerstelle bezeichnen, wo einst das starke Wahrheitsbewusstsein einer philosophischen Theologie dieses „Unbestimmbare“ überbrückte. Die nachkantische Philosophie, die das anselmianische Argument definitiv von sich weist, wonach aus dem Denken-Können eines Gottes auch seine Existenz a priori abzuleiten wäre, ist eine Philosophie, die nur noch eine „Transzendenz ins Diesseits“ akzeptiert.

Hier stellt sich allerdings die Frage, ob nicht Theologie als vernünftige Reflexion des Gottesgedankens im Glauben und *vor* dem Forum der Vernunft von der anderen Seite her auf diese Grenze der Vernunft und der Geschichtshoffnung hin zugehen kann.[33] Ebenfalls als Grenzdiskurs, aber unter der Prämisse eines *„veluti si Deus daretur*“ könnte sie zeigen, dass das Wort „Gott“ nicht nur ein Wort des Glaubens, sondern auch eines des Denkens bleibt. Als ein Beispiel eines solchen hier in den Blick genommenen Gott-Denkens unter den Prämissen der Anerkennung der aporetischen Grenzen des anselmianischen ontologischen Gottesargumentes hat der Züricher Religionsphilosoph Ingolf U. Dalferth den Begriff „Gott“ in sprachpragmatischer Hinsicht zu erschließen versucht.

Will man das Gott-Denken nicht einer logischen Sinnlosigkeit überlassen, muss man Dalferth zufolge erkennen, dass der Sinn des Gott-Denkens nicht darin liegt, seine Existenz zu beweisen, sondern dass Gott für das Denken des Menschen selbst unverzichtbar ist.[34] Dieser Sinn wird sichtbar, wenn von der logischen und semantischen Ebene der Argumentation auf die pragmatische Ebene der Gott-Rede und der Subjekt-Vergewisserung gewechselt wird:

---

diesen Augenblicken ihrer Ohnmacht geht die argumentative Rede, jenseits von Religion und Wissenschaft, in Literatur über, in einen Darstellungsmodus, der sich nicht mehr frontal an Wahrheitsansprüchen misst.“ (Habermas, Exkurs, 136)

[32] Vgl. Habermas, Bewußtsein.

[33] Theologisch-rationale Glaubensbegründung hat „Glaube und Vernunft in ein Wechselspiel zu bringen, in dem nicht einseitig die Vernunft die Voraussetzungen der Glaubensoption freizulegen beanspruchen darf, sondern sie sich umgekehrt auch durch den Glauben in Frage stellen lassen muss. Denn eine um ihre prinzipielle ‚pathologische‘ Fremdbestimmung wissende Vernunft kann nicht ausschließen, dass sie in Auseinandersetzung mit dem religiösen Bewusstsein ihrerseits eine Aufklärung über die konkreten Gestalten solcher Fremdbestimmung erfährt“ (vgl. Neuhaus, Fundamentaltheologie, 22).

[34] Vgl. Dalferth, Inbegriff.

„Dass es unmöglich ist zu denken, dass Gott nicht ist, wie Anselm dem Toren klar machte, hat seinen primären Grund nicht darin, dass man nicht Gott denkt, wenn man Gottes Sein bestreitet (so gewiss auch das gilt), sondern dass man überhaupt nicht denken würde und könnte, wenn wahr wäre, was man da sagt. Niemand muss Gott denken, und niemand muss Gott kohärent denken. Aber wird (überhaupt etwas) gedacht, dann ist es unmöglich, dass Gott nicht ist. Der entscheidende Punkt ist nicht die semantische Kohärenz des Gottesgedankens, sondern die pragmatische Wirklichkeit des Denkens (Gottes)."[35]

Anders gesagt: Sobald jemand Gott denkt, lässt sich in pragmatischer Hinsicht nicht mehr widerspruchsfrei denken, dass er nicht ist, weil auch das Subjekt nicht sagen kann, dass es nicht ist:

„Sowenig ich pragmatisch konsistent sagen kann *Ich behaupte hiermit, dass ich nicht existiere,* so wenig kann pragmatisch konsistent gesagt werden *Ich behaupte hiermit, dass Gott nicht existiert* – nicht weil *Gott* sich nicht (irreführenderweise) so denken ließe, sondern weil sich das nicht *sagen* und *denken* lässt, wenn das sprechende Ich wüsste, was es da tut, *sich also selbst richtig verstünde:* Wer meint, sein oder etwas sagen oder tun zu können, ohne dass Gott ist, hat nicht nur Gott, sondern sich selbst fundamental missverstanden."[36]

Nun wird dieses Argument einen Menschen, der davon überzeugt ist, dass Gott nicht existiert, keineswegs dahin bringen, Gottes Existenz anzuerkennen, nur weil ihm demonstriert wird, dass er einen performativen Widerspruch vollziehe, wenn er die Existenz Gottes leugnet. Schon Karl Rahner hat transzendentaltheologisch eine ähnliche Strategie gewählt, mit der er zum Ausdruck bringen wollte, dass unser Denken es nicht vermag, „Gott" (im Sinne eines apriorischen Vorgriffs auf das absolute Sein) nicht zu denken. Denken heißt darum: Gott denken können, ja, Gott denken müssen! Zu Recht meint darum auch Dalferth: *„Dass ich nichts behaupten könnte, wenn ich nicht wäre,* ist eine Einsicht, die jedem zuzumuten ist. *Dass ich nicht wäre, wenn Gott nicht ist,* ist eine Einsicht, die für jeden eine Zumutung darstellt."[37]

Entscheidender als diese „Theo-Logik" ist die grammatische Klärung, welches Wort das Wort „Gott" überhaupt ist. Gemeinhin wird Gott als „Eigenname" (also im Sinne des biblischen Namens JHWH) oder als Allgemeinbegriff (als Inbegriff aller Wirklichkeit; als Absolutes; als Unbedingtes; als „id quo maius cogitari nequit" etc.) gedacht. Doch dies wider-

[35] Ebd. 94.
[36] Ebd. 102.
[37] Ebd. 105.

spricht nach Dalferth dem Wesen Gottes und dem Sinn eines Eigennamens bzw. eines Allgemeinbegriffs. Darum schlägt Dalferth vor, „Gott“ als Indexwort zu verstehen, das nicht eine bestimmte Wirklichkeit identifiziert, sondern die Möglichkeitsbedingung von Wirklichkeit als solche erfassen lässt. Auch in unserem gewöhnlichen Sprachgebrauch müssen wir eine Anzahl von Bezugsindikatoren verwenden, die nicht *etwas* bedeuten, sondern der Bedeutung von etwas Sinn verleihen, d.h. sie identifizierbar machen. Hierzu gehören z.B. Indexwörter des *Raumes:* ‚hier‘, ‚dort‘, ‚da‘, ... oder der *Zeit:* ‚jetzt‘, ‚dann‘, ‚später‘... oder der *Subjekte:* ‚ich‘, ‚du‘, ‚er‘, ‚sie‘ usw. Das Wort ‚hier‘ hat nur Bedeutung, wenn es eine bestimmte Identifikation erlaubt: „Wo ist die Katze?“ – „Hier!“

Auch das Indexwort „Gott“ leistet nicht die Identifikation einer bestimmten transzendenten Wirklichkeit, sondern „markiert die nicht mehr hintergehbare wesentliche *Kontingenz des Gesamtzusammenhangs,* in dem etwas als etwas für jemanden identifiziert werden kann“[38]. Das Missverständnis im Gebrauch des Wortes „Gott“ liegt darin, dass Gott als objektivierbare Wirklichkeit identifizierbar gemacht wird und damit – im Sinne des Vorbehalts von Fichte – verendlicht, vergegenständlicht wird. Die Stärke der sprachanalytischen Reflexion besteht darin, den Sinn von Bedeutung auf die pragmatische Ebene zu legen, weil Sprechen kein Bezeichnen ist, sondern ein Handeln: „... *etwas wird als etwas von jemandem durch etwas für jemanden identifizierbar*“[39] gemacht. Wir verstehen nur, wenn diese Bedingungen zugleich erfüllt sind.

Damit wird zumindest die Funktion des Wortes „Gott“ bestimmbar. Als Indexwort dient es nicht dazu, jede Prädikation unmittelbar zu bestimmen. Im Horizont des Erkennens und Wissens kann ohne den Index „Gott“ wahres Wissen generiert werden. Geht es aber um den Gesamtzusammenhang von allem, kann *allein* mit dem Indexwort „Gott“ die Bedeutung des Zusammenhangs bestimmt werden. In dieser Hinsicht ist das Wort „Gott“ unersetzbar:

„Die Orientierungsfunktion des Ausdrucks ‚Gott’ kann deshalb nicht durch die anderer Indikatoren ersetzt werden, sondern stellt diese in einen Zusammenhang, der *die grundsätzliche Kontingenz ihres für uns unerlässlichen Gebrauchs zum Vorschein bringt.* Denn vollzieht sich Orientieren dadurch, dass *etwas als etwas von jemand durch etwas für jemanden identifiziert* wird, dann ist das unmöglich, ohne dass es Identifikationsmittel, Identifizierbares und Identifizierende gibt. Nichts davon versteht sich von selbst, und das wird durch den Indikator ‚Gott’ signalisiert. So markieren

[38] Ebd. 123.
[39] Ebd. 123.

Raum-Zeit-Indikatoren die Bedingungen der Möglichkeit konkreter *Identifizierbarkeit* und Bezugsindikatoren die Bedingungen der Möglichkeit konkreter Identifizierbarkeit *für jemanden.* Der Indikator ,Gott' dagegen markiert die Bedingung der Möglichkeit dafür, dass es – angesichts der Möglichkeit des Gegenteils – überhaupt etwas Wirkliches gibt, das *identifizierbar ist,* und etwas Wirkliches, *für das* und *von dem* es identifiziert werden kann: Mit ,Gott' wird die Kontingenz des Gesamtzusammenhangs angezeigt, in dem wir leben und uns orientieren."[40]

Das Wort „Gott" wird von Dalferth somit nicht als etwas „Bestimmtes" bestimmt, sondern als sprachlicher Operator, um mit ihm alles mögliche Bestimmen überhaupt bestimmbar zu machen. Daraus kann Dalferth dann auch ein angemesseneres Verständnis der zahllosen Gottesnamen und -vorstellungen finden:

„Gottesvorstellungen sind keine Vorstellungen Gottes, sondern metaphorische Artikulationen der Art des Gewahrwerdens von Gottes Mitgesetztsein in je bestimmtem Wahrgenommenen und der von dort aus vorgenommenen metaphorischen Erschließung von Gottes Mitgesetztsein in allem Wahrnehmbaren: Sie symbolisieren nicht Gott, sondern die Art unseres Wahrnehmens des in unserem Wahrnehmen mitgesetzten realen Ermöglichungsgrundes dessen, dass und was wir wahrnehmen. Und sie universalisieren das, indem sie den Gebrauch von Gottesmetaphern von bestimmten Wahrnehmungssituationen auf andere wirkliche und mögliche Wahrnehmungssituationen ausweiten nach der Regel: Ist Gott (das religiös ,Gott' Genannte) in einer Wahrnehmung mitgesetzt, ist er in allen Wahrnehmungen mitgesetzt. … Gott metaphysisch als *Grund* oder kosmomorph als *Erstursache* zu symbolisieren, ist dann aber weder wahrer noch weniger missverständlich als Gott anthropomorph als *Vater* oder soziomorph als *König* usf. zu symbolisieren. Nie geht es um einen so beschreibbaren Erfahrungsgegenstand, stets um das, was in allem Erfahren mitgesetzt ist, weil Erfahren ohne es überhaupt unmöglich wäre."[41]

Das Wort „Gott" erfüllt somit eine besondere „Funktion" in der Orientierungsleistung vernünftiger menschlicher Sinnbestimmung – es macht das „Ganze der Wirklichkeit" bestimmbar. Das Wort „Gott" ist damit auch nicht ohne existenzielles Engagement – sei es im Denken oder im Handeln und Lebensvollzug – sinnvoll denkbar. Mit dieser Interpretation wird fundamentaltheologisch untermauert, worauf der Dichter Kurt Marti hingewiesen und als Wunsch formuliert hat, dass Gott ein „Tätigkeitswort wer-

[40] Ebd. 123.
[41] Ebd. 129.

de"[42], weil es sich nur im Vollzug als Wirklichkeit erschließt. Das Wort „Gott" ist somit kein zwingendes Wort für den Menschen in seiner Orientierung mehr, sondern vielmehr eine Option, eine sinn-volle Handlungsmöglichkeit. Es ist ja durchaus möglich und Tatsache, ein Leben zu führen, ohne sich ständig auf explizite Weise mit dem Ganzen der Wirklichkeit auseinanderzusetzen. Die Theologie muss diese Freiheit anerkennen. Dennoch wird sie gerade in aller Freiheit aufzeigen, dass dort, wo Gott nicht mehr gedacht wird, das Denken seine äußersten Möglichkeiten nicht mehr ergreift und sich insofern auch verfehlt. Darum bleibt es Aufgabe der philosophischen Theologie, Gott zu denken. Denn wo Gott nicht mehr gedacht wird – ungeachtet dessen, ob seine Existenz anerkannt wird oder nicht –, geht das „Bewusstsein von dem, was fehlt" (J. Habermas), verloren. Darum ist es Aufgabe der Anthropologie und der Gesellschaftstheorie, das in der religiösen Rede eingeschlossene Bewusstsein von dem, was fehlt, in den gesellschaftlichen Diskurs als Grenze miteinzubeziehen.

Wo Gott nicht mehr gedacht wird, dort wird aber auch die Bedingung der Möglichkeit des Beobachtens verkannt, und insofern bleibt es die systemtheoretische Aufgabe, die Differenz von Immanenz und Transzendenz, von Beobachtbarem und Unbeobachtbarem zu denken, damit nicht das Immanente zum Letzten, das Unbeobachtbare zum Bedeutungslosen verkommt.[43] Aber genauso gilt – zur Theologie und zur Glaubensgemeinschaft hin gesagt: Wo Gott nicht mehr gedacht, sondern nur mehr „geglaubt" wird, verfehlen der Glaube und die Theologie ihren Anspruch, den sie mit dem Wort „Gott" erheben: dass Gott zu denken gibt und dass Glaube verstehbar sein will. Insofern ist es bleibende Aufgabe einer kritischen Theologie, dafür Sorge zu tragen, dass im Glauben immer auch Gott *gedacht* wird. Nur ein Gott, der – unbeschadet seiner bleibenden Geheimnishaftigkeit und Unaussagbarkeit – gedacht werden kann, kann auch geglaubt werden. Und nur ein Gott, der geglaubt wird, weil er den ganzen Existenzvollzug des Menschen beansprucht, schlägt aus dem Glauben heraus die Brücke zum Gott-Denken-Müssen.

3. Erlösung als Hoffnung denken

In der Kritischen Theorie hat die Gottesfrage einen expliziten Ort: Deren Stimulus verdankt sich nicht der philosophischen Frage nach der Einheit der Wirklichkeit, sondern der Frage nach der Rettung der Opfer. Darin zeigen

[42] Marti, Abendland, 50.
[43] Vgl. Luhmann, Die Religion.

sich die Denker der Frankfurter Schule in der Gottesfrage im Besonderen als von der jüdischen Tradition beeinflusst. Gott ist darin jene Wirklichkeit, die den Menschen nicht nur auf seine Verantwortung gegenüber dem Nächsten und dem Leidenden verweist; Gott ist vielmehr der Name der Hoffnung auf Rettung der um Recht und Gerechtigkeit Klagenden und der Getöteten. Doch sie können einen solchen Gottesgedanken in nachmetaphysischen Zeiten nicht mehr begründen.

Der berühmte Briefwechsel zwischen Benjamin und Horkheimer dokumentiert diese paradoxale Lage bis heute in eindrucksvoller Weise: Während Benjamin von seinem anti-positivistischen Geschichtsbegriff aus sich gegen die Idee der „Abgeschlossenheit" von Geschichte verwehrt, distanziert sich Horkheimer von Benjamins theologischem Unterton: „Die Feststellung der Unabgeschlossenheit ist idealistisch, wenn die Abgeschlossenheit nicht in ihr aufgenommen ist. Das vergangene Unrecht ist geschehen und abgeschlossen. Die Erschlagenen sind wirklich erschlagen. Letzten Endes ist ihre Aussage theologisch. Nimmt man die Unabgeschlossenheit ganz ernst, so muss man an das Jüngste Gericht glauben. Dafür ist mein Denken jedoch zu sehr materialistisch verseucht."[44]

Horkheimer ist sich der ethischen und existenziellen Konsequenz dieser Absage an die theologische Denkform bewusst: „Was den Menschen, die untergegangen sind, geschehen ist, heilt keine Zukunft mehr. Sie werden niemals aufgerufen, um in der Ewigkeit beglückt zu sein."[45] „Alle diese Wünsche nach Ewigkeit und vor allem nach dem Eintritt der universalen Gerechtigkeit und Güte sind dem materialistischen Denker mit dem religiösen, im Gegensatz zur Stumpfheit der positivistischen Haltung, gemeinsam. Wenn dieser aber bei dem Gedanken, der Wunsch sei ohnehin erfüllt, sich beruhigt, so ist jener von dem Gefühl der grenzenlosen Verlassenheit durchdrungen, das die einzige wahre Antwort auf die unmögliche Hoffnung ist."[46]

Aber ist diese „unmögliche Hoffnung" von vornherein so ‚*un*-möglich', wie sie Horkheimer hier apodiktisch behauptet? Das Gefühl der grenzenlosen Verlassenheit wäre tatsächlich jenes der absoluten Verzweiflung – solange sich der Mensch nicht mit dem Naturgesetz der Evolution arrangiert –, weil seine Empathiefähigkeit und sein Gerechtigkeitssinn eben genau das ausmachen, was seine „Animalität" zur humanen und rationalen macht. Aber ist die unakzeptable Alternative dazu ein religiöses Denken, das den

[44] Horkheimer, Brief vom 16.03.1937 an Walter Benjamin, in: Benjamin, Gesammelte Schriften, 1332–1333.

[45] Horkheimer, Kritische Theorie, Bd. I, 198.

[46] Horkheimer, Kritische Theorie, Bd. II, 372.

Gedanken des Wunsches nach Ewigkeit und Gerechtigkeit *als schon erfüllt* betrachtet, oder ist diese von Horkheimer angesprochene Form der Religiosität nicht vielmehr selbst eine Verzerrung und jegliche Spannung vermissende Verkümmerung des biblischen Glaubens an Gott? Horkheimer selbst hat bekanntlich diese Position aus der Frühphase seines Denkens nicht aufrechterhalten.

Andere Denker bezweifelten ebenfalls den prinzipiellen Verlust von Hoffnung.[47] Es ist ein eigentümliches „Phänomen", dass sie den Schritt in die absolute Absurdität und Nichtigkeit der menschlichen Existenz dennoch nicht vollzogen haben, trotz der Hoffnungslosigkeit einer Rettung.[48] Adorno sagt: „Es liegt in der Bestimmung negativer Dialektik, dass sie sich nicht bei sich beruhigt, als wäre sie total; das ist ihre Gestalt von Hoffnung."[49] Auf anderen Denkwegen versuchte Ernst Bloch, Hoffnung jenseits von religiöser Naivität und realmarxistischer Enttäuschung als „Prinzip" menschlichen Daseins zu rehabilitieren: „Es kommt darauf an, das Hoffen zu lernen" – so beginnt sein dreibändiges Hauptwerk, und dies klingt, als würde ein Phönix aus der Asche jeglicher zerstörter Hoffnungen noch einmal erstehen. Auch Bloch redet nicht einer naiven Hoffnung das Wort, sondern einer dialektisch verborgenen:

„Die subjektive [Hoffnung; F. G.] ist spes, qua speratur; die objektive ist spes, quae speratur; die erste, die hoffende Hoffnung, wird daher wirklich auch geglaubt und hat so suo modo Zuversicht, die zweite, die gehoffte Hoffnung, wäre dagegen, wenn sie bereits volle Zuversicht für sich hätte, gerade keine Hoffnung. Das heißt, die in der noch so unbeugsamen, auch aktiv bis zum letzten anfeuernden, hoffenden Hoffnung bezeichnete Sache, die *objektive Hoffnungssache* in der Welt selber, ist ihrer durchaus noch nicht garantiert sicher und gewiss; … In sich selbst als hoffende Hoffnung

---

[47] Vgl. Adorno, Negative Dialektik.

[48] Ohne ihn hier näher ausführen zu können, soll auch auf A. Camus' Essay, Der Mythos des Sisyphos, hingewiesen werden. Camus postuliert Sisyphus als glücklichen Menschen, obwohl seine Lage hoffnungslos absurd ist. Dieses Glück ist nicht emphatisch, sondern wohl anthropologisch zu verstehen: In seiner Verweigerung dem Schicksal beizugeben, in seiner Revolte weiß der Mensch um seine einmalige Würde. Es ist bemerkenswert, dass der Gedanke einer dem Weltall und seiner Gewalt überlegenen Würde auch schon von B. Pascal gedacht worden ist: „Der Mensch ist nur ein Schilfrohr, das schwächste der Natur, aber er ist ein denkendes Schilfrohr. Das ganze Weltall braucht sich nicht zu waffnen, um ihn zu zermalmen; ein Dampf, ein Wassertropfen genügen, um ihn zu töten. Doch wenn das Weltall ihn zermalmte, so wäre der Mensch nur noch viel edler als das, was ihn tötet, denn er weiß ja, dass er stirbt und welche Überlegenheit ihm gegenüber das Weltall hat. Das Weltall weiß davon nichts." (Pascal, Gedanken über die Religion, 140; vgl. dazu Neuhaus, Fundamentaltheologie, 36)

[49] Ebd. 398.

durchaus entschieden, muss doch der Ausgang selber erst noch entschieden werden, in offener Geschichte als dem Feld objektiv-realer Entscheidung."[50]

Allerdings ist Blochs Hoffnung dann letzten Endes doch Geschichtshoffnung und muss auf eigentümlich manichäistische Art alle bisherige Geschichte als „Vorgeschichte" degradieren, weil „alles und jedes … noch vor Erschaffung der Welt, als einer rechten [steht]."[51] Aber damit löst er die Geschichtshoffnung in eine immanente Eschatologie auf – und eben das zeigt die Problematik seines Denkens von Hoffnung: es hat keinen anderen Agitator als den Menschen, der zustande bringen sollte, was – biblisch-mythisch gesprochen – nur Gott „machen" kann, was der Mensch grundlegend nicht bewirken kann: die Genesis der (ge-)rechten Welt (die ja eine Welt ohne Schicksal, Schuld und Tod sein müsste).

Das Denken von Hoffnung ohne Optimismus und Naivität ist ein bemerkenswertes Erbe geschichtssensibler Philosophien. Und es ist ein bleibender Anspruch, dass Hoffnung gedacht werden will – auch ohne Gott und Erlösung. Dennoch ist auch hier theologischerseits die Rückfrage dringend: Ist Hoffnung *in dieser Hinsicht* tatsächlich denkbar?

Ich möchte dieser Frage ein entschiedenes Nein entgegenstellen – im Wissen darum, dass schon die Kritischen Theoretiker hier Vorsicht walten ließen. Horkheimers Satz: „Einen unbedingten Sinn zu retten ohne Gott, ist eitel."[52], zeugt von diesem Bewusstsein. Sein Bedürfnis nach einer ausgleichenden Gerechtigkeit im Gedanken Gottes hat Horkheimer in seiner Spätphase markant artikuliert, allerdings nicht mehr konzise durchgedacht.[53] Wie oben schon bemerkt, hat Jürgen Habermas, diesseits der Grenze einer transzendenten Hoffnung auf Rettung der Opfer versucht, kritisches Denken auf dem Weg der sprachtheoretischen Neukonstituierung kommunikativen Handelns weiterzuführen. Die Negativität bzw. religiöse Zitation der Kritischen Theoretiker hat er seinerseits zu überwinden versucht, gleichzeitig aber eine Koexistenz mit dem religiösen Glauben und seiner semantischen Potenziale anerkannt.[54] Und in diesem Zusammenhang vermisst Habermas diese Möglichkeit der Koexistenz im gemeinsamen Denkrahmen einer nachmetaphysischen Moderne: Denn der Satz Horkheimers einer eitlen Rettung eines unbedingten Sinnes ohne Gott zeuge noch von einem „Stück jener Metaphysik, ohne die heute nicht nur die Philosophen, sondern selbst die Theologen auskommen müssen"[55].

[50] Bloch, Das Prinzip Hoffnung, 1624.
[51] Ebd. 1628.
[52] Horkheimer, Theismus, 184.
[53] Siehe z. B. GS 7, 385–404.
[54] Vgl. Habermas, Nachmetaphysisches Denken, 60.
[55] Habermas, Zu Max Horkheimers Satz, 111.

In der Tat liegt darin eine der größten Herausforderungen der Theologie heute: Wie ist Erlösung zu denken, ohne die traditionellen metaphysischen Einrahmungen, die von Origenes über Augustinus zu Anselm von Canterbury bis hin zu den idealistischen Soteriologien des 20. Jahrhunderts reichen, noch einmal zu repristinieren? Diese Traditionen scheitern nicht nur angesichts der Geschichtserfahrungen unserer Epoche, sondern vor allem auch an ihren eigenen Abwegigkeiten: Origenes musste seine ehrenwerte Hoffnung einer Erlösung aller in das problematische Korsett einer neuplatonischen Abstiegs- und Aufstiegs-Metaphysik zwängen; Augustinus hinterließ eine schauerliche Theodizee mit der soteriologischen Schreckenstheologie einer Erlösung der ganz wenigen und einer Verdammung der vielen; Anselm scheiterte an seiner eigenen metaphysischen Logik der Satisfaktion, um mit ihr einen Ausgleich zwischen der Gerechtigkeit und Barmherzigkeit Gottes herstellen zu können. Aber auch der Verzicht auf Metaphysik in den Sühnetheologien eines Karl Barth und Hans Urs von Balthasar bezahlt einen (zu) hohen Preis: sie denken Erlösung nur noch „offenbarungs-theologisch", in der die Spannung zwischen heilsgeschichtlicher Rettung als trinitarischem Geschehen und realer, weiterhin Unheil auf Unheil anhäufenden Geschichte aufgelöst erscheint – so zu Recht der Vorwurf von J. B. Metz gegenüber diesen Soteriologien.[56]

Der einzig mögliche Denkweg scheint mir darin zu liegen, dass Theologie „Erlösung" nur noch als „Hoffnung" denken kann, wenn denn Hoffnung – rigoros gesprochen – nur als Erlösung gedacht sein kann. Diesen Weg hat theologisch erstmals Paulus im Römerbrief formuliert: „Denn wir sind gerettet, doch in der Hoffnung." (Röm 8,24) Für Paulus ist Erlösung nicht schon erfüllt, sondern nur im Modus der Hoffnung glaubbar. Darin wird es möglich, im Indikativ von Erlösung zu sprechen. Doch dieser Indikativ ist zurückgebunden an eine lange, komplexe Tradition von Narrativen, die in bezeugender religiöser Sprache von ergangener Erlösung sprachen. Entscheidend ist hier, dass diese Narrative der Erlösung, wie sie in den biblischen Rettungserzählungen tradiert wurden, nicht aufgelöst werden in die Figur von „Verheißung und Erfüllung"[57] oder gar aufgespalten werden in jene der ringenden Leidensklage und der frohen Rettungsbotschaft. Erlösung im Modus der Hoffnung ist nicht Überwindung der Leidenserfahrung, sondern ihre *Öffnung!* Die Abgeschlossenheit des Leidens ist geöffnet auf die Hoffnung ihrer Überwindung. Diese Hoffnung ist im geschichtlich-anthropologischen Horizont bleibend fragil und brüchig. Sie kann individuell und im großen Geschichtslauf kollabieren. Und dennoch lebt diese Hoff-

[56] Vgl. Metz, Memoria passionis.
[57] Vgl. dazu JBTh, Bd. 6.

nung zugleich von einer Unverbrüchlichkeit, die im Denken kaum mehr einholbar erscheint. Als Zeuge dieser Hoffnung kann Paulus sagen: „Ich bin überzeugt, dass die Leiden der gegenwärtigen Zeit nichts bedeuten im Vergleich zu der Herrlichkeit, die an uns offenbar werden soll." (Röm 8,18)

Ist somit die Hoffnung auf Erlösung nur denkbar, weil es Erzählungen gibt, die diese Hoffnung affirmieren? In der Rede von Erlösung ist die religiöse Erfahrung des Judentums und Christentums aufbewahrt – und sie kann tatsächlich nicht einfachhin in anthropologische Sprache „übersetzt" werden. Sie ist das bleibend „heteronome"[58] Zeugnis, dass Hoffnung ihren Grund nicht mehr in der eigenen Vernünftigkeit oder Performativität hat, sondern in einem Zeugnis des Gerettet-worden-seins. Aber dieses Zeugnis darf heute nur noch im spannungsvollen Nebeneinander mit den Zeugnissen der Nicht-Rettung tradiert werden. Denn quantitativ überwiegen wohl die Zeugnisse der Nicht-Rettung. Wir verfügen über kein empirisches Wissen von der Rettung der Opfer und der Schöpfung. Dies scheint mir der Grund dafür zu sein, weshalb J. B. Metz sich weigert, sich um den Preis der Opfer ein quasi-empirisches Wissen von deren Rettung zu erschleichen. Aber das Fehlen eines Wissens von Rettung darf nicht dazu führen, Rettung nur noch erhoffen, nicht aber theologisch mehr denken zu dürfen. Die *memoria passionis* bleibt dialektisch, wenn auch noch so fragil, geknüpft an die *spes ressurectionis.*

Für diese Hoffnung hat die nachmetaphysische Philosophie jedoch keinen Anhaltspunkt. In dieser Hinsicht ist J. Habermas' Distanz gegenüber einer theologischen Überhöhung kommunikativer Vernunft ehrlich:

„Nachmetaphysisches Denken unterscheidet sich von Religion dadurch, dass es den Sinn des Unbedingten rettet ohne Rekurs auf Gott oder ein Absolutes. Horkheimer behielte mit seinem Diktum nur dann recht, wenn er mit dem ‚unbedingten Sinn' etwas anderes gemeint hätte als jenen Sinn von Unbedingtheit, der als ein Moment auch in die Bedeutung von Wahrheit eingeht. Der Sinn von Unbedingtheit ist nicht dasselbe wie ein unbedingter Sinn, der Trost spendet. Unter Bedingungen nachmetaphysischen Denkens kann die Philosophie den Trost nicht ersetzen, mit dem die Religion das unvermeidliche Leid und das nicht-gesühnte Unrecht, die Kontingenzen von Not, Einsamkeit, Krankheit und Tod in anderes Licht rückt und ertragen lehrt."[59]

---

[58] Heteronom im Sinne von nicht sich selbst begründend, sondern sich begründend von der Erfahrung einer Andersheit, die im Versprechen sich als der Opfer eingedenkend erweist und sich so als „emet" ausweist.

[59] Habermas, Zu Max Horkheimers Satz, 125.

Ob damit der philosophische Denkrahmen schon ausgeschöpft ist, darf nicht nur theologischerseits, sondern auch philosophischerseits gefragt werden. Es war nämlich Immanuel Kants epochales Unternehmen, auf der Basis einer transzendentalen Philosophie sowohl die klassische Metaphysik zu revolutionieren, als auch einer philosophischen Theologie durch transzendentale Kritik eine neue Grundlage zu verleihen. Für unsere Fragestellung bleibt der Versuch Kants trotz aller Re- und De-Transzendentalisierungsversuche des Denkens[60] bedeutsam, Religion innerhalb der Grenzen der bloßen Vernunft, d.h. auf der Basis einer praktischen Vernunft als einer „Philosophie der Hoffnung" neu zu begründen.[61] Obwohl sein transzendentales Verfahren deutlich machte, dass der Gottesbegriff kein Korrelat in empirischer Erfahrung hat und darum jede Existenzbehauptung (oder Nichtexistenzbehauptung) Gottes spekulativ bleibt, war die philosophische Theologie nicht obsolet, sondern Kant konnte sie im Feld der praktischen Vernunft neu begründen, weil die theoretische Vernunft selbst auf praktische Philosophie hinausläuft: also auf das Feld des sittlichen Handelns. Die Pointe der Moralphilosophie Kants ist nun, die Unbedingtheit des moralischen Handelns allein aus dem Sollensanspruch der Vernunft begründen zu können, so dass jede Sittlichkeit auto-nom, also theo-logiefrei werden konnte. Aber weil moralisches Handeln *überhaupt* ihren Abschluss im höchsten Gut, der Glückseligkeit, erst erhalten würde, sind das Dasein Gottes und die Unsterblichkeit der Seele für Kant zwei zwingende Postulate der Vernunft. Erst die Gottesidee beantwortet die Frage nach dem Warum des unbedingten sittlichen Handelns angesichts der moralischen (Unvollkommenheit) und physischen (Endlichkeit) Grenzen des Menschen umfassend. Erst in der Frage „Was darf ich hoffen?" wird die Frage der theoretischen Vernunft „Was kann ich wissen?" und der praktischen Vernunft „Was soll ich tun?" zu einem rationalen Abschluss gebracht (KrV B 833). Zu Recht kann darum O. Höffe sagen, dass der „Leitbegriff der dritten Frage, die Hoffnung, derart souverän abgehandelt wird, dass man sowohl vorher als auch nachher kaum eine Philosophie der Hoffnung findet, die nach Problembewusstsein, Originalität und Gründlichkeit sich mit Kant messen könnte."[62]

R. Schaeffler interpretiert die Einheit von theoretischer und praktischer Vernunft in Kants Philosophie mit dem Vermittlungsbegriff „Hoffnung" wie folgt: „Die Verknüpfung des theoretischen und des praktischen Vernunftinteresses fällt ... weder in das Wissen noch in das Wollen, sondern in ein

[60] Vgl. Höffe, Kants Kritik, 330 ff.
[61] Vgl. dazu Schaeffler, Was dürfen wir hoffen?, 11–22.
[62] Höffe, Kants Kritik, 297.

Drittes: das *Hoffen. … Postulatorische Hoffnung* allein also vereinigt das theoretische mit dem praktischen Vernunftinteresse.“[63] Kant pocht nämlich darauf, dass es ein „Bedürfnis der reinen Vernunft“[64] ist, die objektive Realität der transzendentalen Ideen (Gott, Freiheit, Unsterblichkeit) zu denken und der Ort, von wo aus diese Denkbarkeit nach der Kritik des spekulativen metaphysischen Vernunftgebrauchs wieder möglich ist, ist das Feld der Möglichkeitsbedingung sittlichen Handelns, wo immer schon die Freiheit des Menschen in Anspruch genommen werden muss, obwohl der Mensch immer auch ein – determiniertes – Naturwesen bleibt. In Kants Philosophie ist darum Hoffnung nicht Phänomen des bloßen Wünschens nach Belohnung einer sittlichen Lebensführung, vielmehr ein Phänomen der Vernunft, die Logik des Denkens auf dem Feld der reinen und der praktischen Vernunft mit Sinn zu erfüllen:

„Es ist notwendig, dass unser ganzer Lebenswandel sittlichen Maximen untergeordnet werde; es ist aber zugleich unmöglich, dass dieses geschehe, wenn die Vernunft nicht mit dem moralischen Gesetze, welches eine bloße Idee ist, eine wirkende Ursache verknüpft, welche dem Verhalten nach demselben einen unseren höchsten Zwecken genau entsprechenden Ausgang, es sei in diesem, oder einem anderen Leben, bestimmt. Ohne also einen Gott und eine für uns jetzt nicht sichtbare, aber gehoffte Welt, sind die herrlichen Ideen der Sittlichkeit zwar Gegenstände des Beifalls und der Bewunderung, aber nicht Triebfedern des Vorsatzes und der Ausübung, weil sie nicht den ganzen Zweck, der einem jeden vernünftigen Wesen natürlich und durch eben dieselbe reine Vernunft a priori bestimmt und notwendig ist, erfüllen.“[65]

Denn erst Gott ist für Kant die Wirklichkeit, die das vernunftentsprechende Hoffen auf Glück dem Menschen zuteil lassen werden kann. Dass diese Hoffnung auch geschichtsphilosophisch relevant ist, hat Kant in seiner Religionsschrift und in seiner Reflexion der Eschatologie hervorgehoben. In der Religionsschrift stellt er sich dem Problem des Bösen als eine jegliche Selbstvollendungsutopie desillusionierende Macht im Menschen. Auch hier setzt Kant auf jene Hoffnung, dass allein ein göttlicher Gnadenspruch den menschlichen Ausgang und Fortgang aus dem Bösen ermöglichen könne[66]: Über das Moralbewusstsein hinaus hat die Vernunft ein Bedürfnis, „eine Macht anzunehmen, welche diesen [den moralischen Gesetzen und den

---

[63] Ebd. 14–15.

[64] So in der Vorrede zur „Kritik der praktischen Vernunft“ (1788), 5.

[65] Kant, KrV, B 441.

[66] Vgl. Kant, Religion.

gesetzestreuen Handlungen; F.G.] im ganzen, in einer Welt möglichen, zum sittlichen Endzweck zusammenstimmenden Effekt verschaffen kann“[67].

Die Annahme eines Gottes, der die moralischen Intentionen, dass die Idee der menschlichen Freiheit, aus der in der Folge notwendig auch die Ideen des guten und gerechten Lebens entspringen, nicht ins Leere laufen, ist vernunftentsprechend, aber freilich kein gesichertes Wissen um dessen objektive Realität. Diese Lücke des Wissens – mehr noch: dieses Bewusstsein, dass etwas fehlt – kann der religiöse Glaube nicht füllen – solcher Glaube wäre ein „Lückenbüßer“, der dem Projektionsverdacht nichts entgegensetzen kann. Nicht Wissen, wohl aber Hoffnung gibt ein Glaube, der existenzielle und geschichtliche Erfahrungen *als* Verheißungen vollendeten Lebens lesbar macht. Dass in den Rettungsgeschichten der Heiligen Schrift sich eine Transzendenz Gehör verschafft, die den Toten und Erschlagenen, den Leidenden und Verzweifelten Leben gibt, ist „symbolischer Anthropomorphismus“ (Kant) eines Glaubens, der mit vollem erkenntnistheoretischen Wagnis an die Seite der Möglichkeit der Illusion die kraftvolle Hoffnung auf das Versprechen der Erfüllung stellt.

„Für jetzt“, sagt Paulus, „bleiben Glaube, Hoffnung, Liebe, diese drei.“ (1 Kor 13,13) Die Erfahrungen der Liebe (christologisch: der kenotischen Proexistenz) lassen hoffen, dass das Unabgegoltene und Unvollendete einen Mehrwert enthält, der eschatologisch-proleptisch dem kritischen Denken einen Horizont verleiht, vor dem ein Sinn und eine Restitution von Gerechtigkeit denkbar bleibt. Dogmatische Theologie wäre dann im Kern als ein „Diskurs der Hoffnung“ zu bestimmen, der ohne kritische Theorie nicht durchführbar ist, aber mit ihr allein nichts darüber hinaus zu sagen hätte. Dieses „Darüber-hinaus“ darf aber nicht nur in semantischen Bildern gezeichnet sein, sondern bedarf der performativen „Übersetzung“ auf dem geschichtlichen Weg der Menschen in eine Gestalt von Welt, die anamnetisch und solidarisch zu denken und zu gestalten ist.

Literaturverzeichnis

Adorno, Th. W., Negative Dialektik, Frankfurt/M. 1975 (1966).

Benjamin, W., Gesammelte Schriften, Bd. II, hg. von V. R. Tiedemann und H. Schweppenhäuser, Frankfurt/M. 1974.

Bloch, E., Das Prinzip Hoffnung, 3 Bde., Frankfurt/M. [8]1982.

Dalferth, I. U., Inbegriff oder Index? Zur philosophischen Hermeneutik von „Gott“, in: Cramer, K., Gott der Philosophen – Gott der Theologen. Zum Gesprächs-

[67] Kant, Religion, A 139/B 147 [Klammereinschub von Habermas, Die Grenze zwischen Glauben und Wissen, 224].

stand nach der analytischen Wende, hg. von C. Gestrich (Beiheft zur Berliner Theologischen Zeitschrift), Berlin 1999, 89–132.

Ebeling, G., Wort und Glaube, 3 Bde., Tübingen 1960–1975.

Feuerbach, L., Das Wesen des Christentums, Stuttgart 1978.

Habermas, J., Die Grenze zwischen Glauben und Wissen. Zur Wirkungsgeschichte und aktuellen Bedeutung von Kants Religionsphilosophie, in: ders., Zwischen Naturalismus und Religion. Philosophische Aufsätze, Frankfurt/M. 2005, 216–257.

Habermas, J., Ein Bewußtsein von dem, was fehlt, in: Reder, M./Schmidt, J. (Hg.), Ein Bewußtsein von dem, was fehlt, Frankfurt/M. 2008, 26–36.

Habermas, J., Erkenntnis und Interesse, Frankfurt/M. 1968.

Habermas, J., Exkurs. Transzendenz von innen, Transzendenz ins Diesseits, in: ders., Texte und Kontexte, Frankfurt/M. 1991, 127–156.

Habermas, J., Nachmetaphysisches Denken, Frankfurt/M. 1988.

Habermas, J., Theorie des kommunikativen Handelns, 2 Bde., Frankfurt/M. 1981.

Habermas, J., Zu Max Horkheimers Satz: "Einen unbedingten Sinn zu retten ohne Gott, ist eitel", in: ders., Texte und Kontexte, Frankfurt/M. 1991, 110–126.

Horkheimer, M., Die Sehnsucht nach dem ganz Anderen (Gespräch mit Helmut Gumnior [1970]), in: ders., Gesammelte Schriften, Bd. 7, hg. von G. Schmid Noerr, Frankfurt/M. 1985, 385–404.

Horkheimer, M., Kritische Theorie, 2 Bde., Frankfurt/M. 1968.

Horkheimer, M., Theismus - Atheismus [1963], in: ders., Gesammelte Schriften, Bd. 7, hg. von G. Schmid Noerr, Frankfurt/M. 1985, 173–186.

Horkheimer, M., Traditionelle und kritische Theorie, in: ders., Gesammelte Schriften, Bd. 4, Frankfurt/M. 1988, 162–216.

Höffe, O., Immanuel Kant, München [7]2007.

Höffe, O., Kants Kritik der reinen Vernunft. Die Grundlegung der modernen Philosophie, München 2003.

Jahrbuch für Biblische Theologie (JBTh), Bd. 6, Altes Testament und christlicher Glaube, Neukirchen 1992.

Jeanrond, W., Theological Hermeneutics. Development and Significance, London 1991.

Kant, I., Die Religion innerhalb der Grenzen der bloßen Vernunft, in: Kant, I.,Werkausgabe, Bd. 8, hg. von W. Weischedel, Frankfurt/M. 1968.

Kant, I., Kritik der praktischen Vernunft (1788), Hamburg 1985.

Kant, I., Kritik der reinen Vernunft, Hamburg 1956.

Luhmann, N., Die Religion der Gesellschaft, Frankfurt/M. 2000.

Marti, K., Abendland. Gedichte, Darmstadt [5]1984.

Metz, J. B., Memoria passionis. Ein provozierendes Gedächtnis in pluralistischer Gesellschaft, Freiburg–Basel–Wien 2006.

Neuhaus, G., Fundamentaltheologie. Zwischen Rationalitäts- und Offenbarungsanspruch, Regensburg 2013.

Pascal, B., Gedanken über die Religion und einige andere Themen, Stuttgart 2005.

Peukert, H., Wissenschaftstheorie – Handlungstheorie – Fundamentale Theologie, Frankfurt/M. 1978 (Darmstadt 1976).

Rahner, K., Theologie und Anthropologie [1966], in: Rahner, K., Sämtliche Werke XXII, Teilband A, Freiburg–Basel–Wien 2013, 283–300.

Rahner, K., Überlegungen zur Methode der Theologie, in: ebd. 301–335.

Schaeffler, R., Was dürfen wir hoffen? Die katholische Theologie der Hoffnung zwischen Blochs utopischem Denken und der reformatorischen Rechtfertigungslehre, Darmstadt 1979.

Schupp, F., Auf dem Weg zu einer kritischen Theologie (QD 64), Freiburg i. Br. 1974.

Stederoth, D., Art. Kritik, in: Kolmer, P. (Hg.), NHphG, Bd. 2, Freiburg i. Br. 2011, 1346–1357.

IV. Aktuelle Problemfelder: Kritische und hermeneutische Theologie heute

Theologie im Fragment

Zum Ansatz von Franz Schupp

Hanjo Sauer

1. Drei theologische Szenarien: Dietrich Bonhoeffer, Hans Urs von Balthasar, Franz Schupp

In der Erzählung „Amras“ von Thomas Bernhard versteht der Ich-Erzähler seine Existenz als Verdammung zur Unzulänglichkeit. Was ihn bedrückt, ist das „Bewusstsein, dass du nichts bist als Fragmente, dass kurze und längere und längste Zeiten nichts als Fragmente sind“.[1] Thomas Bernhard bietet damit eine düstere Diagnose der Zeit. Im folgenden Beitrag soll an einen inspirierenden Ansatz des früheren Innsbrucker Dogmatikers und Walter Rabergers und meines gemeinsamen theologischen Lehrers Franz Schupp erinnert werden.[2] Ich beginne im ersten Teil mit drei kurzen theologischen Szenarien des letzten Jahrhunderts (Dietrich Bonhoeffer, Hans Urs von Balthasar und Franz Schupp), gehe im zweiten Teil dem Begriff des „Fragments“ im Bereich der Literatur und der Ästhetik nach und frage im dritten Teil nach der theologischen Relevanz.

Wenn Dietrich Bonhoeffer seinen theologischen Ansatz nicht absolut setzt (er ist sich des Fragmentarischen seines Werkes nur zu bewusst!), sondern ein engagierter Verkünder der christlichen Botschaft sein will im Rahmen der Gemeinschaft des Glaubens, der er sich zurechnet und in die er sich einordnet, so erhebt er doch den Anspruch, einen entscheidenden Beitrag zu leisten angesichts der zeitgeschichtlichen Herausforderungen, die an die Kirche gestellt sind. Wie bei kaum einem anderen Theologen / einer anderen Theologin des 20. Jahrhunderts durchdringen sich Biografisches und Werkgeschichtliches. Er selbst empfand sein Denken und Arbeiten als bruchstückhaft und litt daran. Er schrieb: „Je länger wir aus unserem eigentlichen beruflichen und persönlichen Lebensbereich herausgerissen sind, desto mehr empfinden wir, dass unser Leben – im Unterschied zu dem unserer Eltern – fragmentarischen Charakter hat […]. Wo gibt es heute noch ein geistiges ‚Lebenswerk‘? Wo gibt es das Sammeln, Verarbeiten und Entfalten, aus dem ein solches entsteht? […] Unsere geistige Existenz aber bleibt ein Torso. Es kommt wohl nur darauf an, ob man dem Fragment unseres

[1] Bernhard, Amras, 78.
[2] Vgl. Raberger/Sauer (Hg.), Vermittlung im Fragment.

Lebens noch ansieht, wie das Ganze eigentlich angelegt und gedacht war und aus welchem Material es besteht. Es gibt schließlich Fragmente, die nur noch auf den Kehrichthaufen gehören (selbst eine anständige ‚Hölle' ist noch zu gut für sie) und solche, die bedeutsam sind auf Jahrhunderte hinaus, weil ihre Vollendung nur eine göttliche Sache sein kann, also Fragmente, die Fragmente sein müssen – ich denke z. B. an die Kunst der Fuge. Wenn unser Leben auch nur ein entfernter Abglanz eines solchen Fragmentes ist, in dem wenigstens eine kurze Zeit lang die sich immer stärker häufenden, verschiedenen Themata zusammenstimmen und in dem der große Kontrapunkt vom Anfang bis zum Ende durchgehalten wird [...], dann wollen wir uns auch über unser fragmentarisches Leben nicht beklagen, sondern daran sogar froh werden."[3] In nahezu prophetischer Weise hat Dietrich Bonhoeffer in diesen Worten sein Leben und sein Werk selbst charakterisiert.

Zum zweiten Szenario: Im Jahr 1963 legte Hans Urs von Balthasar eine Reihe von Essays vor, die er „Aspekte der Geschichtstheologie" nannte und der er den programmatischen Titel „Das Ganze im Fragment" gab. Für Balthasar hat der Begriff „Fragment" systematische Relevanz. Er schreibt: „Für den Philosophen wie für den Theologen ist die Geschichte nur als Fragment gegeben. Das Bruchstück eines Symphoniesatzes aber, von dem man nicht weiß, ob es ein Fünftel oder ein Zwanzigstel des Ganzen darstellt, ist für niemanden ergänzbar. Nicht einmal Hegel, der sonst alles weiß, hat die Zukunft konstruiert. Wir, die wir weniger wissen als er, müssen außerdem noch darauf verzichten, durch die Geschichte der Welt-Fragmente die Ganzheit des absoluten, überweltlichen Geistes errechnen zu wollen."[4] Balthasar dient die Dialektik von „Fragment" und „Ganzem" als Leitfaden seiner Geschichtstheologie. Er sagt: „Wohin müssen wir Ausschau halten, um im Fragmentarischen unseres Daseins eine Richtung auf Ganzheit hin zu sehen? Jede Scherbe lässt sogleich den Gedanken an das heile Gefäß wachwerden, jeder Torso wird im Geist vom Unversehrten her gelesen. Wird unser Dasein eine Ausnahme machen? Lassen wir uns von ihm überreden, sein Fragmentarisches selbst sei das Ganze? Hätten wir nicht vielmehr, falls wir dieser Überredung erlägen, den Sinn im Fragment fahren lassen und uns zur Sinnlosigkeit entschlossen? Wir fragen also nach uns selbst, und indem wir so fragen, gedenken wir mehr zu sein als nur eine Frage. Wir meinen, dass jemand Bescheid wissen müsste. Dass einer sei, der die Frage nach uns

---

[3] Bonhoeffer in einem Brief vom 23. 2. 1944 an Eberhard Bethge aus dem Gefängnis Tegel, in: Werke (Bd. 8), 335 f.

[4] Balthasar, Das Ganze im Fragment, 13.

beantworten kann."[5] Nirgends, durch keine rationale Spekulation, könne die Ganzheit verständlich gemacht werden.

„Das gottgestiftete Ganze [...]" – so sagt er – „kann nur innerhalb dieser bleibenden Ganzheit in Fragmente zerscherben. [...] um zu wissen, wie Gott das Unheile heilt, muss man von ihm selbst erfahren, dass der Mensch sein geschöpfliches Wort ist, das in seinem ewigen Worte west, und dass Gott, um seinen Bund und sein Gespräch mit dem Menschen nicht abbrechen zu lassen, wo der Mensch selber zerbrach, lieber das Herz seines ewigen Wortes am Kreuz brechen lassen wollte." Diese Einsicht bringt Balthasar auf die Formel: „Das Ganze im Fragment, nur weil das Ganze als Fragment."[6] Das konkrete christliche Symbol dafür sieht Balthasar im Kreuz. Er sagt: „Kreuz aber heißt und wird immer heißen: Ohnmacht bis zum Tod in der Finsternis. Die Weise, wie sich Christi Allmacht in der Geschichte auswirken wird bis ans Ende der Welt, wird von dieser Ohnmacht nie trennbar sein und sie nie überholen."[7] „Das Ende der Frage ist der große Schrei. Er ist das Wort, das kein Wort mehr ist, das deshalb auch nicht mehr als Wort verstanden und ausgelegt werden kann. Er ist das Ungeheure, das noch übrigbleibt, nachdem alles Gemäßigte, Geheure, dem Menschengehör Angepasste verklungen ist. In Wahrheit müsste man das, was in diesem Schrei nunmehr nackt hervorbricht, in jedem bekleideten Wort mithören. Ein buchstäblich Unsagbares, das von unendlich weiter herkommt, als was in die runde dialogische Situation eingeht, nach unendlich weiter hinzielt, als was mit geformten Worten in der geschöpflichen Welt aussagbar und verantwortbar ist."[8]

Zum dritten Szenario: Im Jahr 1974 entwarf der damalige Innsbrucker Dogmatiker Franz Schupp eine Skizze zur Christologie, in der er dem „Fragment" eine zentrale symbolische Bedeutung zuwies.[9] Der Ansatz der Überlegungen ist soteriologisch. Schupp sagt: „Die Heilsfrage als Integrationsfrage ist also das eigentlich virulente Element der menschlichen Existenz. Gerade dort aber, wo die Frage nach der Ganzheit menschlichen Lebens gestellt wird, offenbart sich auch die ursprüngliche Antinomie des Denkens: Die Unbestimmtheit des im Leben noch Ausständigen bedeutet zugleich und in einem Offenheit und Möglichkeit, aber auch in dieser Unbestimmtheit letzte Widerständigkeit. Endgültige Integration könnte erst im Tod erreicht werden, gerade dort aber wird die Einheit am radikalsten in

---

[5] Ebd. 14.

[6] Balthasar, Das Ganze im Fragment, 260.

[7] Ebd. 199.

[8] Ebd. 303.

[9] Diese Überlegungen sollten ursprünglich anlässlich des 70. Geburtstags von Karl Rahner veröffentlicht werden, was der Ordensleitung jedoch inopportun erschien. So erschienen sie erstmals 1975 in der „Kontestation" der Hochschülerschaft.

Frage gestellt. An dieser letzten Widerständigkeit sieht sich der Mensch mit dem Problem des Scheiterns der Frage nach Einheit überhaupt konfrontiert."[10] Das Kreuz Jesu sieht Schupp als „Symbol des Fragments". Es sei „Konsequenz der Verkündigung". Es gehöre nicht als direkter Inhalt zu Wort und Handlung Jesu, sondern vielmehr als Ausdruck der Unausweichlichkeit.[11] Schupp sagt: „Als Chiffre oder Symbol einer Versöhnung, die nichts mit Resignation zu tun hat, könnte das Fragment eine Interpretationshilfe bieten. [...] Die Frage ist also gar nicht die nach Vollendung, sondern die nach Gültigkeit des bleibend Fragmentarischen. Mit dem Unvollendeten, das aus bloßer Kontingenz zu einem solchen wurde, gibt es kein Sich-Abfinden. [...] Fragmentarität ist der Ausdruck der Gültigkeit der Praxis dessen, der sich dem System widersetzte, weil er dessen Gewalt durchschaute, der so für seine eigene Praxis auch nicht den Schein der Vollendung in Anspruch nehmen konnte. Ohne Bereitschaft, verfügtes Fragment zu bleiben, wäre die Verkündigung bedingt geblieben. [...] In dieser Praxis und in diesem Leiden ist die Versöhnung mit dem eigenen Fragmentsein vermittelt, hat also ihren Sinn in sich erreicht, indem sie versucht, ganz beim Anderen, ihm Fremden zu sein, und fordert so auch keine bestimmte Bestätigung mehr, da diese nichts Entscheidendes hinzufügen könnte."[12] Schupp macht darauf aufmerksam, dass der Begriff der „Vermittlung" nicht suggerieren dürfe, dass eine Einigung von Gegensätzen auf eine „Mitte" hin geschehe. Diese Mitte dürfe nicht als gegeben, sondern müsse vielmehr als „aufgegeben" präsumiert werden.[13] Soweit die christologische Skizze von Franz Schupp.

2. „Fragment" als Begriff der Literatur und der Ästhetik

Was ist ein Fragment? Der Historiograph Eberhard Ostermann gibt eine plausible Definition: „Literarische Texte und Kunstwerke können als Fragmente bezeichnet werden, wenn sie an mindestens einer Stelle ihrer gegebenen oder ideellen Struktur eine Unterbrechung aufweisen. Der Begriff benennt dem heutigen Sprachgebrauch nach den Teil einer abwesenden

[10] Schupp, Vermittlung, 125.

[11] Vgl. ebd. 130 f. Eine eigene Überlegung gilt dem Zusammenhang von Gewalt und Leiden. Schupp sagt: „Leiden aber bedeutet immer Gewalt; Gewalt, hervorgerufen durch die nicht kontrollierbaren Mächte der Natur; Gewalt, verfügt durch die gesellschaftlichen Bedingungen, in denen aus Interessensansprüchen heraus über andere verfügt wird; Gewalt, hervorgerufen durch eigene verfehlte Freiheitsentscheidung, durch die sich der Mensch aus seiner Autonomie begibt, usw." (ebd., 134).

[12] Ebd., 138 f.

[13] Vgl. ebd., 128 f.

Ganzheit, ohne doch schon ihren Status als vergangen, als nie gewesen oder erst im Entstehen begriffen festzulegen, so dass er sowohl das unvollständig Überlieferte wie auch das unvollendet Zurückgelassene abdecken kann."[14] Charakteristisch ist also die semantische Offenheit des Begriffs. Ihr entspricht in Kunst- und Literaturgeschichte eine nahezu unübersehbare Fülle des Fragmentarischen von Michelangelo (1475–1564) über Auguste Rodin (1840–1917) zu Durs Grünbein (geb. 1962)[15], von Novalis (1772–1801) über Nietzsche (1844–1900) bis zu Ezra Pound (1885–1972; „Die Cantos"). Fragmente können zufällig entstanden, aber auch absichtlich intendiert sein. Dass wir von den Vorsokratikern nur Fragmente vorfinden, geht auf äußere Umstände zurück. Selbst Goethes Urfaust[16], Kleists Roman „Robert Guiskard"[17] oder Kafkas Romane[18] waren ursprünglich nicht als Fragmente konzipiert. Anders dort, wo das Fragmentarische als konstitutives Element auftritt. In der Literatur ist dieses Phänomen vereinzelt erst seit der Mitte des 18. Jahrhunderts zu beobachten. Ein Beispiel ist E. T. A. Hoffmanns „Lebens-Ansichten des Katers Murr"[19]. Noch radikaler stellt sich das Phänomen in den bewusst zerstückelten Werken der Moderne dar. Ihre fragmentarische Gestalt soll sie als Artefakte mit einem unabschließbaren Produktionsprozess und einem unendlich offenen Rezeptionsprozess ausweisen. Das Paradebeispiel ist „Finnegans Wake" von James Joyce (1882–1941).

Wie kommt es zu dem Phänomen der bewussten Fragmentarisierung? Die Antike kennt den Begriff „Fragment" für unvollständige Werke der Kunst oder Literatur nicht. „Fragmente" sind zerbrochene Gegenstände, Bruchstücke. Dies gilt auch für die mittelalterlich-christliche Sicht. Erst die humanistische Philologie überträgt die Vokabel „fragmentum" auf unvollständig erhaltene Texte. Helmar Schramm beschreibt in seinem Buch „Karneval des Denkens" die moderne Ausdifferenzierung, die an der Kultur der Höfe beginnt, als „durchgehende Fragmentarisierung von Sprache, Wahrnehmung und Verhalten".[20] In die Parklandschaften werden künstliche Ruinen einbezogen – gleichsam im Vorgriff auf das Tun der Zeit und den

[14] Ostermann, Fragment, 454 f.

[15] Vgl. Klein, „Denn alles, alles ist verlorne Zeit".

[16] Entstanden in den Jahren 1772–1775.

[17] Kleist geht es in diesem Roman vor allem um die Frage, wie sich Herrschaft legitimieren lässt. Dabei sind die Anspielungen auf Napoleon und seinen Machtrausch offensichtlich.

[18] Es handelt sich um die Romane: „Der Process" (1925), „Das Schloss" (1926) und „Der Verschollene" (1927).

[19] Der volle Titel signalisiert die fragmentierende Absicht: „Lebens-Ansichten des Katers Murr nebst fragmentarischer Biografie des Kapellmeisters Johannes Kreisler in zufälligen Makulaturblättern" (1819–21).

[20] Schramm, Karneval des Denkens, 184.

Verwitterungsprozess, dem alles unterworfen ist. Die Grenze zwischen künstlicher und natürlicher Fragmentstruktur wird fließend.[21]

Bei dem entscheidenden Paradigmenwechsel in der Bewertung des Fragments spielte Lessing eine wichtige Rolle. 1774 gab er die „Wolfenbüttler Fragmente" des Reimarus heraus.[22] Lessing verwendete als erster die Strategie, mit „Fragmenten" gleichzeitig Desorientierung, Verwirrung und doch auch Klärung und Scheidung der Geister zu bewirken. Charakteristisch ist die Anonymisierung des Autors. Er tut angeblich nichts zur Sache. Beim sogenannten „Fragmentenstreit" ist Lessing der erste, der seinen 1777 herausgegebenen „sechs weiteren Fragmenten" widerspricht. Er macht sich die allgemeine Unsicherheit zu Nutze und erklärt, er habe „vor der Klippe gewarnet [...], indem ich Fragmente für nichts als Fragmente ausgegeben".[23] Gegenüber dogmatischer Rationalität rehabilitiert Lessing die Geltung des Ästhetisch-Persuasiven und der mystischen Introspektion. Friedrich Schlegel, der eine dreibändige Sammlung von Lessings Schriften herausgab, urteilt über diesen: „das Reifste und Vollendetste" in dessen Schriften seien „Bruchstücke von Bruchstücken".[24]

In der Frühromantik erlebt der Begriff des Fragments in den Buchtiteln eine bisher nie erreichte Popularität: Zwischen 1778 und 1788 verwenden in der deutschsprachigen Literatur mehr als 100 Werke im Titel die Charakteristik „Fragmente". So veröffentlichen Friedrich Schlegel, Novalis, Schleiermacher und August Wilhelm Schlegel in den Jahren zwischen 1797 und 1800 unter Titeln wie „Fragmente", „Blütenstaub", „Ideen" eine ganze Reihe von Fragment-Sammlungen. Hier wird die Form des Fragments zu einer selbständigen literarischen Gestaltungsweise mit dem programmatischen Anspruch, das Konzept einer Literatur zu entwerfen, dem notwendig die Idee des Fragments beigegeben ist.[25]

Den Frühromantikern ist dabei durchaus die Ambivalenz genialer Einfälle bewusst, die gleich einem Blitz einschlagen. Friedrich Schlegel notiert

---

[21] Denis Diderot formulierte: „Il faut ruiner un palais pour en faire un objet d'interêt", in: Salon de 1767, 335; 348; vgl. Fetscher, Fragment, 556, Anm. 28.

[22] Bei dieser Publikation ließ es Lessing offen, ob es sich um Teile eines Werks handelte, das tatsächlich einmal vollendet war, oder um ein Werk, das möglicherweise zerstört worden ist oder vielleicht auch um ein Werk, das tatsächlich niemals zu Stande gekommen ist.

[23] Vgl. Lessing, Von dem Zwecke Jesu, 218; vgl. Fetscher, Fragment, 559.

[24] Schlegel, Über Lessing, 112.

[25] Beispielhaft sei auf Carl Heinrich Thalbitzers „Fragmente von politischen, economischen und moralischen Betrachtungen" aus dem Jahr 1784 verwiesen. Voltaire veröffentlichte 1777 „Fragments pour servir à l'histoire de la guerre présente en Amérique". Christoph Martin Wieland schreibt 1778 seine „Fragmente von Beiträgen zum Gebrauch derer, die sie brauchen können oder wollen", und selbstverständlich auch Goethe 1789 neben vielen anderen: „Über Italien. Fragmente eines Reisejournals".

sich: „Die besten Einfälle machen durch ihre zermalmende Kraft, ihren unendlichen Gehalt und ihre klassische Form oft einen unangenehmen Stillstand im Gespräch".[26] Fragwürdig wird auch die eigene Subjektivität, die zu zerspringen droht. Wieder Friedrich Schlegel: „Auch das Leben ist fragmentarisch."[27] Als Lebenshaltung bietet sich die Ironie an, die Allegorie und Fragment zusammenspannt und die Hoffnung auf die Annäherung an das Absolute aufrechterhält. Den geistvollen Witz bezeichnet Schlegel als „fragmentarische Genialität".[28] In kurzer Zeit freilich hat sich der Trend zum philologischen Fragmentieren und Experimentieren überholt. Hatte Novalis noch begeistert ausgerufen: „Jezt sind litterairische [sic!] Saturnalien – Je bunteres Leben, desto besser"[29], so will im Mai 1798 August Wilhelm Schlegel in der Zeitschrift „Athenaeum" keine Fragmente mehr abdrucken. Die Grenze zur Unverständlichkeit scheint überschritten, der fragmentarische Kehraus des Aufklärungsjahrhunderts ist zu Ende gegangen. Heinrich von Kleist artikuliert sein tiefes Unbehagen an der Unzulänglichkeit der Sprache: „Daher habe ich jedes Mal eine Empfindung, wie ein Grauen, wenn ich jemandem mein Innerstes aufdecken soll; nicht eben weil es sich vor der Blöße scheut, aber weil ich ihm nicht *alles* zeigen kann, nicht *kann*, und daher fürchten muss, aus den Bruchstücken falsch verstanden zu werden."[30] Wenn Goethe den englischen Dichter Lord Byron wegen seines – wie er sagt – „unbefriedigten Naturells" als „Repräsentanten der neuesten poetischen Zeit" charakterisiert, so prägt die Zerrissenheit und der Weltschmerz das Lebensgefühl der Spätromantik. Bei Georg Büchner heißt es in „Dantons Tod": „Es ist ein Jammer, dass die Natur die Schönheit, wie Medea ihren Bruder, zerstückt und sie so in Fragmenten in die Körper gesenkt hat."[31]

Wie in der Literatur vollzieht sich auch in der Kunsttheorie ein Paradigmenwechsel. Winckelmanns Schrift „Beschreibung des Torso im Belvedere zu Rom" von 1759 kann als Gründungstext des neuen Fragmentarismus verstanden werden. Mit Ostermann gesprochen: „[I]ndem Winckelmann ein Kunstwerk von beispielhaft fragmentarischer Gestalt auf sein plastisches Ideal absoluter körperlicher Vollkommenheit hin transzendiert, gelingt ihm die sprachliche Vergegenwärtigung ästhetischer Bruchstückhaftigkeit, die nach dem Ende der Ganzheitsästhetik ihren eigenen Wert erhält."[32] Ein Jahrhundert später erstellt Rodin (1877) seinen Torso des

[26] Schlegel, Fragmente, 239.
[27] Schlegel, Philosophische Fragmente, 109.
[28] Schlegel, Kritische Fragmente, 148.
[29] Novalis, Vermischte Bemerkungen, 466.
[30] Heinrich von Kleist in einem Brief an Ulrike von Kleist vom 5. 2. 1801 in: Kleist, Brief, 626.
[31] Büchner, Dantons Tod, 26.
[32] Ostermann, Fragment, 460.

Ugolino, mit dem er die Fragmentarität der antiken Statuen nicht nur nachzuahmen, sondern zu überholen sucht. In der Dichtung entwickelt Mallarmé eine Poetik des Fragmentierens, wo die Fragmente zu einem Stilprinzip moderner Ästhetik geworden sind,[33] das sich bei Rimbaud, Benn, Ungaretti und T.S. Eliot wiederfindet.

Das Vordringen des Fragmentarismus als gewolltes Zulassen unvollständiger, zerbrochener Strukturen betrifft sämtliche Gattungen der neueren Literatur. Unbestreitbar ist auch der Stellenwert dieses Phänomens für die moderne Lyrik. Ein Beispiel dafür sind die „broken images" in T.S. Eliots „Waste Land". Für das Erscheinungsbild der modernen Lyrik ist die Auflösung der lyrischen Einheit durch assoziative, destruktive und reflexive Momente, sowie die Kappung der referentiellen und syntaktischen Bezüge prägend. Im modernen Drama entspricht dem die Auflösung der Einheit von Ort, Zeit und Handlung.

Angesichts einer an Komplexität zunehmenden Wirklichkeit und einer sich entleerenden Sprache zerfällt „alles in Teile, die Teile wieder in Teile", so heißt es programmatisch in Hofmannsthals „Ein Brief" aus dem Jahr 1902.[34] Hofmannsthal, der selbst eines der umfangreichsten unvollendeten literarischen Werke des 20. Jahrhunderts hinterlassen hat, hält sich an das Programm einer Darstellung der Kunst durch Unterbrechung und sagt: „alles Gute ist die Ausgeburt eines Moments, und mehr oder weniger improvisiert und fragmentarisch ist alles, was wir von uns geben, das ist das Lebendige daran".[35]

Hegel hatte in seinen „Vorlesungen zur Ästhetik" die fragmentarischen Formen als Verfallsformen einer nicht mehr ganzheitlichen, mit sich selbst identischen Kunst kritisiert. Ihm sind Georg Lukács und Hans Sedlmayr („Verlust der Mitte") gefolgt. Im Gegenzug fungiert die Form des Fragments bei Ernst Bloch, Walter Benjamin und Theodor W. Adorno als Echtheitssiegel für die Integrität einer Kunst, die auch unter den Bedingungen geschichtlicher Entzweiung und Entfremdung auf symbolische Vollendung bezogen bleibt. Dem fragmentarischen Kunstwerk wird der Status einer verhinderten Ganzheit zuerkannt, die im Sinne einer Utopie ex negativo das Ausstehende einklagt.

Nietzsche propagierte in seiner „Geburt der Tragödie" (1872) das Konzept einer destruktiven Dynamik des Ästhetischen. Die Verwandlungen des Gottes Dionysos, der von den Titanen in Stücke gerissen wird, sind

[33] Hugo Friedrich spricht von einem „Fundamentalsatz moderner Ästhetik", in: Friedrich, Die Struktur der modernen Lyrik, 117; vgl. Fetscher, Fragment, 575.

[34] Hofmannsthal, Ein Brief, 466.

[35] Hofmannsthal, Brief an den Buchhändler Hugo Heller, 377.

Prozesse des Zerbrechens. Der ganzheitliche Schein der apollinischen Kunstwelt wird zerschlagen, das Fragmentarische positiv ins Spiel gebracht. Die Nachfolge haben Michel Foucault (1926–1984), Jacques Derrida (1930–2004) und Paul de Man (1919–1983) mit ihren poststrukturalistischen Ästhetiken angetreten.

Bereits in den Dreißigerjahren des 20. Jahrhunderts hatte sich Walter Benjamin intensiv mit der Änderung der Erlebnisstruktur befasst. Die Mobilisierung der Lebensabläufe, Montage und Collage, Großaufnahme und Schnitttechnik im Film, gewöhnen uns daran, in Sekundenbruchteilen und fragmentiert wahrzunehmen. Die Techniken verselbständigen sich zu einer neuen kunstvollen Prosa. Die Emanzipation der Elementarteile eines Kunstwerks wie Farbe, Morphem oder Buchstabe führt dazu, dass das Partielle die Dignität des Signums erhält. Die Wahrnehmung fragmentiert, indem sie den einen Sinn in eine Vielzahl von Sinne und Eindrücke aufbricht. Augenblicke sind Repräsentanten des begrenzten und endlichen menschlichen Seins. Der Philosoph Jean-Luc Nancy (geb. 1940) sagt: „Das Fragment (die Kunst) ist also das Symbolische selbst im Augenblick seiner Unterbrechung.“[36]

3. Die theologische Relevanz des Begriffs „Fragment“

In einer abschließenden Überlegung soll der Frage nachgegangen werden, inwieweit der Begriff des „Fragments“ tatsächlich Interpretationshilfe sein kann, wie Franz Schupp sagt, bzw. worin seine theologische Relevanz beruht. Bereits im Mittelalter wurde der Bedeutungsinhalt des Begriffs „Fragment“ metaphorisch auf Geistiges bezogen. Bedeutsam ist die Stelle aus dem Kontext des Speisungswunders im Johannes-Evangelium (Joh 6,12), wobei der lateinische Text der Vulgata den Begriff „fragmenta“ für die übrig gebliebenen „Brocken“ gebraucht. Der allegorische Sinn läuft darauf hinaus, dass Christus zum Einsammeln verstreuter Brocken seiner Lehre auffordert. Diese Aufforderung bezieht sich auch auf die sprachliche Gestalt. In der Folge von Lessing vollzieht sich bei Hamann und Herder ein theologisch bedeutsamer Prozess. Hamann bedient mit seiner Darstellungsweise eine Grundfigur christlicher Symbolik: Das Defiziente und Abgesprengte soll als Versprechen zukünftiger Restitution präsent gehalten werden. So wird den Wundmalen Christi oder den Splittern des Kreuzes soteriologischer Charakter zugesprochen. Eine gewichtige Rolle spielte auch Luthers Übersetzung der Stelle 1 Kor 13,9. Im lateinischen Text der Vulgata heißt es: „ex

[36] Nancy, Die Kunst, 183.

parte enim cognoscimus". Luther übersetzt: „Denn unser Wissen ist Stückwerk!" Alles bruchstückhafte menschliche Erkennen wird in den Horizont einer eschatologischen Vollendung gerückt. Wieder ist es Johann Georg Hamann, der die eucharistische Deutung der Brotvermehrung mit der eschatologischen in einen inneren Zusammenhang bringt. Er schreibt 1758 in seinem Londoner „Tagebuch eines Christen": „Wir leben hier von Brocken. Unsere Gedanken sind nichts als Fragmente. Ja unser Wissen ist Stückwerk."[37] Die Theologie wird so vom Zwang des Systems und einer letztgültigen Aussage entlastet, ohne dass die Erwartung einer eschatologischen Vollendung aufgegeben wäre. Der lebendige Geist weiß sich in der Schwebe. Schlegel konstatiert: „Es ist gleich tödlich für den Geist, ein System zu haben, und keins zu haben. Er wird sich also wohl entschließen müssen beides zu verbinden."[38] Ähnlich thematisiert Lavater in seinen „Physiognomischen Fragmenten"[39] im Anschluss an Paulus das Vorläufig-Fragmentarische: „Jetzt erkennen wir noch Stückweise – und unser Auslegen und Commentiren ist Stückwerk! Weg mit diesen Fragmenten, wenn die Vollkommenheit kömmt! [...] Denn jetzt sehn wir die Herrlichkeit des Menschen nur durch ein düster Glas – bald von Angesicht zu Angesicht – Izt fragmentsweise; dann werd ich's durch und durch erkennen – wie ich – von dem erkannt bin, aus dem und durch den und in dem alle Dinge sind!"[40]

Der in der Auseinandersetzung zwischen Lessing und dem Hamburger Hauptpastor Goeze vom Zaun gebrochene Fragmentenstreit wird von zentraler Bedeutung dafür, wie das Christentum zu verstehen und wie die Bibel zu lesen ist. Mit den zu differenzierenden historischen und theologischen Schichten verliert der Glaube seine naive Eindeutigkeit. Das Feld der selbst zu verantwortenden Interpretation wird eröffnet. Die Frühromantiker nutzen den gewonnenen Freiraum. Für Novalis hat „Romantisieren" die Resakralisierung des Profanen bedeutet, nämlich – wie er sagt – „dem Bekannten die Würde des Unbekannten, dem Endlichen einen unendlichen Schein" zu geben.[41] Gegen das System- und Totalitätsdenken Hegels tritt Sören Kierkegaard mit seinen „Philosophischen Brocken" (1844) an oder auch mit „Entweder/oder. Ein Lebensfragment" (1843). Leidenschaftlich sucht er Hegels Verklammerung des Wahren mit dem Ganzen aufzu-

[37] Hamann, Tagebuch eines Christen, 299.

[38] F. Schlegel an A.W. Schlegel am 18.12.1797, in: Schlegel (KFSA) (Bd. 24), 173.

[39] Der genaue Titel lautet: „Physiognomische Fragmente, zur Beförderung der Menschenkenntniß und Menschenliebe" (1775).

[40] Lavater, Physiognomische Fragmente, zit. nach: Ostermann, Fragment, 459.

[41] Novalis, Vorarbeiten, 545. Zu diesem Zitat bedarf es einer semantischen Erläuterung: der „unendliche Schein" darf nicht im Horizont der Religionskritik des 19. Jahrhunderts gelesen werden. Novalis geht es vielmehr um eine radikal veränderte Perspektive.

sprengen. Nach Ernst Bloch liegt der Grund für den inneren Bildersturm des Fragmentierens „im Weg- und Prozesspathos, im eschatologischen Gewissen, das durch die Bibel in die Welt kam".[42] Und er konstatiert mit Bezug auf Luther: „vor dieser Totalität erscheint dann [...] das gesamte bisherige Gewordensein, worauf unser Gewissen sich bezieht, als Stückwerk."[43] Von diesem eschatologischen Pathos zehrt auch Adorno, wenn er sagt: „Nichts ist unbesehen, nur weil es vorhanden ist und einst etwas galt, zu übernehmen, nichts aber auch erledigt, weil es verging. Zeit allein ist kein Kriterium."[44]

Franz Schupp überlegt in seiner christologischen Skizze: „Es gibt vielleicht so etwas wie die Kreuzgestalt von Theologie. Sie reflektiert Versöhnung nicht als schon endgültig geschehene, nicht als solche, die nur noch die ausständige Vollendung abwartet, sondern versucht diese zu begreifen in ihrer jeweils Moment, nie aber Totalität seienden Form. Theologie hat die geschichtlich-reale Versöhnung, die Verwirklichung von Vernunft und Freiheit nicht als Gegenstand, sondern nur als regulatives Prinzip vor sich. Die jeweils erreichbare kategoriale Gestalt als jeweils erreichbare Form ist aber wie das in ihr Reflektierte Fragment. Nur, wo dies ausdrücklich gemacht wird, kann ideologischer Schein vermieden werden."[45]

Kann der Begriff des „Fragments" theologische Interpretationshilfe sein? Kurz zusammengefasst sollen vier Problemfelder benannt werden:

1. Der Begriff des „Fragments" erscheint hilfreich beim Wachhalten des eschatologischen Bewusstseins. Dabei handelt es sich um eine zentrale Lebens- und Bewusstseinsform christlicher Praxis. Jesu Verkündigung war entscheidend von diesem eschatologischen Bewusstsein geprägt. Mit dem Verschwinden der Naherwartung der frühen christlichen Gemeinde hat sich dieses Bewusstsein nicht erledigt. Johann Baptist Metz hat überzeugend dargetan, dass die Praxis der evangelischen Räte (Armut, Gehorsam und Ehelosigkeit) ohne einen eschatologischen Horizont undenkbar ist.[46] Das Zweite Vatikanische Konzil hat die Metapher vom „pilgernden" Gottesvolk geprägt (LG 14) und führt den „endzeitlichen Charakter der pilgernden Kirche" im siebten Kapitel der Kirchenkonstitution aus. Das Bewusstsein zu erhalten bzw. zu gewinnen, dass die Eschatologie nicht zu einer marginalen Gestalt des christlichen Glaubens verkümmert, sondern zu ihrem Kernbereich gehört, erscheint mir eine wichtige Aufgabe der Verkündigung.

---

[42] Bloch, Hoffnung, 254.

[43] Ebd.

[44] Adorno, Ästhetische Theorie, 67.

[45] Schupp, Vermittlung, 141.

[46] Vgl. Metz, Zeit der Orden.

2. Der Begriff des Fragments macht die Unabschließbarkeit von Form und Methode deutlich. Die Unterscheidung, die Papst Johannes XXIII. in seiner Eröffnungsrede zum Zweiten Vatikanischen Konzil angesprochen hat, nämlich jene von Inhalt und Form, kommt einem lehramtlichen Paradigmenwechsel gleich. In der Tradition erschien weitgehend mit dem Inhalt eines Dogmas auch dessen Denk- und Sprachgestalt sakrosankt. Papst Johannes fordert dem gegenüber eine Untersuchung des kirchlichen Dogmas „im Licht der Forschungsmethoden und der Sprache [fomulazione letteraria] des modernen Denkens. Denn die Substanz des uralten anvertrauten Glaubensgutes ist eine Sache, und die Art und Weise, wie es dargestellt wird, ist eine andere [Altra è la stostanza dell' antica doctrina del depositum fidei, ed altra è la formulazione del suo rivestimento]."[47] Mit dieser Sicht ist von der Theologie ein neues hermeneutisches Bewusstsein gefordert, das die grundsätzliche geschichtliche, kulturelle und sprachliche Bedingtheit von Aussagen auch höchster lehramtlicher Art zu Bewusstsein bringt.

3. Der Begriff des „Fragments" wehrt jede latent totalitäre Versuchung ab. Jedes Denken, das sich keine Rechenschaft über seine Bedingtheit und seine Interessen gibt, steht in Gefahr zur Legitimation totalitärer Praxis zu werden. Es gehört zum Verdienst der kritischen Theorie, diesen Sachverhalt differenziert und explizit reflektiert zu haben. Man kann sich jedoch fragen, inwieweit diese Form der Aufklärung tatsächlich in vollem Umfang von der römisch-katholischen Theologie rezipiert worden ist. Die Kirchengeschichte – auch der jüngsten Zeit – bietet erschreckendes Anschauungsmaterial dafür, wie noch so gut gemeinte theologische Diskurse ideologisch vereinnahmt worden sind (und noch werden).

4. Der Begriff des „Fragments" ist dazu geeignet, die Theologie mit dem kulturellen Umfeld der Zeit zu verknüpfen. Wie im zweiten Teil dieser Überlegungen deutlich wurde, gehört der Begriff des „Fragments" zu den Schlüsselbegriffen der literarischen und ästhetischen Moderne. Ohne ihn lässt sich vieles in der Literatur und der bildenden Kunst nicht verstehen. Die Anschlussfähigkeit, die dieser Begriff ermöglicht, soll jedoch nicht dahingehend missverstanden werden, dass sich die Theologie unkritisch dem Geist der Zeit verschreiben soll. Es geht insbesondere vielmehr auch darum, das kritische Potential der christlichen Tradition angesichts heutiger „Fragmentierungen" in Kultur, Sprache, Medien und Lebensformen zur

[47] Zit. nach: Hebblethwaite, Johannes XXIII., 546. Auf diese Übersetzung (und teilweise Wiedergabe des italienischen Originals) wird deswegen zurückgegriffen, weil in der offiziellen Dokumentation der „Acta Apostolicae Sedis" eine sinnwidrige „Glättung" – man könnte auch sagen „Fälschung" – des Originals geschieht.

Geltung zu bringen. Dies kann jedoch nur geschehen, wenn es der Theologie gelingt, sich aktiv in gegenwärtige Diskurse einzubringen.

Diese Überlegungen sollen mit einem Brecht-Zitat beendet werden, das auch für die Theologie – und insbesondere für die systematische Theologie – stehen kann:

> „Wie lange
> Dauern die Werke? So lange
> Als bis sie fertig sind.
> Solange sie nämlich Mühe machen
> Verfallen sie nicht.
> […]
> Die zur Vollständigkeit bestimmten
> Weisen Lücken auf
> Die langdauernden
> Sind ständig am Einfallen.
> Die wirklich groß geplanten
> Sind unfertig."[48]

Literaturverzeichnis

Adorno, T. W., Ästhetische Theorie, in: Gesammelte Schriften (Bd. 7), Frankfurt/M. 1970.

Balthasar, H. U. v., Das Ganze im Fragment, Einsiedeln 1963.

Bernhard, T., Amras, Frankfurt/M. [4]1996.

Bloch, E., Das Prinzip Hoffnung, Frankfurt/M. 1959.

Bonhoeffer, D., Werke (5 Bde.), Gütersloh 1998–2013.

Brecht, B., Über die Bauart langdauernder Werke, in: Brecht, Werke (BFA) (Bd. 14), Frankfurt/M. 1993.

Büchner, G., Dantons Tod (1835), in: Büchner, Dichtungen, hg. v. H. u. R. Poschmann, Frankfurt/M. 1992.

Diderot, D., Salon de 1767, hg. v. E.-M. Bukdahl, in: Œurve complètes, hgg. v. Diekmann, H./Varloot. J. (Bd. 16), Paris 1990.

Fetscher, J., Fragment, in: Ästhetische Grundbegriffe. Historisches Wörterbuch in sieben Bänden, hg. v. K. Barck (Bd. 2), Stuttgart 2001, 556.

Friedrich, H., Die Struktur der modernen Lyrik. Von der Mitte des neunzehnten bis zur Mitte des zwanzigsten Jahrhunderts, Hamburg 1967.

Goethe, J. W. v., Über Italien. Fragmente eines Reisejournals (1789), in: Das römische Carneval [sic!], Frankfurt/M. 1984.

[48] Brecht, Über die Bauart, 34 f.

Hamann, J. G., Tagebuch eines Christen, in: Sämtliche Werke, hg. v. J. Nadler (Bd. 1), Wien 1949.

Hebblethwaite, P., Johannes XXIII. Das Leben des Angelo Roncalli, Zürich u. a. 1986.

Hofmannsthal, H. v., Ein Brief, in: Hofmannsthal, Gesammelte Werke in zehn Einzelbänden, hg. v. B. Schoeller (Bd. 7), Frankfurt/M. 1979.

Hofmannsthal, H. v., Brief an den Buchhändler Hugo Heller, in: Hofmannsthal, Gesammelte Werke in zehn Einzelbänden, hg. v. B. Schoeller (Bd. 8), Frankfurt/M. 1979.

Klein, S., „Denn alles, alles ist verlorne Zeit". Fragment und Erinnerung im Werk von Durs Grünbein, Bielefeld 2008.

Kleist, H. v., Brief an Ulrike von Kleist vom 5. 2. 1801, in: Kleist (Bd. 2).

Kleist, H. v., Sämtliche Werke und Briefe, hg. v. H. Sembdner, München – Wien [7]1984.

Lessing, G. E., Von dem Zwecke Jesu und seiner Jünger. Noch ein Fragment des Wolfenbüttelschen Ungenannten (1778), in: Lessing (Lachmann) (Bd. 13), (1879).

Lessing, G. E., Sämtliche Schriften, hg. v. K. Lachmann, 23 Bde., Stuttgart u. a. [3]1886–1924.

Metz, J. B., Zeit der Orden. Zur Mystik und Politik der Nachfolge, Kevelaer 2014.

Nancy, J. L., Die Kunst – ein Fragment, in: Dubost, J.-P. (Hg.), Bildstörung. Gedanken zu einer Ethik der Wahrnehmung, Leipzig 1994, 170–184.

Novalis, Vermischte Bemerkungen (aus den Jahren 1797–1798), in: Werke (Bd. 2).

Novalis, Vorarbeiten zu verschiedenen Fragmentsammlungen (1789), in: Werke (Bd. 2).

Novalis, Werke, hg. u. komm. v. G. Schulz, München [3]1981

Ostermann, E., Fragment, in: Historisches Wörterbuch der Rhetorik, hg. v. G. Ueding (Bd. 3), Tübingen 1996, 454–464.

Ostermann, E., Das Fragment: Geschichte einer ästhetischen Idee, München 1991.

Raberger, W./Sauer, H. (Hg.), Vermittlung im Fragment. Franz Schupp als Lehrer der Theologie, Regensburg 2003.

Safranski, R., Romantik. Eine deutsche Affäre, Darmstadt 2007.

Schlegel, A. W., Philosophische Fragmente. Erste Epoche II (aus den Jahren 1796–1798), in: Schlegel (KFSA) (Bd. 18), (1963).

Schlegel, F., Über Lessing (1797), in: Schlegel (KFSA) (Bd. 2), (1967).

Schlegel, A. W., Kritische Fragmente (1797), in: Schlegel (KFSA) (Bd. 2), (1967).

Schlegel, A. W., Fragmente (1798), in: Schlegel (KFSA) (Bd. 2), (1967).

Schramm, H., Karneval des Denkens. Theatralität im Spiegel philosophischer Texte des 16. und 17. Jahrhunderts, Berlin 1996.

Schupp, Franz, Vermittlung im Fragment – Überlegungen zur Christologie, in: Raberger, W./Sauer, H. (Hg.), Vermittlung im Fragment. Franz Schupp als Lehrer der Theologie, Regensburg 2003, 118–159.

Treu, D., Bild, Symbol, Fragment. Zur Wahrnehmungswirklichkeit von Entfremdungserfahrungen, Marburg 2014.

Politische Theologie im Cultural Turn

Die Bedeutung der Gesellschafts- und Kulturkritik von Horkheimer/Adorno für eine kritische Theologie heute

Ansgar Kreutzer

0 Zur Einleitung: Political und/versus Cultural Turn der Theologie?

Auch in der Wissenschaft gibt es Konjunkturen, Aufschwünge und Abschwünge. Bestimmte Theorien, Ansätze, Paradigmen werden einflussreich und leitend; andere haben den Höhepunkt ihrer Rezeption überschritten. Wendet man sich mit dieser ökonomistischen Sicht der theologischen Theoriebildung zu, verdichtet sich der Eindruck, dass das von den 1960er- bis in die 1990er-Jahre hinein einflussreiche Paradigma der „Politischen Theologie", eine Fokussierung auf *gesellschaftspolitische* Dimensionen von Glaube und Theologie also, gegenwärtig an Bedeutung verliert. In einer der sich mehrenden Bilanzierungen der Politischen Theologie aus dem Jahr 2006 heißt es im Vorwort unverblümt: „Die neue Politische Theologie ist derzeit beinahe vergessen und scheint wirkungslos […]."[1]

Eine andere Bildsprache, nämlich jene von Bewegung und Dynamik, durchzieht hingegen aktuelle kulturwissenschaftliche Debatten, die auch in der Theologie Raum greifen. In kurzen Abständen werden immer neue Wendungen, neue *Cultural, Iconic, Spatial* oder *Postcolonial Turns* ausgerufen.[2] Kultur ist aus dieser Sicht kein Untersuchungsfeld unter anderen, kein weiteres *Material*objekt neben z. B. Gesellschaft, Psyche, Politik oder

[1] Schmitt/Lindner/Filipović, Einleitung, 9. Vgl. zum Bedeutungsverlust der Politischen Theologie und zu Möglichkeiten ihrer (Re-)Vitalisierung: Kreutzer, Aktualisierung, 344–345.

[2] Vgl. Bachmann-Medick, Cultural Turns. Genannt und vorgestellt werden hier: der Interpretative Turn, der Performative Turn, der Reflexive Turn/Literary Turn, der Postcolonial Turn, der Translational Turn, der Spatial Turn und der Iconic Turn. Zum Cultural Turn aus sozialwissenschaftlicher Sicht vgl. u. a.: Möbius, Kultur, 77–122. Zu aktuellen Tendenzen der Kulturtheorie vgl. den instruktiven Überblick: Reckwitz, Tendenzen. Zum Cultural Turn aus theologischer Sicht vgl. u. a. die Beiträge des Sammelbandes: Gruber, Theologie im Cultural Turn; sowie: dies., Theologie nach dem Cultural Turn; Müller, Realität; vgl. neuestens auch: Höhn, Praxis. Bei allem Erkenntnisgewinn, den die neuesten Entwicklungen der Kulturwissenschaft für die Theologie bereit halten, gehorcht die Ausrufung immer neuer kulturwissenschaftlicher Wendungen (wie es oben in der Diagnose der „Konjunktur" angeklungen ist) aber auch einer ökonomistischen Logik, die aus Vermarktungsgründen immer neue Innovationen fordert. Zu Recht spricht Knut Wenzel mit ironischer Distanz daher von einer „hysterischen Ökonomisierung, wie sie in diesen Konjunkturen der Turns eben auch steckt" (Wenzel, Theologie, 213).

Religion, sondern eine übergreifende Perspektive, ein *Formal*objekt. Nahezu alle Dimensionen menschlichen Lebens und Zusammenlebens können unter diesem Aspekt betrachtet werden, von der Multikultur über die Unternehmenskultur bis hin zur Körperkultur.[3] Zu Recht diagnostiziert Judith Gruber, dass „der kulturwissenschaftlich angestoßene epistemologische Paradigmenwechsel des Cultural Turn [...] religiöse und theologische Wissensformen"[4] verändert. Gibt es also einen Zusammenhang zwischen diesen beiden Konjunkturverläufen, dem Abschwung der politischen und dem Aufschwung der kulturellen Metaperspektive in der Theologie? Verdrängen die aktuell gestellten Fragen nach Symbolen, Deutungsmustern, ästhetischer Gestaltung und performativer Expressivität die Fragen nach Herrschaft, Diskriminierung und Opfern der Geschichte?

Ordnet man den Boom einer fächerübergreifenden „Verkulturwissenschaftlichung"[5] sozial- und wissenschaftsgeschichtlich ein, legt sich gerade kein Ersetzungszusammenhang des *Political* durch den *Cultural Turn* nahe. Denn sozialhistorisch liegen wesentliche Quellen der kulturwissenschaftlichen Theorie und Forschung in Sub- und Gegenkulturen, die aus den politischen Emanzipationsbewegungen der 1960er- und 1970er-Jahre (Friedensbewegung, Frauenbewegung, ökologische Bewegung, ...) hervorgegangen sind. Stephan Möbius hält daher fest, dass es dieser *Counter Cultures* bedurfte, um „die westlichen Gesellschaften für ethnische, sexuelle und geschlechtliche Differenzen und Marginalisierungsprozesse"[6] zu sensibilisieren. Möbius sieht die „*sozial- und kulturkritische* Sicht auf die gegenwärtigen gesellschaftlichen Prozesse"[7] als zentrales Merkmal derzeitiger kulturwissenschaftlicher Ansätze an. Zahlreiche der sich im *Cultural Turn* herausbildenden „Studies", wie die Gouvernmentality-, die Postcolonial- oder die Gender-Studies gehen von gesellschaftlichen Problemlagen aus und bieten Reflexionen zu deren Bearbeitung an. Symbolik, Deutung, Ästhetik sind mitnichten „bloß kulturelle", sondern hochpolitische Kategorien.

Die Stoßrichtung dieser Ausführungen liegt darin, die politisch-gesellschaftskritische Perspektive in eine Verkulturwissenschaftlichung der Theologie zu integrieren. Es geht um eine Art *Cultural Turn* der Politischen Theologie oder um einen *Political Turn* der kulturell interessierten Theo-

[3] Vgl. Möbius, Kultur, 7: „‚Kultur' [stellt] eine Kategorie zur Erfassung und Charakterisierung ganz unterschiedlicher Lebensbereiche, Praktiken und sozialer Beziehungen [dar]."

[4] Gruber, Vorwort, 7.

[5] Möbius, Kultur, 10 u. ö.

[6] Ebd., 127–128.

[7] Ebd., 125. Möbius benennt vier herausragende Merkmale des derzeitigen kulturwissenschaftlichen Diskursfeldes: Praxistheorie, Sozialkritik, Rehabilitierung des Materiell-Körperlichen und die Mischung dieser Aspekte (vgl. ebd., 123–127).

logie. In einem ersten Schritt sollen dazu Inspirationen aus der klassischen Form kritischer Gesellschaftstheorie gewonnen werden: aus dem Programm der sogenannten Frankfurter Schule um Max Horkheimer und Theodor W. Adorno und ihrer im Begriff der „Kulturindustrie“ verdichteten Kulturanalyse. Im zweiten Schritt werden aus diesen Eckpunkten Kritischer Theorie Impulse für eine gegenwärtige, sowohl kulturell als auch gesellschaftskritisch-politisch orientierte Theologie zu entwickeln gesucht.

1 Vorgaben: Eckpunkte einer Kritischen Theorie der Kultur

1.1 Programm der Kritischen Theorie: Verzahnung von normativer Theorie und Empirie

Möchte man die Grundzüge einer Kritischen Theorie von Gesellschaft und Kultur nachzeichnen, wie sie sich im Intellektuellennetzwerk der sogenannten Frankfurter Schule von den 1930er-Jahren an entwickelt haben, ist man vor allem auf programmatische Schriften von Max Horkheimer verwiesen. Horkheimer darf mit den Worten von Rolf Wiggershaus als „eine intellektuelle charismatische Persönlichkeit [gelten], die von dem Glauben an ein neues theoretisches Programm erfüllt und zur Zusammenarbeit mit qualifizierten Wissenschaftlern bereit und fähig war“[8]. Mit seiner Antrittsrede als Leiter des Instituts für Sozialforschung und Professor für Sozialphilosophie an der Universität Frankfurt/M. unter dem Titel „Die gegenwärtige Lage der Sozialphilosophie und die Aufgaben eines Instituts für Sozialforschung“ von 1931 hat Horkheimer ein „Manifest“ (Wiggershaus) vorgelegt, auf das „in den späteren Selbstdarstellungen des Instituts immer wieder zurückgegriffen wurde“[9]. Hier profiliert Horkheimer die Wissen-

---

[8] Wiggershaus, Frankfurter Schule, 10. Vgl. auch ebd., wo „Max Horkheimer als ‚managerial scholar‘“ bezeichnet wird, „der seinen Mitarbeitern immer wieder vor Augen hielt, sie gehörten zu den wenigen, in deren Händen die Weiterentwicklung der ‚Theorie‘ liege“. Vgl. auch die kleinere, neuere Monographie: Wiggershaus, Frankfurter Schule; und die Biographie zu Horkheimer: Wiggershaus, Horkheimer. Die Sekundärliteratur zur Frankfurter Schule, zu einzelnen Vertretern und Aspekten ist geradezu uferlos, weshalb hier auf eine breite Dokumentation dieser verzichtet werden muss. Immer noch darf Wiggershaus anfangs zitierte voluminöse Studie als eine Art „Lehrbuch der Kritischen Theorie“ (Klappentext; aus einer Rezension der ZEIT) betrachtet werden.

[9] Wiggershaus, Frankfurter Schule, 10. Der Rückgriff erfolgte auch bei der Wiedereröffnung des Instituts 1951 – nach dem Zweiten Weltkrieg und dem durch die Nazis erzwungenen Exil der Mitarbeiter des Instituts. In seinem „Manifest“ zeigt sich so – in den Augen Horkheimers – auch die programmatische Kontinuität des Instituts für Sozialforschung, der „Frankfurter Schule“.

schaftstheorie und Methodologie des Institutes.[10] Entsprechend des Habitus einer *kritischen* Theorie erfolgt diese Standortbestimmung zunächst in Abgrenzung. Horkheimer sieht Tradition und Gegenwart der Sozialphilosophie in der Gefahr, das einzelne Individuum in seinen konkreten sozialen Bezügen aus den Augen zu verlieren. Er wirft den auf soziale Gebilde wie Staat, Recht oder Wirtschaft fokussierten Sichtweisen der Sozialphilosophie einen zu hohen Grad an Abstraktion vor. Die verschiedenen sozialphilosophischen Strömungen lassen sich in Horkheimers Lesart nicht mehr auf konkrete Lebenswirklichkeit ein, sondern bleiben in der theoretischen Modellbildung „hängen". So erklärt er sich den Streit verschiedener sozialphilosophischer Richtungen aus der „Verlegenheit der Sozialphilosophie, von ihrem Gegenstand, dem Kulturleben der Menschen, bloß weltanschaulich, thesenhaft, bekenntnishaft zu reden und zwischen den Soziallehren von August Comte, Karl Marx, Max Weber und Max Scheler eher den Unterschied von Glaubensakten als von wahren, falschen oder vorerst noch problematischen Theorien zu machen"[11]. In dieser „theoretizistischen" Verengung der Sozialphilosophie sieht Horkheimer „den Mangel, der überwunden werden muss"[12]. Gegen Abstraktheit und Selbstgefälligkeit sozialphilosophischer Theoriebildung klagt er das methodische Instrument empirischer Forschung ein. Freilich redet er keinem Empirismus das Wort, sondern strebt eine Verzahnung von philosophischer Grundlagenreflexion und einzelwissenschaftlicher Untersuchung, von Theorie und Empirie an. Diese soll Verwirklichung finden, „indem die Philosophie als aufs Allgemeine, ‚Wesentliche' gerichtete theoretische Intention den besonderen Forschungen beseelende Impulse zu geben vermag und zugleich weltoffen genug ist, um sich selbst vom Fortgang der konkreten Studien beeindrucken und verändern zu lassen"[13]. Eine Maßnahme zur Umsetzung dieser For-

[10] Vgl. Horkheimer, Lage. Vgl. auch das inhaltlich ähnlich ausgerichtete, prägnante Vorwort: Horkheimer, Vorwort. Vgl. zur Antrittsrede Horkheimers, einem in den Worten Wiggershaus' „Glanzstück diplomatischer und selbstbewusster Profilierung seines Unternehmens", z.B.: Wiggershaus, Horkheimer, 68–72 (Zitat von Wiggershaus: ebd., 68); und Müller-Doohm, Lage.

[11] Horkheimer, Lage, 27.

[12] Ebd.

[13] Ebd., 29. Auch im Vorwort zur ersten Ausgabe der Zeitschrift für Sozialforschung steht unter dem von Horkheimer profilierten Etikett „Sozialforschung" die enge (wechselseitig bereichernde und kritische) Verbindung von Theorie und Empirie, Philosophie und Einzelwissenschaften im Fokus: „Die Sozialforschung unterscheidet sich von allen auf möglichst große Allgemeinheit und übergreifende Schau gerichteten geistigen Unternehmungen dadurch, dass sie auf die gegenwärtige menschliche Wirklichkeit abzielt. Sie wird dabei zusammenfassender Begriffsbildungen und theoretischer Voraussetzungen aller Art nicht entraten können, aber im Gegensatz zu breiten Strömungen der gegenwärtigen Metaphysik schließen ihre Kategorien die weitere Aufhellung und berechtigten Widerspruch durch die empirische

schungsagenda ist einerseits die sehr konsequente Interdisziplinarität. Es geht darum „Untersuchungen zu organisieren, zu denen Philosophen, Soziologen, Nationalökonomen, Historiker, Psychologen in dauernder Arbeitsgemeinschaft sich vereinigen“[14]. Andererseits gehört dazu die Initiierung empirischer Forschungsprojekte, von denen das Institut für Sozialforschung im Laufe seiner Geschichte und unter Horkheimers Leitung tatsächlich einige umsetzen wird.[15] Die Neuausrichtung der Theorie durch ihre konstitutive Verwiesenheit auf empirische Forschung, mit der sie in ein wechselseitig bereicherndes Verhältnis tritt, genügt Horkheimer jedoch nicht.

In seinem zweiten großen programmatischen Text „Traditionelle und Kritische Theorie“ von 1937, der der inhaltlichen Ausrichtung der Frankfurter Schule den Namen gibt („Kritische Theorie“), bestimmt Horkheimer die von ihm und seinem Umfeld vertretene Reflexionsform als eine explizit *normativ-kritische.*[16] Mit ähnlichem Duktus wie bei seiner Antrittsvorlesung konkretisiert er auch diese Position in Abgrenzung. Im Hinblick auf die Gesellschaftswissenschaft plädiert Horkheimer für eine Verabschiedung einer weder realistischen noch wünschenswerten (scheinbar) normativ neutralen „Werturteilsfreiheit“, wie sie etwa der von Horkheimer in diesem Zusammenhang angeführte Max Weber propagiert: „Es gibt keine Theorie der Gesellschaft, auch nicht die des generalisierenden Soziologen, die nicht politische Interessen mit einschlösse, über deren Wahrheit anstatt in scheinbar neutraler Reflexion nicht selbst wieder handelnd und denkend, eben in konkreter geschichtlicher Aktivität, entschieden werden müsste.“[17]

Forschung nicht aus. So wenig übergreifende begriffliche Zusammenfassungen bei der wissenschaftlichen Arbeit zu entbehren sind, dürfen sie diese doch nirgends abschließend vorwegnehmen und sich an die Stelle der zu lösenden Probleme setzen.“ (Horkheimer, Vorwort, 38)

[14] Horkheimer, Lage, 29.

[15] Vgl. z. B. die „Studien über Autorität und Familie“, die Untersuchung „Arbeiter und Angestellte am Vorabend des Dritten Reiches“ (maßgeblich von Erich Fromm) und die umfangreichen „Studien zum autoritären Charakter“. Vgl. zu diesen empirischen Arbeiten: Gertenbach/Rosa, Kritische Theorie, 201–202.

[16] Vgl. Horkheimer, Traditionelle und kritische Theorie. Vgl. dazu die instruktiven Zusammenfassungen: Wiggershaus, Horkheimer, 130–135; Honneth, Traditionelle und kritische Theorie. Wiggershaus bezeichnet den Beitrag als „Schlüsseldokument und Namensgeber für die weitere Arbeit und das Selbstverständnis des Institutskerns bzw. des Horkheimer-Kreises und schließlich der Frankfurter Schule“ (Wiggershaus, Horkheimer, 130).

[17] Horkheimer, Traditionelle und kritische Theorie, 196. Vgl. zum die Soziologie als Wissenschaft von ihrer Gründung an begleitenden Streit um die „Werturteilsfreiheit“: Albert, Werturteilsstreit; und zu dessen Fortsetzung im Positivismusstreit, bei dem etwa auch Th. W. Adorno maßgeblich beteiligt war: Ritsert, Positivismusstreit. Für die grundlegende Bedeutung dieser wissenschaftstheoretischen Fragen für die Theologie steht das Werk Walter Rabergers. Vgl. exemplarisch seinen Beitrag in diesem Band.

Wissenschaft ist für Horkheimer nicht positivistisch neutral, politisch unbeteiligt oder rein rekonstruktiv, sondern immer schon aus Praxis hervorgehend und in Praxis eingreifend und damit bestimmten Wertvorstellungen verpflichtet: „Eine Wissenschaft, die in eingebildeter Selbständigkeit die Gestaltung der Praxis, der sie dient und angehört, bloß als ihr Jenseits betrachtet und sich bei der Trennung von Denken und Handeln bescheidet, hat auf die Humanität schon verzichtet."[18] Für unseren Zusammenhang, in dem es um die Verquickung von Gesellschaftskritik und Kultur geht, ist aufschlussreich, wie diese dezidiert normativ-kritische Gesellschaftstheorie, die zugleich empirische Forschung zu integrieren sucht, auf das Feld der Kultur angewendet wird:

1.2 Gegenstand der Kritik: Entindividualisierung und Instrumentalisierung durch Kulturindustrie

Bereits in seiner Antrittsvorlesung „Die gegenwärtige Lage der Sozialphilosophie und die Aufgaben eines Instituts für Sozialforschung" hat Horkheimer drei Felder benannt, deren Wechselwirkung er mithilfe einer empirisch-sensiblen und kritisch-normativen Theorie reflektieren möchte. Es geht ihm um den „Zusammenhang zwischen dem wirtschaftlichen Leben der Gesellschaft, der psychischen Entwicklung der Individuen und den Veränderungen auf den Kulturgebieten im engeren Sinne"[19]. Dabei nimmt Horkheimer explizit auch Populär- und Alltagskultur in Blick. Denn zur Kultur gehören nach seinem Verständnis, „nicht nur die sogenannten geistigen Gehalte der Wissenschaft, Kunst und Religion [...], sondern auch Recht, Sitte, Mode, öffentliche Meinung, Sport, Vergnügungsweisen, Lebensstil u.s.f."[20]. In ihrem wichtigsten Werk, der „Dialektik der Aufklärung" (1947), nehmen Horkheimer und Th. W. Adorno, nun eine solche theoretische, empirische und normativ angelegte Analyse der (v.a. amerikanischen) Kultur der 1940er-Jahre vor und bringen sie auf den sprechenden Begriff der „Kulturindustrie".[21] Damit wird ein in der Ökonomie der modernen Gesellschaft beheimateter Begriff, „Industrie", auf das kulturelle Feld

[18] Horkheimer, Traditionelle und kritische Theorie, 216.

[19] Horkheimer, Lage, 32.

[20] Ebd.

[21] Vgl. Horkheimer/Adorno, Kulturindustrie. Vgl. dazu u.a.: Junge, Kultursoziologie, 62–66; Möbius, Kultur, 47–50; Müller-Funk, Kulturtheorie, 124–153; Schweppenhäuser, Adorno, 158–177. Kritiken von Adorno zum Gesamt und zu einzelnen Produkten der „Kulturindustrie" finden sich zusammengefasst in zwei Bänden seiner Gesammelten Schriften: Adorno, Kulturkritik und Gesellschaft I–II.

angewandt. Als *industriell* wird Kultur von Horkheimer und Adorno in zweierlei Hinsicht verstanden:

Einmal ist die „Produktion von Kultur“ als industriell, quasi maschinell und fließbandartig, betrieben anzusehen. Im „Amüsierbetrieb“[22] wird das immer gleiche Kulturprogramm massenhaft, schematisiert, unter Nivellierung individueller Unterschiede hergestellt. Durch den Konformitätsdruck einer quasi industriell-maschinell hergestellten Kultur, die lediglich Schemata, „Clischés“[23] „von der Stange“ produziert, wird das Individuum in seiner Einzigartigkeit, die sich in einer selbstbestimmten kulturellen Form ausdrückt, massiv bedroht. In aller Deutlichkeit sprechen Horkheimer/Adorno von einer von Konsummustern vorgegebenen „Pseudoindividualität“[24]: „personality bedeutet ihnen [den Menschen, A. K.] kaum mehr etwas anderes als blendend weiße Zähne und Freiheit von Achselschweiß und Emotionen. Das ist der Triumph der Reklame in der Kulturindustrie, die zwanghafte Mimesis der Konsumenten an die zugleich durchschauten Kulturwaren.“[25]

Zum andern ist solche „industriell“ hergestellte Kultur ein bloßes Abbild der Industriearbeit, eine schlichte Verlängerung der kapitalistischen Produktionsweise in den Kulturbereich. Kultur wird zwar als Gegenwelt zu kapitalistischer Wirtschaft und Arbeit inszeniert. Faktisch herrscht jedoch die gleiche zweckrational-instrumentalistische Logik, welche die „Industrie“, also die kapitalistische Wirtschafts- und Arbeitsweise bestimmt. „Alles wird nur unter dem Aspekt wahrgenommen, dass es zu etwas an-

[22] Horkheimer/Adorno, Kulturindustrie, 144.

[23] Ebd., 151.

[24] Ebd., 163.

[25] Ebd., 176. Die Diagnose der Entindividualisierung und zugleich die Hoffnung auf eine Rettung von Individualität inmitten stärkster Konformierungszwänge, die auch im Gewand von Pseudo-Individualisierungsprozessen und -ideologien daherkommen, sind Grundmotive der Zeitdiagnose und Kulturkritik Adornos. Vgl. etwa die zusammenfassenden Passagen von Adornos Zeitdiagnose bei Stefan Müller-Doohm: „An die Stelle von Individualität treten stereotype Persönlichkeitsmuster. Ihre Varianten werden von der Kulturindustrie als vorgefertigte Schemata vermittelt. […] Diese radikale Kritik an der sozial lizensierten Form des Individuums und seiner widerstandslosen Integration in das System der Kulturindustrie steht im Zeichen der Hoffnung, dass sich das selbstbestimmt handelnde Subjekt gegen die repressiven Tendenzen jener Gesellschaft retten lässt, die die ‚Menschen individuiert, einzig, um sie in ihrer Vereinzelung vollkommen brechen zu können‘.“ (Müller-Doohm, Adorno, 62–63.) Folgerichtig setzt Adorno daher der destruktiven, letztlich schematisierenden und entindividualisierenden Pseudo-Individualisierung die „Idee einer die divergenten Einzelinteressen übersteigenden Solidarität“ (zit. n. ebd., 64) entgegen. Vgl. zu Adornos Reflexion auf das Individuum etwa: ders., Minima moralia, 169–171.

derem dienen kann, wie vage dies andere auch im Blick steht."[26] Dabei ist die Kultur nicht nur von der instrumentellen Logik durchdrungen. Sie selbst wird als ganze instrumentalisiert. Indem sie kein Jenseits, kein Korrektiv von Arbeit, Wirtschaft und instrumenteller Logik darstellt, lenkt sie als „Amüsierbetrieb" nur von deren Schattenseien ab. Ihre soziale Funktion liegt in der Systemstabilisierung: „Amusement ist die Verlängerung der Arbeit unterm Spätkapitalismus. Es wird von dem gesucht, der dem mechanisierten Arbeitsprozess ausweichen will, um ihm von neuem gewachsen zu sein. Zugleich aber hat die Mechanisierung solche Macht über den Freizeitler und sein Glück, sie bestimmt so gründlich die Fabrikation der Amüsierwaren, dass er nichts anderes mehr erfahren kann als die Nachbilder des Arbeitsvorganges selbst."[27] Die Kultur als bloße Doublette der ökonomischen Verhältnisse verliert jegliche Funktion als sich instrumenteller Logik widersetzendes Residuum der Gesellschafts- und Kapitalismuskritik und wird zum zentralen Mittel der Gewöhnung an diese Zustände. Pate hierfür steht eine bekannte Figur der Populärkultur: Walt Disneys Comic-Ente Donald Duck: „Donald Duck in den Cartoons wie die Unglücklichen in der Realität erhalten ihre Prügel, damit die Zuschauer sich an die eigenen gewöhnen."[28]

Nur zaghaft deuten Horkheimer/Adorno Residuen an, in denen Individualität, Selbstbehauptung und Kreativität bewahrt und eine alternative Logik als die der Zweckrationalität aufrechterhalten werden kann. Es sind solche Kulturformen, in denen das Diktat der Instrumentalität und einer vorhersehbaren Zweckmittel-Logik durchbrochen wird: Kulturformen, die „Absurdität"[29] oder „Groteske"[30] beinhalten, oder die in sich selbstzwecklich sind. In der Lesart Horkheimers/Adornos ist dies z. B. der Zirkus: „Die Spur

[26] Horkheimer/Adorno, Kulturindustrie, 167. Die Kritik an solch instrumentalistischer Mentalität hat Horkheimer in dem der „Dialektik der Aufklärung" thematisch eng verwandten Buch „Zur Kritik der instrumentellen Vernunft" ausgeführt.

[27] Horkheimer/Adorno, Kulturindustrie, 145.

[28] Ebd., 147. Die hier sich äußernde apodiktische Kritik an Populärkultur wird auch im Kontext der Frankfurter Schule nicht völlig geteilt. Walter Benjamin kommt etwa in seiner Kunst- und Kulturtheorie zu anderen, die Populärkultur (z. B. den Film) auch im Sinne einer kritischen Gesellschaftstheorie positiver wertenden Einschätzungen. Um beim gewählten Beispiel zu bleiben, zeigt sich dies auch in seiner anders gelagerten Beurteilung von Charly-Chaplin-Filmen und Walt-Disney-Comics: „Chaplin und Mickymaus versteht er [Benjamin, A. K.] als eine Art Impfung. Indem brutale Fantasien zunächst hervorgerufen und dann kollektiv verlacht werden, immunisierten sich die Betrachter gewissermaßen gegen die Versuchung, solche Fantasien in der Realität auszuüben. [...] [Benjamin, A. K.] nimmt die Erzeugnisse der Massenkultur ernst und versucht, die Faszination zu ergründen, die sie auf das Publikum ausüben." (Kramer, Benjamin, 99) Vgl. einschlägig zu Benjamins Kunst- und Medientheorie: Benjamin, Kunstwerk.

[29] Horkheimer/Adorno, Kulturindustrie, 150.

[30] Ebd.

des Besseren bewahrt Kulturindustrie in den Zügen, die sie dem Zirkus annähern, in der eigensinnig-sinnverlassenen Könnerschaft von Reitern, Akrobaten und Clowns […].“[31]

1.3 Kritik der Kritik: Aufwertung von Populärkultur in den Cultural Studies

Ohne Zweifel haben Horkheimer/Adorno die Entindividualisierung durch einen mit immer gleichen Klischees und Schemata arbeitenden Kulturbetrieb und die Dominanz instrumenteller Logik so treffend beschrieben, dass ihre Analysen und Kritiken auch viele der heutigen Formen des „Amüsierbetriebes“ (z. B. die immer gleichen Soaps, Comedy-Formate oder Kochshows im Fernsehen) trefflich charakterisieren. Dennoch finden sich in ihrer Kulturindustrie-These zwei problematische Engführungen: Die recht unmittelbare Herleitung der Kulturindustrie aus einer gleichsinnigen kapitalistischen Wirtschafts- und Gesellschaftsordnung folgt einem etwas unterkomplexen marxistisch inspirierten Basis-Überbau-Schema, wonach Kultur (=„Überbau“) lediglich vordeterminiertes Abbild sozioökonomischer Verhältnisse (=„Basis“) ist. Dadurch wird die trotz aller Instrumentalisierung verbleibende Eigendynamik auch populärer Kulturformen unterschätzt. Zudem wird – damit zusammenhängend – ein positiv besetzter Kulturbegriff tendenziell auf Elite- oder Hochkultur verengt.[32] Es klingt fast snobistisch, wenn Horkheimer/Adorno die Verbreitung und Demokratisierung von sogenannter Hochkultur nur als deren Degeneration wahrnehmen können: „Die Abschaffung des Bildungsprivilegs durch Ausverkauf leitet die Massen nicht in die Bereiche, die man ihnen ehedem vorenthielt, sondern dient, unter den bestehenden gesellschaftlichen Bedingungen, gerade dem Zerfall der Bildung […].“[33]

Diese Einseitigkeiten der Kulturindustrie-These suchte eine Kulturforschung zu vermeiden, die sich am in den 1960er-Jahren entstandenen *Birmingham Centre for Contemporary Cultural Studies* (BCCCS) etablierte. Den hier zusammengeschlossenen Linksintellektuellen, die in ihrer biographischen Herkunft durchgehend Bezüge zum Arbeitermilieu aufweisen,

[31] Ebd., 151.

[32] Vgl. die ähnlich gelagerte Kritik an der Kulturindustrie-These Horkheimer/Adornos, die aus der Perspektive des Soziologen Pierre Bourdieu formuliert werden kann. Diese weigert sich, „Formen der populären Kultur“ als „eine ‚Massenkultur‘ und ihre Konsumenten als passive ‚Fans‘ zu klassifizieren“. (Bauer, Einleitung, 17–18) Ausdrücklich distanziert sich Bourdieu von Adorno in: Bourdieu, Unterschiede, 602–603.

[33] Horkheimer/Adorno, Kulturindustrie, 169.

geht es „darum, den Kulturbegriff sowohl von der Annahme, Kultur sei bloßer Überbau, als auch von seiner elitären und anti-demokratischen Verwendung im Sinne von ‚Hochkultur' zu befreien"[34]. Für die Mitarbeiter des BCCCS ist ein holistischer Begriff von Kultur als „Lebensweise" leitend, der auch andere als hochkulturelle Formen berücksichtigt und ihr Potenzial für Gesellschaftskritik und individuelle Selbstentfaltung wahrnimmt. „Insofern gilt es nun den Blick von der sog. Hochkultur auf die gelebte Kultur von Gruppen sowie auf die Pop- bzw. ‚Massenkultur' zu richten. Dabei geht es weniger um ein Zelebrieren der Alltagskultur, als darum, die dort verankerten Macht- und Herrschaftsverhältnisse zu analysieren, und die darin angelegten Potentiale politischer Veränderungen auszuloten."[35] Raymond Williams, einer der Gründerväter des BCCCS, erachtet daher auch eine Selbstüberschreitung der intellektuellen Hochkultur für notwendig, um sich gerade in der Wissenschaft nicht den Blick zu verstellen: „Der Gebildete kann sich besonders leicht täuschen, wenn er meint, er könne über die Art der Lebensführung der Menschen urteilen, indem er sich hauptsächlich auf die Kunstgebilde des Lesens stützt. Dieser Täuschung erliegt er vor allem dann, wenn er, selbst in seiner wohlwollendsten Ausprägung, das Konzept einer Mehrheit von anderen Menschen als ‚Massen' beibehält, die er als eine Art Block wahrnimmt. [...] Viele der gebildeten Menschen sind so auf ihr Lesen als einer stabilisierenden Gewohnheit fixiert, dass sie all die anderen Möglichkeiten Geschick erfordernden, intelligenten und kreativen sich Beschäftigens nicht mehr zu sehen in der Lage sind: nicht etwa nur die verwandten Formen von Theater, Konzert und Kunstgalerie, nein, vielmehr eine ganze Reihe allgemeiner Fähig- und Fertigkeiten, von der Gartenarbeit, der Metallbearbeitung und dem Tischlern bis hin zur aktiven Politik. Die Verachtung für viele dieser Tätigkeiten, die sich immer wieder unter den Gebildeten findet, ist ein Indiz für die Grenzen der Beobachter, nicht für die der Beschäftigungen selbst."[36] Konsequent treten hier andere als nur hochkulturell konnotierte Kulturformen in den auch positiv wertenden Blick der Kulturanalyse. Von diesen Eckpunkten einer kritischen Kultur- und Gesellschaftstheorie, ihrem Programm in der Frankfurter Schule, ihrer Kritik an der „Kulturindustrie" und der differenzierten Bewertung popu-

[34] Möbius, Kultur, 119–120. Zur Einführung in die Cultural Studies vgl. u. a.: Bromley, Cultural Studies; Lutter/Reisenleitner, Cultural Studies; Machert, Cultural Studies. Auch Schweppenhäuser kommt in seiner Adorno-Einführung auf die Cultural Studies als „Variante[] kritischer Theorie der Massen- und Alltagskultur" (Schweppenhäuser, Adorno, 171) zu sprechen. Vgl. ebd., 173–176.

[35] Möbius, Kultur, 120.

[36] Williams, Schlussbetrachtung, 61. Zur Aufwertung „handwerklichen Könnens" vgl. auch das sozialphilosophisch-kulturgeschichtliche Werk: Sennett, Handwerk.

lärer Kultur in den Birminghamer Cultural Studies, lassen sich für eine heutige kulturell und zugleich politisch-emanzipativ ausgerichtete Theologie Inspirationen gewinnen:

1.4 Inspirationen für eine politisch-kritische Theologie

1. *Programm:* Die Wissenschaftstheorie der Frankfurter Schule beruht auf der untrennbaren Verbindung von Theoriebildung, Berücksichtigung empirischer Forschung und dem Ausweis der eigenen normativen Position im jeweiligen politisch-gesellschaftlichen Umfeld. Wesentliche Punkte dieses Programmes haben im theologischen Diskurs bereits Aufnahme gefunden – etwa in der Theologie der Befreiung, die empirische Analysen dezidiert berücksichtigt und den normativen Standpunkt einer „Option für die Armen" einnimmt.[37] Für eine an Kritischer Theorie orientierte kritische Theologie ist damit der *befreiungstheologische Ansatz* der 1980er-Jahre keineswegs obsolet, sondern in aktualisierter und für europäische Wohlstandsgesellschaften adaptierter Form auf die Agenda theologischer Theoriebildung zu setzen.

2. *Gegenstand der Kritik:* Die Kritik, die Horkheimer/Adorno an Entindividualisierung und Instrumentalisierung durch die Kulturindustrie geübt haben, sensibilisiert auch eine kritische Theologie für die nicht hinnehmbare Instrumentalisierung von Menschen in Wirtschaft und Kultur, die den christlichen Werten der Würde und Selbstbestimmung zuwiderläuft. Dabei müssen durch ein „gesellschaftsdiagnostisches Update" der Kulturindustrie-These *aktuelle Formen ökonomisch-instrumenteller Logik* in den kritisch-theologischen Blick treten.

3. *Aufwertung populärer Kultur:* Gerade die Cultural Studies haben die von Horkheimer/Adorno vertretene These einer vom Kapitalismus nahezu vollständig determinierten „Kulturindustrie" und „Massenkultur" relativiert. Ihre Vertreter weisen auf Potenziale zu Gesellschaftskritik und -veränderung hin, die sich in populären Kulturformen auffinden lassen. Eine gesellschafkritisch ausgerichtete Theologie kann in diesem Sinne auch *affirmativ und konstruktiv an Formen der Populärkultur* anknüpfen. In Vertiefung dieser drei Aspekte lassen sich Konturen einer kritischen Theologie heute skizzieren:

[37] Vgl. etwa das Standardwerk der Befreiungstheologie: Ellacuria/Sobrino, Mysterium Liberationis.

2 Aufnahmen: Konturen kritischer Theologie heute

2.1 Programm: Eine befreiungstheologische Version der Cultural Studies

Für das hier intendierte Anliegen, Gesellschaftskritik und Kulturanalyse im theologischen Rahmen zu verbinden, ist eine Variante der Befreiungstheologie besonders verfolgenswert: die kulturelle Dimensionen konstitutiv berücksichtigende „Theologie des Volkes". Die Besonderheit dieser befreiungstheologischen Strömung, die u. a. mit den Namen der argentinischen Theologen Juan Carlos Scannone, Lucio Gera und auch dem jetzigen Papst Franziskus verbunden ist, zeigt sich bereits am mehrsinnigen Namen „Theologie des Volkes".[38] „Volk", das in der „Theologie des Volkes" zentrales Objekt und Subjekt darstellt, bezeichnet eine soziale Größe mit zwei Konnotationen: Einmal wird Volk – etwa im Sinne von „einfachem Volk" – über die (untere) soziale Lage einer Großgruppe definiert: „Zum einen bezeichnet er [der Begriff Volk, A. K.] die Gesamtheit derer, die an Macht, Besitz und akademischem Wissen kaum Anteil haben; gemeint ist die große Mehrheit der Armen und Unterdrückten."[39] „Volk" lässt sich aber nicht nur sozialstrukturell, sondern auch soziokulturell definieren: als eine durch gemeinsame Kultur geprägte Großgruppe oder Ethnie. „Zum anderen kennzeichnet der Begriff die Gesamtheit derjenigen, die über eine gemeinsame Geschichte, eine gemeinsame Lebensart oder Kultur und ein gemeinsames geschichtliches Projekt verfügen."[40] Die wissenschaftstheoretische Pointe der Theologie des Volkes besteht nun darin, diese beiden Konnotationen von „Volk", die soziale und die kulturelle, zu verbinden. Die Theologie des Volkes von Scannone u. a. zielt auf kollektive kulturelle Merkmale (soziokulturelles Verständnis von Volk). Von der für die gesamte Befreiungstheologie konstitutiven Option für die Armen geleitet fokussiert sie jedoch insbesondere auf kollektive Mentalitäten und Kulturformen der breiten, zumeist *unteren* sozialen Schichten (sozialstrukturelles Verständnis von Volk). Die Theologie des Volkes möchte so die „einfache Weisheit des gläubigen Volkes, der Armen und Kleinen"[41] als theologischen Erkenntnisort etablieren. Es geht

[38] Vgl. das wichtige, auf Deutsch erschienene Buch: Scannone, Weisheit. Zu Gera vgl.: Eckholt, „bei mir erwächst die Theologie aus der Pastoral". Zum (volks-)theologischen Hintergrund von Papst Franziskus vgl. das Themenheft der Theologisch-praktischen Quartalschrift „Phänomen Franziskus" (darin besonders die Beiträge von: Margit Eckholt, Michael Sievernich und Franz Gruber).

[39] Scannone, Weisheit, 55–56.

[40] Ebd.

[41] Ders., Theologie, 152.

ihr – analog zur Fokussierung der Birminghamer Cultural Studies auf die Mittel- und Unterschichtenkultur – um eine theologisch-epistemologische „Aufwertung der Kultur, der Religiosität und der Volksweisheit“[42]. In ihrem Blick steht die „Welt des Gemeinsinns, der Symbole, der Erzählungen“[43]. Ihre spezifische Aufgabe sieht sie darin, zwischen den kulturellen, besonders religiösen Ausdrucksformen der unteren sozialen Schichten und der akademischen Theologie zu vermitteln, die sich in dieser Lesart wechselseitig bereichern, aber auch herausfordern und kritisieren: „Die Befreiungstheologie wird zur Weisheit und Wissenschaft, indem sie sich als theologische Reflexion der Befreiungspraxis [...] zwischen Volksfrömmigkeit und theologischer Wissenschaft bewegt.“[44] In dieser Spielart der Befreiungstheologie wird die Option für die Armen kulturell gewendet. Die populäre Kultur breiter Schichten ist der Ort theologischer Gesellschaftskritik und besitzt zugleich das theologisch zu erschließende Potenzial zur Gesellschaftsveränderung.[45]

[42] Ebd., 154. Vgl. auch die theologische Aufwertung der Lebensformen, des Lebenswissens und der *Kultur* der Armen bei Papst Franziskus in seiner Version der „Option für die Armen“: „Dies schließt ein, den Armen in seinem besonderen Wert zu schätzen, mit seiner Wesensart, mit seiner Kultur und mit seiner Art, den Glauben zu leben.“ (Franziskus, Evangelii Gaudium, Nr. 199)

[43] Scannone, Weisheit, 59.

[44] Ebd., 65.

[45] Hier zeigt sich – im Sinne der übergreifenden Thematik dieses Sammelbandes – eine Konvergenz von (kultur-)hermeneutischer und (gesellschafts-)kritischer Theologie. Gerade die Kulturbestände der Religion(-en) – auch die populären – lassen sich nicht nur affirmativ zu gegebenen, auch problematischen Macht- und Herrschaftsverhältnissen theologisch-hermeneutisch erschließen, sondern ebenso subversiv-kritisch dazu. Gerade für diese Verbindung von theologischer (Populär-)Kulturhermeneutik und Gesellschaftskritik kann das theologische Werk David Tracys stehen. Denn einerseits findet sich bei ihm ein *weiter* Begriff klassischer, das heißt über die eigene religiöse Tradition hinaus wirksamer Kulturformen, der auch die populäre Kultur umfasst: Die „großen religiösen Klassiker“ sind für Tracy: „Texte, Ereignisse, Personen, Rituale, Symbole“ (Tracy, Religion, 195). Andererseits ist seine theologische (Kultur-)Hermeneutik sozial sensibel und gesellschaftskritisch ausgerichtet. So sieht Tracy, um ein Beispiel herauszugreifen, gerade in ihrer sozialethischen Stimulanz die kulturelle Bedeutung der religiösen Großtraditionen: „Die buddhistischen und die taoistischen Traditionen sind [...] die für die ökologischen Themen aufschlussreichsten religiösen Traditionen, genauso wie die prophetischen Traditionen (Judentum, Christentum, Islam) bezüglich Fragen von sozialer Gerechtigkeit die nützlichsten religiösen Traditionen darstellen.“ (Ebd.)

2.2 Gegenstand der Kritik: Von der Fremd- zur Selbstinstrumentalisierung

Eine gesellschafts- und kulturkritische Theologie der Gegenwart kann an die nach wie vor aktuelle Diagnose von Horkheimer/Adorno einer entindividualisierenden und instrumentalisierenden Kulturindustrie anknüpfen, auch wenn sich deren Formen verändert haben. Die zeitgenössische Soziologin Christine Resch hat in dieser Hinsicht die klassische Kulturindustrie-These aktualisiert. Sie konstatiert wie Horkheimer/Adorno weiterhin die Dominanz einer ökonomistischen und instrumentalistischen Mentalität, die jedoch andere, eher subtilere, damit aber nicht minder menschliche Individualität und Würde bedrohende Formen angenommen hat: „‚Instrumentelle Vernunft' als Lebenshaltung, die gegenwärtig propagiert wird, gehört zu den Begriffen, mit denen von Horkheimer und Adorno eine Entwicklung schon beschrieben wurde, bevor sie ihren Höhepunkt überhaupt erst erreicht hat."[46] Im Vergleich zu Horkheimers/Adornos Theorie, wonach das Individuum sich der in Wirtschaft, aber auch Kultur vorgegebenen ökonomisch-instrumentellen Mentalität zu unterwerfen hat, beobachtet Resch vielmehr Formen der *Selbst*unterwerfung und *Selbst*instrumentalisierung. „Heute [...] geht es nicht mehr um einfachen Gehorsam, sondern um die Verpflichtung auf ein ‚unternehmerisches Selbst', auf Eigeninitiative ohne irgendwelche Erwartungen, besonders an den Staat und auf die unverzagte Bereitschaft, mit allen Zumutungen und Widrigkeiten aktiv fertig zu werden, positiv zu denken, immer wieder von vorne anzufangen – und nie zu fragen, wer die Zustände, die einem das Leben schwer machen, herbeigeführt hat und wer von ihnen profitiert."[47]

Reschs empirisches Material sind Zeitschriften, populärwissenschaftliche, Frauen- und Nachrichten-Magazine, die „zur Unterhaltung produziert werden"[48]. In deren Artikeln ortet sie mit den Mitteln qualitativer Sozialforschung eine doppelte Sicht auf den Menschen: Zum einen wird insbe-

[46] Resch, Strukturähnlichkeit, 235. Sie bezieht sich dabei – obwohl ähnliche Gedanken in Horkheimer/Adornos „Dialektik der Aufklärung" oder in Horkheimers „Kritik der instrumentellen Vernunft" zu finden sind – insbesondere auf einen kleinen Aufsatz Adornos zum verbreiteten Phänomen von Horoskopen (vgl. Adorno, Aberglaube aus zweiter Hand), die sich kulturanalytisch anschaulich als Symptome für die Ausbreitung einer instrumentalistischen Mentalität deuten lassen.

[47] Resch, Strukturähnlichkeit, 236. Resch rekurriert dabei auf die erhellende Sozialanalyse des Freiburger Soziologen Ulrich Bröckling, der von der Ausbreitung eines ökonomistischen Leitbildes, des „unternehmerischen Selbst", in Kultur- und Identitätsformen der Gegenwart ausgeht (vgl. Bröckling, Selbst). Zur theologischen Kritik dieser pathologieanfälligen Identitätsform vgl.: Kreutzer, Gnade.

[48] Resch, Strukturähnlichkeit, 246.

sondere im Rückgriff auf Biologismen die Manipulationsfähigkeit des eigenen Selbst herausgestrichen: „Es wird angeboten, dass jeder es schaffen kann, der bereit ist, hart an sich zu arbeiten und sich und andere zu instrumentalisieren."[49] Selbstmanipulation ist also möglich. Zum andern wird außer der *Möglichkeit* der biologischen und psychischen Selbstmanipulation auch deren, insbesondere ökonomische *Notwendigkeit* suggeriert. „Als Anweisung [...] bedeutet es, dass man lebenslang lernen muss, sich nicht ausruhen darf."[50] Die von Horkheimer/Adorno konstatierte Dominanz instrumenteller Vernunft besteht fort, ja sie hat sich radikalisiert zu einem „umfassende[n] Zwang zur Selbst-Manipulation"[51]. Diese instrumentelle Fokussierung auf sich selbst führt zugleich zum Selbstverlust. Das fortgesetzt zu manipulierende, nie bei sich ruhende „ich" ist das „hohle und leere ich"[52]. Es ist „entkernt" und von seinen lebensweltlichen Bezügen abgekoppelt: „Alles soll gleichermaßen ökonomisiert und der instrumentellen Vernunft untergeordnet werden. Das Individuum wurde befreit: von seiner Persönlichkeit. Als Unternehmer seiner Selbst hat es keine (Familien-)Geschichte und kein Innenleben, aber die Kompetenz, aus jeder Situation das Beste zu machen."[53] Bleibt man in der gesellschaftskritischen Spur der Frankfurter Schule, der Cultural Studies und der Befreiungstheologie des Volkes, erhebt sich an dieser Stelle die Frage, was die Alltags- und Populärkultur der dominanten Selbst- und Fremdinstrumentalisierung entgegenzusetzen hat.

2.3 Gesellschaftskritisches und theologisches Potenzial der (religiösen) Populärkultur. Zum Beispiel Weihnachten

Den Blick bei der Suche nach Widerstandspotenzial gegen eine dominante ökonomisch-instrumentelle Logik ausgerechnet auf das Kulturphänomen Weihnachten zu richten, könnte angesichts der Durchkommerzialisierung und religiösen Entfremdung gerade dieses Festes naiv wirken. Tatsächlich scheint Weihnachten fest im Griff von ökonomischer Rationalität, Kommerz und Geschäft. Soziologische Studien zum – empirisch gut vermesse-

[49] Ebd., 248.

[50] Ebd., 249.

[51] Ebd., 251. Zu einer ähnlichen Diagnose gelangt Richard Sennett, der durch die hohen Mobilitäts- und Flexibilitätsanforderungen der hochkapitalistischen Wirtschaft kontinuierliche und stabile Identitätsbildungen gefährdet sieht (vgl. Sennett, Mensch).

[52] Resch, Strukturähnlichkeit, 254.

[53] Ebd., 252.

nen – „Fest des Jahres" untermauern seine volkswirtschaftliche Bedeutung.[54] Dennoch zeigen sich hinter Konsumrausch und Gabenökonomie in Brauchtum und Handlungsformen, die das nach wie vor religiös konnotierte Fest begleiten, Sinnbestände, die einer Instrumentalisierungslogik entgegenstehen: Weihnachten hat für viele Menschen nach wie vor den Nimbus eines „Goldenen Zeitalters", bei dem soziale Pathologien gemindert werden sollen: „Durch Spenden, die traditionell anlässlich des Festes gegeben werden, soll Not beseitigt werden. Die Beziehungen werden bewusst und friedvoll gestaltet. [...] [Die] Vereinzelung wird in einem Fest durchbrochen, die einzelnen wenden sich einander zu, kommen zusammen, schreiben sich oder haben einen plausiblen Grund zum Telefonieren."[55] Gerade vernachlässigte Sozialbeziehungen werden zu Weihnachten erneuert. Darüber hinaus zeigt sich in Untersuchungen, dass die Freude am Geben deutlich ausgeprägter ist als das ökonomische Schielen auf Bereicherung durch erhaltene Geschenke. Das schönste Weihnachtserlebnis bringt in einer Studie die Mehrheit der Befragten damit in Verbindung, „[w]ie sich jemand über ein Geschenk von mir gefreut hat"[56]. Auch der Einkaufsstress, Lieblingssymptom für die Kommerzialisierung von Weihnachten, lässt sich aus Sicht von Befragten anders deuten: Er entsteht durch die Suche nach dem richtigen, individuell zugeschnittenen Geschenk. Damit zeigt sich, dass es beim Schenken konstitutiv um die „Berücksichtigung der Identität des anderen [und seiner selbst, A. K.]"[57] geht. Das ritualisierte Schenken dient offenbar überwiegend der Beziehungspflege, ist Ausdruck von Empathie für Mitmenschen und echtem Interesse am Anderen in seiner je eigenen Individualität.

Angesichts der Affinitäten, die solche Sinnbestände zum christlichen Menschenbild aufweisen, überrascht es nicht, dass akademische Theologen und Theologinnen sich in jüngerer Zeit wieder dem „Zauber von Weihnachten"[58] oder der „Sehnsucht von Weihnachten" bzw. der „Sehnsucht *nach* Weihnachten" zuwenden.[59] Magnus Striets essayistisch-fundamental-

---

[54] Vgl. die schon etwas älteren, der Tendenz nach aber wohl noch gültigen empirischen Zahlen, die Gerhard Schmied zu Schenken und Geschenken an Weihnachten zusammengetragen hat: Schmied, Schenken, bes. 179–185.

[55] Ebd., 180.

[56] Ebd., 184.

[57] Ebd., 183.

[58] So Hildegund Keul in ihrem Buch „Weihnachten" von 2013 (ebd., 57). Grundsätzlich geht es ihr um eine inkarnationstheologisch begründete Akzeptanz, ja Aufwertung, von Verwundbarkeit und um ein Ethos der Hingabe.

[59] So Magnus Striet in seinem Buch „Krippengeflüster" von 2007 (ebd., 9). Vgl. auch meinen, die zeitgenössischen Bräuche zu Weihnachten grundsätzlich theologisch würdigenden Essay: Kreutzer, Zauber.

theologische Reflexion zum Weihnachtsfest etwa nimmt in manchen Zügen die Form einer „Theologie des Volkes" an. Populäres Brauchtum zu Weihnachten wird theologisch rehabilitiert: „Gerade Traditionen der Volksfrömmigkeit waren immer sinnlich angelegt. Aber vielleicht haben sie nur sinnlich anschaubar gemacht und dabei intuitiv mehr von der Größe des Glaubens an den Mensch gewordenen Sohn Gottes bewahrt, als so mancher Begriff von ihm."[60] Striet ortet im verbreiteten Geschenkritus, der – wie gesehen – im Ideal der daran Teilnehmenden eine nicht instrumentalisierende Achtsamkeit der Schenkenden füreinander und für sich beinhaltet, die Ausdrucksform einer grundsätzlichen Bejahung des Daseins, der Anderen und seiner Selbst. „In der Freude über das Geschenk freut sich der Mensch über das Daseindürfen. Er freut sich darüber, beschenkt worden zu sein. Nicht nur mit dem, was ihm zugedacht ist, sondern mit dem Geschenk des Daseindürfens unter Menschen, die ihm wohlgesonnen sind. Und noch mehr gilt dies für den Schenkenden. Spätestens dann, wenn er wahrhaft schenkt, bejaht er das Dasein – das Dasein des anderen Menschen, den er beschenkt, und in eins damit das eigene Seindürfen."[61] In Symbolik und Vollzug von Weihnachtsbräuchen zeigt sich so *auch* das Gegenteil von Selbst- und Fremdinstrumentalisierung. Das Religions- und Kulturphänomen Weihnachten ist durchzogen vom die Realität durchkreuzenden Wunsch und dessen anfanghafter Erfüllung, ohne Leistung und Vorbedingung (=Idee des Geschenks) in seiner Individualität bejaht, anerkannt und gewürdigt zu werden. Die *religiöse* Hoffnung, die zu Weihnachten gefeiert und die zumindest als Sehnsucht von nicht wenigen säkularen Zeitgenossen geteilt wird, ist die Hoffnung, auf eine *unbedingte* Anerkennung der je eigenen Existenz, die sich Formen von Selbst- und Fremdinstrumentalisierung in letzter Instanz entzieht. Es ist die Hoffnung auf einen „Gott, der die menschliche Daseinsweise würdigt, indem er sie annimmt und in allen ihren Dimensionen teilt"[62].

Weihnachten ist so Spiegel, aber auch Konterpart einer durchökonomisierten und von instrumentalistischer Mentalität durchwirkten Gesellschaft. Diese von Kitsch und Kommerz verdeckte Sinnstruktur erschließt sich in der Perspektive einer empirisch sensiblen, gesellschaftskritisch-politisch ausgerichteten *und* kulturell orientierten Theologie, die der Populärkultur theologisches und politisch-emanzipatives Potenzial zutraut.

[60] Striet, Krippengeflüster, 45.
[61] Ebd., 81.
[62] Ebd., 49.

Literaturverzeichnis

Adorno, Th. W., Aberglaube aus zweiter Hand, in: ders., Soziologische Schriften I. Gesammelte Schriften 8, Frankfurt/M. 1997, 147–176.

Adorno, Th. W., Kulturkritik und Gesellschaft I-II. Gesammelte Schriften 10.1–2, Frankfurt/M. 1997.

Adorno, Th. W., Minima moralia. Gesammelte Schriften 4, Frankfurt/M. 1997.

Albert, G., Der Werturteilsstreit, in: Kneer, G./Möbius, St. (Hg.), Soziologische Kontroversen. Beiträge einer anderen Geschichte der Wissenschaft vom Sozialen, Berlin 2010, 14–45.

Bachmann-Medick, D., Cultural Turns. Neuorientierungen in den Kulturwissenschaften, Hamburg [5]2014.

Bauer, U. [u.a.], Einleitung. Rezeption, Wirkung und gegenseitige (Fehl-)Wahrnehmungen, in: ders. [u.a.] (Hg.), Bourdieu und die Frankfurter Schule. Kritische Gesellschaftstheorie im Zeitalter des Neoliberalismus, Bielefeld 2014, 7–28.

Benjamin, W., Das Kunstwerk im Zeitalter seiner technischen Reproduzierbarkeit und weitere Dokumente, Kommentar von D. Schöttker, Frankfurt/M. [3]2012.

Bourdieu, P., Die feinen Unterschiede. Kritik der gesellschaftlichen Urteilskraft, Frankfurt/M. [9]1997.

Bromley, R. (Hg.), Cultural Studies. Grundlagentexte zur Einführung, Lüneburg 1999.

Bröckling, U., Das unternehmerische Selbst. Soziologie einer Subjektivierungsform, Frankfurt/M. 2007.

Eckholt, M., „bei mir erwächst die Theologie aus der Pastoral". Lucio Gera – ein „Lehrer in Theologie" von Papst Franziskus, in: StZ 232 (2014) 157–172.

Ellacuria, I./Sobrino, J. (Hg.), Mysterium Liberationis, 2 Bde., Luzern 1995.

Franziskus, Die Freude des Evangeliums. Das Apostolische Schreiben „Evangelii Gaudium" über die Verkündigung des Evangeliums von heute, Freiburg 2013.

Gertenbach, L./Rosa, H., Kritische Theorie, in: Gertenbach, L. [u.a.] (Hg.), Soziologische Theorien, Paderborn 2009, 175–254.

Gruber, J. (Hg.), Theologie im Cultural Turn. Erkenntnistheoretische Erkundungen in einem veränderten Paradigma, Frankfurt/M. [u.a.] 2013.

Gruber, J., Theologie nach dem Cultural Turn. Interkulturalität als Ressource, Stuttgart 2013.

Gruber, J., Vorwort, in: dies. (Hg.), Theologie im Cultural Turn. Erkenntnistheoretische Erkundungen in einem veränderten Paradigma, Frankfurt/M. [u.a.] 2013, 7–8.

Honneth, A., Traditionelle und kritische Theorie, in: ders. [u.a.] (Hg.), Schlüsseltexte der Kritischen Theorie, Wiesbaden 2006, 229–232.

Horkheimer, M., Die gegenwärtige Lage der Sozialphilosophie und die Aufgaben eines Instituts für Sozialforschung, in: ders., Gesammelte Schriften 3, Frankfurt/M. 1988, 20–35.

Horkheimer, M., Traditionelle und kritische Theorie, in: ders., Gesammelte Schriften 4, Frankfurt/M. 1988, 162–216.

Horkheimer, M., Vorwort [zu Heft 1/2 des I. Jahrgangs der *Zeitschrift für Sozialforschung*], in: ders., Gesammelte Schriften 3, Frankfurt/M. 1988, 36–39.

Horkheimer, M., Zur Kritik der instrumentellen Vernunft, in: ders., Gesammelte Schriften 6, Frankfurt/M. 1988, 21–186.

Horkheimer, M./Adorno Th. W., Kulturindustrie. Aufklärung als Massenbetrug, in: dies., Dialektik der Aufklärung. Philosophische Fragmente, Frankfurt/M. 1988 (zuerst Amsterdam 1947), 128–176.

Höhn, H.-J., Praxis des Evangeliums. Partituren des Glaubens, Würzburg 2015.

Junge, M., Kultursoziologie. Eine Einführung in die Theorien, Konstanz 2009.

Keul, H., Weihnachten. Das Wagnis der Verwundbarkeit, Ostfildern 2013.

Kramer, S., Walter Benjamin. Zur Einführung, Hamburg [2]2004.

Kreutzer, A., Aktualisierung der Politischen Theologie. Impulse aus dem Werk Pierre Bourdieus, in: ThQ 194 (2014) 343–360.

Kreutzer, A., Der Zauber von Weihnachten – wider die Kulturkritik am Fest des Jahres! In: Interesse. Zeitschrift des Sozialreferats der Diözese Linz, 2014,4, 1–2.

Kreutzer, A., Gnade für das „unternehmerische Selbst“. Eine theologische Kritik der überzogenen Leistungsgesellschaft, in: StZ 232 (2014) 547–557.

Lutter, C./Reisenleitner, M., Cultural Studies. Eine Einführung, Wien 1998.

Machert, O., Cultural Studies, Konstanz 2008.

Möbius, St., Kultur, Bielefeld [2]2010.

Müller, M., Realität – Medialität – Kulturalität. Religiöses Bekenntnis unter den Bedingungen des Cultural Turns, in: Wessely, C./Ornella, A. D. (Hg.), Religion und Mediengesellschaft. Beiträge zu einem Paradoxon, Innsbruck–Wien 2010, 9–26.

Müller-Doohm, St., Theodor W. Adorno (1903–1969), in: Kaesler, D. (Hg.), Klassiker der Soziologie, Bd. 2, München 1999, 51–71.

Müller-Doohm, St., Die gegenwärtige Lage der Sozialphilosophie und die Aufgaben des Instituts für Sozialforschung, in: Honneth, A. [u. a.] (Hg.), Schlüsseltexte der Kritischen Theorie, Wiesbaden 2006, 214–216.

Müller-Funk, W., Kulturtheorie. Einführung in die Schlüsseltexte der Kulturwissenschaften, Tübingen 2006.

Reckwitz, A., Aktuelle Tendenzen der Kulturtheorien. Nachwort zur Studienausgabe 2006, in: ders., Die Transformation der Kulturtheorien. Zur Entwicklung eines Theorieprogrammes, Weilerswist 2006, 705–728.

Resch, C., Über die Strukturähnlichkeit von instrumenteller Vernunft und astrologischem Denken. Zur Ideologiekritik des „unternehmerischen Selbst“, in: Winter, R./Zima, P. V. (Hg.), Kritische Theorie heute, Bielefeld 2007, 235–257.

Ritsert, J., Der Positivismusstreit, in: Kneer, G./Möbius, St. (Hg.), Soziologische Kontroversen. Beiträge einer anderen Geschichte der Wissenschaft vom Sozialen, Berlin 2010, 102–130.

Scannone, J. C., Theologie und Volksweisheit in Lateinamerika, in: Orientierung 44 (1980) 152–157.

Scannone, J. C., Weisheit und Befreiung. Volkstheologie in Lateinamerika, Düsseldorf 1992.

Schmied, G., Schenken. Über eine Form sozialen Handelns, Opladen 1996.

Schmitt, H./Lindner, K./Filipović, A., Einleitung, in: dies. (Hg.), Theologie in Politik und Gesellschaft, Berlin 2006, 7–11.

Schweppenhäuser, G., Theodor W. Adorno. Zur Einführung, Hamburg [6]2013.

Sennett, R., Der flexible Mensch. Die Kultur des neuen Kapitalismus, Berlin [2]2000.

Sennett, R., Handwerk, Berlin 2008.

Striet, M., Krippengeflüster. Weihnachten zwischen Skepsis und Sehnsucht, Ostfildern 2007.

Themenheft „Phänomen Franziskus" der ThPQ 163 (2015,1).

Tracy, D., Religion im öffentlichen Bereich. Öffentliche Theologie, in: Kreutzer, A./ Gruber, F. (Hg.), Im Dialog. Systematische Theologie und Religionssoziologie, Freiburg 2013, 189–207.

Wenzel, K., Die Theologie und der Cultural Turn, in: Gruber, J. (Hg.), Theologie im Cultural Turn. Erkenntnistheoretische Erkundungen in einem veränderten Paradigma, Frankfurt/M. [u. a.] 2013, 213–229.

Wiggershaus, R., Die Frankfurter Schule, Hamburg 2010.

Wiggershaus, R., Die Frankfurter Schule. Geschichte – Theoretische Entwicklung – Politische Bedeutung, München [7]2008.

Wiggershaus, R., Max Horkheimer. Unternehmer in Sachen „Kritische Theorie", Frankfurt/M. 2013.

Williams, R., Schlussbetrachtung zu Culture and Society 1780–1950, in: Bromley, R. (Hg.), Cultural Studies. Grundlagentexte zur Einführung, Lüneburg 1999, 57–74.

Zwischen Verstehen und Kritik

Die erkenntnistheoretische Kraft der Katholischen Soziallehre

Clemens Sedmak

1. Vorbemerkungen: „Eine Kirche der Armen" und Fragen von Zugang und Verteilung

„Wollte man die philosophische Diskussion der Neuzeit in Form einer Gerichtsverhandlung rekonstruieren, wäre diese zur Entscheidung der einzigen Frage einberufen worden: wie zuverlässige Erkenntnis möglich sei.“[1] Diese viel zitierten Worte von Habermas geben den Rahmen für eine Interpretation des philosophischen Diskurses der Moderne vor. Diese erkenntnistheoretische Verhandlung dürfte sich, so scheint es, differenziert haben: Während sich einerseits die hermeneutische Frage nach dem Verständnis der epistemischen Güter stellt, ist andererseits die kritische Frage nach der Verteilung dieser Güter zu thematisieren. Es ist keineswegs trivial, die Frage zu stellen, was eigentlich als Gut gilt; es ist eine hermeneutische Herausforderung, etwas als „bonum“ zu verstehen. Ebensowenig ist es trivial, die Frage nach der Verteilung von Gütern, auch in erkenntnistheoretischer Hinsicht zu thematisieren. Im Rahmen der Kritischen Theorie geht es in diesem Zusammenhang etwa um Fragen des Zugangs zur Agendensetzung, zur Regelaushandlung und zur Realisierung eines Diskurses. Hier leisten Hermeneutik und Kritische Theorie je unterschiedliche, aber komplementäre Beiträge. Epistemische Güter sind jene „bona“, die der Praxis des Erkennens inhärent sind[2], primär Wahrheitsträger wie Propositionen, Urteile, Sätze, Einsichten, die mit einem Wahrheitsanspruch vertreten werden können. In einer anderen Ausdrucksweise kann man auch sagen, dass die Wahrheit das höchste epistemische Gut darstellt.

---

[1] Habermas, Erkenntnis, 11.

[2] Alasdair MacIntyre hatte an prominenter Stelle „practice“ definiert als „any coherent and complex form of socially established cooperative human activity through which goods internal to that form of activity are realised in the course of trying to achieve those standards of excellence which are appropriate to, and partially definitive of, that form of activity, with the result that human powers to achieve excellence, and human conceptions of the ends and goods involved, are systematically extended“ (MacIntyre, After Virtue, 175). Diese Praxisdefinition kann man auf die doxastische Praxis übertragen, auf die Orientierungsarbeit, gerade wenn sie in systematischer Weise geschieht, wie das im Falle der Ausübung des Lehramts oder der wissenschaftlichen (somit auch theologischen) Arbeit zutrifft.

Aspekte des Zugangs zu epistemischen Gütern und der Verteilung von epistemischen Gütern gewinnen in Auseinandersetzung mit dem Motiv einer „Kirche der Armen" an Profil. Hier stellen sich etwa Fragen wie die folgenden: Können armutsbetroffene Menschen spezifische epistemische Güter einbringen? Welchen Zugang zu epistemischen Gütern haben armutsbetroffene Menschen? Welche Bedeutung haben epistemische Güter für armutsbetroffene Menschen? Diese Fragen sind ebenso erkenntnistheoretischer wie sozialer Natur. Auf diesem Hintergrund kann man sich fragen, welche erkenntnistheoretischen Konsequenzen eine „Kirche der Armen" haben könnte und was dies für den Dialog zwischen Hermeneutik und Kritischer Theorie bedeuten würde.

Mit Papst Franziskus' Betonung einer „Kirche der Armen" hat das soziale Denken der Kirche neues Gewicht bekommen. Damit stellen sich auch erkenntnistheoretische Fragen über den Zugang zu epistemischen Gütern und deren Verteilung auf neue Weise. Papst Franziskus hat seine Vision von einer Kirche der Armen mehrmals ausgedrückt. Schon am 16. März 2013, in seiner ersten Begegnung mit Medienvertreterinnen und Medienvertretern, sprach er von der Sehnsucht nach einer von Franz von Assisi inspirierten „Kirche der Armen" („Ach, wie möchte ich eine arme Kirche für die Armen!"[3]); deutlicher wird dieses Profil der Kirche der Armen von Papst Franziskus am 4. Oktober 2013 in der „Sala della Spoliazione" im Bischofshaus in Assisi. Der Papst setzt das Motiv der „Entkleidung" und Entäußerung nach dem Vorbild Jesu als grundlegend für die Kirche an. Es geht vor allem um die Entkleidung vom „Geist der Weltlichkeit". Hier ist eine Entscheidung verlangt, denn man könne nicht zwei Herren dienen (Mt 6,24), was den theozentrischen Charakter der Kirchenausrichtung deutlich macht.[4] Am 14. August 2014 sprach Papst Franziskus in seiner Begegnung mit den koreanischen Bischöfen in Seoul explizit von einer „Kirche der Armen": „Die Solidarität mit den Armen steht im Zentrum des Evangeliums; sie muss als ein wesentliches Element des christlichen Lebens gesehen werden; durch Predigt und Katechese auf der Grundlage des reichen Erbes der Soziallehre der Kirche muss sie in Herz und Verstand der Gläubigen eindringen und sich in allen Aspekten kirchlichen Lebens widerspiegeln. Das apostolische Ideal einer Kirche der Armen und für die Armen – einer armen Kirche für die Armen – kam in den ersten christlichen Gemeinden eures Landes deutlich zum Ausdruck."[5] Der Papst warnt vor Pfarren, die zu Mittelklasse-Gemeinde mutieren, in der die Armen sich schämen einzu-

[3] Franziskus, Audienz für die Medienvertreter.
[4] Vgl. Franziskus, Pastoralbesuch in Assisi.
[5] Franziskus, Apostolische Reise von Papst Franziskus in die Republik Korea.

treten. „Kirche der Armen“ ist damit eine Kirche, die gastfreundlich ist gegenüber den Außenseitern. Die Armen, so Papst Franziskus in dieser Ansprache, stehen im Zentrum des Evangeliums wie auch am Anfang (Mk 2) und am Ende (Mt 25); die Armen sind prophetischer Sauerteig (vgl. 1 Kor 11,17 und Jak 2,1–7).

Die zentrale Stellung der Armen hat der Papst auch in seiner Homilie während der Eucharistiefeier am 16. Januar 2015 in der Mariä-Empfängnis-Kathedrale in Manila betont: „Die Armen stehen im Mittelpunkt des Evangeliums, sind das Herzstück des Evangeliums. Wenn wir die Armen aus dem Evangelium herausnehmen, können wir die gesamte Botschaft Jesu Christi nicht verstehen.“[6] Im Mittelpunkt der Kirche stehen dann konsequenterweise, will die Kirche auf das Evangelium gebaut sein, die Armen. Das hat auch Auswirkungen auf Lebensformfragen: „Für uns alle bedeutet es, ein Leben zu führen, das die Armut Christi widerspiegelt, dessen ganzes Leben darauf konzentriert war, den Willen des Vaters zu tun und den anderen zu dienen.“[7] Die „Kirche der Armen“ zeigt sich im Leben der Menschen in der Kirche, wohl aber auch strukturell in der Kirche.

Das Profil einer „Kirche der Armen“ nach dem Verständnis von Papst Franziskus wird vielleicht am deutlichsten in der apostolischen Exhortation *Evangelii Gaudium*; im Abschnitt 198 benennt Franziskus die Option für die Armen als eine von der Tradition der Kirche bezeugte theologische Kategorie, als eine Option, die im Glauben an Gott, der für die Menschen arm wurde, enthalten ist. „Aus diesem Grund“, so Papst Franziskus, „wünsche ich mir eine arme Kirche für die Armen. Sie haben uns vieles zu lehren. Sie haben nicht nur Teil am *sensus fidei*, sondern kennen außerdem dank ihrer eigenen Leiden den leidenden Christus. Es ist nötig, dass wir alle uns von ihnen evangelisieren lassen.“[8] Hier wird der besondere Ort der Armen auch in der Erkenntnispraxis der Kirche angesprochen; auch dieser Aspekt ist Teil einer „Option für die Armen“.

Nun könnte man mit guten Argumenten die These vertreten, dass die Idee einer „Kirche der Armen“ Teil der Katholischen Soziallehre ist. Eine „Option für die Armen“ kann in Schlüsseldokumenten verfolgt werden, bereits in der Ansprache von Papst Johannes Paul II. auf der Dritten Allgemeinen Konferenz der Lateinamerikanischen Bischöfe in Puebla am 28. Januar 1979; *Sollicitudo Rei Socialis* 42 spricht diese Option mit Blick auf die gesamte Tradition der Kirche an: „Dies ist eine Option oder ein besonderer Vorrang in der Weise, wie die christliche Liebe ausgeübt wird; eine

---

[6] Franziskus, Apostolische Reise von Papst Franziskus nach Sri Lanka und die Philippinen.
[7] Ebd.
[8] EG 198.

solche Option wird von der ganzen Tradition der Kirche bezeugt. Sie bezieht sich auf das Leben eines jeden Christen, insofern er dem Leben Christi nachfolgt; sie gilt aber gleichermaßen für unsere sozialen Verpflichtungen und daher auch für unseren Lebensstil sowie für die entsprechenden Entscheidungen die hinsichtlich des Eigentums und des Gebrauchs der Güter zu treffen sind." *Centesimus Annus* 57 verweist auf die nichtmateriellen Implikationen einer solchen „Option", *Evangelium Vitae* 32, *Tertio Millenio Adveniente* 51, *Centesimus Annus* 11 und *Redemptoris Mater* 37 bieten weitere Akzentuierungen an. Die apostolische Exhortation *Evangelii Gaudium* beruft sich in entscheidenden Abschnitten auf Kerndokumente der Katholischen Soziallehre: Die soziale Dimension der Erlösung wird in EG 178 mit Referenz auf das Kompendium der Katholischen Soziallehre 52 angesprochen, der Begriff der wahren Entwicklung in EG 181 bezieht sich auf *Populorum Progressio* (PP) 14, der Begriff des Friedens und das Verständnis von Solidarität in EG 219 bzw. 190 werden mit Blick auf PP 76 bzw. PP 65 deutlich gemacht, die Überlegungen zu einem Leben in Würde in EG 192 nehmen Bezug auf *Mater et Magistra* 3. Auf das angesprochene Kompendium (9, 12, 157, 168) wird in der Exhortation in den Nummern 182, 183, 190 und 240 verwiesen. Der Begriff einer „Option für die Armen" als theologische Kategorie in EG 198 wird in Bezug zu *Sollicitudo Rei Socialis* 2 gesetzt; Liebe als Merkmal von Beziehungen in EG 205 bezieht sich auf *Caritas in Veritate* 2. Die Tradition der Katholischen Soziallehre bildet offensichtlich einen wichtigen Hintergrund für den von Papst Franziskus fortgesetzten[9] Diskurs über eine Kirche der Armen.

Im Folgenden möchte ich mich der Frage nach der erkenntnistheoretischen Bedeutung der Katholischen Soziallehre zuwenden, die Anlass zur Vermutung gibt, dass sich Konturen einer „social epistemology" zeigen, wenn man die Verwaltung der epistemischen Güter durch die Kirche nach den Maßstäben der Soziallehre bemisst.[10] Zunächst gilt es die Bedeutung von

[9] Die Idee einer „Kirche der Armen" ist nicht neu: Papst Johannes XXIII. hatte am 11. September 1962 mit Blick auf die globale Kirche davon gesprochen, dass die „die Kirche [heute] in besonderer Weise eine Kirche der Armen" sei: Damit wurde von Johannes XXIII. keine Sonderkirche angesprochen, sondern die Realität einer global verwurzelten Kirche, in der die Mehrheit der Gläubigen arm seien. Dokumente des Zweiten Vatikanums haben diese Rede von einer Kirche der Armen theologisch fundiert; *Lumen Gentium* 8 hält die Christusvision dieses Begriffs fest: „In den Armen und Leidenden erkennt die Kirche das Bild dessen, der sie gegründet hat und selbst ein Armer und Leidender war. Sie müht sich, deren Not zu erleichtern und sucht Christus in ihnen zu dienen", in der berühmten Eingangszeile von *Gaudium et Spes* wird Solidarität mit den Lebensvollzügen der Menschen von heute, „besonders der Armen und Bedrängten aller Art", betont. Akzente für ein Verständnis einer Kirche der Armen setzt auch die lateinamerikanische Bischofskonferenz von Medellin 1968 in einigen Punkten des Schlussdokuments.

[10] Vgl. Schmitt, Epistemology.

epistemischen Gütern für das menschliche Heil auszuweisen. Wenn die soteriologische Relevanz von epistemischen Gütern gesichert ist, kann die erkenntnistheoretische Bedeutung der Katholischen Soziallehre deutlicher gefasst werden.

2. Epistemische Güter und das menschliche Heil

Dass sich eine Verbindung von epistemischen Gütern und Heil behaupten lässt, kann an vielen Perikopen gezeigt werden; ich greife eine bedeutende Stelle aus dem Johannesevangelium heraus, die nächtliche Begegnung Jesu mit Nikodemus. Ich will die Textstelle Joh 3,1–10 aus erkenntnistheoretischer Perspektive lesen, um den Zusammenhang zwischen epistemischen Gütern und menschlichem Heil zu verdeutlichen.

Nikodemus, dessen besonderer epistemischer und sozialer Status in Joh 3,1 klar gemacht wird[11], eröffnet das Gespräch mit dem Bekenntnis zu einer epistemischen Selbstverpflichtung („Wir wissen, du bist ein Lehrer, der von Gott gekommen ist."), die er auch entsprechend begründet: „Denn niemand kann die Zeichen tun, die du tust, wenn nicht Gott mit ihm ist" (Joh 2,2). Damit geht Nikodemus eine „obligatio" oder ein „discursive commitment" ein[12], das den Rahmen für das Gespräch abgibt und das er im Laufe des Gesprächs nicht zurücknehmen kann. Nikodemus ordnet Jesus als „διδασκαλος" ein, als „Lehrer" also, nicht aber als „Propheten". Möglicherweise schwingt eine gewisse Gönnerhaftigkeit in der Zuschreibung mit[13], ein Ausdruck von „Kategorisierungsmacht" („Etikettierungsmacht"), einen Menschen in ein System von Kategorien einordnen zu können. Das Wort „διδασκαλος" wird im Vers 10 noch einmal gebraucht, aber diesmal in einer irritierten Weise von Jesus auf Nikodemus hin. Die epistemische Autorität des Nikodemus und seine Kompetenz, mit epistemischen Gütern angemessen umzugehen, werden im Laufe des Gesprächs mehr und mehr untergraben. Die epistemische Autorität des Nikodemus ist anfangs hoch. Er erhebt einen Wissensanspruch (οιδαμεν), in der ersten Person Plural

[11] „What stands out in this passage is that Nicodemus is depicted as *the* teacher (ο διδασκαλος) of Israel (του Ισραελ) – not just a teacher, but *the* teacher – in contemporary language, *the* teacher *par excellence*, like an academic professor in Jewish historical studies and literature. It is also depicted in John chapter three that this Nicodemus was representing the Pharisees … Nicodemus was a member of the Sanhedrin. This body consisted of seventy top Jewish members that were regarded as the highest religio-political authority of the Jews … Within this body, Nicodemus was regarded as one of the best, the best of the best, in other words, simply outstanding." (Johan Ras, Jesus, 116.)

[12] Vgl. Dutilh Novaes, Medieval Obligationes.

[13] Vgl. Cotterell, Sociolinguistics, 69.

geäußert, wohl auch als eine ganze Gruppe repräsentierend, ein Wissensanspruch, der sich vor allem auf wahrnehmungsgegründetes Wissen bezieht. Sogleich führt Nikodemus eine mit substantiellen Bedingungen ausgestattete Kategorie an („ραββι“ als kostbarer Ehrentitel für Personen mit epistemischer Autorität). Die Sprachhandlung referiert einen Schluss: „(i) Jesus tut Zeichen. (ii) Für jemanden, der diese Art von Zeichen tut, gilt: Gott ist mit ihm. (iii) Wenn Gott mit X ist, ist X von Gott gekommen. (iv) Also: Jesus ist von Gott gekommen.“ Auffallend ist die nicht näher ausgeführte Art der Zeichen, die in (i) erwähnt werden und die fehlende Begründung für (iii), besteht doch ein Unterschied zwischen „von Gott sein“ (von Gott gekommen sein, den Ursprung in Gott haben) und „Gott mit sich haben“ (mit Gott in Gemeinschaft stehen, von Gott begleitet sein). Hier werden substantielle theologische Überzeugungen transportiert, weil ein Zusammenhang zwischen Gottesgemeinschaft und Gottursprünglichkeit angenommen wird.

Nikodemus verwendet also theoriegeladene Kategorien. Er zeigt sich damit als einer, der über theologische Bildung in Form von Kategorien („Lehrer, der von Gott gekommen ist“; „Zeichen“) und Überzeugungen („Wirkmacht aufgrund eines besonderen Verhältnisses zu Gott“) verfügt. Anders gesagt: Nikodemus greift auf epistemische Güter zu, die er sich durch einen Bildungsweg angeeignet hat. Seine Rede ist ein Beispiel für „angewandte Theologie“, da er allgemeine Begriffe auf eine besondere Situation und ein besonderes Gegenüber anwendet. Hier folgt er dem Modus einer „Passung“ im Sinne einer Korrespondenz zwischen allgemeiner Kategorie und besonderer Situation; mit anderen Worten: Er bringt ein Überlegungsgleichgewicht zum Ausdruck, in dem er Allgemeines mit Besonderem zusammengebracht hat. Dies ist charakteristisch für Urteilskraft im Allgemeinen, für theologische Urteilskraft im Besonderen.

Jesus stellt den Status dieser Überzeugungen, die für Nikodemus selbstverständlich geworden sind, in Frage und durchbricht damit den epistemischen „Habitus“ – darunter kann die Kultur (die Menge) der Denk- und Wahrnehmungsgewohnheiten verstanden werden, die so sehr Teil des Urteilsvermögens geworden ist, dass sie Strukturen der Selbstverständlichkeit etabliert hat und so kaum wahrgenommen werden kann. Jesus fordert diesen Habitus mit einer feierlichen Aussage („Amen, amen, ich sage dir“ [Vers 3]) heraus; die Aussage durchbricht nicht nur den epistemischen Habitus des Nikodemus, sondern auch den natürlichen Verlauf des Gesprächs, da der Konversationszug Jesu nicht in ersichtlichem und engem Zusammenhang mit dem vorhergegangenen Gesprächszug des Nikodemus steht: „Wenn jemand nicht von neuem geboren wird, kann er das Reich Gottes nicht sehen.“ (Joh 3,3) Jesus äußert einen Satz mit Wahrheitsanspruch und verwendet dabei eine epistemische Kategorie, die nicht Teil des

Kategorialsystems des Nikodemus ist („von neuem geboren werden“); der Umstand, dass Nikodemus hier mit einer ihm neuen Kategorie und damit mit einem Erkenntnisinhalt konfrontiert wird, den er nicht einordnen kann, wird aus seiner Rückfrage deutlich, in der er auf vertraute und etablierte Kategorien des „Geborenwerdens“ zurückgreift: „Wie kann ein Mensch, der schon alt ist, geboren werden? Er kann doch nicht in den Schoß seiner Mutter zurückkehren und ein zweites Mal geboren werden.“ – Nikodemus bietet eine Frage an, die sein Unverständnis ausdrückt, allerdings auch durch die der Frage nachgestellten Aussage eine Begründung für seine Ignoranz. Die Aussage nimmt auf den Erfahrungshorizont Bezug, von dem Nikodemus annimmt, dass er allgemein geteilt wird. Mit diesem Gesprächszug wird ein epistemisches Gut (in diesem Falle: eine angebotene Kategorie) zurückgewiesen.

Diese Dynamik ist mit der grundsätzlichen Frage nach dem Umgang mit Neuem verschränkt: Wenn ein Kategoriensystem mit Neuem konfrontiert wird, bieten sich erkenntnistheoretisch betrachtet vier Möglichkeiten an, sofern das Neue als etwas Neues anerkannt wird (und nicht unter Vernachlässigung der neuen Eigenschaften in bestehende Erkenntnisstrukturen eingebettet wird): Es wird eine neue Kategorie geschaffen; eine bestehende Kategorie wird ausgeweitet; das Neue wird als „unverständlich“ („absurd“, „sinnleer“) in eine „Residualkategorie“ geworfen; das gesamte Kategoriensystem wird umgebaut. Nikodemus entscheidet sich, indem er seine mangelnde Bereitschaft äußert, die bestehende Kategorie „geboren werden“ zu erweitern, für den dritten Weg: Die Aussage wird als absurd zurückgewiesen. Diese Zurückweisung deutet zunächst auf intellektuelle Enge (und einen Mangel an Vorstellungskraft) wie auch auf die Festigkeit der etablierten Kategorien hin.

Jesus fordert diese Enge und Festigkeit heraus und bietet Nikodemus im nächsten Gesprächszug wiederum eine feierliche Einleitung („Amen, amen, ich sage dir“ [Vers 5]) an, um das Gewicht der im Folgenden vermittelten Erkenntnis zu verdeutlichen; mit dieser Feierlichkeit wird ein Druck auf das etablierte Kategoriensystem, das sich Nikodemus zu eigen gemacht hat, ausgeübt. Jesus unterstreicht den Status des epistemischen Gutes, das er angeboten hat. Der Druck auf das etablierte Kategorialsystem des Nikodemus verschärft sich dadurch, dass Jesus das entscheidende Heilsgut („Aufnahme in das Reich Gottes“) ins Spiel bringt: „Wenn jemand nicht aus Wasser und Geist geboren wird, kann er nicht in das Reich Gottes kommen.“ (Joh 3,5) Damit wird die eben von Jesus eingeführte neue Kategorie, die Nikodemus nicht einzuordnen vermag („neu geboren werden“) spezifiziert („aus Wasser und Geist geboren werden“); diese Spezifikation dürfte Nikodemus erstens klar machen, dass die neue Kategorie ein klares Profil hat, das sich benennen sowie präzisieren lässt, und zweitens werden Nikodemus auf diese Weise Hilfskategorien („Wasser" und „Geist" – υδατος und πνευματος) angeboten, zu denen Nikodemus einen Zugang haben könnte, gerade wenn man einen alttestamentlichen Hintergrund annimmt.[14] Die angebotenen Hilfskategorien sind theologisch gewichtig; sie sind semantische „Marker", die Nikodemus auf einen Deutungshorizont aufmerksam machen, innerhalb dessen die neue Kategorie des „Neu-Geborenwerdens" einzubetten ist.

In diese epistemische Spur, die Jesus nun gelegt hat, wird auch der nächste Gesprächszug nachgezogen: „Was aus dem Fleisch geboren ist, das ist Fleisch; was aber aus dem Geist geboren ist, das ist Geist." (Joh 3,6) Die Hilfskategorie „Geist" wird mit einer weiteren Hilfskategorie („Fleisch") und einem Kontrast deutlich gemacht; damit wird das epistemische Gut in Form der Kategorie „neu geboren werden" theologisch kostbarer, weil es einen semantischen Wert bekommt und der Status der Unersetzbarkeit angedeutet wird – „neu geboren" ist eine Kategorie sui generis, die nicht auf die Kategorie des natürlichen Geborenwerdens reduziert werden kann; anders gesagt: „neu geboren werden" ist nicht „ein zweites Mal geboren werden"; Jesus deutet an, dass wir hier auf verschiedenen Ebenen sprechen. Dadurch macht es Jesus seinem Gesprächspartner schwerer und schwerer, das angebotene epistemische Gut zurückzuweisen; die erkenntnistheoretische Dynamik des Gesprächs lässt erkennen, dass Nikodemus darauf vorbereitet wird, eine neue Kategorie („neu geboren werden") in sein Orientierungssystem aufzunehmen, wobei diese Aufnahme zu einer Umgestaltung seines theologischen Denkens insgesamt führt (wie auch zu einer Transformation der Annahmen, die Nikodemus über Jesus hegt).

Nach dieser epistemischen Umgestaltungsarbeit in Form der angebotenen Hilfskategorien und Präzisierungen legt Jesus noch einmal nach: „Wundere dich nicht, dass ich dir sagte: Ihr müsst von neuem geboren werden." (Joh 3,7) „Μη θαυμασης" ist ein erkenntnistheoretisch bemerkenswertes Wort: „Staunen" ist Antwort auf unleugbar Vorkommendes, auf das Überraschende, dasjenige, das etablierte Kategoriensysteme herausfordert oder gar durchbricht. Menschen staunen, wenn etwas geschieht, was sie nicht für möglich gehalten haben; Menschen staunen, wenn etwas geschieht, was außerhalb ihrer Vorstellungskraft liegt; Menschen staunen, wenn sie mit Unlösbarem konfrontiert sind. Staunen deutet eine Haltung der Offenheit

[14] Vgl. McCabe, The Meaning.
Freilich, die Kategorie ist schwierig und stellt eine exegetische Herausforderung dar; immer wieder wurde eine Theologie der Taufe mit dieser Stelle zusammengebracht; William Grese legte eine Interpretation vor, die Taufe als Befähigung zum Sehen der Offenbarung Gottes zu verstehen (vgl. Grese, Unless).

(es ist Zeichen eines weisen Menschen, staunen zu können) wie auch der Überforderung (das Staunen des Ochsen vor dem neuen Tor) an. Staunen gilt als erster Schritt zum Philosophieren.[15] Hier wird die Festigkeit eines Systems durch eine Frage erschüttert; es zeigt sich die Unzulänglichkeit eines Orientierungssystems, es stellt sich die Frage nach dem „Warum". Philosophisch gesehen könnte man zwischen einem „Wie"-Staunen und einem „Dass"-Staunen unterscheiden, also einem Staunen über die Qualität von etwas („wie etwas ist") und einem Staunen über die Existenz von etwas („dass etwas ist").[16] Jesus fordert Nikodemus dazu auf, sich nicht über die von Jesus vorgelegte Kategorie „neu geboren werden" zu wundern; Nikodemus wird damit dazu aufgefordert, zu akzeptieren, dass Jesus einen wohlbegründeten Gesprächszug gemacht und ein wohlverankertes epistemisches Gut angeboten hat. „Staunen" als eine Haltung der „suspensio", die in einem epistemischen „Zwischenzustand" oder „Schwellenzustand" entsteht[17], ist unangebracht, wenn es darum geht, die angebotene Kategorie fest und sicher im eigenen Denken zu verankern. Diese Aufforderung, das angebotene epistemische Gut anzunehmen und die Kategorie fest im Denken zu verankern, ergeht an Nikodemus.

Ein drittes Mal erläutert Jesus die neu eingeführte Kategorie „neu geboren werden": „Der Wind weht, wo er will; du hörst sein Brausen, weißt aber nicht, woher er kommt und wohin er geht. So ist es mit jedem, der aus dem Geist geboren ist." (Joh 3,8) Die wiederum verwendete Kategorie „Geist" („πνευμα") wird nun mit dem Bild des Windes, dessen Woher und Wohin unklar sind, geschärft. Die Beschreibung des Wirkens des Geistes weist auf einen eigentümlichen Zustand epistemischer Unberechenbarkeit hin; gewissermaßen auf einen permanent gewordenen Liminalitätszustand. Die Aufforderung, sich nicht zu wundern, wird hier zugespitzt, wird doch eine doxastische Situation beschrieben, die allen Grund zum Staunen gibt. Die Aussage stellt epistemische Sicherheiten in Frage, die Idee eines wohletablierten Kategorialsystems, das stabil, kohärent und resilient ist. Die Rückfrage des Nikodemus in Joh 3,9 „Wie kann das geschehen?" wirkt etwas

[15] Vgl. Platon, Theaitetos, 155d.
Vgl. Aristoteles, Metaphysik (Bd. 1.2), 982b12 f.

[16] Wittgenstein hat in seinem *Tractatus Logico-Philosophicus* festgehalten: „Nicht *wie* die Welt ist, ist das Mystische, sondern *dass* sie ist." (Wittgenstein, Tractatus, 6.44.) Die Reflexion auf die Fähigkeit zum „Dass"-Staunen ist unter anderem eine schöpfungstheologische Aufgabe. (Vgl. Smith, If Philosophy.)

[17] Staunen ähnelt einem „Liminalitätszustand", wie er von Victor Turner aus sozialanthropologischer Sicht beschrieben wurde. (Vgl. Turner, Betwixt and Between; ders., The Forest of Symbols.) Staunen ist ein Zustand zwischen einem „Nicht-mehr" und einem „Noch-nicht": Das akzeptierte Orientierungssystem hat sich als unzulänglich erwiesen und gilt „nicht mehr", ein neues Orientierungssystem hat sich „noch nicht" etabliert.

hilflos. Die Rückfrage drückt Unverständnis wie Unsicherheit aus, deutet einen Abschied von feststehenden Kategorien an. Nikodemus wird hier ein zweites Mal als einer dargestellt, der eine (unangemessen erscheinende) Frage stellt. Der Beitrag von Nikodemus zum Gespräch nimmt an Bedeutung ab, vielleicht auch ein Hinweis auf die abnehmende Bedeutung der etablierten Lehre: „A certain tension is developing. It is noticeable that the contributions made by Nicodemus decrease in length, from twenty-four words (v. 2), to eighteen words (v. 4), to only four words (v. 9), and to a zero response to Jesus' question of v. 10.“[18] Nikodemus verliert an epistemischer Autorität (gewinnt aber möglicherweise an spiritueller Kraft dazu).[19]

Jesu Rückfrage „Du bist der Lehrer Israels und verstehst das nicht?“ (Joh 3,10) beruht auf der Überzeugung, dass Nikodemus eine anerkannte und etablierte Lehrautorität ist; dazu kommt die im Modus der Verwunderung oder auch des Vorwurfs geäußerte Erkenntnis, dass dieser Mann, trotz seiner reichen Ausstattung mit kulturell relevanten und formal anzueignenden epistemischen Gütern die geführte Rede nicht versteht. Drittens ist die Überzeugung am Werk, dass Nikodemus verstehen müsste – vielleicht deswegen, weil Jesu Rede in die vertraute Theologie des Alten Testaments eingebettet ist – Carson geht soweit, Jesu Anspielung, dass Nikodemus eigentlich verstehen sollte, als Hinweis auf die jüdische Verankerung von Jesu Lehre zu sehen: „nothing could make clearer the fact that Jesus' teaching on the new birth was built on the teaching of the Old Testament.“[20]

Zu diesem Zeitpunkt hat Nikodemus schon an Autorität eingebüßt; ihm wird deutlich gemacht, dass er den Begriff des Neugeborenwerdens ebenso

[18] Cotterell, The Nicodemus Conversation, hier 240. In diese Dynamik in Frage gestellter Autorität fällt wohl auch die „Nächtlichkeit“ der Begegnung („νυκτος“); Craig Bloomberg kommentiert: „Whatever possible historical reasons – fear, secrecy, convenience – which may have prompted this timing, John surely sees it as symbolic of Nicodemus' spiritual darkness.“ (Bloomberg, The Globalization, 6.) Die Nächtlichkeit dürfte eine besondere Bedeutung haben, wird sie doch in Joh 19,39, als Nikodemus ein drittes Mal im Evangelium auftritt, eigens erwähnt. Der heilige Augustinus betont diesen Faktor im Kontrast zwischen dem Licht Jesu und der Finsternis der Unerlösten in seinen Vorträgen über das Johannes-Evangelium. (Vgl. Augustinus, Tractatus, 11.)

[19] Die Gestalt des Nikodemus, der wiederum in Joh 7,50–52 und in Joh 19,39 erwähnt wird, zeigt in der Darstellung zwar eine gewisse Tendenz zum Wachstum in der Nähe zu Jesus, bleibt jedoch ambivalent: „If anything, the ambiguity grows stronger, and this ambiguity arises at least in part because Nicodemus is persistently defined from two perspectives: his point of origin (the ‚Jews', Pharisees, night) and his present location (coming to Jesus, confessing him as ‚Teacher sent from God:' defending him, and attending to his burial rites). Thus, when Nicodemus buries Jesus, he does so as a ‚Jew'; when he defends him, he does so as a Pharisee; when he confesses him, he does so at night. The result is that Nicodemus falls between the two major anthropological categories in this Gospel: he is defined as neither fully a ‚Jew' nor fully a disciple, but as somehow bearing traits of both.“ (Bassler, Mixed Signals, 641.)

[20] Carson, The Gospel, 198.

als heilsnotwendig akzeptieren muss wie die damit verbundene epistemische Situation, vom Geist geführt zu werden. Er muss sich neue epistemische Güter aneignen, sein gesamtes Orientierungssystem ist ins Wanken geraten. Eine ähnliche Dynamik kann man im vierten Kapitel des Johannesevangeliums, der vielfach theologisch gedeuteten Begegnung zwischen Jesus und der samaritanischen Frau am Jakobsbrunnen, verfolgen. Auch hier fordert Jesus sein Gegenüber und dann seine Jünger auf, neue Kategorien wie „lebendiges Wasser" (Joh 4,10) und auch „Speise, die ihr nicht kennt" (Joh 4,32) zu akzeptieren. Jesus bringt das Weltbild der Frau ins Wanken; die epistemische Arbeit, die für sie erforderlich ist, um mit dieser Situation zurande zu kommen, verlangt einen Umbau ihres Orientierungssystems, nicht bloß die Schaffung einer neuen Kategorie „lebendiges Wasser", das dem bestehenden System einfach hinzugefügt werden könnte. Epistemische Güter sind hier existentielle Einsichten, soteriologische Erkenntnisse, die zu einer neuen Lebensausrichtung führen.

Damit wird eine Einsicht deutlich: Epistemische Güter sind heilsrelevant. Das gilt natürlich nicht für alle epistemischen Güter (man denke an die Frage nach der Heilsnotwendigkeit der Philosophie), ebenso scheint es wichtig, auf den Unterschied zwischen „heilsrelevant" und „heilsnotwendig" hinzuweisen: Ein epistemisches Gut X ist für eine Person P heilsnotwendig, wenn die Erlösung von P ohne X nicht gewirkt oder geschenkt werden kann; X ist hingegen heilsrelevant, wenn das Vorhandensein bzw. Nichtvorhandensein von X in der epistemischen Situation, in der sich P befindet, eine Differenz konstituiert, die für den Heilsweg von P signifikant ist. Hier sind wir nahe an Bernard Bolzanos Verständnis von „wichtigen Sätzen". „Wichtige Sätze" nach Bolzano sind solche, die einen allgemeinen Einfluss auf unsere Tugend und Glückseligkeit haben.[21] Wenn es nun epistemische Güter wie bestimmte Urteile, Überzeugungen, Erkenntnisse gibt, die heilsrelevant sind, so ist die Frage nach dem Zugang und der Verteilung der epistemischen Güter theologisch bedeutsam. Das eingangs von Habermas bezogene Bild der Gerichtsverhandlung wird sich nicht nur aus Gründen der theoretischen Philosophie, sondern auch und gerade aus Überlegungen zur praktischen Theologie (oder der Theologie als praktischer Disziplin) in Form der Frage nach der (rechtfertigbaren) Verteilung von epistemischen Gütern und dem (rechtfertigbaren) Zugang zu epistemischen Gütern zur eingehenden Analyse empfehlen.

[21] Vgl. Bolzano, Lehrbuch der Religionswissenschaft (Bd. 1).
Vgl. Sedmak, Bedeutung.

3. Soziallehre der Kirche und epistemische Güter

Von epistemischen Gütern ist auch im Kompendium der Soziallehre der Kirche (KSL) die Rede: Eine „Ahnung des Mysteriums“ (KSL 20), das „Denken der Weisheitslehrer und Propheten“ (KSL 26), die Erkenntnis der Liebe des Vaters (KSL 29), das „Staunen“ (KSL 30), „die richtige Bewertung der irdischen Wirklichkeiten“ (KSL 45) oder „die Verheißungen Gottes“ (KSL 56) können hier angeführt werden. Hier deutet sich an, dass wir es mit unterschiedlichen epistemischen Gütern zu tun haben, mit Überzeugungen und Urteilen ebenso wie mit Ahnungen und Haltungen. Diese epistemischen Güter sind „bona“; sie sind epistemische Objekte, deren Vorliegen dem Nichtvorliegen vorzuziehen ist. In diesem Sinne können sie – als Güter – in den Rahmen einer allgemeinen Güterlehre gestellt werden. Eine solche Güterlehre findet sich in der katholischen Tradition, näherhin in der Katholischen Soziallehre.

Die Güterlehre der Katholischen Soziallehre kann mit folgenden Eckpunkten umrissen werden: Die Güter der Erde haben eine allgemeine Bestimmung, was zu einem allgemeinen Recht auf den Gebrauch dieser Güter führt und Anstrengungen zur umfassenden Entwicklung aller verlangt (KSL 172 bzw. 175); die Güter sind in einem kulturellen und sozialen Kontext zu verankern und auf eine verbindliche Ordnung angewiesen (KSL 173). Diese Ordnung kann mit dem Prinzip der Subsidiarität und dem Prinzip der Solidarität umrissen werden. Durch Arbeit und den Einsatz menschlicher Intelligenz werden Güter angeeignet und damit auch Privateigentum begründet.[22] Das Privateigentum soll dazu dienen, die eigenverantwortliche Gestaltung des eigenen Lebens zu ermöglichen. Freilich gilt das Privateigentum nicht absolut und nicht als unantastbar (KSL 177; *Laborem Exercens* 14) und ist in den größeren Rahmen einer Gemeinwohlorientierung zu stellen. Es behält eine soziale Funktion in Form der Gemeinwohlorientierung[23]; das bedeutet, dass Formen des Privateigentums einen Beitrag zum Gemeinwohl zu leisten haben. Unter „Gemeinwohl“ kann nach einem Schlüsseldokument des Zweiten Vatikanums „die Gesamtheit jener Bedingungen des gesellschaftlichen Lebens, die sowohl den Gruppen als auch deren einzelnen Gliedern ein volleres und leichteres Erreichen der eigenen Vollendung ermöglichen“ (*Gaudium et Spes* 26) verstanden werden. Hier wird also unterstellt, dass das Wohl des Einzelnen und das Wohl aller – weil

[22] Centesimus Annus 31.

[23] KSL 178.
Durch diese Gemeinwohlorientierung kann die Ambivalenz des Privateigentums (KSL 181) vermieden werden.

unteilbar – gemeinsam ist und deswegen nur gemeinsam erreicht und gesteigert werden könne. Das Gemeinwohl wird als soziale und gemeinschaftliche Dimension des moralisch Guten positioniert. Alle tragen zum Gemeinwohl bei, das dennoch ein schwer erreichbares Gut darstellt, „weil es die Fähigkeit voraussetzt, beständig nach dem Wohl des anderen zu streben, als ob es das eigene wäre" (KSL 167); das Gemeinwohl, so die Auffassung, verpflichtet alle Mitglieder der Gesellschaft ohne Ausnahme, nach je eigenen Fähigkeiten an der Verwirklichung und Entfaltung des bonum commune mitzuarbeiten. Die Idee des Gemeinwohls trägt zur Sicherung eines menschenwürdigen Lebens für alle Menschen bei: Die politische Gemeinschaft wurde aus dem Grund eingesetzt, weil Menschen, Familien und einzelne Gruppen eingesehen haben, dass sie ein wahrhaft menschliches Leben nicht aus Eigenem schaffen, sondern auf eine größere Gemeinschaft angewiesen sind (*Gaudium et Spes* 74); angesichts der Vielfalt innerhalb einer politischen Gemeinschaft bedarf es eines effektiven politischen Willens, der sich am Gemeinwohl ausrichtet (*Sollicitudo Rei Socialis* 35). Die komplexen gegenwärtigen Umstände machen es erforderlich, dass die politische Autorität öfter im Sinne der freien Verfolgung des ganzheitlichen Wohls eingreift (*Gaudium et Spes* 75). Damit ist die normative Grundausrichtung des Politischen als Gemeinwohlorientierung genannt – ein Gemeinwesen blüht, wenn Bürgerinnen und Bürger wachsendes Verantwortungsgefühl für die Förderung des Gemeinwohls in allen Lebensbereichen entwickeln (*Mater et Magistra* 96). Das Gemeinwohl ist dabei im Sinne eines kohärenten Akkordeonprinzips zu denken: Das Gemeinwohl eines Staates kann nicht getrennt werden vom Gemeinwohl der Menschheitsfamilie (*Pacem in Terris* 98) – hier zeigt sich eine gewisse „Durchlässigkeit" des Wohls von kleineren zu größeren Einheiten und die These einer Widerspruchsfreiheit von Gemeinwohlorientierungen auf unterschiedlichen Skalen. Und nun ein entscheidender Punkt – die Antwort auf die Frage „Warum Gemeinwohl?" liegt in der These, dass das Gemeinwohl kein Selbstzweck sei – „sein Wert besteht in der Bedeutung für die Verwirklichung der letzten Ziele der Person" (KSL 170). Das Gemeinwohl stellt also, um es anders zu sagen, jene Rahmenbedingungen bereit, die es einer Person ermöglichen sollen, ihr Ziel zu erreichen.[24] In diesen Rahmen ist entsprechend

---

[24] Zur Darstellung der katholischen Position vgl.: Alvira, Social Justice.
Jacques Maritain stellt eine personalistische Auffassung von „bonum commune" vor, das er von bourgeoisem Individualismus und anti-individualistischem Kollektivismus absetzt. Damit soll sichergestellt sein, dass die Person Teil einer Gemeinschaft ist, aber nicht in der Gemeinschaft „aufgehen" solle. (Vgl. Maritain, The Person.)
Eine prominente Gegenposition findet sich beim Belgischen Thomisten Charles de Koninck. (Vgl. de Koninck, De la primauté.)

das Verständnis von Gütern zu stellen. Die allgemeine Bestimmung der Güter hat auch die Konsequenz, „dass man mit besonderer Aufmerksamkeit auf die Armen achtet“ (KSL 182); diese Aufmerksamkeit zeigt sich gegenüber materieller, aber auch kultureller und religiöser Armut (KSL 184). Die Güterlehre kann nicht aus dem Horizont von Wahrheit, Leben, Heiligkeit, Gnade, Gerechtigkeit, Liebe und Frieden (KSL 57) herausgelöst werden.

So zeichnen sich folgende Eckpunkte einer Güterlehre ab: (1) Die Güter der Erde haben eine allgemeine Bestimmung, was zu einem allgemeinen Recht auf den Gebrauch dieser Güter führt und Anstrengungen zur umfassenden Entwicklung aller verlangt; (2) der Gebrauch der Güter ist kontextgebunden; (3) der Gebrauch der Güter ist in einer Ordnung des menschlichen Zusammenlebens eingebettet, in der Prinzipien wie Subsidiarität und Solidarität eine entscheidende Rolle spielen; (4) Güter werden durch Arbeit und den Einsatz menschlicher Intelligenz angeeignet, was auch Privateigentum begründet; (5) Privateigentum gilt nicht absolut, sondern ist in den größeren Rahmen einer Gemeinwohlorientierung zu stellen; (6) Die allgemeine Bestimmung der Güter hat die Konsequenz einer besonderen Aufmerksamkeit für die Armen; (7) die zentralen Kategorien des christlichen Denkens (Wahrheit, Leben, Heiligkeit, Gnade, Gerechtigkeit, Liebe, Frieden) bilden den Horizont, innerhalb dessen Güter begriffen werden müssen.

Wenn man diese Lehre auf den Begriff von epistemischen Gütern überträgt, ergibt sich folgendes Bild:

(1) Epistemische Güter (wie wahre Urteile, wahre Erkenntnisse) haben eine allgemeine Bestimmung; sie sind damit nicht Güter, mit deren bloßem Besitz man sich zufrieden geben könnte; epistemische Güter sind nicht im Sinne einer „Privaterkenntnis“ zurück zu halten. Anders gesagt: Die Erkenntnis von Wahrheit ist (mit-)teilungspflichtig. Letztere kann mit dem Diskurs über Privatoffenbarungen (und die ihnen innerhalb der Katholischen Kirche entgegengebrachte institutionalisierte Skepsis) in Zusammenhang gebracht werden. Die allgemeine Bestimmung der epistemischen Güter verträgt sich nicht mit einem „pharisäischen Elitismus“ (vgl. Lk 10,21); Jesus hat nicht nur in den Synagogen, sondern auch auf dem Berg, auf dem See, in den Häusern gelehrt. Der allgemeinen Bestimmung der epistemischen Güter entspricht die Idee einer allgemeinen Erkennbarkeit Gottes, wie sie während des Ersten Vatikanums dogmatisch festgehalten wurde (*Denzinger* 3004), und die Idee einer natürlichen Theologie auf der Basis des natürlichen Erkenntnisvermögens.

(2) Der Gebrauch der epistemischen Güter ist kontextgebunden; man könnte sich eventuell eine stärkere Variante überlegen: Was ein epistemisches Gut ist, hat auch mit dem Kontext zu tun – das führt uns in den Bereich

von lokalen Epistemologien und lokalen Theologien. „Wahrheit" liegt nicht in Form von kulturabhängigen Sätzen vor. Epistemische Güter folgen einer Pädagogik der Vermittlung – paradigmatisch mag hier die Rede des Paulus vor dem Areopag sein, in der er auf das Heiligtum zum unbekannten Gott Bezug nahm (Apg 17,23). Es reicht also nicht aus, epistemische Güter zu liefern, sie müssen „verankert" werden. Der Diskurs über „Inkulturation" wird hier ebenso relevant wie die Rede von „katechetischer Vermittlung". Man könnte in diesem Zusammenhang an David Tracys Bindung an einen säkular verankerten Glauben denken, als „that fundamental attitude which affirms the ultimate significance and final worth of our lives, our thoughts and actions, here and now, in nature and in history"[25] – die fundamentale Einstellung gegenüber der Wirklichkeit teilen Glaubende und Nichtglaubende; der entsprechenden religiösen Sprache kommt dabei eine besondere Rolle zu, denn religiöse Sprache „discloses the reassurance needed that the final reality of our lives is in fact trustworthy"[26]. Hier zeigen sich Aspekte der hermeneutisch sensiblen Vermittlung epistemischer Güter, die verstanden und verstehbar gemacht werden wollen.

(3) Epistemische Güter werden im Rahmen einer gemeinschaftlichen Ordnung erzeugt und verwaltet, in der Aspekte wie „Solidarität" und „Subsidiarität" eine wichtige Rolle spielen; hier kann man sich überlegen, ob damit nicht Hinweise auf eine entsprechend strukturierte „social epistemology" gegeben sind. Epistemische Güter werden von einer Erkenntnisgemeinschaft verwaltet; die Kirche als Glaubens- und Hoffnungsgemeinschaft ist auch als epistemische Gemeinschaft zu verstehen, in der durch die Gemeinschaft und für die Gemeinschaft epistemische Güter verwaltet („bewahrt" und „gewichtet") und erzeugt werden. Das Solidaritätsprinzip mahnt in diesem Zusammenhang die Bereitschaft ein, epistemische Güter zu teilen, das Subsidiaritätsprinzip erinnert an die Bedeutung der lokalen Ebene und stemmt sich einer Herrschaft von theologischen Expert/inn/en entgegen. Die Idee der Bereitschaft, epistemische Güter zu teilen, hat auch Konsequenzen in Bezug auf die Verwendung esoterischer Terminologien (es kann hier an Poppers Warnung vor den „großen Worten" erinnert werden); das Subsidiaritätsprinzip verlangt nach der Stützung kleiner epistemischer Einheiten, wie sie etwa Familien oder Pfarren darstellen.

(4) Epistemische Güter werden durch Arbeit angeeignet und erzeugt; diese Arbeit ist dafür verantwortlich, dass epistemische Güter (etwa im Sinne von „personal knowledge") zu persönlicher Lebensorientierung führen und praktisch wirksam werden. Epistemische Güter werden durch

[25] Tracy, Blessed Rage, 8.
[26] Ebd., 135.

hermeneutische Anstrengungen angeeignet, die vor allem die Frage nach der Einbettung betreffen: „The heart of any hermeneutical position is the recognition that all interpretation is a mediation of past and present, a translation carried on within the effective history of a tradition to retrieve its sometimes strange, sometimes familiar meanings."[27] „Epistemische Arbeit" als jene Tätigkeit, die epistemische Güter erzeugt und aneignet, ist Orientierungsarbeit, Arbeit an den verfügbaren Kategorien und Arbeit an der Einordnung und Beurteilung dessen, was jemandem widerfährt, im Rahmen eines Orientierungssystems. Epistemische Güter durch Arbeit anzueignen bedeutet, sie zum Teil des eigenen Orientierungssystems werden zu lassen. Es reicht nicht aus, Zinsen aus einem epistemischen Kapital zu ziehen – man kann sich dies vielleicht am erkenntnistheoretischen Unterschied zwischen Hiob und seinen Freunden verdeutlichen: Während Hiob in lebendiger Gottesbeziehung um die Einsicht in die eigene Situation ringt und damit ernsthafte epistemische Arbeit verrichtet, stellen ihm seine Freunde lediglich vorgefertigte Phrasen zur Verfügung, die auf die Besonderheit der Situation nicht eingehen.[28] Epistemische Aneignungsarbeit in der Theologie hat – nach Joh 15,4 – wohl nicht nur mit „Denken" und „Verstehen", sondern auch mit „Beten" zu tun.

(5) Epistemische Güter sind gemeinwohlorientiert; die Wahrheit baut die Gemeinschaft auf, was ein Kriterium rechten Entscheidens nach Ignatius von Loyola ist. Urteile und Einsichten sind gemeinschaftsfördernd; unter diesen Gedanken ist auch die Idee der anonymen Autorenschaft zu stellen. Oder anders gesagt: Die Beweislast eines gemeinschaftsverstörenden epistemischen Produkts liegt beim Produzenten. Man könnte die Gemeinwohlorientierung epistemischer Güter auch als Auftrag zum Aufbau von Gemeinsamkeit ansehen und im Sinne David Tracys dem Gespräch eine besondere Rolle im Verstehensprozess einräumen – Wahrheit manifestiert sich im Gespräch, „without genuine conversation, no manifestation"[29]. Das Gespräch (der Dialog) setzt voraus, dass nicht nur unsere eigenen Fragen zugelassen sind.[30] Im Dialog werden Möglichkeiten der Wahrheit erkundet; dies setzt den Aufbau eines gemeinsamen Horizonts voraus. Anders gesagt: Wenn man das Gemeinwohl als jene Bedingungen ansieht, die das Blühen des Einzelnen wie auch der Gemeinschaft im Sinne Gottes ermöglichen sollen, so kann man ein Gespräch als jenen Rahmen ansehen, in dem die jeweiligen Meinungen im je besten Licht dargestellt werden können.

[27] Tracy, Analogical Imagination, 99.
[28] Vgl. die Deutung durch: Stump, Second Person Accounts.
[29] Tracy, Plurality, 28.
[30] Vgl. Tracy, Dialogue, 95.

(6) Die Gemeinwohlorientierung der epistemischen Güter geht mit einer besonderen Aufmerksamkeit für die Armen Hand in Hand; die epistemischen Güter sind so zu verteilen, dass sie den am meisten Benachteiligten besonders zugänglich sind. In erkenntnistheoretischer Absicht ist es wohl hilfreich, „soziale Benachteiligung“ und „epistemische Benachteiligung“ voneinander zu trennen. Soziale Benachteiligung als soziale Ausgrenzung und ökonomische Marginalisierung ist von epistemischer Benachteiligung als Mangel an Urteilskraft und mangelndem Zugang zu relevanten epistemischen Gütern zu unterscheiden. Epistemische Benachteiligung bedeutet, keinen Zugang zu relevanten epistemischen Gütern zu haben. Dies kann in vielen Fällen plausiblerweise mit sozialer Ausgrenzung zusammengebracht werden. Menschen, die sich keinen Schulbesuch leisten können, Menschen, die in bildungsfernen Kontexten aufwachsen und leben, sind auch in epistemischer Hinsicht benachteiligt. Hier ist – man denke an die „Biblia Pauperum“ oder die Katechese – an all das zu denken, was heilsrelevante epistemische Güter zu den Menschen bringt.[31] Es ist entscheidend, dass Lehrende die Sprache der Armen sprechen (wie es auch entscheidend ist, Arme als Lehrer anzuerkennen). Dennoch hat die Unterscheidung zwischen sozialer und epistemische Benachteiligung eine Pointe: Die (heilsgeschichtlich) relevanten epistemischen Güter können gerade denjenigen, die sozial mächtig sind, verborgen bleiben. Das zeigt sich im Evangelium in der Begegnung mit dem reichen Jüngling (Mk 10,22) oder aber auch in der Dynamik der Selbsttäuschung, der mächtige Menschen erliegen können.[32] Hier kann man angesichts der je anderen Ordnung im Himmel (Mt 11,11; Mt 18,4) auch an besonderes Engagement für diejenigen denken, die durch ihre „Innerweltorientierung“ soteriologisch besonders gefährdet sind.

(7) Die zentralen Kategorien des christlichen Denkens (Wahrheit, Leben, Heiligkeit, Gnade, Gerechtigkeit, Liebe, Frieden) bilden den Horizont, innerhalb dessen epistemische Güter begriffen werden müssen. „Erkennen“ ist kein isolierter Prozess, sondern der Erkenntnisweg ist Teil des Wegs zur Heiligkeit, Erkenntnis ist auf gnadenhafte Begleitung angewiesen, Erkennen ist eine Form des Liebens. Hier kann man Gedanken über die epistemische Kraft der Liebe anstellen (etwa, wenn „Erkenntnis“ als „Begegnung“ verstanden wird) oder auch Gedanken über den Zusammenhang von epistemischer und sozialer Gerechtigkeit.[33] Die Arbeit an der Herstellung einer

---

[31] Freilich darf man sich das im Sinne des dritten Punktes nicht so vorstellen, dass „fertige“ epistemische Güter „geliefert“ werden; Erkenntnis wird (als Erkenntnis, die angeeignet werden kann), immer auch in gewisser Weise in der Situation und durch die Gemeinschaft konstituiert und validiert.

[32] Vgl. Arbinger Institute, Leadership.

[33] Vgl. Sedmak, Strukturen.

idealen Sprechsituation ist auch eine theologische Aufgabe.[34] Letzteres ist ein Kernanliegen der Katholischen Soziallehre. Kein Bereich der menschlichen Existenz und kein Bereich des menschlichen Zusammenlebens, nicht die Politik und nicht die Wirtschaft (und auch nicht die Erkenntnisprozesse!) finden im moralisch neutralen Raum statt; das bedeutet, dass die Überlegungen zu Gerechtigkeit und Solidarität, rechtem Leben und Praxis der Liebe auch im Kontext doxastischer Praxis relevant sind. Epistemische Güter unterliegen als Güter den allgemeinen Überlegungen zur Güterlehre.

4. Epistemische Güter und eine „Kirche der Armen"

Epistemische Güter können also mit einer gewissen Plausibilität in die allgemeine Güterlehre der Katholischen Sozialethik eingeordnet werden. Ergibt sich aus den eben skizzierten Hinweisen auf die Verteilung von epistemischen Gütern ein Hinweis auf die Kirche der Armen? Unter einer Kirche der Armen kann mit Ignacio Ellacuría[35] eine Kirche verstanden werden, die von den Armen von innen her als Hauptsubjekt und Prinzip der inneren Strukturierung gebildet wird; als eine Kirche, die anerkennt, dass die Armen den Heilscharakter der Kirche ermöglichen und bilden – in dem Sinne, dass die Kirche dadurch, dass sie sich unter den Armen inkarniert, zum wirksamen Heilszeichen für alle Menschen werden kann. Das Fundament dieser Kirche ist nach Ellacuría theologal und besteht in der Einigung Gottes mit den Menschen durch Christus, der sich selbst entäußert hat; die Konsequenz dieser Kirche ist die Verfolgung, ist eine von den Reichen verfolgte Kirche. Diese theologischen Aussagen geben Anlass zur Vermutung, dass in einer Kirche der Armen heilsrelevante epistemische Güter von den Armen erzeugt und bereitgestellt werden, dass die Ordnung der heilsrelevanten epistemischen Gütern mit Blick auf die Armen erfolgt. Papst Franziskus kann mit seinen Aussagen zur Kirche der Armen in erkenntnistheoretischer Hinsicht so verstanden werden, dass er die Armen als Erkenntnissubjekte positioniert, die für die Kultur epistemischer Güter unverzichtbar sind. Damit ist eine Kirche der Armen eine solche, die die Armen als Quelle von Erkenntnis anerkennt. Die Armen werden als „Erkenntnissubjekt" anerkannt.

Ich habe im ersten Abschnitt drei Fragen eingeführt: (i) Können armutsbetroffene Menschen spezifische epistemische Güter einbringen? (ii) Welchen Zugang zu epistemischen Gütern haben armutsbetroffene Men-

[34] Vgl. Adams, Habermas.
[35] Vgl. Ellacuria, La Iglesia de los pobres.

schen? (iii) Welche Bedeutung haben epistemische Güter für armutsbetroffene Menschen? Ich möchte nun auf diese Fragen eingehen.

(i) Können armutsbetroffene Menschen spezifische epistemische Güter einbringen? In Beantwortung dieser Frage kann mit Simone Weil der Hinweis gegeben werden, dass bestimmte Leidenserfahrungen zu bestimmten Erkenntnissen führen. Für Simone Weil ist das Leiden (neben der Schönheit) eine der beiden eminenten Wege, die Wirklichkeit zu berühren, lehrt uns das Leiden doch auf unabweisbare Art etwas über die Realität, das wir uns zu lernen nicht aussuchen würden; das Leiden drängt uns in eine Abhängigkeit hinein, auch und gerade in eine Abhängigkeit von der Gnade Gottes, wie sie auch Paulus, gequält vom „Stachel im Fleisch", im zweiten Korintherbrief schildert (2 Kor 12,7).[36] Leiden ist nach Weil Quelle von Mitgefühl, von Nähe.[37] Leidensfreiheit versperrt den Zugang zu bestimmten Einsichten, lässt die Quelle von bestimmter Erkenntnis versiegen. Dies wird vielleicht am deutlichsten mit Blick auf das Buch Hiob. „Das Buch Hiob ist ein Wunder, denn es drückt in vollkommener Form Gedanken aus, die der menschliche Geist nur unter der Folter eines unerträglichen Schmerzes fassen kann, die aber formlos sind, die sich verflüchtigen und nicht mehr wiedergefunden werden können, wenn der Schmerz sich legt. Die Niederschrift des Buches Hiob ist ein Sonderfall des Wunders der Aufmerksamkeit, die man dem Unglück schenkt."[38] Mit anderen Worten: Bestimmte Einsichten stellen sich nur in einer Leidenssituation ein. Gehen wir einen Schritt weiter: Wenn man Armut (verstanden als Deprivation von Identitätsressourcen[39]) als Form von Leiden versteht, was der Diskurs über Armut als soziale Ausgrenzung nahelegt, kann mit Simone Weils Denken eine affirmative Antwort auf diese Frage gegeben werden. Ja, armutsbetroffene Menschen können spezifische epistemische Güter einbringen – dies hat auch die Rolle gezeigt, die Maria Carolina de Jesus' Tagebuch, in dem die alleinerziehende Mutter von drei Kindern ihr Leben in einer brasilianischen Favela in den 1950er-Jahren beschrieb, in der Armutsforschung spielt.[40] Armut bringt besondere Erfahrungen mit sich, Erfahrungen der Entäußerung, der Entbehrung. Diese Erfahrungen brauchen nicht glorifiziert zu werden, sind aber theologisch relevant, weil sie am eigenen Leib erlebte Erfahrungen einer Entäußerung sind, wie sie im Philipperhymnus (Phil 2,5–

[36] Vgl. Cadrin, La souffrance.
[37] Vgl. Jesson, Simone Weil.
[38] Weil, Aufzeichnungen (Bd. 4), 182.
Vgl. dazu auch: Pernkopf, Ich will dich fragen.
[39] Zum hier zugrunde gelegten Armutsbegriff vgl.: Sedmak, Armutsbekämpfung.
[40] Vgl. de Jesus, Child of the Dark.
Vgl. Levine, The Cautionary Tale.

11) beschrieben werden. Das Armutsideal in der christlichen Tradition hat mit dieser Einsicht in die spezifischen epistemischen Güter, die Armut mit sich bringt, zu tun.[41] Armut erlaubt bestimmte Sätze in der ersten Person Singular, die sich einem Menschen ohne Erfahrungshorizont von Armut verschließen. Eine „Kirche der Armen" wird diese Erfahrungen als epistemisch relevant und damit als kostbare epistemische Güter berücksichtigen.

(ii) Welchen Zugang zu epistemischen Gütern haben armutsbetroffene Menschen? Im Anschluss an die vorhergehende Frage kann gesagt werden, dass durch die Erfahrung von armutsbetroffenen Menschen ein Zugang zu den spezifischen epistemischen Gütern gegeben ist. Von anderen epistemischen Gütern sind armutsbetroffene Menschen systematisch ausgeschlossen; die Friedensnobelpreisträgerin von 2014, Malala Yousafzai, hat in ihrem Kampf um Zugang zu Bildung für Mädchen immer wieder auf diesen Umstand, dass der Zugang zu Bildungsgütern restringiert ist, hingewiesen. Dieses Erschwernis kann mit guten Gründen mit sozialen Dysfunktionalitäten in Zusammenhang gebracht werden. Der Zusammenhang von Armut und „erschwertem Zugang zu Bildung" kann vielfach ausgewiesen werden.[42] Darüber hinaus ist es, wenn man Hannah Arendts Analyse von totalitärer Macht verfolgt, eine Strategie der Machterhaltung den Zugang zu Informationen zu regulieren und in Form geschickter Propaganda den Unterschied zwischen „politischer Meinung" und „Wahrheit" zu verwischen.[43] Der Zugang zu epistemischen Gütern ist für armutsbetroffene Menschen erschwert. Eine „Kirche der Armen", so könnten wir annehmen, wird sich um einen egalitären Zugang zu epistemischen Gütern – oder auch im Sinne einer vorrangigen Option für die Armen um einen präferentiellen Zugang für Armutsbetroffene – bemühen.

(iii) Welche Bedeutung haben epistemische Güter für armutsbetroffene Menschen? Epistemische Güter haben im Allgemeinen die Bedeutung der Orientierungsfähigkeit; wenn epistemische Güter nicht greifbar sind, kann Orientierungsarbeit nicht geleistet werden – dies kann unter dem Begriff der „Sozialpathologie" abgehandelt werden, wie wir im letzten Abschnitt noch sehen werden. Bildung – damit: Zugang zu epistemischen Gütern – gilt als Königsweg der Armutsbekämpfung.[44] Eine „Kirche der Armen" wird sich in besonderer Weise um Fragen der Verteilung von epistemischen Gütern und um Zugang zu Bildungsgütern bemühen. Dabei ist klar, dass epistemische Güter in einer Armutssituation einerseits die Situation erträglicher machen,

[41] Vgl. Sedmak, Armutsbekämpfung, 145–150.
[42] Vgl. Gaisbauer, Armut und Wissen.
[43] Vgl. Arendt, Elemente und Ursprünge, 726–766.
[44] Vgl. Sen, Freedom, 190–200; 217–223.

andererseits aber den Schlüssel zur Überwindung der Armutssituation darstellen; eine „Kirche der Armen" wird die Bedeutung epistemischer Güter anerkennen und gerade auch im Sinne der Armutsbekämpfung in ihrer Praxis umsetzen.

Auf diese Weise lassen sich wenigstens drei Hinweise auf die erkenntnistheoretischen Konsequenzen einer „Kirche der Armen" geben: Eine „Kirche der Armen" wird die von den Armen spezifisch eingebrachten epistemischen Güter in besonderer Weise ehren. Eine „Kirche der Armen" wird Fragen des Zugangs zu epistemischen Gütern mit besonderem Blick auf die schwächsten Mitglieder der Gesellschaft berücksichtigen. Eine „Kirche der Armen" wird Anstrengungen unternehmen, armutsbetroffene Menschen im Zugang zu jenen epistemischen Gütern zu unterstützen, die armutsbekämpfend und armutsvorbeugend sind.

Eine „Kirche der Armen" weist also ein besonderes erkenntnistheoretisches Profil auf. Diesen Blick auf die erkenntnistheoretischen Konsequenzen kann man noch dadurch schärfen, dass man einen Kernbegriff der theologischen Erkenntnislehre heranzieht, den Begriff der „Rechtgläubigkeit" oder „Orthodoxie".[45] Orthodoxie kann als Aneignung und rechter Gebrauch standardisierter epistemischer Güter verstanden werden. Dahinter steht die Überzeugung, dass epistemische Güter im Rahmen einer Erkenntniskultur in Form von gefestigten Sätzen standardisiert werden. Die Güter werden „verarbeitet" und, um ein bekanntes Motiv von Claude Lévi-Strauss zu verwenden, von einer „rohen" in eine „gekochte" Form übertragen, also kulturell überformt. Eine „Kirche der Armen" wird, so die Vermutung, auch „rohen epistemischen Gütern" Raum geben. Denn die epistemischen Güter, die armutsbetroffene Menschen in die Kirche einbringen, sind unter anderem Erfahrungen von Unterdrückung und Ausgrenzung, Erfahrungen von Leid und Ohnmacht. Wieder können wir an die Erfahrung Hiobs denken, der eine „rohe Erfahrung" gegen die glatten Sätze seiner Freunde gesetzt hat, sodass Gott zu Elifas von Teman sagt: „Mein Zorn ist entbrannt gegen dich und deine beiden Gefährten; denn ihr habt nicht recht von mir geredet wie mein Knecht Ijob." (Hiob 42,7) Eine „Kirche der Armen" wird epistemische Güter als relevant zulassen, die den Kriterien des geschliffenen Satzes nicht entsprechen. Hier kann auch ein Blick in das Evangelium helfen. Wenn man die Frage „Was bringen Arme im Evangelium an epistemischen Gütern ein?" stellt, kann man als ein paradigmatisches Beispiel die Begegnung Jesu mit der syrophönizischen Frau anführen (Mk 7,24–30).[46] Jesus vertritt in der überlieferten Darstellung eine klare und

[45] Vgl. Sedmak, Der Glaube ist praktisch.
[46] Eine sorgsame Analyse findet sich bei: Rhoads, Jesus.

kohärente Position, die sich in klaren Sätzen ausdrücken lässt. Jesus arbeitet mit den Kategorien „Kinder“ und „Hündlein“ und setzt klar den Primat der einen Kategorie vor den anderen fest. Den Sätzen Jesu steht eine doppelte Erfahrung der Frau entgegen: erstens die Erfahrung der Marginalisierung („von Geburt Syrophönizierin“, „Heidin“ – Mk 7,26), zweitens die Erfahrung, Mutter einer Tochter zu sein, die „von einem unreinen Geist besessen war“ (Mk 7,25). Diese Erfahrung verschafft der Frau wohl die Kraft, auf Jesus zuzugehen und sich vor ihn niederzuwerfen; diese Erfahrung ermöglicht ihr aber auch eine überzeugende Antwort auf das wenig schmeichelhafte Bild, das Jesus von den Kindern und den kleinen Hunden verwendet hatte (Mk 7,27). Der Frau ist das Bild offensichtlich nicht fremd; sie hat es sich – wohl auf dem Hintergrund der eigenen Leiderfahrung – so sehr zu eigen gemacht, dass sie aus dem Bild heraus reagieren kann. „Auch für die Hunde unter dem Tisch fällt etwas von dem Brot ab, das die Kinder essen.“ (Mk 7,28b) Mit keinem Wort stellt sie die Lehre Jesu in Frage („Ja, du hast recht, Herr.“ (Mk 7,28a)); sie zweifelt nicht die propositionale Lehre an, stellt sie jedoch in einen Rahmen, der Konsequenzen für das Handeln hat. Die Frau ist offensichtlich nicht an theoretischen Diskussionen und akademischen Spitzfindigkeiten interessiert, sie misst in „Erfahrungsmünzen“. Welchen Unterschied macht eine Position in der Praxis? Jesus spricht im Sinne des Verhaltens der Frau die Wahrheit – aber es fehlt ein Moment der „Anwendung“, ein Moment der „Bodenhaftung“, ein Moment der Verbindung zwischen dem Gesagten und der situativen Not. Damit wird von der namenlosen Frau nicht nur ein spezifisches epistemisches Gut eingebracht, sondern auch der Zugang zu den Heilsgütern erstritten bzw. die restringierte Zugangssituation in Frage gestellt. Die besondere Erfahrung dieser Frau ist ein epistemisches Gut, das für eine „Kirche der Armen“ relevant ist; dieses Gut klagt die Praxisnähe von Sätzen und die Bedeutung roher Erfahrung ein. Man könnte nun spekulieren, was diese Art von epistemischen Gütern und diese Form der doxastischen Praxis für die Praxis der Kirche und das Verständnis des Lehramts bedeuten könnte.

Jedenfalls erfährt das Verständnis von „Orthodoxie“ mit Berücksichtigung der epistemischen Güter, wie sie nur den Armen offen stehen, eine Akzentverschiebung hin zur Glaubenspraxis. Das könnte auch bedeuten, dass die Kirche insgesamt eine höhere „epistemische Verwundbarkeit“ aufweist, weil das kohärente Satzsystem durch die epistemischen Güter, die die Armen einbringen, eine gewisse Öffnung erfährt. Es entsteht eine „Gesprächssituation“ zwischen der tradierten Lehre und der Erfahrung der

---

Jane Hicks hat die „moral agency“ der handelnden Person in den Mittelpunkt ihrer Analyse gestellt. (Vgl. Hicks, Moral Agency.)

Armen. Eine solche Gesprächssituation wird auch der Theologin und dem Theologen neue Horizonte abringen: „All contemporary systematic theology can be understood as fundamentally hermeneutical. This position implies that systematic theologians, by definition, will understand themselves as radically finite and historical thinkers who have risked a trust in a particular religious tradition."[47] Diese neue Bescheidenheit wird gerade auch in einer „Kirche der Armen" verankert werden können. Daraus ergibt sich – ganz im Sinne der Hermeneutik David Tracys – einerseits ein Primat der Methode vor dem System, andererseits – ganz im Sinne der Kritischen Theorie – eine Diskussion um die Frage nach der Gestaltung der Sprechsituation (Zugangsbedingungen, Performanzbedingungen).

5. Schluss: „Kirche der Armen" als Antwort auf Sozialpathologien

Bestimmte epistemische Güter sind heilsrelevant; deswegen ist die Frage nach Qualität und Verteilung von epistemischen Gütern eine theologische Schlüsselfrage. Es ist eine hermeneutische Frage, epistemische Güter als Güter auszuweisen; es ist ein Aspekt kritischer Reflexion, mit Blick auf diese Güter die Fragen nach Zugang und Verteilung zu stellen. Es ist eine hermeneutische Aufgabe, das Motiv einer „Kirche der Armen" verständlich zu machen; es ist eine Herausforderung kritischer Theorienbildung, über die Konsensfähigkeit einer Kirche der Armen nachzudenken. Wir scheinen es hier mit zwei verschiedenen Zugangsweisen zu tun zu haben. Ich möchte ein Versöhnungsangebot machen: Ich möchte vorschlagen, eine Kirche der Armen als Antwort auf Sozialpathologien zu verstehen.

Der Begriff der Sozialpathologie spielt eine wichtige Rolle in der Kritischen Theorie, vor allem im Denken von Axel Honneth, der Jürgen Habermas in Frankfurt nachgefolgt ist. Sozialpathologien funktionieren „by means of second-order disorders, that is, by means of constitutive disconnects between first-order contents and second-order reflexive comprehension of those contents, where those disconnects are pervasive and socially caused"[48]. Sie sind also Konstellationen, in denen die Möglichkeit zur kritischen Analyse genommen ist. Es stehen, so könnte man sagen, keine epistemischen Güter zweiter Ordnung zur Verfügung, die es erlauben würden, epistemische Güter einzuordnen. Die Entlarvung von Sozialpathologien ist eine der ersten Aufgaben der Sozialphilosophie in einer kritischen Tradition – „social philosophy is primarily concerned with determi-

[47] Tracy, Analogical Imagination, 104.
[48] Zurn, Social Pathologies, 345–346.

ning and discussing processes of social development that can be viewed as misdevelopments (*Fehlentwicklungen*), disorders or ‚social pathologies'"[49]. Wenn man sich Axel Honneths Analyse genauer ansieht, könnte man drei Formen von Sozialpathologien unterscheiden: a) Erosion des Selbst durch Nichtrealisierenkönnen des eigenen Potentials, aber auch durch den steigenden Individualisierungsdruck, b) Perversionen des Sozialen durch verweigerte Anerkennung und Bedrohung des öffentlichen Diskurses und Distanz der Institutionen (Menschen folgen Regeln, ohne zu wissen, warum sie das tun), c) Verzerrungen der Vernunft durch Instrumentalisierung und Reifikation – die Welt wird als ökonomische Entität gesehen.

Das Anliegen einer „Kirche der Armen" kann als Antwort auf diese drei Typen von Sozialpathologien angesehen werden. Es geht einer „Kirche der Armen" darum, armutsbetroffene Menschen auch dadurch Zugang zu Identitätsressourcen zu geben, dass die spezifischen epistemischen Güter, die die Armen in die Kirche einbringen, ernst genommen werden; so werden Sozialpathologien des Selbst bekämpft; eine Kirche der Armen wird den Armen in besonderer Weise Anerkennung entgegen bringen und dadurch gegen Sozialpathologien des Sozialen eintreten. Eine Kirche der Armen schließlich wird mit kritischem Respekt die epistemischen Güter auch der Armen ehren und den allgemeinen Zugang zu epistemischen Gütern zu ermöglichen trachten. Nach David Tracys Analyse stellt es eine Form einer vernunftbezogenen Sozialpathologie dar, wenn man klassische Texte ignoriert – „what we mean in naming certain texts, events, images, rituals, symbols and persons ‚classics' is that here we recognize nothing less than the disclosure of a reality we cannot but name truth"[50]. Analog haben wir es mit einer Sozialpathologie zu tun, wenn epistemische Güter, wie sie von den Armen in die Kirche eingebracht und auch von den Armen eingefordert werden, keine Berücksichtigung finden.

In diesem Anliegen, Sozialpathologien als solche zu erkennen und zu benennen, treffen sich Kritische Theorie und Hermeneutik. Sie können im Sinne einer „Kirche der Armen" eine fruchtbare Zusammenarbeit eingehen, wenn es darum geht, epistemische Güter als solche zu bestimmen und zu verstehen sowie über die Verteilung von epistemischen Gütern und deren Zugangsbedingungen einen Diskurs zu führen. Beiden, Hermeneutik wie Kritischer Theorie, geht es um Wahrheit, die nach dem Verständnis der Katholischen Soziallehre das Zentrum des Dienstes der Soziallehre bildet

---

[49] Honneth, Disrespect, 4.
Sozialpathologien sind gesellschaftliche Rahmenbedingungen, die Menschen daran hindern, ein gutes Leben zu haben.

[50] Tracy, Analogical Imagination, 108.

(KSL 14), um Wahrheit für alle Menschen, ein Motiv, das für eine „Kirche der Armen" („Zugang zur Wahrheit für alle", „Beitrag zur Wahrheit von allen") von Bedeutung ist. Im eingangs erwähnten Werk schreibt Habermas gegen Ende in nahezu katholischer Manier: „Dass sich aber die Menschengattung in ihrer soziokulturellen Lebensform nur über die höchst unnatürliche Idee der Wahrheit im Sinne der kontrafaktisch immer schon unterstellten *Möglichkeit* universaler Verständigung reproduzieren kann, ist offensichtlich ein Faktum der Natur – das wir zu begreifen versuchen sollten."[51] Arbeit an diesem Begreifen leistet die Hermeneutik, die uns immer wieder daran erinnert, dass der Mensch das wahrheitsbegabte Wesen ist.

Literaturverzeichnis

Adams, N., Habermas and Theology, Cambridge 2006, 25–48.

Alvira, R., Social Justice and the Common Good, in: Archer, M. S./Donati, P. (Hg.), Pursuing the Common Good. How Solidarity and Subsidiarity can work together, Vatican City 2008, 605–617.

Arbinger Institute, Leadership and Self Deception, San Francisco ²2009.

Arendt, H., Elemente und Ursprünge totaler Herrschaft, Zürich ¹¹2006.

Aristoteles, Metaphysik (Bd. 1.2), hg. v. H. Seidl, Hamburg 1978–1984.

Augustinus, Tractatus in Iohannis Euangelium, in: Des Heiligen Kirchenvaters Aurelius Augustinus: Vorträge über das Evangelium des Hl. Johannes (3 Bde.), Kempten 1913–1914.

Bassler, J. M., Mixed Signals. Nicodemus in the Fourth Gospel, in: JBL 108 (1989) 635–646.

Bloomberg, C. L., The Globalization of Biblical Interpretation. A Test Case John 3–4, in: BBR 5 (1995) 1–15.

Bolzano, B., Lehrbuch der Religionswissenschaft (Bd. 1), Stuttgart 1994.

Cadrin, D., La souffrance comme voie d'accès au reel chez Simone Weil et Paul de Tarse, in: ScEs 59 (2007) 66–70.

Carson, D. A., The Gospel According to John, Grand Rapids/Michigan 1991.

Cotterell, P., Sociolinguistics and Biblical Interpretation, in: Vox Evangelica 16 (1986) 61–76.

Cotterell, P., The Nicodemus Conversation. A Fresh Appraisal, in: ET 96 (1985) 237–242.

Dutilh Novaes, C., Medieval Obligationes as a Theory of Discursive Commitment Management, in: Viv 49 (2011) 240–257.

Ellacuria, I., La Iglesia de los pobres. Sacramento histórico de la liberación, in: ECA 32 (1977) 707–722.

---

[51] Habermas, Erkenntnis, 416.

Franziskus, Apostolische Reise von Papst Franziskus in die Republik Korea aus Anlass des 6. Asiatischen Jugentages (13.–18. August 2014). Begegnung mit den Bischöfen Koreas. Ansprache von Papst Franziskus. Koreanische Bischofskonferenz (Seoul). Donnerstag, 14. August 2014 (Abrufbar unter: http://w2.vatican.va/content/francesco/de/speeches/2014/august/documents/papa- francesco_20140814_corea-incontro-vescovi.html)

Franziskus, Apostolische Reise von Papst Franziskus nach Sri Lanka und die Philippinen (12.–19. Januar 2015). Eucharistiefeier mit Bischöfen, Priestern und Ordensleuten. Homilie des Heiligen Vaters. Maria-Empfängnis-Kathedrale, Manila. Freitag, 16. Januar 2015 (Abrufbar unter: http://w2.vatican.va/content/francesco/de/homilies/2015/documents/papa-francesco_20150116_srilanka-filippine-omelia-cattedrale-manila.html)

Franziskus, Audienz für die Medienvertreter. Ansprache von Papst Franziskus. Aula Paolo VI. Samstag, 16. März 2013 (Abrufbar unter: http://w2.vatican.va/content/francesco/de/speeches/2013/march/documents/papa-francesco_20130316_rappresentanti-media.html)

Franziskus, Pastoralbesuch in Assisi. Begegnung mit den von der Caritas betreuten Armen. Ansprache von Papst Franziskus. „Sala della Spolazione“ [Saal der Entkleidung], Bischofshaus, Assisi. Freitag, 4. Oktober 2013 (Abrufbar unter: http://w2.vatican.va/content/francesco/de/speeches/2013/october/documents/papa-francesco_20131004_poveri-assisi.html)

Gaisbauer, H. [u. a.] (Hg.), Armut und Wissen. Reproduktion und Linderung von Armut in Schule und Wissenschaft, Wiesbaden 2013.

Grese, W. C., Unless One Is Born Again. The Use of a Heavenly Journey in John 3, in: JBL 107 (1988) 677–93.

Habermas, J., Erkenntnis und Interesse, Frankfurt/Main 1973.

Hicks, J. E., Moral Agency at the Borders. Rereading the Story of the Syrophoenician Woman, in: WorWor 23 (2003) 76–84.

Honneth, A., Disrespect. The Normative Foundations of Critical Theory, Cambridge 2007.

Jesson, St., Simone Weil. Suffering, Attention and Compassionate Thought, in: SCE 27 (2014) 185–201.

Jesus, C. M. de, Child of the Dark. Quarto de Despejo (1960), London 2003.

Johan Ras, M. M., Jesus, Moral recognition and crime in the Gospel of John, in: Inkanyiso. Journal for Humanities and Social Sciences 2 (2010) 115–121.

Koninck, Charles de, De la primauté du bien commun contre les personnalistes, Montréal 1943.

Levine, R., The Cautionary Tale of Carolina Maria de Jesus. Working Paper 178, Kellogg Institute for International Studies, Notre Dame 1992 (Abrufbar unter: https://kellogg.nd.edu/publications/workingpapers/WPS/178.pdf)

McCabe, R. V., The Meaning of „Born of Water and the Spirit“ in John 3:5, in: DBSJ 4 (1999) 85–107.
MacIntyre, A., After Virtue, Notre Dame/Indiana 1981.
Maritain, J., The Person and the Common Good, New York 1947.
Pernkopf, E., Ich will dich fragen … Simone Weil im Gespräch mit Hiob, in: Lectio difficilior 2 (2006).
Platon, Theaitetos, in: Werke (Bd. 6), hg. v. G. Eigler, Darmstadt 1970.
Rhoads, D., Jesus and the Syrophoenician Woman in Mark. A Narrative-Critical Study, in: JAAR 62 (1994) 343–375.
Schmitt, F., Socializing Epistemology, Lanham/Maryland 1994.
Sedmak, C., Armutsbekämpfung. Eine Grundlegung, Wien 2013.
Sedmak, C., Der Glaube ist praktisch – über die Erkennbarkeit der Orthodoxie, in: ZKTh 137 (2015) 86–103.
Sedmak, C., Die Bedeutung „wichtiger Sätze“ für die Philosophie, in: Hieke, A./ Neumaier, O. (Hg.), Philosophie im Geiste Bolzanos. Anläßlich des 222. Geburtstages von Bernard Bolzano. Edgar Morscher gewidmet, St. Augustin 2003, 127–141.
Sedmak, C., Strukturen epistemischer Gerechtigkeit, in: Salzburger Jahrbuch für Philosophie 46/47 (2001/02) 139–152.
Sen, A., Freedom as Development, London 1999.
Smith, R. B., If Philosophy Begins in Wonder. Aquinas, Creation and Wonder, in: IKZ 41 (2014) 92–111.
Stump, E., „Second Person Accounts and the Problem of Evil“, in: Yandell, K. (Hg.), Faith and Narrative, Oxford 2001, 86–103.
Tracy, D., Blessed Rage for Order. The New Pluralism in Theology, New York 1975.
Tracy, D., Dialogue with the Other. The Interreligious Dialogue, Louvain 1990.
Tracy, D., Plurality and Ambiguity. Hermeneutics, Religion, Hope, San Francisco 1987.
Tracy, D., The Analogical Imagination, New York 1998.
Turner, V., Betwixt and Between. The Liminal Period in *Rites de Passage*, in: The Proceedings of the American Ethnological Society 1954, 4–20.
Turner, V., The Forest of Symbols, Ithaca/New York 1967.
Weil, S., Aufzeichnungen. 4 Bände (Bd. 4), München 1998.
Wittgenstein, Tractatus Logico-Philosophicus, in: ders., Schriften, Bd. 1, Frankfurt/ Main 1969.
Zurn, Chr. F., Social Pathologies as Second-Order Disorders, in: Petherbridge, D./ Honneth, A. (Hg.), Critical Essays, Leiden 2011, 345–370.

Natur statt Vernunft

Neuzeitliche ontologische Denkformen als Kultur- und Religionskritik

Susanne Heine

1 Einleitung

Titel und Thema meines Beitrags mögen die Frage aufwerfen, was diese mit Hermeneutik und Kritischer Theorie zu tun haben, die Themen dieses Bandes sind. Aus meiner Sicht sehr viel. Was ich ontologische Denkformen nenne, beschäftigt mich schon sehr lange, denn sie sind in ihren unterschiedlichen Spielarten außerordentlich populär. Und der Popularität und weiten Verbreitung solcher Konzepte entspricht, dass Hermeneutik unbeliebt geworden ist.

Es ließe sich auch von der Natur als einem religiösen Konzept sprechen, das sich implizit in vielen Disziplinen findet, wie etwa in der Pädagogik von Maria Montessori[1], der Philosophie von Susanne K. Langer[2], der Psychologie von William James oder von Carl Gustav Jung, bei der Sterbeforscherin Elisabeth Kübler-Ross oder in der Kunsttheorie von René Magritte. Dieses Paradigma bildet einen Grundzug in dem, was „esoterisch" genannt wird, oder im sogenannten „Neuheidentum", hat aber auch Eingang in die Theologie gefunden. Hier steht der Begriff „Spiritualität" im Mittelpunkt. Solche ontologischen Zugänge dekonstruieren die Hermeneutik und stehen zugleich im Kontrast zur Kritischen Theorie, deren Rezeption sich dieses Symposion widmet.[3]

In einer empirischen Untersuchung von 1997 hat Klaus-Peter Jörns[4] zu seiner Überraschung einen „neuen Glaubenstypus" entdeckt, für den die Natur im ganzen Kosmos, auch im Menschen selbsttätig wirksam ist (83) als „kosmischer Geist" oder „übersinnliche Kräfte und Energien" (214 f). Dabei handle es sich um eine „neue Konfession in der Kirche" (215), der längst schon, wie die Statistik zeige, ein Großteil der Theologenschaft anhänge. Dieser „Glaubenstypus" ist nicht neu, sondern reicht schon lange bis in die kirchlichen Praxisfelder hinein, in die Religionspädagogik und vor allem in

[1] Vgl. Heine, Montessori.

[2] Vgl. Heine, Erfüllung.

[3] Teile dieses Artikels sind aus meinen Publikationen zum Thema entnommen: Grundlagen der Religionspsychologie; Die Natur als religiöses Konzept.

[4] Jörns, Gesichter Gottes. Die Seitenzahlen in Klammern beziehen sich alle auf diese Publikation.

die Seelsorge durch die Rezeption therapeutischer Ansätze.[5] Der Praktische Theologe Manfred Josuttis hat einen solchen ontologischen Zugang mit seinem Konzept des Heiligen zu einer grundlegenden Theorie erhoben, und spricht es aus: Er sieht den Menschen als ein Machtfeld, „in dem energetische Potenzen miteinander und gegeneinander operieren", und diese Machterfahrung reiche „weit über den hermeneutischen Horizont hinaus".[6]

Ontologische Denkformen haben bereits eine längere Geschichte. Im September 1909 fand an der Clark Universität, Massachusetts, USA, ein großer Kongress statt, an dem namhafte Psychologen aus aller Welt teilnahmen, darunter Sigmund Freud und Carl Gustav Jung. Stanley Hall (1844–1924), der Gründer dieser Universität, beging mit der Konferenz deren 20-jähriges Bestehen. Es herrschte Aufbruchsstimmung, für die vor allem Hall selbst stand, denn er hatte die Vision eines neuen Zeitalters, das durch die neue Psychologie angebrochen sei, die er selbst vertrat. Wie Buddha und Jesus vor ihm, wusste er sich daher gerufen, eine neue Botschaft zu verkünden, nämlich dass die nächste Evolutionsstufe für die Menschheit vor der Tür stehe. So schreibt er selbst in seiner Autobiographie kurz vor seinem Tod.[7] Diese neue Psychologie hat mit Religion zu tun, aber so, dass alle konkreten Religionen als eine vorausgehende evolutionäre Stufe überwunden und obsolet seien. An deren Stelle trete eine kosmische Energie, die auch in jedem Individuum wirkt. In diesem Sinne schreibt Hall bereits 1904 den ersten Artikel des christlichen Glaubensbekenntnisses um. Statt: „Ich glaube an Gott", heißt es bei ihm: „I believe in energy".[8]

Hall war damit nicht allein. Abraham Maslow, einer der nächsten Generation, gilt als einer der Begründer der humanistischen und transpersonalen Psychologie. Auch er ist von keinem geringeren Sendungsbewusstsein erfüllt, wenn er eine neue Vision hinsichtlich der „Möglichkeiten des Menschen und seines Schicksals" sich abzeichnen sieht (189)[9], und zwar in der neuen „Psychologie des voll entfalteten und authentischen Selbst und seiner Seinsweisen" (189). Und hier fällt auch der Begriff, denn er nennt diese neue Psychologie eine „Ontopsychologie" (33).

---

[5] Dazu zählt z. B. der evangelische Praktische Theologe Otto Haendler (ders., Tiefenpsychologie).

[6] Josuttis, Segenskräfte, 47; 29.

[7] Hall, Life and Confessions, 596.

[8] Hall, Adolescence, 543.

[9] Maslow, Psychologie des Seins. Die Seitenzahlen in Klammern beziehen sich alle auf diese Publikation.

2 Die Natur als religiöses Konzept – das Profil

In Abgrenzung gegenüber den Naturwissenschaften wird hier in der Natur eine initiative, selbsttätige Energie gesehen, die alles hervorbringt, was an Potenzialen essentiell im Kosmos und in Lebewesen angelegt ist. Nach diesem Naturverständnis ist die Natur ein selbständiger Akteur, der unabhängig vom menschlichen Bewusstsein als eine eigenständige Energie und heilsvermittelnde Instanz aus sich selbst heraus wirkt zum Wohl des Individuums, und dessen Selbstentfaltung bzw. Selbstaktualisierung herbeiführt. Die Natur gilt als energetisches Zentrum im Menschen und wird oft auch „das Selbst" genannt, im ausdrücklichen Unterschied zum „Ich", und häufig mit den Eigenschaften „heilig" oder „göttlich" versehen. Attribute Gottes können ebenfalls auf die Natur übertragen werden: Sie ist gütig, weil sie Potenziale zur Entfaltung bringt; sie ist überwältigend, weil sie ganzheitlich wirkt und alles integriert, auch das menschliche Bewusstsein; sie ist weise, weil sie das Ziel kennt, das in der Vollendung besteht.

Solche Konzepte suchen nach dem ganzheitlichen Grund alles Seienden, nach dem Sein und Wesen, das allem, was existiert, zugrunde liegt. Die dahinter stehende Naturphilosophie macht Anleihen, und zwar sehr einseitige, z. B. bei der Metaphysik des Aristoteles, der auch öfter als Referenz genannt wird. Dabei spielt auch die Akt-Potenz-Theorie eine Rolle: Die Potenziale, die einem Lebewesen innewohnen, aktualisieren sich im Zuge des Wachstums und der Entwicklung, wenn nichts Hemmendes dazwischenkommt. Was dazwischenkommen kann, ist das Ich, das die Natur als bloße Materie betrachtet und zum Objekt rationaler Analyse macht, oder die Umwelt, die durch Moral, Gebote oder religiöse Lehren den Selbstentfaltungsprozess stört.

3 Ausgewählte Beispiele

Die folgenden Beispiele sind chronologisch nach den Lebensdaten der Protagonisten geordnet.

3.1 Carl Gustav Jung (1875–1961)

Das ontopsychologische Naturverständnis zieht sich durch alle Schriften von Jung, auch wenn er den Begriff „Ontopsychologie" nicht gebraucht. Er nennt das kollektive Unbewusste einen „reinen Naturvorgang", dem ein

„potenzielles Gerichtetsein“ eignet, „das für jeden energetischen Vorgang schlechthin charakteristisch ist“.[10] Darauf baut er seine Theorie der Archetypen auf, die er als formale apriorische Struktur des Unbewussten sieht und „von jeder bewussten Absicht unbeeinflusste Naturprodukte“ nennt.[11] Der Archetypus ist für ihn „ein Lebendes aus sich, das uns leben macht“, ein „final orientierter, zweckmäßiger Vorgang“.[12]

Eingebettet in die übergeordnete Größe des kollektiven Unbewussten, bildet das Bewusstsein nach Jung mit jenem zusammen ein Ganzes, das Selbst, das die Gesamtpsyche reguliert.[13] Freilich darf dabei nichts dazwischenkommen wie etwa die „falsche und anmaßende Einstellung“ des Bewusstseins, das meint, es besser zu wissen und auf die bildhaften Botschaften aus dem Unbewussten verzichten zu können.[14] Eine solche „Bewusstseinshypertrophie“ nennt Jung „Hybris“ und verlangt, mit „der gefährlichen Autonomie des Unbewussten“ zu rechnen, die das widerspenstige Bewusstsein mit einer Urgewalt zur Integration in das Selbst zwinge.[15]

Fallweise beruft sich Jung auch explizit auf die antike metaphysische Denktradition, auf die er vor allem durch deren neuzeitliche Rezeption in Vitalismus und Holismus gestoßen ist. So schreibt er, der Archetypus sei „eine erklärende Umschreibung des Platonischen *eidos*“, und „die ewigen Ideen sind Urbilder, die *en hyperouranio topo* (an überhimmlischem Orte) als transzendente ewige Formen aufbewahrt sind“. Andere Stellen klingen eher aristotelisch, wenn es heißt, das kollektive Unbewusste „besteht aus präexistenten Formen“, und der Archetypus sei „nichts anderes ist als eine ‚*facultas praeformandi*‘“[16], oder wenn Jung den Archetypus eine „*causa efficiens*“ nennt.[17] Für ihn ergibt sich daraus „das Postulat, dass jenseits der psychischen Struktur etwas – ein ‚Tragendes‘, eine *Ousia* – vorhanden ist“[18] als ein Prinzip, das sich in jedem Menschen von selbst entfaltet. Und schließlich kann Jung in ganz aristotelischer Weise sagen: „Das allerletzte denkbare *principium* ist Gott“.[19]

Dieser ontologische Zugang ist mit einer heftigen Kritik dessen verbunden, was gemeinhin unter Moral verstanden wird. Jung traut dem Bewusstsein nicht zu, ethische Probleme zu lösen, da damit versucht werde, das

---

[10] Jung, Beziehungen, 116.
[11] Jung, Archetypen, 51.
[12] Jung, Beziehungen, 16.
[13] Ebd., 63.
[14] Ebd., 100.
[15] Jung, Psychologie und Religion, 88.
[16] Jung, Archetypen, 8; 35.
[17] Jung, Erinnerungen, 355.
[18] Jung, Brief an Bernhard Lang, 105.
[19] Jung, Gut und Böse, 499.

Unbewusste zu beherrschen, statt es selbst wirken zu lassen und um dieses zu rotieren „wie die Erde um die Sonne“[20].

3.2 Abraham Maslow (1908–1970)

Maslow vertritt eine „naturalistische Theorie über den Ursprung der Religion“ und will ein neues „Wertesystem und Lebensprogramm“ etablieren, „das man bisher vermisst hat“, weil wir ohne „das Transzendente und Transpersonale“ krank werden, „nihilistisch oder sogar hoffnungslos und apathisch“ (122).[21] Wir brauchen ein „Religionssurrogat“, „etwas ‚Größeres, als wir es selbst sind‘, um Ehrfurcht davor zu empfinden und uns in einer neuen, naturalistischen, empirischen, nichtkirchlichen Weise zu engagieren“ (12).

Auf der Basis eines „naturalistischen Wertesystems“ (204) fasse eine „Religion des Seins“ alles, auch das ‚Böse‘ als ein „in sich selbst Seiendes“ (104), in einer zielgerichteten, dynamisch wirkenden Natur zusammen, in die der Mensch eingebettet ist. Sie gewähre ihm in den *peak experiences*,[22] durch die er gottgleich wird, eine Gelassenheit, von der er lange zehren kann. Freilich gibt Maslow zu, dass kein Mensch dauerhaft in einem solchen Zustand verbleiben könne, führt dies aber wiederum auf eine Außenwelt zurück, in der Kräfte dominieren, welche die Selbstaktualisierung behindern. Für einen voll aktualisierten Menschen werde jedoch auch ein Erdbeben, obwohl es vieles zerstört, einfach akzeptiert wie der Wechsel der Jahreszeiten (104). Damit habe sich auch das Theodizeeproblem erledigt.

Auf die Frage, woran man das Wirken jener „inneren Natur“ erkennen könne, beruft sich Maslow auf die Spontaneität als „freier, unbehinderter, unkontrollierter, vertrauensvoller, unvoreingenommener Ausdrucksfähigkeit des Selbst, d. h. der psychischen Kräfte, bei minimaler Interferenz des Bewusstseins“ (197).

3.3 Carl Rogers (1902–1987)

Rogers spricht selten von Natur, meist von Organismus, wenn er etwa sagt, „dass der personenzentrierte Ansatz auf einem grundlegenden Vertrauen

[20] Jung, Beziehungen, 124.

[21] Maslow, Psychologie des Seins. Die Seitenzahlen in Klammern beziehen sich alle auf diese programmatische Publikation.

[22] Darunter versteht Maslow emotionale Ausnahmezustände.

zum Menschen und zu allen Organismen basiert" (69).[23] Das legt nahe, diesen Begriff biologisch zu verstehen. Wenn man aber den Kontext betrachtet, fallen auch hier die philosophischen Begriffe auf wie „potenziell", „Aktualisierung" oder „Selbstentfaltung". Im Unterschied zu Jung geht Rogers nicht bis in die Antike zurück, sondern bezieht sich auf neuzeitliche Positionen des 19. und 20. Jahrhunderts, denen es auf unterschiedliche Weise darum ging, die Eigentätigkeit der Natur gegenüber den empirisch-naturwissenschaftlichen Zugängen zu rehabilitieren. Es fallen Namen wie Jan Christiaan Smuts, der in den 1920er-Jahren den Begriff Holismus geprägt hatte, oder Hans Driesch, der durch sein Experiment mit der Seeigellarve zur Gallionsfigur des Neovitalismus geworden war. Driesch schnitt das befruchtete Ei einer Seeigellarve durch und beobachtete, dass sich die abgetrennte Hälfte nach einiger Zeit zu einem neuen Ganzen zusammenschloss und aus je einer Hälfte eine vollständige Larve entstand. Dies wurde ihm zum Beweis eines teleologisch wirksamen Prinzips in der Natur, das er im Anschluss an Aristoteles mit dem Begriff der Entelechie benannte.[24]

Rogers nennt dies die Selbstverwirklichungstendenz, die gehemmt und deformiert, aber nicht zerstört werden könne. Er bedient sich der Pflanzen als Beispiel, indem er an Kartoffeln erinnert, die im Keller dürftige Triebe ausbilden, die dem Lichtschein des Fensters entgegenwachsen. Es sieht darin die zielgerichtete Tendenz allen Lebens bestätigt, die jedem Organismus als Potenzial innewohnt und von sich aus zur „Erhaltung, Entfaltung und Reproduktion des Selbst" tendiert (69 f), mithin zur Aktualisierung – wenn nichts dazwischenkommt.

Damit nichts dazwischenkommt, ist für Rogers „ein klar definierbares Klima förderlicher psychologischer Einstellungen" notwendig, damit ein Mensch, dann voll entwickelt, mit sich im Reinen und mit dem Kosmos eins sein könne (66). Rogers kann auch vom „Trieb zur Selbstvervollkommnung" sprechen (71) als die „Urnatur des Prozesses, den wir Leben nennen" (69). Neben der „zielgerichteten Tendenz" spielt auch der Begriff „Substrat" eine Rolle, die lateinische Übersetzung des griechischen Begriffs „Ousia": „Deshalb ist es für mich sinnvoll zu sagen, dass das Substrat aller Motivation die organismische Tendenz zur Selbstverwirklichung ist" (74). Er selbst versteht sich als einen voll aktualisierten Organismus: „Ich stelle fest, dass von allem, was ich tue, eine heilende Wirkung auszugehen scheint, wenn ich meinem inneren, intuitiven Selbst am nächsten bin" (80).

---

[23] Rogers, Der neue Mensch. Die Seitenzahlen in Klammern beziehen sich alle auf diese Publikation.

[24] Driesch, Philosophie des Organischen, 145 f.

3.4 Elisabeth Kübler-Ross (1926–2004)

Für die Sterbeforscherin Kübler-Ross meint es die Natur gut mit uns, und wer in Harmonie mit der Natur lebe, habe keine Angst vor dem Tod. Denn diese sei eine künstliche Angst, hervorgerufen durch die materialistische Wissenschaft, die mit ihren medizinischen Technologien den Glauben an einen Fortschritt in der Bekämpfung von Krankheit und Tod genährt und jede Spiritualität vernichtet habe. Sie nennt den physischen Körper einen Wintermantel, den man zu Beginn des Frühlings weghängt, oder einen Kokon, aus dem im Moment des Todes das unsterbliche Selbst wie ein Schmetterling schlüpft.[25]

Fälle von Nahtoderlebnissen, von denen sie abertausend gesammelt hat, dienen ihr dafür als Beweis. Sie selbst beruft sich auf Erfahrungen, in denen sie sich eins fühlte mit dem Universum. Anlässlich eines Symposions über Transpersonale Psychologie in Berkeley habe sie gelernt, dass es sich dabei um eine Urlichtquelle handle,[26] um eine spirituelle Energie, ein Netzwerk von Energiestrukturen, aus dem wir kommen und zu dem wir zurückkehren.[27] Manchmal spricht sie auch von kosmischem Bewusstsein, einem unsterblichen, allwissenden Selbst, von innerer Entität oder vom göttlichen Funken in uns.[28]

Das Erdenleben ist für Kübler-Ross eine Schule inneren Wachstums, die vielen Prüfungen aussetzt, so dass ein Mensch die für ihn vorgesehenen Lektionen lernen und im kosmischen Bewusstsein bleiben kann, um nicht wieder zurückkommen und noch einmal von vorne anfangen zu müssen. Zuletzt richte nicht ein Gott über uns, sondern tauchen wir in ein umfassendes Wissen ein, das die versäumten Chancen zum Wachsen erkennen lässt. Der Tod ist für sie ein Durchgang in einen Zustand größter bedingungsloser ewiger Liebe. Zuweilen nennt sie diese Liebe Gott, will das aber nicht mit Religion gleichgesetzt wissen, da es nicht um einen Glauben an etwas gehe, auch nicht um Auferstehung im christlichen Sinne, sondern um ein inneres Gewahrwerden aus sich selbst heraus. Denn der Mensch sei bei der Geburt vollkommen, und wenn er etwas verliert – wenn Kinder früh sterben – erhält er dafür als Ausgleich mehr spirituelle Energie. Menschen, die an Aids sterben, sieht sie als notwendige Opfer in einem evolutionären Prozess der Menschheit zu einer nächst höheren Stufe des Bewusstseins: „Es

[25] Kübler-Ross, Über den Tod, 23; 77; 88 u. ö.; Kübler-Ross, Erfülltes Leben, 56; 60 u. ö.
[26] Kübler-Ross, Lebe jetzt, 30 f.
[27] Kübler-Ross, Erfülltes Leben, 58; 94 f.; Kübler-Ross, Über den Tod, 79 f.; 82.
[28] Ebd., 77; 88; 57; 79; 48.

wird die Zeit kommen, da die Spreu vom Weizen geschieden wird, bevor große Veränderungen sich auf diesem Planeten vollziehen".[29]

3.5 Manfred Josuttis (1936, em. 2001)

In seinem Buch „Segenskräfte" mit dem Untertitel „Potentiale einer energetischen Seelsorge"[30] geht auch Josuttis vom Wirken göttlicher Kräfte und Energien aus, die unabhängig vom Bewusstsein agieren und Menschen überwältigen. Solche Mächte, die das Universum erfüllen, manifestieren, aktualisieren, verleiblichen sich räumlich und zeitlich in spürbaren Atmosphären. Er spricht von der „Wirklichkeit des Heiligen" als einer dem Menschen überlegenen machtvollen Realität (36), die schädigende Mächte vertreiben, durch „heilende Ströme neue Strukturen schaffen" und Menschen mit Vitalkraft versehen könne. Daher versteht Josuttis sein Konzept als etwas Transzendierendes (29), das erstarrte orthodoxe Glaubenssätze ebenso überschreitet, wie innerpsychologische Vorgänge (110). Josuttis verabschiedet die „cartesianische Illusion" eines mündigen Menschen (44) und einer persönlichen religiösen Identität, und richtet sich gegen die verbreitete „Bewusstseinszentrierung" (90). Im seelsorgerlichen Gespräch begegnen daher einander keine autonomen Subjekte (162), sondern Menschen als Objekten von Mächten. Seelsorger sind für ihn Menschen, durch die „der Brunnen göttlicher Güter" wie durch ein Rohr „ohne Unterlass fließen soll" (15).

In seinem Konzept macht Josuttis Anleihen bei Hermann Schmitz und seiner Theorie von den überindividuellen, räumlich existierenden Machtfeldern, die den Einzelnen ergreifen, aber auch bei der Theorie der „morphogenetischen Felder" von Rupert Sheldrake (36–38), den die New Age-Bewegung als ihren Theoretiker willkommen hieß. Für Sheldrake ist das Universum schöpferisch tätig, die Natur ein lebendiges Wesen, die in ihren morphogenetischen Feldern alle Formen dessen, was es auf der Erde gibt, bereits vor deren Entstehung als Potenz in latentem Zustand bereithielt.[31] Weiter beruft er sich auf Aristoteles und die Seele als *forma corporis* sowie auf Jungs archetypische Struktur des Unbewussten. Den Sheldrake'schen Formen wohnt aber auch eine Entwicklung inne durch „morphische Resonanz", die Informationen zu allen Genen einer Spezies übertragen könne,

[29] Kübler-Ross, Aids, 286. Die Wendung in ihrem Leben darf ihre Verdienste nicht vergessen lassen, als sie mit ihren „Interviews mit Sterbenden" (1969) das Tabu des Todes gebrochen und den Sterbenden eine Stimme gegeben hatte.

[30] Die Seitenzahlen in Klammern beziehen sich alle auf diese Publikation.

[31] Sheldrake, Universum, 89; 74.

unabhängig von direkter Kommunikation. Denn wenn ein Individuum einer Gattung sich wiederholt auf neue Weise verhält, übertrage sich dies auf andere Individuen; durch Verdichtung seien daraus auch die Rituale entstanden.

Bei Josuttis kommt alles zusammen. Und da die kirchlichen Riten, wozu für ihn auch Gebet, Lesungen und Handauflegung beim Segen gehören, durch ihre „Überrationalisierung ihre Kraft verloren haben“ (142), gelte es, diese Riten durch eine transkognitive und transpersonale Seelsorge ihre Macht wiederzugeben, damit die Menschen von der „formbildenden Kraft eines Feldes“ erfasst werden können (29).

Das Evangelium ist für ihn keine kognitive Botschaft oder Lehre, sondern eine ungeschaffene göttliche Energie (40; 65; 68). Durch „die Gestaltung des Raums mit religiösen Symbolen (Bibel, Kreuz) und besonders durch Bilder“ werde „die umfassende Heilsmacht vergegenwärtigt“ (135). Die Trinität teilt er auf in einen unzugänglichen Gott, d. i. die Macht des Heiligen, und in dessen ungeschaffene Energien von Liebe, Gnade und Frieden, in denen sich die Macht des Heiligen aktualisiert (60). In Summe: „Die Erfahrung des Heiligen ist eine Machterfahrung. Aber auch die Umkehrung ist möglich: Jede Machterfahrung ist eine Erfahrung des Heiligen“ (49). Jung liegt nicht fern: „Diejenige psychologische Tatsache, welche die größte Macht in einem Menschen besitzt, wirkt als ‚Gott‘, weil es immer der überwältigende psychische Faktor ist, der Gott genannt wird.“[32]

4 Kritische Betrachtung

4.1 Umgang mit Quellen und Methoden

Alle genannten Protagonisten sind darauf bedacht, ihr Konzept zu verbreiten, und das nicht ohne missionarischen Impetus, besonders gegenüber den Theologen, die „ihre Arbeit nicht gemacht [haben], obwohl sie in den letzten zweitausend Jahren reichlich Gelegenheit dazu gehabt hätten“, so Kübler-Ross.[33] Denn Menschen müssen erkennen und akzeptieren, dass das Walten der Natur die Welt und auch sie selbst leitet. Sie sollen sich für die Mächte und Energien öffnen. Gerade dann, wenn das Ich in einen ausweglosen Konflikt verstrickt ist, „soll man“, nach Jung, der inneren Instanz, „dem Selbst, die Führung überlassen“.[34]

---

[32] Jung, Psychologie und Religion, 84.
[33] Kübler-Ross, Rad des Lebens, 304.
[34] Jacobi, Individuation, 119.

Dieser Anspruch wird aber nicht in einen hermeneutischen Prozess eingebunden, der darum bemüht ist, etwas zu verstehen zu geben, sondern bedient sich der Äquivokation. Eine Fülle von assoziativ aneinandergereihten Analogien aus verschiedenen Bereichen wie Physik, Philosophie oder Theologie, die freilich nicht nach ihren verschiedenen Prämissen unterschieden werden, lässt den Eindruck entstehen, dass alles mit allem zusammenhängt und ein Ganzes bildet. Zur Hermeneutik gehört, die Quellen zu verstehen, diese in ihrem je eigenen Selbstverständnis als ein Anderes gelten zu lassen, den eigenen Standort zu erfassen, Prämissen namhaft zu machen und kritisch zu reflektieren. Die geschilderten ontologischen Konzepte gehen hingegen anders vor, nehmen Anleihen bei vielen, ganz unterschiedlichen Disziplinen, bei der antiken Metaphysik, dem neuzeitlichen Holismus oder bei der Theologie. Auch wenn von Gott gesprochen wird, und das geschieht durchgängig, ist immer jene Energie oder unpersönliche Macht gemeint, die autonom handelt.

Daher lassen sich die Aussagen auch theologisch lesen: Die Natur/Gott meint es gut mit uns, wir können vertrauen. Wir sollen hinhören auf das, was die innere Natur/Gott uns sagen will. Wir sollen uns mit unserem Ich nicht anmaßend über das Walten der Natur/über Gott erheben. Das Selbst ist eine Ganzheit, zu der auch das Böse gehört/Gott vollbringt Heil und schafft Unheil (Jes 45,6 f). Wir sind keine autonomen Subjekte, sondern Mächten/Gott unterworfen. Wir sollen uns gelassen in das Schicksal/den Willen Gottes ergeben. Wir sollen beten und Riten vollziehen, um den ungeschaffenen Energien/Gott Raum zu geben. Wir werden in eine andere Dimension jenseits von Raum und Zeit/in das ewige Leben bei Gott gehen. Diese theologische Lesart wird auch von Theologen und Theologinnen gepflegt, die damit freilich in einen ganz anderen Kontext geraten.

Trotz ihrer Kritik an einer naturwissenschaftlichen Weltsicht mit ihren Technologien, verstehen sich alle Protagonisten auch als Empiriker, nicht zuletzt, weil das in ein szientistisches Ambiente passt. Nach dem Anleihen-Modell nennt Jung die Archetypen eine „empirische Angelegenheit“[35] und spricht vom „Vorhandensein“ psychischer Phänomene. Maslow verwendet die Begriffe „naturalistisch“, „empirisch“ und „ontologisch“ äquivok. Manche bedienen sich auch empirischer Verfahren, wie Rogers, der in die therapeutische Praxis das Tonbandprotokoll einführte, und dieses ein „Mikroskop“ nennt, „in dem ich [...] ‚die Moleküle der Persönlichkeitsveränderung‘ sehen kann“.[36] Kübler-Ross will durch die empirische Untersuchung von Nahtoderlebnissen das Weiterleben nach dem Tod bewei-

[35] Jung, Begriff des kollektiven Unbewussten, 47.

[36] Rogers, Philosophie, 47.

sen. Da der Anleihen viele sind, lassen sich je nach Bedarf auch gegenteilige Aussagen finden. Rogers gibt an, sein Konzept sei das Ergebnis „einer *philosophisch* begründeten Wahl“, die sich nicht beweisen lasse, und er verlangt, den „bequemen Mantel der ‚Objektivität‘“ fallenzulassen.[37] Und Jung meint: „Ich kann es kaum verschleiern, dass wir Psychotherapeuten eigentlich Philosophen [...] sein sollten oder vielmehr, dass wir es schon sind“.[38]

4.2 Anthropologischer Monismus

Die Abwehr gegen jede Form von Theologie ist jedenfalls evident, und wird von allen Protagonisten lautstark artikuliert. Der Vorwurf richtet sich gegen alles, was mit Bewusstsein und Vernunft, Autonomie und Freiheit, Gewissen, Verantwortung und Schuld zu tun hat, und die Theologie habe sich auf einen solchen falschen Weg begeben. Für Josuttis z. B. hat die Überrationalisierung die heilsame Macht der Riten zerstört.

Hermeneutik versteht sich als eine Tätigkeit des menschlichen Geistes, weil die Natur den Menschen auch mit einem Bewusstsein ausgestattet hat, das Distanz nehmen, ein Anderes als anders wahrnehmen und darüber reflektieren kann. Daher hat die Hermeneutik auch ethische Implikationen in dem Bemühen nicht nur im Umgang mit Texten, sondern auch im Gespräch anderen gerecht zu werden, sie in ihren je eigenen Lebensumständen, ihren eigenen Gedanken, Wünschen und Schmerzen wahrzunehmen. Zur ethischen Dimension gehört weiter, dass die Sinnerschließung beim Lesen von Texten oder in Gesprächen nicht von vornherein festgelegt wird, denn Verstehen ist ein sich wandelnder, gemeinschaftlicher und nicht abschließbarer Prozess.

In den dargestellten ontologischen Konzepten wird Ethik ausschließlich mit moralischen Forderungen und Gesetzen identifiziert, die von außen kommen und die Selbstentfaltung behindern. Für Jung bedeutet allein schon die Frage: Was soll ich tun?, dass sich das Bewusstsein über das Unbewusste erhebt.[39] Moral ist für ihn „ein instinktives Regulativ des Handelns“, eine „Funktion der menschlichen Seele, die so alt ist wie die Menschheit“.[40] Hier wird die Differenz von Gut und Böse ontologisch verankert; z. B. heißt es bei Maslow: „Ein guter Mensch (oder ein Tiger oder ein Apfelbaum) ist gut in dem Ausmaß, in dem er den Begriff ‚menschliches Wesen‘ (oder Tiger oder

[37] Ebd., 42 f.
[38] Jung, Psychotherapie und Weltanschauung, 85.
[39] Jung, Archetypen, 19.
[40] Jung, Über die Psychologie des Unbewussten, 28 f.; 77 f.

Apfelbaum) erfüllt".[41] Auch für Rogers gilt: „Ob wir von einer Blume oder einem Eichenbaum, einem Regenwurm oder einem schönen Vogel, einem Affen oder einem Menschen sprechen", man könne sagen, „dass in jedem Organismus, auf jedweder Entwicklungsebene eine Grundtendenz zur konstruktiven Erfüllung der ihm innewohnenden Möglichkeiten vorhanden ist".[42] Eine ethische Entscheidung könne daher dann nicht fehlgehen, wenn sie als „organismische Wahl – die nichtverbale, unbewusste Wahl der Daseinsform" – vom „Evolutionsstrom geleitet wird".[43] Auch für Jung ist es ganz einfach: Die „Selbstverwirklichung des Unbewussten" gleicht einer Pflanze, die Potenz des Rhizoms aktualisiert sich in der vergänglichen Blüte.[44]

Das Böse wird nicht immer verleugnet, aber in die Ganzheit integriert. Jung nennt Gut und Böse Prinzipen, „und wir müssen bedenken, dass ein Prinzip lang vor uns ist und weit über uns hinausreicht". Solche Prinzipien haben den Charakter des Numinosen: „Ich kann ein Numinosum nicht ‚bewältigen', sondern nur ihm gegenüber geöffnet sein, mich überwältigen lassen, im Vertrauen auf seinen Sinn."[45] Schicksalsmacht – das ist ein entscheidender Begriff bei Jung, denn die unverfügbare seelische Aktivität könne rücksichtslos, „meinen Lebenslauf auf Gedeih und Verderb in eine andere Richtung drängen"[46], oder etwas mit Notwendigkeit zerstören, auch wenn es das Leben ist. „Schuld" bedeutet für Jung die Abspaltung des Bewusstseins vom natürlichen Urgrund des Unbewussten, und nicht den Verstoß gegen ethische Anforderungen. Er wirft den „Kulturschulmeistern" und Theologen vor, dass sie das nicht begreifen.[47]

Ein solcher anthropologischer Monismus verleugnet Endlichkeit und Schmerz, kann nicht verstehen, was das für Menschen existenziell bedeutet. Dann ist ein zerstörerisches Erbeben für Maslow nur wie ein Wechsel der Jahreszeiten, der Tod für Kübler-Ross nur wie das Weghängen eines Wintermantels, und für sie verkörpern Aids-Patienten „das Potential für Erleuchtung und Wachstum".[48] Rogers sieht den Tod des Individuums als einen natürlichen Prozess in einem größeren kosmischen Rahmen und im Dienste der evolutionären „Tendenz zu immer höherer Ordnung".[49] Für Maslow sind Leiden und Schmerz notwendige Motoren, die Selbst-Aktua-

---

41 Maslow, Psychologie des Seins, 172.
42 Rogers, Der neue Mensch, 69.
43 Ebd., 78.
44 Jung, Erinnerungen, 11; Jung, Archetypen, 34; vgl. Jung, Gut und Böse, 502.
45 Jung, Gespräch, 211.
46 Jung, Brief an Mr. Leonhard, 276.
47 Jung, Gut und Böse, 28.
48 Kübler-Ross, Rad des Lebens, 343; 277.
49 Rogers, Der neue Mensch, 75.

lisierung voranzutreiben: „Ein Mensch, der nichts gemeistert, ertragen und überwunden hat, zweifelt auch weiterhin, dass er es könnte“[50], und der Zweifel hemme das innere Wachstum. Er empfiehlt „a very good trick“: Sich in einen bevorstehenden Tod, den eigenen oder den unserer Lieben, hineinzuversetzen, hebe die Qualität des Alltags.[51]

4.3 Der Verlust der Person

Verstehen setzt voraus, dass Menschen miteinander sprechen. Die geschilderten Konzepte sind unkommunikativ, nicht dialogisch und stumm, nicht auf andere Menschen als Andere bezogen. Vielmehr kommuniziert „es“ in den Menschen, Potenzen aktualisieren sich, Energieströme fließen, Kräfte verleiblichen sich, sei es evolutionär-entelechial oder als Kampfgeschehen zwischen guten und bösen Mächten. Die Natur ist der einzige Akteur, der „handelt“. Das menschliche Bewusstsein, die geistige Tätigkeit mit Sprache und Erkenntnisvermögen werden abgewertet als anmaßend, ethisch oder dogmatisch rigid und destruktiv, weil losgelöst vom natürlichen Urgrund, und dem Begriff des Lebendigen subsummiert. Die Beziehungslinien verlaufen nicht von einer Person zu einer anderen Person, sondern von kosmischen Bewegungen zu einem individuellen „Inneren“, das Seele oder „das Selbst“ genannt werden kann.

Nicht zufällig kennen solche Konzepte den Begriff „Person“ nicht; sie sprechen wenn, dann vom Individuum als einem unteilbaren Einzelwesen. Jungs Individuationsprozess bedeutet: „zum Einzelwesen werden“.[52] Eine Person hingegen wird nicht durch ihre Individualität definiert, sondern relational durch ihre kommunikativen Beziehungen zu anderen Personen, und zwar ontologisch; hier macht der Begriff Sinn. Bei Jung kommt „Person“ in der lateinischen Version *persona* vor mit der Bedeutung von Maske oder Rolle, die ein Mensch durch Anpassung an die Umwelt im Dienste einer „leichten Verkehrsform“ einnimmt, um nicht anzuecken.[53] Josuttis betont, dass für die Seelsorge nicht zwischenmenschliche Konflikte im Mittelpunkt stehen sollen, sondern es um die Konzentration auf machvolle Energien geht, die er heilig nennt (9).

Dazu passt die Diagnose von Richard Sennett, der von einer „Ideologie der Intimität“ spricht: „Die Auslöschung der Grenze zwischen dem Selbst

[50] Maslow, Psychology of Being, 4: „The person who hasn’t conquered, withstood and overcome continues to feel doubtful that he could.”

[51] Maslow, Farther Reaches, 191.

[52] Jung, Beziehungen, 59.

[53] Jacobi, Individuation, 36 f.

und dem Anderen bedeutet, dass dem Selbst nie etwas Neues, ‚Anderes' begegnen kann. Dieses wird verschlungen und so lange umgeformt, bis sich das Selbst darin wiedererkennt – damit aber wird das oder der Andere bedeutungslos. […] Die Umrisse, Grenzen und Formen von Zeit- und Beziehungsverhältnissen sind ausgelöscht."[54] Neuzeitliche ontologische Konzepte behaupten, dass bei ihnen der ganze Mensch im Mittelpunkt steht. Aber genau das ist nicht der Fall, denn dieser Mensch ist nicht ganz, sondern seiner personalen, relationalen und kommunikativen Kompetenz, einschließlich seines Fragens und seines Schmerzes beraubt.

Solchen ontologischen Konzepten bleiben der relationale Begriff der Person und das, was damit gemeint ist, fremd. An die Stelle Gottes, der anders ist und anders bleibt, aber mit den Menschen in Beziehung steht, sich zu verstehen gibt und verstanden werden kann, der Leid kennt und mitträgt, tritt eine unpersönliche Energie. Damit scheint alles gelöst: Kein Ringen mehr mit dem Anderen wie bei Hiob, nichts Fremdes mehr, denn der Mensch trägt schon alles in sich, und keine Verantwortung, denn der Mensch ist nicht Ursache von dem, was geschieht. Das scheint Entlastung zu bringen. Diejenigen, die dieses Konzept vertreten, klagen über eine rigid-dogmatische und entmündigende religiöse Erziehung, die sie selbst erlebt haben. Aber anstatt darüber zu reflektieren, um zu erkennen, dass es die Hermeneutik ist, die von der Festlegung des Sinns religiöser Traditionen befreit, ersparen sie sich die hermeneutischen Mühen und lassen sich von der Aktivität anonymer Energien und Kräfte festlegen.[55]

5 Folgerungen

Die Theologie hat solche neuzeitliche ontologische Denkformen bislang einerseits vehement zurückgewiesen, weil deren Inhalte ihr nicht entsprechen. Damit bleibt die „dritte Konfession" in der Kirche unbehelligt, aber auch allein gelassen. Andererseits hat sich die Theologie in ihren Praxisfeldern diesen Konzepten assimiliert. Assimilation, die das Andere in seiner Andersheit nicht wahrnimmt, sondern sich einverleibt, widerspricht der hermeneutischen Aufgabe und unterstützt auch theologieintern, dass die Hermeneutik immer unpopulärer wird. Daher sollte sich die theologische Hermeneutik nicht nur mit ihrer eigenen Tradition befassen, sondern auch

[54] Sennett, Verfall und Ende, 329; 408.

[55] Das ist das Setting für politische Ideologien, die zu Diktaturen führen, in denen die einzelne Person einem Kollektiv untergeordnet wird. Nicht zufällig hat Montessori zeitweise mit Mussolini zusammengearbeitet, und Jung begrüßte den Nationalsozialismus als Manifestation des Archetyps Wotan.

mit Konzepten, die von Gott sprechen, jedoch damit meinen: „I believe in energy."[56]

Literaturverzeichnis

Driesch, H., Philosophie des Organischen (Bd. 1), Leipzig 1909.

Haendler, O., Tiefenpsychologie, Theologie und Seelsorge. Ausgewählte Aufsätze, hg. von J. Scharfenberg und K. Winkler, Göttingen 1971.

Hall, St., Adolescence. Its Psychology and its Relation to Physiology, Anthropology, Society, Sex, Crime, Religion and Education (Bd. 2), New York 1904.

Hall, St., Life and Confessions of a Psychologist, New York 1923.

Heine, S., Die Erfüllung von Religion im philosophischen Denken. Susanne K. Langers ontologisches Naturverständnis, in: Bahr, P./Richter, C. (Hg.), Naturalisierung des Geistes – Symbolisierung des Fühlens. Susanne K. Langer im Gespräch der Forschung, Marburg 2008, 1–33.

Heine, S., Die Natur als religiöses Konzept. Eine aktuelle Sinnkonstruktion als Transformation von Religion, in: Spiritual Care 1 (2014) 18–27.

Heine, S., Grundlagen der Religionspsychologie. Modelle und Methoden (UTB 2528), Göttingen 2005.

Heine, S., Montessori und die Vergottung des Kindes, in: Harth-Peter, W. (Hg.), „Kinder sind anders". Maria Montessoris Bild vom Kinde auf dem Prüfstand, Würzburg 1996, 227–242.

Jacobi, J., Der Weg zur Individuation, Olten 1971.

Jörns, K.-P., Die neuen Gesichter Gottes. Was die Menschen wirklich glauben, München 1997.

Josuttis, M., Segenskräfte. Potentiale einer energetischen Seelsorge, Gütersloh ²2002.

Jung, C. G., Brief an Bernhard Lang (14.6.1957), in: GW, Briefe III, Olten 1973.

Jung, C. G., Brief an Mr. Leonhard (5.12.1959), in: GW, Briefe III, Olten 1973.

Jung, C. G., Der Begriff des kollektiven Unbewußten, in: dtv-Studienausgabe, München ⁴1993.

Jung, C. G., Die Beziehungen zwischen dem Ich und dem Unbewußten, in: dtv-Studienausgabe, München ³1991.

Jung, C. G., Erinnerungen, Träume, Gedanken von C.G. Jung, hg. v. A. Jaffé, Zürich 1962.

Jung, C. G., Gut und Böse in der analytischen Psychologie, in: GW X, Olten 1974.

Jung, C. G., Im Gespräch. Interviews, Reden, Begegnungen, hg. v. R. Hinshaw, Zürich 1986.

Jung, C. G., Psychologie und Religion, in: dtv-Studienausgabe, München ³1991.

Jung, C. G., Psychotherapie und Weltanschauung, in: GW XVI, Zürich 1958.

[56] Hall, Adolescence, 543.

Jung, C. G., Über die Archetypen des kollektiven Unbewußten, in: dtv-Studienausgabe, München [4]1993.

Jung, C. G., Über die Psychologie des Unbewußten, in: GW VII, Olten 1971.

Kübler-Ross, E., Aids. Herausforderung zur Menschlichkeit, Stuttgart 1988.

Kübler-Ross, E., Das Rad des Lebens (Autobiographie), München 2002.

Kübler-Ross, E., Erfülltes Leben, würdiges Sterben, Gütersloh 1998.

Kübler-Ross, E., Lebe jetzt und über den Tod hinaus. (Abrufbar unter: https://www.pranahaus.at/share/pdf/1119300.pdf [Stand: 27. 11. 2014]).

Kübler-Ross, E., Über den Tod und das Leben danach, Neuwied [16]1994.

Maslow, A., Psychologie des Seins, Frankfurt/M. 1994.

Maslow, A., The Farther Reaches of Human Nature (1971, posthum), London 1993.

Maslow, A., Towards a Psychology of Being, New York 1968.

Rogers, C. R., Der neue Mensch (1979), Stuttgart [3]1987.

Rogers, C. R., Meine Philosophie der interpersonalen Beziehungen und ihre Entstehung, in: ders./Rosenberg, R. L. (Hg.), Die Person als Mittelpunkt der Wirklichkeit (1977), Stuttgart 1980, 185–198.

Sennett, R., Verfall und Ende des öffentlichen Lebens. Die Tyrannei der Intimität, Frankfurt/M. 1983.

Sheldrake, R., Das schöpferische Universum, München 1983.

Verzeichnis der Autorinnen und Autoren

Edmund Arens, Dr. theol. habil., Professor für Fundamentaltheologie an der Theologischen Fakultät der Universität Luzern (Schweiz)
Axel Bohmeyer, Dr. phil., Professor für Erziehungswissenschaft an der Katholischen Hochschule für Sozialwesen Berlin (Deutschland)
Franz Gmainer-Pranzl, Dr. theol. habil. Dr. phil., Professor und Leiter des Zentrums „Theologie Interkulturell und Studium der Religionen" an der Katholisch-Theologischen Fakultät der Universität Salzburg (Österreich)
Franz Gruber, Dr. theol. habil., Professor für Dogmatik und Ökumenische Theologie an der Theologischen Fakultät der Katholischen Privatuniversität Linz (Österreich)
Susanne Heine, Dr. theol. habil., em. Professorin für Praktische Theologie und Religionspsychologie an der Evangelisch-Theologischen Fakultät der Universität Wien (Österreich)
Michael Hofer, Mag. theol. Dr. phil., Professor für Philosophie an der Theologischen Fakultät der Katholischen Privatuniversität Linz (Österreich)
Gregor Maria Hoff, Dr. theol. habil., Professor für Fundamentaltheologie und Ökumene an der Paris Lodron Universität Salzburg (Österreich)
Werner G. Jeanrond, Dr. theol., Master of St Benet's Hall und Professor für Theologie an der Universität Oxford (Großbritanien)
Ansgar Kreutzer, Dr. theol. habil. M.A., Professor für Fundamentaltheologie an der Theologischen Fakultät der Katholischen Privatuniversität Linz (Österreich)
Rudolf Langthaler, Dr. phil., Professor für Philosophie an der Katholisch-Theologischen Fakultät der Universität Wien (Österreich)
Walter Raberger, Dr. phil. Dr. theol., em. Professor für Dogmatik und ökumenische Theologie an der Theologischen Fakultät der Katholischen Privatuniversität Linz (Österreich)
Hanjo Sauer, Dr. theol. habil., em. Professor für Fundamentaltheologie an der Theologischen Fakultät der Katholischen Privatuniversität Linz (Österreich)
Clemens Sedmak, DDr. phil. habil. Dr. theol. habil., Professor für Sozialethik am F.D. Maurice Chair am King's College London (Großbritanien) sowie am Zentrum für Ethik und Armutsforschung am Fachbereich Philosophie der Katholisch-Theologischen Fakultät der Universität Salzburg (Österreich)
Andreas Telser, Dr. theol. M. Div., wiss. Assistent am Institut für Fundamentaltheologie und Dogmatik an der Theologischen Fakultät der Katholischen Privatuniversität Linz (Österreich)

David Tracy, Dr. theol. Dr. h.c. mult., Distinguished Professor em. of Catholic Studies, Professor für Theologie und Philosophie der Religionen an der Divinity School, University of Chicago (USA)
Sibylle Trawöger, Mag. theol., DI (FH), wiss. Assistentin am Institut für Fundamentaltheologie und Dogmatik an der Theologischen Fakultät der Katholischen Privatuniversität Linz (Österreich)
Knut Wenzel, Dr. theol., Professor für Fundamentaltheologie und Dogmatik am Fachbereich Katholische Theologie der Goethe-Universität Frankfurt/M. (Deutschland)